Andreas Renz • Stephan Leimgruber

CHRISTEN UND MUSLIME

Andreas Renz • Stephan Leimgruber

CHRISTEN UND MUSLIME

Was sie verbindet – was sie unterscheidet

Kösel

2., durchgesehene und aktualisierte Auflage 2005

Druck und Bindung: Kösel, Krugzell
Umschlag: Kaselow Design, München
Umschlagmotive: zefa visual media gmbh / KNA-Bild
ISBN 3-466-36647-X

INHALT

VORWORT 9

1 ISLAM UND MUSLIME IN EUROPA 13

1.1 Geschichte und Vielfalt des Islam in Europa 14
1.2 Islamische Vereine und Organisationen in Deutschland, Österreich und der Schweiz 24
1.3 Zur sozialen Situation der Muslime mit Migrationshintergrund 31
1.4 Schwierigkeiten der Begegnung und des Dialogs 34

2 DRINGLICHKEIT INTERKULTURELLEN UND INTERRELIGIÖSEN LERNENS 39

2.1 Andere Kulturen und Religionen achtsam wahrnehmen und deuten 40
2.2 Philosophische und pädagogische Überlegungen zur Interkulturalität 41
2.3 Lernen als Verarbeiten vieldimensionaler Erfahrungen 43
2.4 Interreligiöses Lernen durch Begegnung 44
2.5 Ebenen des interreligiösen Lernens 45
2.6 Unterstützung oder Behinderung durch die Medien? 48
2.7 Zielrichtungen für die verschiedenen Lernorte 49
2.8 Chancen und Grenzen interkulturellen und interreligiösen Lernens 53

3 ERINNERUNGEN AUS DEM »KOLLEKTIVEN GEDÄCHTNIS«. 55

3.1 Entstehung der »abrahamitischen Religionen« 56
3.2 Rechtlicher Sonderstatus für die »Schriftbesitzer« 58
3.3 Entwicklung einer eigenständigen islamischen Hochkultur 60
3.4 Interaktionen zwischen Christentum und Islam im Mittelalter 62
3.5 Negative Wahrnehmung des Islam in Reformation und Gegenreformation 71
3.6 Neues Licht auf den Islam durch die Aufklärung 73

4 KOPERNIKANISCHE WENDE IN DER »ISLAMFRAGE«....... 81

4.1 Ursachen und Voraussetzungen für die veränderte Sichtweise 82
4.2 Das Zweite Vatikanische Konzil und der Islam.................... 82
4.3 Die Muslime als »unsere Brüder und Schwestern im Glauben Abrahams«: Äußerungen der Päpste 88
4.4 Überlegungen des Ökumenischen Rates der Kirchen 93
4.5 Die orthodoxen Kirchen und der Islam 95
4.6 »Zusammenleben mit Muslimen in Deutschland« (EKD)............ 97
4.7 Reflexionen zu einer »Theologie der Religionen«.................. 100

5 DAS PROBLEM DER OFFENBARUNG IN CHRISTENTUM UND ISLAM 103

5.1 Endgültigkeits- und Universalitätsanspruch beider Religionen........ 104
5.2 Offenbarung im jüdisch-christlichen Verständnis 105
5.3 Das Offenbarungsverständnis des Islam 107
5.4 Das Problem der Auslegung Heiliger Schriften.................... 112
5.5 Analogie von Jesus Christus und Koran?......................... 114
5.6 Christliche Beurteilung des islamischen Offenbarungsanspruchs 115

6 GEMEINSAME GRUNDLAGEN IM BIBLISCHEN UND KORANISCHEN MENSCHENBILD 121

6.1 Geschöpflichkeit und Würde des Menschen 122
6.2 Der Mensch als Sünder.. 127

7 BIBLISCHE ERZÄHLUNGEN UND PERSONEN IM KORAN.... 139

7.1 »Heilige Schriften«: Kultur der Erinnerung.................. 140
7.2 Die Erzählung vom Brudermord 141
7.3 Abraham – Urbild des Glaubens 143
7.4 Die Josefsgeschichte.. 147
7.5 Mose – Urbild des Propheten...................................... 149
7.6 Jesus, der Sohn Marias.. 152

8 GLAUBE UND GLAUBENSBEKENNTNIS BEI CHRISTEN UND MUSLIMEN 163

8.1 »Ich glaube ... « – ein Akt des Vertrauens und der Hingabe 165
8.2 »... an den einen Gott« – Wesen und Eigenschaften des einen Gottes... 166
8.3 Gott – »Vater«? Jesus Christus – »Sohn Gottes«? Maria – »Mutter Gottes«? 168
8.4 Trinität: Dreieinigkeit oder Dreigötterlehre?................... 169
8.5 Gott will das Heil aller Menschen 173
8.6 Kirche und Umma als Glaubensvermittlerinnen 176
8.7 Die »letzten Dinge«: Auferstehung, Gericht und ewiges Leben 179

9 ETHISCHE GRUNDWERTE UND RELIGIÖSE PRAXIS VON CHRISTEN UND MUSLIMEN.. 187

9.1 Der innere Zusammenhang von Glauben und Handeln 188
9.2 Die erste Tafel des Dekalogs: Verpflichtung auf den einen Gott....... 189
9.3 Die zweite Tafel des Dekalogs: Der Schutz des menschlichen Lebens.. 191
9.4 Gebet und Gottesdienst 197

9.5 Fasten und Feste 203
9.6 Soziale Gerechtigkeit, Solidarität und Almosen 207
9.7 Wallfahrten als Sinnbild für den Pilgerstand menschlicher Existenz .. 210

10 ETHISCHE UND RECHTLICHE KONFLIKTFELDER 215

10.1 Die Scharia als Grundlage für religiöse Praxis, Ethik und Recht 216
10.2 Vor der gemeinsamen Herausforderung der Menschenrechte 220
10.3 Gewaltpotenzial und Friedensauftrag 225
10.4 Differente Erziehungsstile und Geschlechterrollen 231
10.5 Streitfall »Kopftuch« 235
10.6 Religion in der säkularen und pluralen Gesellschaft 239

11 ÄSTHETISCHE DIMENSIONEN IM CHRISTLICH-ISLAMISCHEN LERNPROZESS 243

11.1 Was ist »Ästhetik«? 244
11.2 Wahrnehmung von Kirchen und Moscheen als sakrale Räume 245
11.3 Kalligraphie und Ornamentik 250
11.4 Das ästhetische Erleben der Koranrezitation 252
11.5 Das »dritte Auge« schulen 254
11.6 Die Geschichten von »1001 Nacht« 262

ZUM GUTEN SCHLUSS 267

ANHANG 269

Anmerkungen 269
Materialien und Übersichten 285
Literaturverzeichnis 302
Bibelstellenregister 308
Koranstellenregister 310
Personenregister 313
Sachregister 314

VORWORT

Der 11. September 2001 ist in öffentlichen Äußerungen und Publikationen zu einer Chiffre geworden, die jedoch sehr unterschiedlich interpretiert wird. In der Einschätzung nicht weniger waren die Anschläge in New York der Auftakt eines »Kampfes der Kulturen«, der offene Ausbruch einer längst schwelenden oder seit jeher bestehenden konfliktreichen Auseinandersetzung zwischen »dem Islam« und »dem Westen« oder »dem christlichen Abendland«. Fundamentalistische Richtungen weltweit wollen in der Tat sämtliche Konflikte an den Grenzlinien und Bruchzonen der Kulturen und Religionen zu einem solchen heiligen Kampf hochstilisieren und anheizen.

In der Einschätzung anderer, und die Autoren dieses Buches zählen sich dazu, sollen diese Kräfte nicht Recht und Erfolg haben. Wir plädieren für ein unermüdliches Engagement für Verständigung und die Zusammenarbeit. Leider haben die Ereignisse der letzten Jahre, zuletzt die schlimmen Vorfälle in Holland, und die Berichterstattung in den Massenmedien sowohl bei Muslimen wie bei Christen und anderen viele Ängste, Unsicherheiten und Vorurteile, bei manchen sogar Feindbilder und Hass geschürt. Umgekehrt haben sich in vielen Ländern und Orten unzählige interkulturelle und interreligiöse Dialoginitiativen entwickelt. In diesen Foren geht es zunächst darum, sich gegenseitig kennen und schätzen zu lernen, Vorurteile und Ängste abzubauen, sich zu informieren. In einem zweiten Schritt wollen sich Christen und Muslime neben gemeinsamen Aktionen etwa im sozialen oder friedenspolitischen Bereich auch in religiöse und theologische Fragen und Themen vertiefen. Sie suchen ernsthaft und mit aufrichtigem Interesse nach Gemeinsamkeiten und nach Verbindendem im Glauben, aber auch nach Unterschieden und Trennendem.

Unterstützt werden diese Bemühungen im religionspädagogischen und didaktischen Bereich durch das »interreligiöse Lernen«, d.h. das *Lernen von und mit* Angehörigen anderer Religionen, das zu einem wichtigen und unerlässlichen Lernfeld geworden ist. In diesem Zusammenhang sind in den letzten Jahren zahlreiche wertvolle Einführungen in den Islam, Materialsammlungen und didaktische Hilfen erschienen. Was bislang jedoch fehlte, war eine theologisch verantwortete und zugleich didaktisch angelegte kompakte Darstellung, die Christentum und (vorrangig sunnitischen) Islam in ihren wesentlichen Gehalten und Gestalten vergleichend nebeneinander stellt und miteinander ins Gespräch bringt. Diese Aufgabe und Zielsetzung hat sich das vorliegende Buch gestellt.

Dieser Grundkurs möchte mehr als eine Einführung allein in den Islam und mehr als eine bloße Auslegung des christlichen Selbstverständnisses heute bieten. Er lädt vielmehr die christlichen und muslimischen Leserinnen und Leser ein, stets auf die islamische und zugleich auf die christliche Religion zu blicken. Es geht um die Entdeckung von Ähnlichkeiten, von Parallelen und Zusammenhängen wie auch um das Bewusstwerden kleinerer und größerer Unterschiede zwischen zwei gegenwärtig in Europa und der Welt relevanten Sinnsystemen. Ausgehend von der bekannten Religion wollen wir das Fremde der jeweils anderen Religion kennen lernen. Vom wachsenden Verständnis der anderen Religion kann der eigene Glaube wieder tiefer begriffen und gelebt werden. Der Grundkurs will einen intensiven und umfassenden Lernprozess anstoßen. Er will und kann zwar nicht alle Fragen abschließend beantworten, wohl versucht er aber mögliche Lösungswege aufzuzeigen.

Gemäß den Aussagen des Zweiten Vatikanischen Konzils, dass es bezüglich des Heils eine Rangordnung oder Hierarchie der Wahrheiten (vgl. Ökumenismusdekret, 11) gibt, hielten wir Ausschau nach den religiösen Fundamenten in Islam und Christentum. Für den Islam fanden wir den Interpretationsschlüssel allen Lebens und Glaubens im bedingungslosen Glauben an den einen Gott, in dessen Dienst das ganze menschliche Leben zu stellen ist. Für das Christentum fanden wir als Fundament, ja gleichsam als »Grammatik des Glaubens«, den dreieinigen Gott und die Christologie. Je nach dem Zusammenhang mit diesen Fundamenten erhalten die Einzelfragen jeweils ihr Gewicht.

Daraus ergab sich folgender *Aufbau* des Grundkurses:

- Er eröffnet mit einer kurzen Darstellung und Analyse des pluriformen Islam in Europa (Kap. 1) und den Anliegen interkulturellen wie interreligiösen Lernens (Kap. 2) sowie einem geschichtlichen Rückblick über die bisherigen Beziehungen zwischen Islam und Christentum (Kap. 3), um dann die kopernikanische Wende in der »Islamfrage« durch die christliche Theologie in der zweiten Hälfte des 20. Jahrhunderts deutlich zu machen (Kap. 4).
- Es folgen Kapitel, in denen ein konkreter Vergleich zentraler religiöser Lehren und Praktiken beider Religionen angestellt wird: Priorität hat dabei die Frage nach der Offenbarung in Christentum und Islam, die beide einen Endgültigkeits- und Universalitätsanspruch erheben (Kap. 5). Hier stellen sich wichtige Fragen: Können Christen Muhammad als wahren Propheten anerkennen? Ist

der Koran auch für Christen Gottes Wort? Welche Kriterien zur Beantwortung dieser Fragen können erhoben werden? Des Weiteren steht das Menschenbild (Kap. 6) als Ausgangspunkt für weitere Aussagen über ethische Verantwortung und ewiges Heil des Menschen. Es folgt ein Vergleich zentraler Gestalten (Kain und Abel, Abraham, Mose, Josef, Jesus und Maria), die sowohl in der Bibel als auch im Koran vorkommen (Kap. 7). Speziell stellt sich hier die Frage, wie aus christlicher Sicht die koranische Darstellung Jesu zu bewerten ist. Kap. 8 bringt die grundlegenden Glaubensinhalte von Christentum und Islam miteinander ins Gespräch und versucht dabei, Verständnisbrücken zu bauen, Gemeinsamkeiten herauszuarbeiten, aber auch das Unterscheidende und Spezifische stehen zu lassen.

- Kap. 9 untersucht die gemeinsamen und unterschiedlichen Akzentuierungen der ethischen Grundwerte in Christentum und Islam, dazu die religiöse Praxis in Gebet, Fasten, Almosengeben und Wallfahrt, die sogenannten »Säulen« im Islam, die eng mit ethischen Grundwerten zusammenhängen. Kap. 10 behandelt die heute virulenten ethischen und rechtlichen Konfliktfelder im Zusammenleben von Christen und Muslimen: Die Stellung der Frau, die Frage der Religionsfreiheit, Erziehungsfragen, das Verhältnis von Religion, Staat und Gesellschaft. Das abschließende Kapitel über das ästhetische Erleben (Kap. 11) will einen Zugang zur sinnlichen Wahrnehmung und Erfassung der religiösen Architektur und Symbolik beider Religionen, zur reichen Kunst der Kalligraphie und Ornamentik sowie zur Literatur im Islam eröffnen. Eine Dokumentation im Anhang enthält weitere Materialien für Schule, Erwachsenenbildung und Religionsunterricht.

Wir, die Autoren, wissen, dass vieles nur angerissen werden konnte, dass manches auch andere Zugänge und Perspektiven erlaubt hätte und dass anderes noch zu berücksichtigen wäre. Wir hoffen dennoch, allen Interessierten und Engagierten im christlich-islamischen Dialog, auch auf muslimischer Seite, besonders den Religionslehrerinnen und -lehrern, den Pastorinnen und Pfarrern, den pastoralen Mitarbeiterinnen und Mitarbeitern in den Kirchen und Gemeinden, eine nützliche Hilfe für ihre Arbeit bieten zu können. Es ging uns um eine solide, aber doch leicht lesbare Grundinformation zum geschichtlichen, gesellschaftlichen und theologischen Verhältnis beider Religionen und Kulturen.

Der vorliegende Grundkurs ist das Resultat einer längeren interdisziplinären Kooperation zwischen einem systematischen Theologen und Religionswissenschaftler einerseits und einem Religionspädagogen andererseits, die beide seit Jahren in interreligiösen Dialogprozessen stehen. Durch ein gemeinsames Reflexions- und Bearbeitungsgeschehen aller Teile des Manuskriptes haben beide Autoren eine wechselseitige Bereicherung erfahren, für die sie dankbar sind. Dennoch stammt der größere Anteil des Grundkurses aus der Feder von Andreas Renz, nämlich in der Hauptsache die Kapitel 1, 3, 4, 5, 6 und 8, während die Kapitel 2 und 11 im Wesentlichen Stephan Leimgruber verfasst hat. Die Kapitel 7, 9 und 10 haben beide Autoren zu etwa gleichen Teilen erarbeitet.

Schließlich wollen wir Dr. Hansjörg Schmid, Dr. Herbert Stettberger und Dr. Elhadi Essabah besonderen Dank sagen für das Lesen des Manuskripts und ihre anregende Kritik. Bezüglich der arabischen und türkischen Fachbegriffe haben wir uns für eine Transkription entschieden, die der leichteren Lesbarkeit dient.

Wir freuen uns, dass das Buch in so kurzer Zeit eine 2. Auflage erlebt, wofür es zum Teil aktualisiert, um neue Literaturangaben ergänzt und an manchen Stellen korrigiert wurde.

Möge dieses Buch den christlich-islamischen Dialog in Gesellschaft und Kirche, im Alltag und in der Schule, besonders im Religionsunterricht und in der Erwachsenenbildung anstoßen, vertiefen und begleiten helfen. Die Autoren sind der festen Überzeugung, dass es keine Alternative zum Dialog gibt und dieser Dialog tatsächlich zu einem friedlicheren und bereichernden Zusammenleben der Menschen beitragen kann. Die beste Voraussetzung dafür ist ein Hören auf Gottes Wort und das Vertrauen in das Wirken seines belebenden und schöpferischen Geistes.

Hildesheim/München, Januar 2005

Andreas Renz/Stephan Leimgruber

1

ISLAM UND MUSLIME IN EUROPA

Die zunehmende Präsenz von Musliminnen und Muslimen in Europa verursacht bei vielen Einheimischen Unsicherheiten und Ängste, vielfach sogar ein Gefühl der Bedrohung. Sie sorgen sich um ihre Arbeitsplätze, haben Angst vor Überfremdung, einige haben vielleicht auch schon konkrete Konflikte im Alltag erlebt, die sie auf kulturelle und religiöse Unterschiede zurückführen. Begegnung und Dialog können verhindern, dass es zu gesellschaftlichen Auseinandersetzungen kommt, die religiös oder kulturell verursacht oder auch nur legitimiert und verschärft werden.

Um den Dialog in gutem, konstruktivem Sinne pflegen zu können, vergewissern wir uns zunächst der gesellschaftlichen Ausgangsbedingungen. Dazu sind ein kurzer Blick auf die Geschichte des Islam in Europa (1.1) sowie eine knappe Darstellung der wichtigsten islamischen Organisationen in Deutschland, Österreich und der Schweiz (1.2) nötig. Außerdem ist für die konkrete Begegnung auch die Kenntnis der sozioökonomischen und psychosozialen Situation der muslimischen Immigrantinnen und Immigranten als Minderheit hilfreich (1.3). Schließlich muss man sich der verschiedenen Bedingungen und Kontexte bewusst werden, die eine gelingende Begegnung und Verständigung zwischen Christen und Muslimen erschweren oder gar gefährden können (1.4).

1.1 Geschichte und Vielfalt des Islam in Europa

Islamische Geschichte Europas – Europäische Geschichte des Islam

In Politik, Kirchen und Gesellschaft wurde die dauerhafte und voraussichtlich noch wachsende Präsenz von Musliminnen und Muslimen in Europa erst in den letzten Jahren immer mehr bewusst. Dabei ist die Existenz des Islam in Europa keineswegs eine neuartige Erscheinung. Die rasche Ausdehnung des islamischen Herrschaftsgebietes in den ersten Jahrzehnten und Jahrhunderten nach dem Tod des Propheten Muhammad (632 n. Chr.) hat diese Religion in Europa zunächst auf die Iberische Halbinsel (Spanien, Portugal) bis nach Südfrankreich vordringen lassen (vgl. Karte 1, S. 15). Diese Gebiete gewannen die Christen durch die sog. *Reconquista* (Rückeroberung) schrittweise und mit dem Fall Granadas im Jahre 1492 endgültig zurück.

Im 14./15. Jahrhundert drangen die Osmanen, muslimische Turkvölker aus Zentralasien, auf dem Balkan vor und eroberten nach der Einnahme Konstantinopels 1453 weite Teile Südosteuropas (vgl. Karte 2, Seite 16).

Wenn auch das weitere Vordringen der Osmanen nach Mitteleuropa vor Wien (1529 und 1683) gestoppt werden konnte, hatten sich doch im Laufe der Zeit viele Bewohner in Südosteuropa dem Islam freiwillig angeschlossen, so etwa die Pomaken in Bulgarien, Griechenland und Makedonien, die Albaner oder die Mehrzahl der Bogomilen in Ungarn und Bosnien, die bis heute mehrheitlich Muslime geblieben sind. Damit gibt es »sowohl eine islamische Geschichte Europas als auch eine europäische Geschichte des Islam«[1]. Je mehr Ost- und Südosteuropa im Zuge des europäischen Einigungsprozesses integrativer Teil Gesamteuropas werden, desto mehr wird auch der Islam Teil dieses geeinten Europas: Die europäische Identitätsfindung muss somit »über die Elemente der westlich-christlichen Traditionen und der neuzeitlichen Aufklärung hinausgehen, den byzantinischen Osten und auch die jüdischen und islamischen Wurzeln einbeziehen«[2].

Die kulturell-ethnische Vielfalt des Islam in Europa

Die heutige muslimische Bevölkerung in den Ländern Europas hat keine einheitliche ethnische und kulturelle Herkunft. Grundsätzlich kann man drei Gruppen von Musliminnen und Muslimen in Europa unterscheiden:

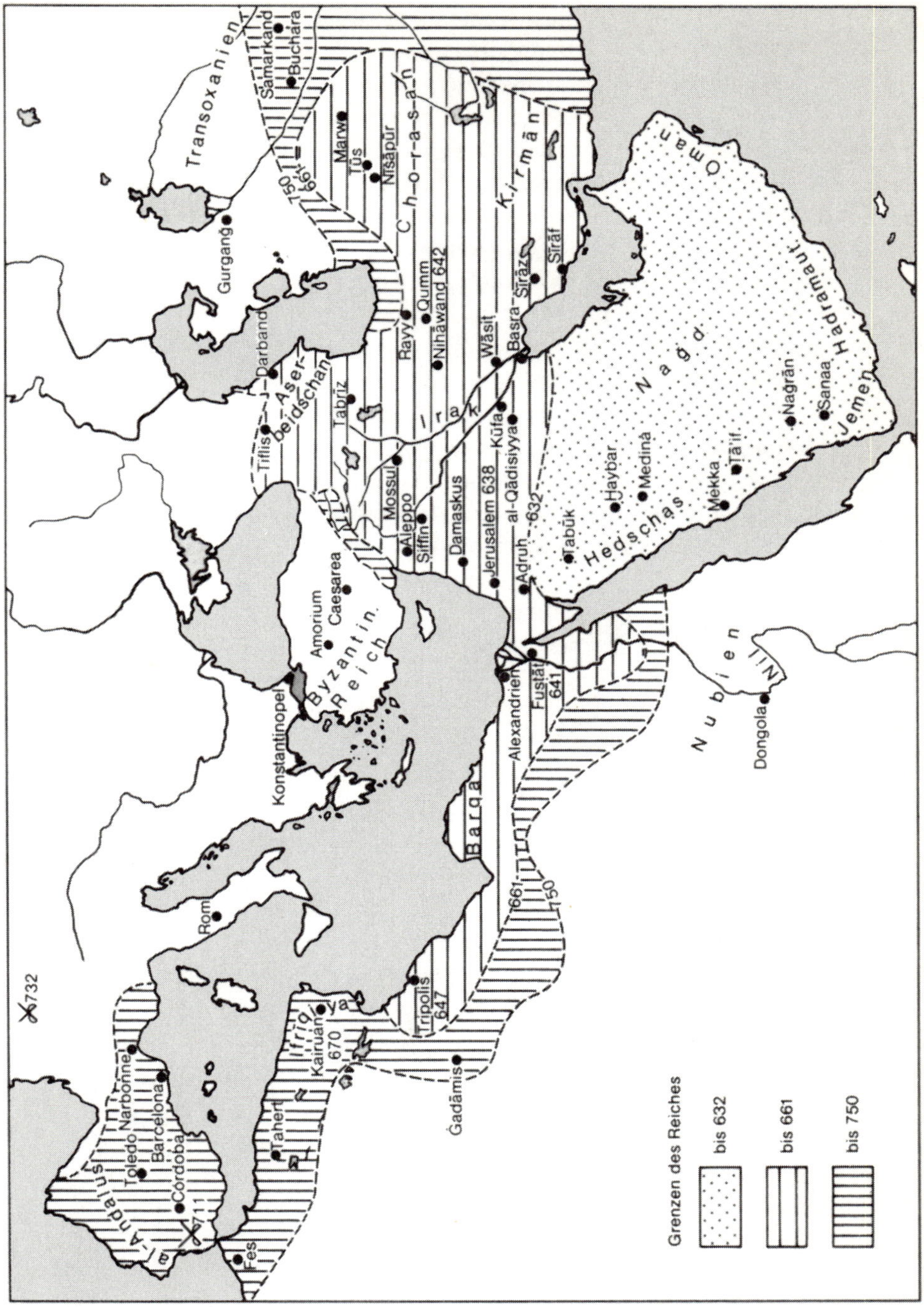

Karte 1: Die Ausdehnung des Islamischen Reiches vom Tod des Propheten (632) bis zum Sturz der Umayyaden (750).
Aus: Ulrich Haarmann (Hg.), Geschichte der arabischen Welt, München [3]1994, 61.

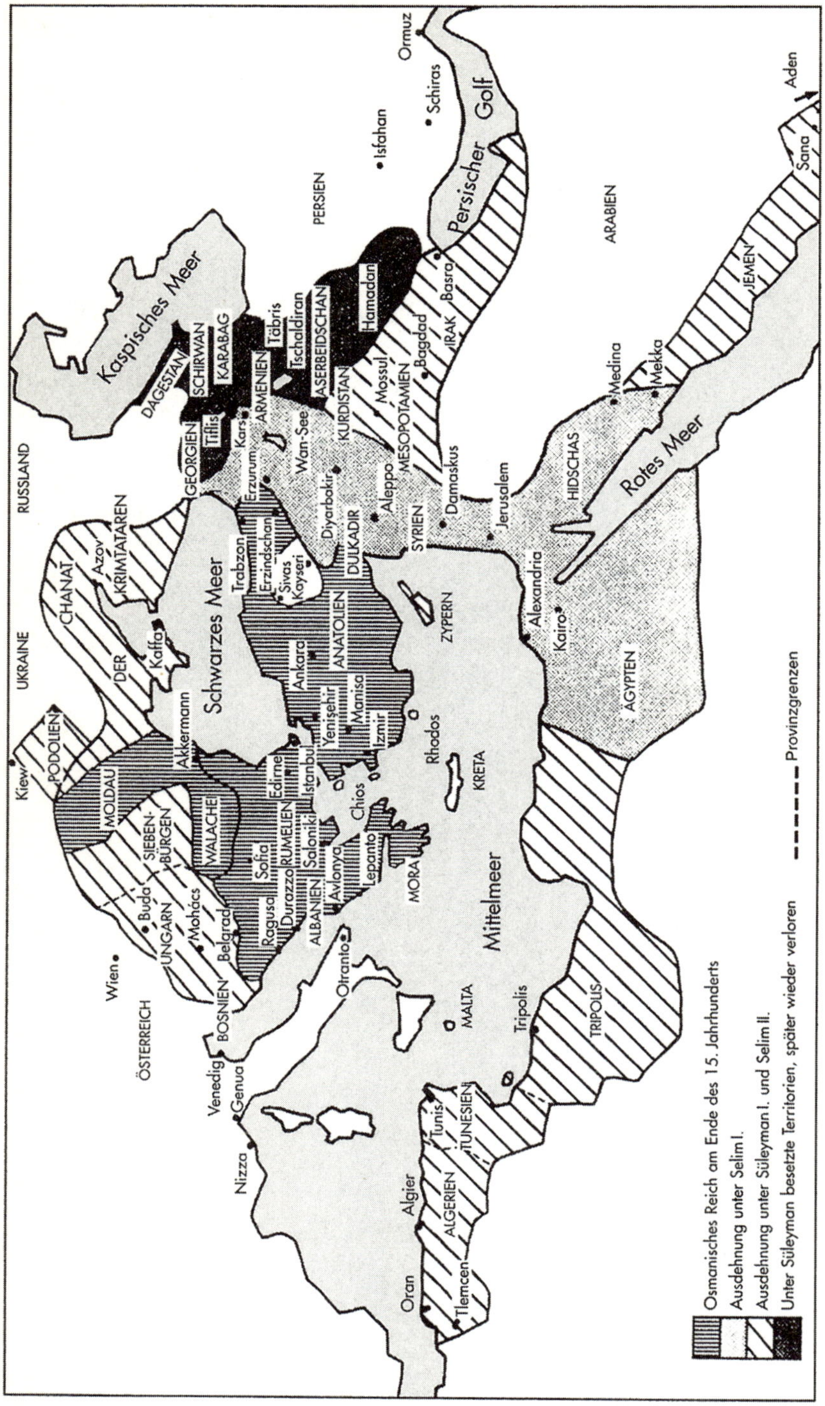

Karte 2: Das Osmanische Reich im 16. Jh.
Aus: Robert Mantran (Hg.), Histoire de l'Empire ottoman, Paris 1989, S. 140.

1. Jene Muslime, die seit Jahrhunderten in Teilen Ost- und Südosteuropas leben, in Albanien, im tartarischen Siedlungsgebiet Russlands, im europäischen Teil der Türkei, in Bulgarien, in Mazedonien, im Kosovo und in Teilen von Bosnien-Herzegowina. Es gibt also einen längst heimisch gewordenen, alteingesessenen Islam in Europa mit einer Jahrhunderte langen europäischen Prägung der islamischen Tradition, Religion und Kultur.
2. Jene Muslime, die ab den 1950er-/60er-Jahren vor allem aus der Türkei, aus Marokko, Tunesien, dem ehemaligen Jugoslawien oder aus ehemaligen Kolonien in die Länder West-, Mittel- und Nordeuropas als sog. Gastarbeiter (Arbeitsmigration) eingewandert sind. Dazu kommen politische Flüchtlinge aus ehemaligen Bürgerkriegsländern wie dem Libanon, Afghanistan, Bosnien oder dem Kosovo.[3]
3. Schließlich eine zwar geringe, aber doch nicht zu vernachlässigende Anzahl von Europäern, die zum Islam konvertierten, darunter vor allem Frauen, die mit Muslimen verheiratet sind.

Der Islam in Südost- und Mitteleuropa, damit auch in Deutschland, Österreich und der Schweiz, ist ethnisch und kulturell überwiegend türkisch geprägt, in Westeuropa (Iberische Halbinsel, Frankreich) dagegen stärker vom nord- und westafrikanischen Islam. Die in England lebenden Muslime stammen aufgrund der Kolonialgeschichte überwiegend vom indischen Subkontinent (Indien, Pakistan).

Über die Gesamtzahl der Muslime in Europa gibt es keine verlässlichen Zahlen. Jüngste Schätzungen gehen von ca. 52 Millionen aus (14 % der europäischen Gesamtbevölkerung), darunter allein 25 Millionen in Russland, etwa 14 Millionen in Mittel-, West-, Süd- und Nordeuropa, weitere 13 Millionen in Südosteuropa.

Muslime in Europa (Schätzung)			
Westeuropa		Nordeuropa	
Belgien	350 000	Dänemark	40 000
Deutschland	3 172 000	Finnland	60 000
Frankreich	5 000 000	Island	40
Großbritannien	2 000 000	Norwegen	22 000
Irland	2 000	Schweden*	300 000
Luxemburg	9 000	**Gesamt**	**422 040**
Niederlande	900 000	Südeuropa	
Österreich	350 000	Italien	1 000 000
Schweiz	300 000	Portugal	4 000
Gesamt	**12 083 000**	Spanien	700 000
		Gesamt	**1 704 000**

Muslime in Europa (Schätzung)			
Südosteuropa		Europäische Türkei	5 700 000
Albanien	2 100 000	Ungarn	40 000
Bosnien-Herzegowina	1 900 000	Zypern	190 000
Bulgarien	1 000 000	**Gesamt**	**13 514 500**
Griechenland	120 000		
Kroatien	50 000	Osteuropa	
Mazedonien	750 000	Polen	4 000
Malta	4 500	Russland	25 000 000
Rumänien	120 000	**Gesamt**	**25 004 000**
Slowenien	20 000	**Europa insgesamt**	**52 727 540** (=13,9 % der europäischen Bevölkerung)
Serbien (einschl. Sandschak und Kosovo)	1 500 000	Nach: Zentralinstitut Islam-Archiv-Deutschland Stiftung e.V., Stand 2004 (*Zahl wurde durch die Hrsg. gegenüber den Angaben des Zentral- instituts korrigiert)	
Tschechien	20 000		

In *Deutschland* gibt es gegenwärtig geschätzt etwa 3,2 Millionen Musliminnen und Muslime (knapp 4 % der Gesamtbevölkerung), darunter ungefähr 750.000 schulpflichtige muslimische Kinder und Jugendliche. Knapp zwei Drittel der Muslime in Deutschland sind türkischer Herkunft (ca. 2 Millionen).[4] Die Mehrheit der Muslime ist bis heute noch ohne deutsche Staatsangehörigkeit, doch steigt seit dem neuen Staatsbürgerschaftsrecht die Zahl der Einbürgerungen deutlich an (gegenwärtig etwa 730.000 Muslime mit deutschem Pass): »In den kommenden drei bis vier Jahren wird sie die Millionengrenze überschreiten. Damit werden Muslime auch staatsrechtlich zu einem Bestandteil der bundesrepublikanischen Gesellschaft.«[5]

In *Österreich* leben heute ungefähr 350.000 Muslime. Sie sind mehrheitlich in den 1960er- und 70er-Jahren aus der Türkei, aber auch aus dem ehemaligen Jugoslawien als sog. Gastarbeiter eingewandert und haben inzwischen ihre Familien nachgeholt. Doch schon durch die K.u.k.-Monarchie, die sich auch auf Teile des Balkans mit muslimischer Bevölkerung, v.a. Bosnien-Herzegowina, erstreckte, spielte der Islam für Österreich eine Rolle. Vor diesem Hintergrund wurde bereits 1912 der Islam als Religionsgesellschaft staatlich anerkannt, was 1979 mit der Konstituierung der »Islamischen Glaubensgemeinschaft in Österreich« (IGGiÖ) wiederbelebt wurde. Daraus ergaben sich spezielle Rechte wie Feiertagsregelungen oder Militärdienst für Muslime. Islamischer Religionsunterricht an staatlichen Schulen wird in Österreich seit 1982/83 erteilt.

In der *Schweiz* leben nach der Volkszählung im Jahre 2000 310.000 Musliminnen und Muslime aus 105 Staaten, was 4,2 % der Schweizer Bevölkerung ausmacht.[6] Die meisten Muslime (ca. 200.000) stammen vom Balkan (v.a. aus dem Kosovo), den zweitgrößten Anteil stellen die Türken (23 %), von denen ca. 60.000 Aleviten sind. Diese Gruppen sind vorwiegend in der deutschsprachigen Schweiz ansässig. In der französischsprachigen Westschweiz (Romandie) dagegen stammen die Muslime vorwiegend aus nordafrikanischen Staaten (Marokko, Algerien, Tunesien und Ägypten); hinzu kommen Muslime aus dem Nahen Osten (Syrien, Libanon, Jordanien).[7] »Die Zahl der Schweizer Muslime hat in den letzten 10 Jahren durch Konversionen, Eheschließungen und vor allem durch Einbürgerungen stark zugenommen« (heute insgesamt ca. 35.000–40.000 Muslime mit Schweizer Pass).[8] Das Selbstverständnis der Schweiz als einer »Nation der Kulturen« könnte eine gute Voraussetzung für die Integration der Muslime und damit eines Islam mit Schweizer Identität sein.[9]

Während es in den ost- und südosteuropäischen Ländern also seit Jahrhunderten eine muslimische Bevölkerung gibt, ist die muslimische Präsenz in West- und Mitteleuropa ein relativ junges Phänomen der letzten 40 bis 50 Jahre. Lange Zeit wurden diese Muslime als »Gast«- oder »Fremdarbeiter« bezeichnet und in der Annahme angeworben, sie würden nach einigen Jahren in ihre Herkunftsländer zurückkehren – was sie selbst zunächst auch vorhatten. Insbesondere wurden ihre ethnische und religiöse Identität und Herkunft in der westeuropäischen Mehrheitsgesellschaft kaum wahr- und ernst genommen: »Wir riefen Arbeitskräfte, und es kamen Menschen« (Max Frisch). Erst in den 80er-Jahren begannen die hier lebenden Muslime selbst, sich verstärkt in Vereinen und Verbänden zu organisieren und sich als Religionsgemeinschaft auf Dauer zu etablieren. Während sich die einen auf ihre kulturelle, ethnische und religiöse Herkunft besinnen, verlieren andere zunehmend ihre Wurzeln, assimilieren sich oder bleiben irgendwo im kulturellen und religiösen »Niemandsland«.

Die religiöse Vielfalt im europäischen Islam

Ähnlich wie es im Christentum eine geschichtlich gewachsene Vielfalt gibt, kennt auch der Islam verschiedene Richtungen (der christlich konnotierte Begriff »Konfessionen« führt hier jedoch eher zu Missverständnissen), darunter besonders die Sunniten und Schiiten, ferner die Aleviten und weitere Gruppierungen (eine Übersicht über die verschiedenen Richtungen s.a. im Anhang S. 288).

- Die überwiegende Mehrheit der Muslime weltweit (ca. 85 %) sind *Sunniten*, das heißt, sie folgen der *Sunna* (= Gewohnheit, Brauch, Tradition), der Wegweisung des Propheten Muhammad, wie sie in dessen Aussprüchen und Taten, den Hadithen, überliefert ist. Die Sunna bildet neben dem Koran die zweite wichtige Quelle religiösen Lebens im sunnitischen Islam sowie für die vier klassischen sunnitischen Rechtsschulen (vgl. S. 218). Die Sunniten bemühen sich um einen strikten, aber realitätsbezogenen Nachvollzug des Lebens Muhammads. Sie anerkennen im Gegensatz zu den Schiiten die ersten vier sog. »Rechtgeleiteten Kalifen« (Abu Bakr, Umar, Uthman und Ali). In Deutschland und der Schweiz liegt der Anteil der Sunniten aufgrund einer relativ hohen Zahl alevitischer Muslime aus der Türkei etwas niedriger als im weltweiten Durchschnitt (ca. 75–80 %).[10]

- Die *Schiiten* (von arab. *Shi'at Ali*, »die Partei Alis«) bilden nach den Sunniten die zweitgrößte, zahlenmäßig jedoch weit kleinere Hauptrichtung des Islam (weltweit etwa 10–15 %, in Deutschland und Schweiz ca. 4–5 % der Muslime). Die Spaltung der islamischen Gemeinde erfolgte im Streit um die gültige Nachfolge (Kalifat) des Propheten: Die Schiiten sind der Überzeugung, allein die unmittelbaren Nachkommen Muhammads dürften die legitimen Nachfolger des Propheten stellen und halten daher Ali ibn Abi Talib, den Vetter und Schwiegersohn Muhammads, und seine Söhne Hasan und Husain für die ersten rechtmäßigen Kalifen bzw. Imame. Diese werden als von Gott eingesetzt betrachtet und sind daher oberste, unfehlbare Autoritäten in Rechtsprechung und Auslegung des Korans, ja sie gelten sogar als frei von Sünde. Nach dem Glauben der größten Gruppe unter den Schiiten, den sog. »Zwölferschiiten« (Imamiten), ist der zwölfte Imam nicht gestorben, sondern lebt in der Verborgenheit weiter und wird am Ende der Zeit als Messias (Mahdi) wiederkehren, um die gerechte Ordnung zu errichten. Während seiner Abwesenheit wird er von den schiitischen Rechtsgelehrten vertreten. Daneben gibt es als weitere Zweige des schiitischen Islam die Ismailiten (Jemen, Iran, Indien u.a.), die die Wiederkehr des verborgenen siebten Imam (deshalb auch »Siebenerschia«) erwarten, und die Zaiditen (überwiegend im Jemen), deren Reihe von Imamen sich bis in die Gegenwart hinein fortgesetzt hat. Besonders der zwölferschiitische Islam kennt im Gegensatz zum sunnitischen eine hierarchische Geistlichkeit und weist neben dem bereits genannten messianischen Gedanken eine starke Märtyrerfrömmmigkeit auf: Sämtliche Imame gelten als Märtyrer, besonders aber der dritte Imam (Husain), dessen Märtyrertod im Jahre 680 bei Kerbela im Kampf um das Kalifat im Monat Muharram mit Trauerfeiern und Passionsspielen (Ashura) gedacht wird. Die Zwölferschiiten leben heute hauptsächlich im Iran (seit 1979 Staatsreligion), Südirak, Libanon, in Syrien und Aserbaidschan.

- Die *Aleviten* sind im 14./15. Jahrhundert in Ostanatolien innerhalb einer mystischen Bruderschaft (der Safawiya) entstanden und heute überwiegend auf dem Gebiet der Türkei verbreitet, etwa ein Drittel davon sind Kurden (nicht zu verwechseln mit den arabischen Alawiten oder Nusairi in der Türkei und in Syrien).[11] Da die meisten Muslime in Deutschland türkischer oder kurdischer Herkunft sind, ist folglich auch der Anteil der alevitischen Muslime in Deutschland mit etwa 600.000 relativ hoch (ca. 18 %), in der Schweiz prozentual noch höher (60.000 –70.000).[12] Aleviten anerkennen wie die Schiiten Ali als den allein rechtmäßigen Nachfolger des Propheten, gedenken seines Sohnes Husain und verehren die zwölf Imame. Aleviten akzeptieren den Koran nur bedingt als Gottes Offenbarung. Auch hinsichtlich der religiösen Praxis unterscheiden sie sich stark von der Mehrzahl der Muslime, sodass umstritten ist, ob sie noch dem Islam zuzurechnen sind: So spielen die »fünf Säulen« wie das rituelle Gebet (die Aleviten haben keine Moscheen, sondern als *cem evi* bezeichnete Gebetsstätten), die Wallfahrt nach Mekka oder das Fasten im Monat Ramadan für sie ebenso keine Rolle wie die Scharia. Auch die Speisevorschriften sind anders: Während Alkohol und Schweinefleisch erlaubt sind, ist der Verzehr von Kaninchen und Hasen verboten. Insgesamt hat die alevitische Richtung zahlreiche Elemente vorislamischer (z.B. Glaube an die Seelenwanderung) und volksreligiöser Traditionen, vor allem aus dem Bereich der Mystik, aufgenommen. Als größter Heiliger wird Haci Bektaş Veli (13. Jh.) verehrt, auf den sich auch der sog. Bektaşi-Orden zurückführt. Werte wie Toleranz, Humanität und Gleichberechtigung der Frau bilden zentrale Elemente im alevitischen Ethos, da diese Religionsgemeinschaft nicht selten selbst verfolgt war.[13] Aleviten in Deutschland sind seit Beginn der neunziger Jahre organisiert in der »Föderation der Aleviten-Gemeinden in Deutschland« (AABF), der heute etwa 90 selbstständige Vereine angehören.

- Als weitere islamische Sondergruppe, die in Deutschland (seit 1925) vertreten ist (ca. 50.000–60.000), ist die *Ahmadiya* zu nennen. Diese im indischen Subkontinent entstandene und missionarisch sehr aktive Bewegung verehrt Mirza Ghulam Ahmad (1835/9–1908) als Propheten, Reformer und Messias (Mahdi). Nachdem dies im Widerspruch zur islamischen Auffassung vom Abschluss der Prophetenreihe durch Muhammad steht, wurde die Ahmadiya Mitte der 1970er-Jahre durch die »Islamische Weltliga«[14] von der islamischen Gemeinde auf Weltebene ausgeschlossen. Die Ahmadis dagegen betrachten sich selbst – wie die Aleviten – als rechtgläubige Muslime.

- Zahlreiche islamische Vereine in Deutschland wie etwa Jama'at an-Nur oder VIKZ (s.u. 1.2) stehen in der mystischen Tradition des Islam, dem *Sufismus* (von arab. suf = Wolle, weil die ersten islamischen Mystiker Asketen waren und Wollgewänder trugen). Mystik gibt es in allen Religionen und meint die Verinnerlichung der Gottsuche und der Gottesbeziehung. Wenn die islamische Mystik bei ihrer Entstehung im 8./9. Jahrhundert auch außerislamische wie etwa christliche Impulse und Elemente aufgenommen hat, so steht sie doch deutlich und ausdrücklich auf dem Boden des Korans und der islamischen Tradition. Im Zentrum steht das Bekenntnis zur Einheit und Einzigkeit Gottes. Gegenüber der Gotteserkenntnis im Glauben aber sucht der Mystiker die intuitive Schau und geistige Erfahrung Gottes, letztlich die Vereinigung mit ihm (*unio mystica*), islamisch ausgedrückt die »Entwerdung« in Gott. Eine solche Erfahrung ist Gnade, bedarf aber auch des Willens und eines geistlichen Führers (*Shaikh, Pir*), der den Gottsucher auf seinem Pfad mit den verschiedenen Stationen (Reue, Entsagung, Gottvertrauen, Dankbarkeit, Liebe und Erkenntnis) führt. Die »Techniken« auf diesem Weg sind Gebet, Kontemplation und ständiges Gedenken Gottes (*dhikr*). In manchen mystischen Gemeinschaften, genannt Orden, gibt es auch Musik und stundenlangen Tanz bis zur Ekstase wie etwa bei den »Tanzenden Derwischen« (*Mewlewije*), die sich auf Dschalaladdin Rumi (1207–1273) zurückführen. Obwohl es immer wieder zur Konfrontation mit der islamischen Orthodoxie kam, spielte und spielt der Sufismus bis heute eine unschätzbare Rolle für die islamische Volksfrömmigkeit, Kunst und Poesie.[15]

In all diesen genannten Richtungen wiederum gibt es ein breites Spektrum an Positionen: So gibt es neben einer kleinen Minderheit von Fundamentalisten unterschiedlicher Schattierung auch eine vielfach übersehene Anzahl liberaler und reformorientierter Muslime, die den klassischen Islam durch Anwendung moderner hermeneutischer Methoden und Prinzipien fortentwickeln und an die gegenwärtigen Verhältnisse anpassen wollen. Dazwischen gibt es die große Mehrheit konservativer, traditionsorientierter Muslime.

Fazit

1. Es gilt sich zuerst bewusst zu machen, dass der Islam seit Jahrhunderten genuiner Bestandteil Europas und damit auch des europäischen Erbes ist. Das Zusammenleben von Muslimen und Christen in Spanien und auf dem Balkan war dabei sowohl von Konfrontation als auch von friedlicher Koexistenz bis hin zu einer fruchtbaren Symbiose geprägt.
2. Sodann ist festzuhalten, dass »der Islam« kein monolithischer Block ist: Die kulturelle, ethnische und religiöse Vielfalt dieser Religion weltweit spiegelt sich verstärkt auch in Europa und in den einzelnen Ländern wider. Diese Vielfalt wahrzunehmen ist unabdingbare Voraussetzung für eine angemessene Begegnung mit den Muslimen hier.
3. Dies verlangt eine Beschäftigung mit der Entstehung und Geschichte des Islam ebenso wie mit der gegenwärtigen Lage innerhalb der islamischen Welt. Es erfordert zugleich die Fähigkeit zur Differenzierung und ein Gespür für die nicht selten bestehenden Spannungen zwischen den verschiedenen islamischen Gruppierungen, die sich letztlich auch auf die organisatorische Struktur des Islam in Europa auswirken.

Weiterführende Literatur:

W. Buchta, Schiiten, Kreuzlingen/München 2004.

V. Heuberger (Hg.), Der Islam in Europa, Frankfurt/M. 1999.

I. Kaplan, Das Alevitentum. Eine Glaubens- und Lebensgemeinschaft in Deutschland, Köln 2004.

Th. Lemmen, Muslime in Deutschland. Eine Herausforderung für Kirche und Gesellschaft, Baden-Baden 2001.

A. Schimmel, Mystische Dimensionen des Islam. Die Geschichte des Sufismus, Frankfurt a.M./Leipzig 1995.

F. Sen/H. Aydin, Islam in Deutschland, München 2002.

U. Spuler-Stegemann, Muslime in Deutschland. Informationen und Klärungen, Freiburg i. Br. 2002.

A. Strobl, Islam in Österreich. Eine religionssoziologische Untersuchung, Frankfurt 1997.

1.2 Islamische Vereine und Organisationen in Deutschland, Österreich und der Schweiz

Deutschland

Derzeit gibt es eine Vielzahl islamischer Vereine und Dachverbände in Deutschland, die sich mehr oder weniger stark (religiös, politisch, ethnisch) voneinander abgrenzen und untereinander um Mitglieder und Einfluss konkurrieren. Die Anzahl der Moscheegemeinden und islamischen Einrichtungen in Deutschland wird gegenwärtig auf etwa 2400 geschätzt. Davon sind die überwiegende Mehrzahl sog. »Hinterhofmoscheen«, nur etwa 140 sind klassische Kuppelbauten mit Minarett. Diese Vereine und Verbände sind entweder eigenständig, föderativ oder zentralistisch strukturiert. Über den Organisationsgrad der Muslime in Deutschland sind keine verlässlichen Zahlen zu erhalten. Eine Studie des Zentrums für Türkeistudien aus dem Jahr 2002 spricht von 36 % der türkischen (!) Muslime, die organisiert sind.[16] Faktum ist, dass sehr oft nur der »Familienvorstand« offizielles Vereinsmitglied ist, die ganze Familie aber sich zum Verein zugehörig fühlt und am Vereinsleben teilnimmt. Daneben stehen die Moscheen meist auch Nichtmitgliedern offen, die die religiösen und sozialen Dienstleistungen des jeweiligen Vereins nur gelegentlich (z.B. während des Ramadan) in Anspruch nehmen. Dass der größere Teil der Muslime in Deutschland nicht organisiert ist, liegt in erster Linie daran, dass diese Form der Institutionalisierung des religiösen Lebens dem Islam weitgehend fremd ist bzw. gewesen ist.

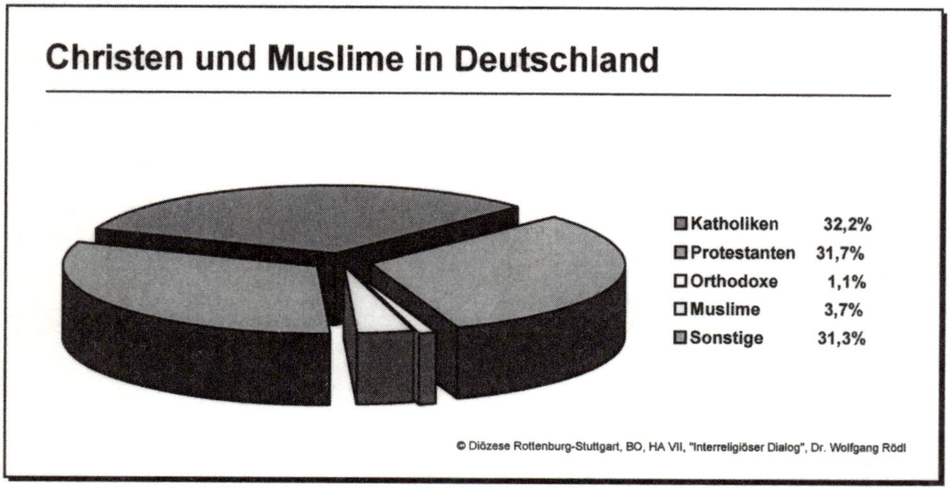

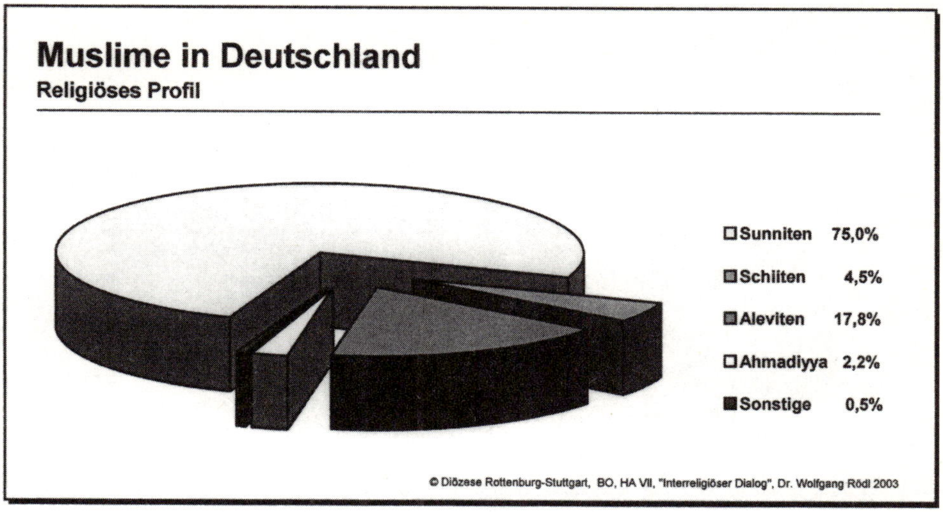

Hinsichtlich der Zielsetzungen, Verflechtungen und Finanzierungen einzelner Vereine und Verbände besteht aufgrund von häufig wechselnden Namen und Leitungen, von Abspaltungen, Fusionen und Fluktuationen für Außenstehende oft nicht genügend Transparenz. Dies erschwert die Möglichkeiten eines kontinuierlichen Dialogs. Viele Verbände sind an Organisationen, Parteien oder gar staatliche Stellen im jeweiligen Heimatland rückgebunden und folglich davon mehr oder weniger abhängig. Die wichtigsten und größten islamischen Dachverbände in Deutschland seien stichwortartig vorgestellt[17]:

1. *Türkisch-Islamische Union der Anstalt für Religion e.V.* (DITIB): Der Verband wurde 1984 durch den türkischen Staat (vom Präsidium für Religionsangelegenheiten) mit dem Ziel gegründet, den Einfluss islamistischer Organisationen einzudämmen, und ist dezentral organisiert, d.h. die angeschlossenen Moscheegemeinden sind eigenständig und rechtsfähig. Mit ca. 780 Ortsvereinen und etwa 150.000 Mitgliedern ist er der größte islamische Verband in Deutschland. Die Imame werden an theologischen Fakultäten in der Türkei ausgebildet und vom türkischen Staat bezahlt; sie sprechen oft kaum Deutsch und kehren nach vier bis sechs Jahren wieder in die Türkei zurück, sodass eine Integration in die deutsche Gesellschaft kaum möglich ist. Die Imame und Gemeinden sind gehalten, den »türkischen Staatsislam« mit seinem laizistischen Prinzip zu vertreten. Sie haben außerdem das Ziel, die Integration unter Wahrung der religiösen und nationalen Identität der Türken in Deutschland zu fördern. Der Verband der DITIB-Gemeinden ist in keiner der islamischen Spitzenorganisationen vertreten, aber einer der wichtigsten Ansprechpartner für staatliche und kirchliche Stellen und in der Regel sehr offen für Begegnung und Dialog.

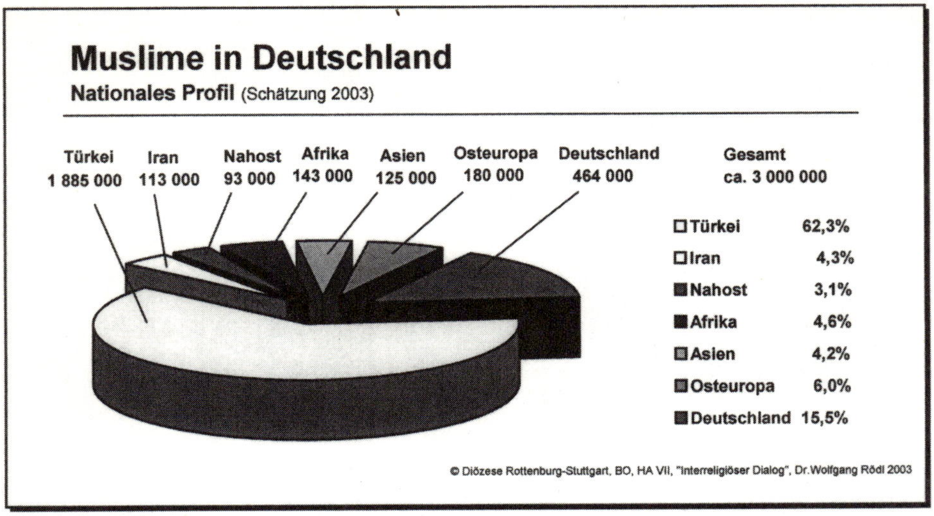

2. *Islamische Gemeinschaft Milli Görüş* e.V. (IGMG): Die IGMG (»National-religiöse Weltsicht«) ist ebenfalls eine europaweit vertretene türkisch-islamische Organisation, die in Deutschland unter diesem Namen seit 1995 besteht, jedoch mehrere Vorgänger- und Zweigorganisationen aufweist. Mit ca. 500 Moscheegemeinden (nach eigenen Angaben) und etwa 27.000 Mitgliedern ist sie der zweitgrößte Einzelverband in Deutschland. Die direkte und indirekte Verflechtung von einzelnen Vereinen und Institutionen mit der IGMG ist für Außenstehende kaum transparent; sicher ist jedoch eine enge personelle, ideelle und finanzielle Verknüpfung mit der früheren islamistischen »Wohlfahrtspartei« in der Türkei unter dem früheren türkischen Ministerpräsidenten Neçmettin Erbakan. 1997 wurde die »Wohlfahrtspartei« vom türkischen Verfassungsgericht verboten, worauf sie in »Tugendpartei« umbenannt und im Jahre 2001 erneut verboten wurde (Spaltung in islamistische »Glückseligkeitspartei« und konservativ-islamische Gerechtigkeits- u. Fortschrittspartei AKP). Ziel dieser Partei ist die Umwandlung der Türkei in einen islamischen Staat, weshalb die IGMG in Deutschland vom Verfassungsschutz des Bundes und einiger Länder observiert und als extremistisch (islamistisch) eingeschätzt wird. Dies trifft gewiss nicht für alle Mitglieder zu.[18] Zwar zeigen sich IGMG-Gemeinden und -Mitglieder oft dialogbereit, doch muss im Einzelfall geprüft werden, wie ernst dieses Angebot gemeint ist und welches Ziel damit verfolgt wird.

3. *Verband islamischer Kulturzentren e.V.* (VIKZ)[19]: Dieser streng hierarchische und zentralistisch organisierte Verband ist eine der ältesten türkisch-islamischen Organisationen in Deutschland (1980 gegründet). Er ist von der Süley-

mançi-Bewegung (Anhänger des Sufi-Predigers Süleyman Efendi, 1888–1959), einer mystischen Strömung des Islam geprägt, die Anfang des 20. Jahrhunderts als Reaktion auf den Laizismus in der Türkei entstanden ist, ohne jedoch politisch extremistisch zu sein. Mit über 300 Ortsvereinen, ca. 20.000 Vereins-Mitgliedern und weiteren 80.00 Gemeindemitgliedern (laut Selbstdarstellung) gehört der VIKZ zu den wichtigsten islamischen Organisationen in Deutschland. Seine Ziele und Aktivitäten sind die Einrichtung von Gebetsstätten und die Durchführung von Koran- bzw. Religionsunterricht sowie Sozialarbeit: »In Deutschland gilt das Hauptaugenmerk des Verbandes der Wahrung der türkisch-islamischen Identität der Jugendlichen.«[20] Bis vor kurzem war der Verband rege am interreligiösen Dialog beteiligt; ein Wechsel in der Führungsetage im Jahr 2000 jedoch leitete eine Distanzierung vom Dialog sowie den Austritt aus dem »Zentralrat der Muslime in Deutschland« (ZMD) ein.

4. *Union der Türkisch-Islamischen Kulturvereine in Europa e.V.* (ATIB): Kennzeichen dieses 1988 gegründeten, mit ca. 126 Vereinen und 11.500 Mitgliedern in Deutschland vertretenen Verbandes ist die enge Verbindung von Islam und türkischem Nationalismus. Der Verband ist Mitglied im ZMD und durchaus offen für den Dialog.

5. *Jama'at un-Nur Köln e.V.:* Der Verein wurde 1979 in Köln gegründet und bildet den deutschen Zweig der türkischen Nurçuluk-Bewegung, einer religiösen Restaurationsbewegung, die sich auf den islamischen Gelehrten Said Nursi (1873–1960) und seine aktualisierenden Koranauslegungen beruft. In Deutschland hat der Verband ca. 40 Medresen (Lehranstalten) mit 5.000–6.000 Mitgliedern. Er ist Gründungsmitglied des »Islamrates« und bemüht sich um interreligiösen Dialog.

6. *Alevitische Gemeinde Deutschland* (AABF): Anfang der 1990er-Jahre gegründet, gehören der Föderation heute bundesweit über 90 selbstständige Vereine mit einer geschätzten Mitgliederzahl von 20–30.000 an: »Die AABF versteht sich als unabhängige, demokratische und dem Laizismus verpflichtete Interessenvertretung der Aleviten.«[21]

7. Neben den genannten türkischen Organisationen gibt es auch Vereine arabischer, iranischer, bosnischer, albanischer und deutscher Muslime. Zahlreiche islamische Vereine und Dachverbände in Deutschland außer DITIB sind zudem in zwei *nationalitätenübergreifenden Spitzenorganisationen* mit dem Ziel organisiert, eine repräsentative Vertretung der Muslime gegenüber dem Staat zu bilden. Faktisch jedoch können sie lediglich für eine Minderheit (10–12 %)[22] der Muslime in Deutschland sprechen:

- Das ist zum einen der *Islamrat für die Bundesrepublik Deutschland* (IR), der 1986 u.a. von VIKZ und Jama'at un-Nur gegründet wurde und heute aus über 30 Bundes- und Landesverbänden sowie regionalen und lokalen Vereinen besteht. Nach dem Austritt des VIKZ 1988 ist der Islamrat von der IGMG dominiert. In seiner Selbstdarstellung bekennt sich der Islamrat »uneingeschränkt zum Grundgesetz der Bundesrepublik Deutschland und den Prinzipien der freiheitlich demokratischen Grundordnung und des sozialen Rechtsstaates«.[23] Seine Aufgabe sieht der Islamrat insbesondere in der religiösen, sozialen und kulturellen Betreuung sowie in der Integration der Muslime in Deutschland.
- Zum Zweiten ist der 1994 gegründete *Zentralrat der Muslime e.V.* (ZMD) zu nennen, der gegenwärtig 19 Verbände unterschiedlicher nationaler Herkunft, konfessioneller Prägung und gesellschaftspolitischer Ziele vereint (darunter z.B. ATIB, Deutsche Muslim-Liga, Islamische Zentren Hamburg, Aachen und München). Der Austritt des großen Verbandes VIKZ im Jahr 2000 bedeutete eine Schwächung des ZMD. Der Zentralrat hat im Jahr 2002 mit der Veröffentlichung einer »Grundsatzerklärung zum Verhältnis der Muslime zum deutschen Staat und zur deutschen Gesellschaft« (»Islamische Charta«) großes Aufsehen erregt.[24]

8. Neben den genannten Einzelverbänden, Dachverbänden und Spitzenorganisationen gibt es in Deutschland seit Mitte der 1990er Jahre Zusammenschlüsse islamischer Verbände auf Länderebene wie z.B. die Islamische Föderation Berlin (IFB), die Islamische Religionsgemeinschaft Hessen (IRH), die SCHURA – Rat der islamischen Gemeinschaften in Hamburg oder die im Jahr 2002 gegründete SCHURA – Niedersachsen. Diese regionalen Verbände haben sich mit den primären Zielen der Erlangung des Körperschaftsstatus sowie der Schaffung eines Islamischen Religionsunterrichts in den jeweiligen Bundesländern zusammengeschlossen.

An dieser Stelle sei darauf hingewiesen, dass es in Deutschland in mehreren Städten seit vielen Jahren auch christlich-islamische Vereinigungen gibt, die sich um Dialog und Verständigung bemühen, so etwa die Christlich-Islamischen Gesellschaften (CIG's). Aufbauend auf dieser Arbeit wurde im Januar 2003 der »Koordinierungsrat der Vereinigungen des christlich-islamischen Dialoges in Deutschland« (KCID) gegründet.

Schweiz

Ganz ähnlich wie in Deutschland ist die Situation und Problematik in der Schweiz: Auch hier ist die Organisation der Muslime aufgrund der ethnischen und religiösen Vielfalt unübersichtlich. Insgesamt gibt es ca. 140 Organisationen, die rechtlich entweder als Vereine oder als Stiftungen organisiert sind: Neben den auch in Deutschland existierenden Verbänden wie DITIB oder Milli Görüş sind hier das »Centre islamique de Genève« (gegr. 1961), die »Fondation Culturelle Islamique de Genève« (gegr. 1978, mit einer Kuppelmoschee), das »Centre Islamique de Lausanne«, die »Association des Musulmans de Lausanne«, die »Ligue des Musulmans de Suisse«, die »Vereinigung der Islamischen Organisationen in Zürich« (gegr. 1994) und die »Basler Muslim Kommission« zu nennen. Daneben gibt es mehrere Dachverbände wie die »Vereinigung der Islamischen Organisationen in Bern«, die Vereinigung »Musulmans, Musulmanes de Suisse« (gegr. 1992) und die »Koordination Islamischer Organisationen Schweiz (KIOS)«.[25] Im Kanton Luzern haben sich kürzlich einzelne Vereine zur Dachorganisation »Vereinigung der islamischen Organisationen des Kantons Luzern« (VIOKL) zusammengeschlossen. Es ist bisher noch zu keiner Vereinigung aller islamischen Organisationen gekommen, die dann gegenüber den eidgenössischen Behörden als Ansprechpartner fungieren könnte.

Österreich

Die Situation der Organisation des Islam in Österreich ist, wie bereits angedeutet, eine andere als in den übrigen europäischen Ländern, ja vielleicht einzigartig. Denn trotz der Heterogenität des Islam auch hier ist es doch gelungen, mit der Gründung der »Islamischen Glaubensgemeinschaft in Österreich« (IGGiÖ) 1979 eine weitgehend repräsentative Vertretung der Muslime in Österreich bzw. der österreichischen Muslime (etwa die Hälfte besitzt österreichische Staatsbürgerschaft) zu schaffen. Die IGGiÖ hat ihren Hauptsitz in Wien, daneben hat sie regionale Vertretungen in mehreren Sprengeln (Wien, Graz, Linz und Bregenz). Sie besitzt einen eigenen Mufti, d.h. Rechtsgelehrten, der für die österreichischen Muslime zuständig ist. Die von ihr getragene und in Europa einzigartige »Islamische Religionspädagogische Akademie« (IRPA) in Wien bildet seit 1998 die muslimischen Religionslehrerinnen und -lehrer sowie Seelsorger aus.[26] Darüber hinaus betreibt die IGGiÖ ein islamisches Gymnasium in Wien sowie Besuchs- und Sozialdienste an Spitälern und in Haftanstalten. Seit 2003 gibt es auch einen eigenen muslimischen Friedhof in Wien.

Fazit

1. Festzuhalten ist, dass erstens nur der geringere Teil der Muslime in Deutschland überhaupt verbandlich organisiert ist; der größte Verband (DITIB) ist in keinem der beiden Spitzenverbände vertreten, sodass immer wieder die Frage nach dem Ansprechpartner und der Repräsentativität dieser Verbände gestellt wird. Ähnlich ist die Situation in der Schweiz, anders dagegen in Österreich, wo sich eine repräsentative Vertretung bilden konnte.
2. Es zeigt sich eine immer noch starke Rückbindung der islamischen Organisationen an das jeweilige Herkunftsland: Viele Organisationen und Verbände haben die Bewahrung nicht nur der religiösen und kulturellen, sondern auch der nationalen bzw. ethnischen Identität als Ziele formuliert.
3. Schließlich fällt die starke politische und ethnische Zersplitterung der Muslime besonders in Deutschland und der Schweiz auf. All dies sind Faktoren, die sowohl die notwendige Integration der Muslime ausländischer Herkunft wie auch den interkulturellen und interreligiösen Dialog erschweren.
4. Ob ein Dialog oder eine Zusammenarbeit mit einer Moscheegemeinde möglich ist, hängt letztlich sehr stark von den konkreten Personen vor Ort ab und muss deshalb in jedem Einzelfall ausgelotet werden. Für die Kirchen und einzelnen Christen ist wichtig, auch nichtorganisierte Muslime als mögliche Dialogpartner in den Blick zu nehmen und sich nicht ausschließlich auf die bestehenden Verbände und deren Vertreter zu konzentrieren. Die Grenze des interreligiösen und interkulturellen Dialogs ist dort markiert, wo er für politische Zwecke instrumentalisiert wird oder wo beteiligte Gruppen oder Personen nachweislich die Basis der Verfassung verlassen.
5. Ein großer Unterschied zu den christlichen Kirchen, auf die das deutsche Recht hin gestaltet ist, besteht darin, dass der (sunnitische) Islam kaum eine Organisationsstruktur und auch keine offizielle Hierarchie kennt. Dies erschwert den Muslimen die institutionelle Integration in Europa und Deutschland, weil sie damit nur schwer repräsentative Vertretungen als Verhandlungspartner gegenüber den Behörden stellen können. Doch die Bemühungen um Zusammenschlüsse zumindest auf regionaler Ebene oder Landesebene nehmen zu.

Weiterführende Literatur:

M. Heimbach, Die Entwicklung der islamischen Gemeinschaften in Deutschland seit 1961, Berlin 2001.

Th. Lemmen, Islamische Vereine und Verbände in Deutschland, hg. vom Gesprächskreis Migration und Integration der Friedrich-Ebert-Stiftung, Bonn 2002.

R. Pahud de Mortanges/E. Tanner (Hg.), Muslime und schweizerische Rechtsordnung, Freiburg (Schweiz) 2002.

F. Şen/H. Aydin, Islam in Deutschland, München 2002.

U. Spuler-Stegemann, Muslime in Deutschland. Informationen und Klärungen, Freiburg i. Br. 2002.

A. Strobl, Islam in Österreich, Frankfurt/M. 1997.

1.3 Zur sozialen Situation der Muslime mit Migrationshintergrund

Es gibt heute in Mitteleuropa drei Generationen von muslimischen Migrantinnen und Migranten bzw. von Musliminnen und Muslimen mit Migrationshintergrund, die unterschiedliche Erfahrungen unter je anderen Sozialisationsbedingungen gemacht haben und machen[27]:

- Die *erste Migrantengeneration* kommt derzeit ins Rentenalter und stellt eine noch gar nicht genügend erkannte neue Herausforderung für die Altenhilfe und den Pflegebereich dar. Diese Zuwanderer wollten mehrheitlich anfangs nur für einige Jahre bleiben, sich dann in der Heimat eine neue Existenz aufbauen und den Lebensabend in Wohlstand verbringen. Nicht wenige von ihnen erleben nun, dass sich diese Pläne nicht verwirklicht haben. Die meisten von denen, die nicht zurückkehrten, haben nach dem Anwerbestopp 1973 und dem Familiennachzugsgesetz der Bundesrepublik Deutschland ihre Familien nachgeholt (in der Schweiz Ende der 1970er-Jahre). Einige spielen zwar immer noch mit dem Gedanken, in die ursprüngliche Heimat zurückzukehren, doch die familiären und freundschaftlichen Verbindungen zum Ursprungsland haben abgenommen. Die kulturellen Unterschiede sind außerdem zu groß geworden, um einfach zurückkehren zu können. Zugleich aber ist vielen von ihnen Deutschland noch immer nicht zu einer neuen Heimat geworden, sodass die Lebenssituation vieler von ihnen mit dem *Zustand der Heimatlosigkeit* beschrieben werden kann.
  Die sprachliche Verständigung mit der einheimischen Bevölkerung ist oft nur sehr schwer möglich, was die Integration dieser Generation, die z.T. nur sehr unzureichende schulische und berufliche Ausbildung erfahren hat, zusätzlich behindert. Erschwerend kommt hinzu, dass viele durch ihr relativ geringes Arbeitseinkommen eine niedrige Rente erhalten und für das Alter schlecht abgesichert sind. Die Arbeitslosen- bzw. Frühverrentungsquote dieser Gruppe ist deutlich höher als in anderen Teilen der Bevölkerung, da sie aufgrund ihrer beruflichen Qualifikation am ehesten von Wirtschaftskrisen und konjunkturellen Schwankungen betroffen ist. Ferner müssen Zugewanderte vielfach mit schlechten Wohnverhältnissen Vorlieb nehmen und sind nicht in der Lage, eine spezielle medizinische Versorgung zu beanspruchen.[28] Die religiöse Bindung und Praxis der türkischstämmigen Migrantinnen und Migranten scheint nach Angaben des Zentrums für Türkeistudien in dieser Altergruppe noch zu steigen.[29]
- Die *zweite Generation* (heute zwischen 30 und 45 Jahre alt) ist entweder als Kleinkind oder Schulkind nach Deutschland gekommen und hier aufgewachsen. Sie war und ist entsprechend den Zielen der Elterngeneration stark aufstiegs- und bildungsorientiert. Vielen ist der soziale Aufstieg tatsächlich gelun-

gen; nicht wenige sind vor allem im Dienstleistungsbereich unternehmerisch tätig geworden, bei anderen dagegen haben sich die Erfolgshoffnungen nicht erfüllt. Man kann feststellen, dass diese Generation im Vergleich zur ersten deutlich weniger Kinder hat (zwei bis drei), wohl aufgrund der besseren Schul- und Berufsausbildung der Frauen. Dadurch ändert sich auch die Eltern-Kind-Beziehung: Die sozial-emotionale Bedeutung der Kinder für die Eltern wächst. Mit der Angleichung an hiesige Verhältnisse steigen aber auch die Trennungen und Scheidungen in dieser Gruppe.[30] Der größere Teil dieser Generation versucht nun, zwischen der Herkunftskultur der Eltern und der mitteleuropäischen Kultur eine Balance herzustellen, also sich weder von der Herkunftskultur abzuschneiden noch völlig in die hiesige Gesellschaft zu assimilieren. Dabei fällt auf, dass diejenigen Türken, welche die deutsche Staatsbürgerschaft erlangt haben, am besten integriert sind, d.h. die besten Deutschkenntnisse besitzen und deutlich mehr Kontakte zu Deutschen unterhalten.[31] »Das Religionsverständnis ist bei der zweiten Generation ein eher aufgeklärtes«, allerdings abhängig vom Bildungsniveau.[32]

- Die *dritte Generation* mit Migrationshintergrund ist hier geboren und besucht derzeit den Kindergarten, die Schule oder befindet sich in der Berufsausbildung. Obwohl diese Kinder und Jugendlichen hier geboren und aufgewachsen sind, hat nur etwa ein Viertel davon gute Deutschkenntnisse. Dieses alarmierende Faktum liegt an den geringen Deutschkenntnissen ihrer Mütter, die häufig aus der Türkei geholt wurden (84% dieser türkischen Mütter haben geringe bis sehr geringe Deutschkenntnisse)[33]: Die Kommunikation zwischen Eltern und Kindern geschieht also noch überwiegend in der Muttersprache. Dies wird durch gettoähnliche Wohnsituationen, fehlenden Kindergartenbesuch und den Einfluss muttersprachlicher Medien weiter verstärkt. Diese Situation behindert den schulischen und beruflichen Erfolg und damit auch die wirtschaftliche und soziale Integration in die Gesellschaft.

  Eine Umfrage unter türkischen Jugendlichen in Deutschland aus den 1990er-Jahren (Heitmeyer-Studie)[34] ergab, dass gut drei Viertel dieser Jugendlichen sich nicht als Deutsche fühlen, etwa die Hälfte sich aber auch der Türkei nicht zugehörig fühlen – also ein relativ hohes Maß an zumindest gefühlter Desintegration aufweisen. Dagegen verstehen sich gut zwei Drittel als Muslime. Der Islam als Religion und als Kultur stellt für einen großen Teil dieser Generation offensichtlich eine wichtige Identifikationsgröße dar: Er vermittelt Selbstvertrauen, Sicherheit und Zugehörigkeitsgefühl. In der Tat ist die religiöse Praxis unter den muslimischen Jugendlichen in Deutschland signifikant intensiver als unter den nichtmuslimischen Altersgenossen, wie die Shell-Studie »Jugend 2000«[35] belegt, aber doch auch rückgängig, sodass viele Moscheegemeinden die Sorge äußern, die »Jugend zu verlieren«.

Die Heitmeyer-Studie hat auch die nicht unwidersprochen gebliebene Hypothese aufgestellt, dass bei einem Teil der türkischen Jugendlichen eine latente religiös fundierte und bildungsabhängige Gewaltbereitschaft vorhanden sei, die sich in der Anfälligkeit für fundamentalistisches Gedankengut und extremistische Gruppierungen zeige. Die Gründe dafür sind vielfältig und komplex: Das bereits erwähnte Gefühl der gesellschaftlichen Nichtakzeptanz und der Desintegration; die Spannung zwischen dem traditionellen Normen- und Wertesystem der Eltern und Großeltern und deren Anforderungen einerseits und dem Anpassungsdruck der westlichen Mehrheitsgesellschaft andererseits; hohe Unzufriedenheit mit schulischer und beruflicher Situation; eine relativ problematische Zukunftserwartung sowie Diskriminierungserfahrungen durch Behörden und deutsche Gleichaltrige. Ganz ähnliche Probleme treten auch bei den Jugendlichen deutscher Aussiedler aus Osteuropa auf. Staat, Gesellschaft und Kirchen haben hier die wichtige Aufgabe, diesen Jugendlichen eine Perspektive zu eröffnen. Dabei wird immer deutlicher, dass Sprachkenntnisse und Bildung, aber auch rechtliche Sicherheit und politische Partizipation die wichtigsten Integrationsfaktoren darstellen.

Fazit

1. Heute lebt bereits die dritte Generation von Musliminnen und Muslimen mit Migrationshintergrund in Mitteleuropa: Während sich die erste Generation immer noch schwer tut mit der Integration, versucht die zweite Generation eine Brücke zwischen Herkunftskultur und der neuen Heimat herzustellen.
2. Die größten Probleme haben heute offensichtlich Angehörige der dritten Generation: Während ein Teil davon ziemlich gut integriert ist, hat ein anderer Teil hier noch keine Wurzeln geschlagen, muss Ausgrenzungserfahrungen machen und verfügt über schlechte Berufs- und Aufstiegschancen. Sie sind hin- und hergerissen zwischen der Herkunftskultur ihrer Eltern und Großeltern und der Mehrheitsgesellschaft. Der islamische Glaube gibt vielen zwar Halt und Orientierung, doch ist er einem Teil der Jugendlichen muslimischer Herkunft auch fremd geworden.
3. Die soziale, politische, rechtliche, kulturelle und religiöse Integration dieser heranwachsenden Generation ist eine wichtige Zukunftsaufgabe aller gesellschaftlichen Kräfte, auch und besonders der Kirchen.
4. Der Islam in Europa sollte immer weniger als Gegenstand der Ausländer- oder Einwanderungspolitik, vielmehr als Aufgabe der Religions- und Gesellschaftspolitik betrachtet werden.

Weiterführende Literatur:

J. Kandel (Hg.), Migrantenfamilien im Wandel. Fachtagung der Friedrich-Ebert-Stiftung 28. Februar 2001, Berlin (2001).

J. Reulecke (Hg.), Spagat mit Kopftuch. Essays zur Deutsch-Türkischen Sommerakademie, Hamburg 1997.

U. von Wilamowitz-Moellendorff, Projekt Zuwanderung und Integration: Türken in Deutschland II – Individuelle Perspektiven und Problemlagen, hg. von der Konrad-Adenauer-Stiftung, St. Augustin 2002.

1.4 Schwierigkeiten der Begegnung und des Dialogs

»Der Mensch ist Feind dessen, was er nicht kennt«: Dieses dem Kalifen Ali zugeschriebene Sprichwort bringt die Ursache für die Schwierigkeiten eines friedlichen Zusammenlebens auf den Punkt und weist zugleich den Weg, wo angesetzt werden muss, um die Situation zu verbessern.

Sprachliche und soziale Barrieren

Viele Begegnungen im Alltag und nicht wenige Dialoginitiativen zwischen Christen und Muslimen auf örtlicher Ebene scheitern bereits an den erwähnten *Sprachbarrieren.* Oft sind gerade die muslimischen Theologen, die Imame, der deutschen Sprache nicht oder kaum mächtig, da sie (in der Regel) nur eine bestimmte Zeit hier weilen und dann wieder in ihre Heimat zurückkehren.[36] Zudem können die ausländischen Imame die gesellschaftliche Situation und die Verortung des Dialogs in dieser Gesellschaft nicht immer richtig einschätzen.[37] Hier sind die Moscheevereine gefordert, für Imame zu sorgen, die hier aufgewachsen sind oder zumindest hier ausgebildet werden. Umgekehrt sollte der deutsche Staat ein Interesse daran haben, für entsprechende Ausbildungseinrichtungen etwa an den Universitäten zu sorgen.

Eine zweite Hürde für eine gelingende Verständigung besteht in den immer noch vorhandenen *Bildungsunterschieden* zwischen den eher aus dem Arbeitermilieu stammenden Muslimen und den eher aus dem Bildungsbürgertum kommenden dialoginteressierten Christen.[38] Diese Situation dürfte sich in den kommenden Jahren und Jahrzehnten jedoch verbessern, wenn in Europa zunehmend Musliminnen und Muslime mit guten Sprachkenntnissen und höherer Bildung heranwachsen.

Drittens kommt in Großstädten und Ballungsräumen eine zunehmende *Gettoisierung* muslimischer Bevölkerungsgruppen hinzu, was nicht nur für die Integrationsleistung erschwerend ist, sondern auch für den interkulturellen und interreligiösen Dialog. Sozial- und individualpsychologisch sind derartige Gettobildungen verständlich und häufig anzutreffen. Doch führen sie letztlich zur Entstehung von Parallelgesellschaften, in denen keine Seite mehr die Notwendigkeit für Begegnung und Dialog sieht. Hier sind die Städte- und Strukturplaner gefordert, gegenzusteuern und für eine stärkere Durchmischung der Wohngebiete zu sorgen, etwa indem auch Viertel mit hohem Ausländeranteil attraktiv gestaltet und versorgt werden.

Kulturelle Unterschiede und psychologische Barrieren

Die kulturellen Unterschiede äußern sich auf vielfältige Weise, am augenfälligsten wohl in der Kleidung und im öffentlichen Auftreten und Verhalten. Andersartigkeit kann das Gefühl der Fremdheit hervorrufen und bestehende Unsicherheiten oder Ängste verstärken. Das Fremde, der/die Andere kann als Gefährdung der eigenen Identität und Existenz (Arbeitsplatz etc.) empfunden werden. Dies zeigt sich in der sehr kontrovers geführten, z.T. emotional aufgeladenen politischen Diskussion um die Zuwanderung, in den Widerständen gegen Moscheebauten, in der Diskussion um das Kopftuch oder in der Empörung über das Schächten.

Empirische Untersuchungen bestätigen, dass die auf (zumindest scheinbaren) kulturellen Unterschieden beruhenden Ängste und Vorbehalte in der Öffentlichkeit weitgehend massenmedial vermittelt, vertieft und »verlängert« werden.[39] Sie konzentrieren sich in einem Islambild, welches in den Nachrichten – in Form negativer Meldungen und Bilder – über Krieg, Fanatismus, Terrorismus, Unterdrückung der Frau vorherrscht, sodass in der Wahrnehmung der Bevölkerung fest eingeprägte Assoziationsmuster entstehen, die zu Feindbildern werden können.[40] Von »Feindbildern« kann man sprechen, wenn »in einer Gesellschaft oder einem Teil von ihr ein dichotomisches Wahrnehmungsmuster propagiert bzw. sozial vermittelt« wird, »das nur noch negative Einstellungen gegenüber einer anderen Gruppe akzeptabel erscheinen« lässt.[41] Solche Feindbilder entstehen (1) durch den für unseren Wahrnehmungsapparat zunächst völlig normalen und notwendigen Vorgang der *Kategorisierung*, d.h. der Einordnung von Objekten anhand von Ähnlichkeiten und Unterschieden. Dabei können die Unterschiede zwischen verschiedenen Kategorien leicht überschätzt werden (Schwarz-Weiß-Muster). Vor allem dann, wenn (2) *soziale Identität* gestiftet und bestätigt werden soll, kann die Überbetonung der Unterschiede zu einer sozialen Abgrenzung und zu einer Abwertung der Fremdgruppe führen (Freund-Feind-Schema), was wiederum (3) in *sozialen Konflikten* verstärkt wird.[42]

Typische Stereotype und Vorurteile gegenüber dem Islam oder den Muslimen, die in manchen sozialen Gruppen zu Feindbildern werden können oder vielleicht schon geworden sind, seien im Folgenden kurz genannt: »der Islam« sei von seinem Wesen her (also nicht nur in konkreten geschichtlichen Ausformungen) gewalttätig, fanatisch, frauenfeindlich, fortschrittsfeindlich, unvereinbar mit »europäischer Kultur« und modernen Menschenrechten, »die Muslime« oder »die Türken« im Besonderen seien nicht integrationsfähig und -willig, »der Islam« in Europa unterwandere die demokratisch-freiheitliche Grundordnung oder die Rede von der »orientalischen Irrationalität«. Selbst mit differenzierten Informationen ist gegen derartig eingefahrene Stereotype und Vorurteile wenig auszurichten, weil alles, was in dieses Bild vom Islam passt, dieses Bild bestätigt, während das, was nicht ins Bild passt (z.B. eine modern gekleidete, emanzipierte muslimische Frau), nicht als islamisch wahrgenommen oder ausgeblendet wird (sog. Klischee-Falle).[43] Häufig deckt sich eine solche »Islamphobie« mit einer allgemeinen Haltung der Fremdenfeindlichkeit und des Rassismus: »Beide Erscheinungen gibt es nicht nur in Orten nahe den Großstädten und Ballungsgebieten mit hohem Migrantenanteil, sondern ebenso in Dörfern mit wenig oder sogar ohne Zuwanderung.«[44]

Natürlich gibt es auch auf muslimischer Seite vergleichbare psychologische Barrieren und verbreitete Vorurteile: Hier ist nicht selten ein vereinfachtes Feindbild »westliche Welt« anzutreffen, das eine unvoreingenommene Begegnung behindert. Der »Westen« (Europa und besonders die USA) wird dann pauschal mit Expansionsdrang, Kriminalität, Unzucht, Alkoholismus, allgemein mit sittlichem Verfall und Atheismus identifiziert. Dem Christentum wird der Vorwurf gemacht, in der moralischen und religiösen Erziehung der nachwachsenden Generation versagt zu haben. Solche Pauschalisierungen müssen überwunden und die gegenseitigen Feindbilder verlernt werden, wenn der viel beschworene »Zusammenprall der Kulturen«[45] (Samuel Huntington) verhindert werden soll. Tatsächliche Missstände in den jeweiligen Kontexten dürfen nicht totgeschwiegen werden, als gäbe es sie nicht. Wohl aber muss vor Pauschalverurteilungen gewarnt und die Fähigkeit zur differenzierten Wahrnehmung der Wirklichkeit und zur Selbstkritik geschult werden. Von besonderer Bedeutung ist in diesem Zusammenhang die Rolle von Meinungsführern und anerkannten Persönlichkeiten (Papst, Bundespräsident/-in, Oberbürgermeister/-in, Pfarrer/-in, Lehrer/-in etc.).

Geschichtliche Lasten, gesellschafts- und (geo-)politische Probleme

Die christlich-muslimischen Beziehungen werden zusätzlich durch die geschichtlichen Lasten (vgl. Kap. 3), die gesellschaftspolitischen Probleme und die geopolitischen bzw. militärischen Auseinandersetzungen der jüngsten Vergangenheit erschwert.

Während für viele Christen die frühen Eroberungszüge der muslimischen Heere in den Ursprungs- und Kerngebieten des Christentums (also im Nahen Osten, in Nordafrika, in Spanien) sowie die Eroberung Konstantinopels im Jahre 1453 durch osmanische Truppen ein Beweis für die ständige Bedrohung der christlichen Welt durch den Islam darstellen, rechnen Muslime den Christen immer wieder die Kreuzzüge, die mit der Reconquista in Spanien verbundene Verfolgung und Zwangschristianisierung (Inquisition) oder den Kolonialismus und die damit einhergehende Missionstätigkeit im 19. und 20. Jahrhundert auf.

Die Christen ihrerseits halten den Muslimen Menschenrechtsverletzungen gegenüber Christen in islamischen Ländern vor. Sie fordern dort mit Recht jene Freiheiten (vor allem Religionsfreiheit) ein, die in westlichen Ländern Muslimen gewährt werden. Dabei wird jedoch oft übersehen, dass auch viele Muslime selbst die Regierungen in ihren Heimatländern kritisieren oder ablehnen, vielleicht sogar vor staatlicher Verfolgung geflohen sind.

Dass schließlich die geopolitische Situation mit dem Israel-Palästina-Konflikt, mit dem zweiten Golfkrieg oder den Terroranschlägen vom 11. September 2001 in den USA sowie den damit verbundenen kriegerischen Auseinandersetzungen in Afghanistan und im Irak eine Belastung für den christlich-islamischen Dialog in Deutschland und Europa darstellt, ist täglich zu spüren: Ein Klima der Angst, des Misstrauens und der pauschalen Verdächtigungen und Beschuldigungen prägt weithin die momentane Situation.

Fazit

1. Der christlich-muslimische Dialog weltweit ist durch zahlreiche geschichtliche, vor allem aber gegenwärtige politische und soziale Problemfelder belastet.
2. Diese den Kontext mitbestimmenden Faktoren müssen behutsam und doch offen und differenziert in sachlicher Kritik angesprochen und diskutiert werden. Dies erfordert gute Kenntnisse und die Bereitschaft zu Selbstkritik und Versöhnung auf beiden Seiten.
3. Negatives wird oft dem Kollektiv oder gar dem »Wesen« der anderen Religion, im eigenen Bereich dagegen nur einzelnen »schwarzen Schafen« angelastet. Derartige Mechanismen und psychologische Barrieren wie Ängste, Vorurteile und Feindbilder sind nur durch kontinuierliche Begegnung und ernst gemeinten Dialog, einen anstrengenden, aber auch interessanten und bereichernden Lernprozess zu überwinden, der gewohnte Wahrnehmungsmuster verändert.

Weiterführende Literatur:

Die deutschen Bischöfe, Integration fördern – Zusammenleben gestalten. Wort der deutschen Bischöfe zur Integration von Migranten, Bonn 2004.

P. Heine, Konflikt der Kulturen oder Feindbild Islam. Alte Vorurteile – neue Klischees – reale Gefahren, Freiburg/Basel/Wien 1996.

J. Hippler/A. Lueg (Hg.), Feindbild Islam oder Dialog der Kulturen, Hamburg 2002.

J. Micksch/A. Schwier (Hg.), Islam in europäischen Dörfern, Frankfurt/M. 2002.

H. Müller, Das Zusammenleben der Kulturen. Ein Gegenentwurf zu Huntington, Frankfurt ^{5}2001.

B. Rommelspacher, Anerkennung und Ausgrenzung. Deutschland als multikulturelle Gesellschaft, Frankfurt/M. 2002.

2

DRINGLICHKEIT INTERKULTURELLEN UND INTERRELIGIÖSEN LERNENS

Die neue gesellschaftliche und kulturelle wie religiöse Pluralität und zudem die Integrationsprobleme vieler Musliminnen und Muslime in Europa machen interkulturellen Dialog und interreligiöses Lernen zu vordringlichen Aufgaben einer zukunftsfähigen Gesellschaft. Zum Projekt eines respektvollen Dialoges und gerechten Zusammenlebens gibt es keine verantwortbare Alternative. Um dieses Ziel zu erreichen, ist zuerst eine achtsame wechselseitige Wahrnehmung nötig (2.1), sodann eine kulturvergleichende Reflexion (2.2) und ein kritisches Nachdenken über den Lernbegriff (2.3). Interreligiöses Lernen geschieht vorrangig in der personalen Begegnung (2.4), wodurch sich eine Vielzahl verschiedener Ebenen des Lernens und des Dialogs ergeben (2.5); dabei muss auch die Rolle der Medien berücksichtigt werden (2.6). Schließlich sollen Ziele für die konkreten und primären Lernorte Schule, Religionsunterricht und Erwachsenenbildung erörtert (2.7), aber auch die Grenzen interreligiösen Lernens angesprochen werden (2.8).

Im ersten Kapitel haben wir gesehen, dass der Islam in seinen verschiedenen kulturellen, ethnischen und religiösen Ausprägungen in Europa heute eine konkrete gesellschaftliche Realität darstellt. Musliminnen und Muslime sind zu unseren Nachbarn, Kollegen, vielleicht sogar Familienangehörigen geworden oder könnten es in Zukunft werden. Sie werden so zu unseren »Nächsten« im biblischen Sinne (vgl. Lk 10,25–37) und fragen uns an, wie wir ihnen begegnen und wie wir mit ihnen umgehen. Christen müssen sich der neuen Realität stellen. In der Religionspädagogik hat sich das neue Konzept des interkulturellen und interreligiösen Lernens ausgebildet und hohe Akzeptanz erlangt. Dieses religionspädagogische Konzept soll in diesem Kapitel dargelegt und diskutiert werden, sodass brauchbare und hilfreiche Leitlinien für die Begegnung zwischen Christen und Muslimen deutlich werden. Gegenseitiges interkulturelles und interreligiöses Lernen ist unabdingbare Voraussetzung eines gerechten und friedvollen Zusammenlebens.

2.1 Andere Kulturen und Religionen achtsam wahrnehmen und deuten

Die erste Aufgabe interkulturellen Lernens besteht in der *Wahrnehmung* anderer Gewohnheiten, Bräuche, Zeugnisse und Erfahrungen (vgl. Kap. 9 und 11). Eine möglichst vorurteilsfreie Wahrnehmung anderer Kulturen kann diese in ihrer Authentizität würdigen, ohne sie vorschnell einzuordnen, zu schematisieren oder zu beurteilen.[1] In unserer zunehmend hektischen Zeit sollte dabei die Wahrnehmung verlangsamt, entschleunigt werden: In Muße gilt es zu betrachten, zu beobachten und sinnenhaft wahrzunehmen durch Hören und Sehen, Tasten und Fühlen, Riechen und Schmecken. Eine bloß äußere Sinnesschulung ist zwar wichtig, aber sie genügt nicht. Vielmehr ist das Interesse junger Menschen für andere Kulturen zu wecken und zu entwickeln. Jenseits von Stress und Hektik scheinen ganz neue Dimensionen des Lebens auf.

Die zweite Aufgabe – nach der sinnlichen Wahrnehmung – ist die *Deutung*: Es soll ermöglicht und dazu befähigt werden, die Entstehung der Phänomene zu ergründen, ihre geschichtliche und geographische Herkunft auszuloten, um so das Verstehen einzuleiten und weitere Überlegungen anzuregen. Fragen dürfen und sollen gestellt werden, denn wo es Fragen gibt, kann gelernt werden. Durch Vergleiche sind Folgerungen möglich, durch wiederholte Wahrnehmungen gehen Zusammenhänge auf und werden Einsichten möglich. Bedeutsam ist bei all diesen Wahrnehmungs- und Deutungsvorgängen, dass nicht »vorgesagt« und belehrt wird, sondern dass die Menschen als Subjekte selbst wahrnehmen lernen, selbst schauen und zu Erkenntnissen gelangen – kurz: angestrebt ist eine subjektgeleitete Ästhetik.[2]

Für den christlich-islamischen Dialog ist beispielsweise fruchtbar, wenn Christen zur Bibel hinzu noch den Koran lesen und vielleicht auf Personen und Geschichten stoßen, die in beiden Schriften vorkommen (vgl. Kap. 7). Ähnlich fruchtbar könnte für Muslime die Lektüre der Bibel sein. Oder: Christen besuchen eine Moschee; sie ziehen die Schuhe aus und betrachten den sakralen Innenraum mit den arabischen Schriftzeichen (Kalligraphien). Vielleicht schauen auch muslimische Kinder einmal im Religionsunterricht in eine christliche Kirche hinein und erleben die dortige Atmosphäre (vgl. Kap. 11). In beiden Fällen kann eine langsame und bewusste Wahrnehmung einen interkulturellen und interreligiösen Lernvorgang eröffnen.

2.2 Philosophische und pädagogische Überlegungen zur Interkulturalität

Interkulturelles Lernen ist die notwendige Voraussetzung für interreligiöses Lernen. Denn jede Religion kommt in einer bestimmten Kultur zum Ausdruck. Zu einer Kultur gehören Sprache und Symbole, Bräuche und Sitten, gewachsene Strukturen und Wissenschaften sowie das Recht, die Technik, die Kunst und die Bezüge zur Transzendenz. Um eine Religion zu verstehen, ist es unabdingbar, ihre kulturellen Ausdrucksformen (heilige Bücher, Räume, Gesetze, Riten, religiöse Praxis) zu kennen, ihre Symbolwelten und Denkformen, das Erziehungswesen und die Geschlechterrollen, vor allem die Sprache als privilegierten Zugang zur Kultur. Es gibt keine interreligiöse Bildung ohne interkulturelle Bildung!

Unter »Kultur« wird hier und im Folgenden im Anschluss an F. R. Vivelo die Art und Weise verstanden, »in der Menschen

- produzieren, handeln, ihren Alltag organisieren, leben und arbeiten,
- ihre politischen und gesellschaftlichen Verhältnisse normieren und regeln,
- sich geistig, d.h. religiös, künstlerisch, literarisch etc. betätigen.«[3]

Die *interkulturelle Philosophie* vergleicht verschiedene Philosophien und ihre Systeme miteinander. Sie stellt eine spannungsgeladene Vernetzung der Weltkulturen und Philosophien fest.[4] Konflikte können nicht nur durch den Zusammenprall der Weltkulturen entstehen (Samuel Huntington), sondern auch durch Hegemonieansprüche einer bestimmten Kultur, wogegen sich andere zur Wehr setzen, oder durch absolute Wahrheitsansprüche, was gerade für Christentum und Islam zutrifft oder zugetroffen hat (vgl. Kap. 3 und 4). Eine Philosophie im Kulturvergleich lehnt jede Privilegierung einer bestimmten Kultur ab. Sie hinterfragt die häufig anzutreffende Meinung, eine Kultur spiegle eine konkrete Kulturstufe wider und ihr sei »eine Entelechie eingeboren« (Edmund Husserl), zu deren Spitze sie sich mit innerer Notwendigkeit (empor-)entwickeln würde (Hegel). Aus unserer Sicht wäre es verfehlt, eine Kultur stufentheoretisch zu betrachten und eine angeblich »primitive« oder »rückständige« Kultur einer »hochentwickelten« Kultur gegenüberzustellen. Stattdessen klagt sie die *Gleichwertigkeit und Gleichberechtigung aller Kulturen* ein: »Eine interkulturelle Philosophie kennt und anerkennt die diversen kulturellen Paradigmen, erhebt aber keines von ihnen in den absoluten Stand.«[5] Daraus verbietet sich auch die nicht selten vertretene Annahme, der Islam basiere auf einer rückständigen Kultur, welche das Kulturniveau der westlichen Welt und des Christentums erst noch erreichen müsse. Stattdessen ist festzuhalten, dass beide Religionen eigene, wertvollen Kulturen hervorgebracht haben und spezifische Reichtümer aufweisen. Erst im 20. Jahrhundert hat das Christentum die großen Verdienste des Islam betreffend Philosophie, Wissenschaft und Kultur im Abendland angemessen gewürdigt. Hinzu kommt die Feststellung, dass es keine reinen Kulturen gibt, sondern dass jedes Kultursystem zahlreiche Elemente aus anderen Kulturen aufgegriffen und integriert hat.

Insbesondere ist die christlich-abendländische Kultur voll von Zeichen, Symbolen und Reichtümern aus anderen Kulturen – gerade auch aus der islamischen Welt. In den 1990er-Jahren stand folgender Slogan auf Plakaten, der deutlich macht, dass die Übernahme fremder Werte oder Produkte keineswegs schon die Akzeptanz fremder Menschen impliziert:

Dein Christus ein Jude.
Dein Auto ein Japaner.
Deine Pizza italienisch.
Deine Demokratie griechisch.
Dein Kaffee brasilianisch.
Dein Urlaub türkisch.
Deine Zahlen arabisch.
Deine Schrift lateinisch.

Und dein Nachbar nur ein Ausländer?

Die *interkulturelle Pädagogik* hat auf die Phänomene der Migration und der Immigration aus pädagogischer Warte reagiert. In einer ersten Phase der 1960er-Jahre wurde zunächst eine »Ausländerpädagogik«[6] entwickelt, welche verschiedene Maßnahmen vorschlug, um die Kinder in die hier gelebte Kultur, v.a. in die Sprache, einzuführen. Es folgte die Zeit einer »Assimilationspädagogik« unter Beibehaltung der Herkunftskultur, aber mit der impliziten Annahme einer »Leitkultur«. Durch die neue Perspektive, dass nämlich die Zugewanderten nicht alsbald zurückkehren, sondern hier bleiben, und dass die Mehrheitskultur auch von den Einwanderern profitieren und lernen kann, wurde zunehmend ein wechselseitiges interkulturelles Lernen ins Auge gefasst. Interkulturelle Pädagogik zielt deshalb auf Austausch und Kommunikation von Angehörigen unterschiedlicher Kulturen. Sie will eine gleichberechtigte Konvivenz über die Kulturgrenzen hinweg und Gerechtigkeit zwischen Einheimischen und Immigranten bzw. deren Nachkommen, die hier geboren wurden. Damit wird gleichzeitig eine Schwelle gegen Ethnozentrismus und Rassismus errichtet. Statt einer monokulturellen Erziehung werden Gemeinsamkeiten und Differenzen zu Lerngegenständen. Beabsichtigt ist ein Zusammenleben gleichberechtigter Menschen, ein »Miteinander der Verschiedenheiten«[7].

Interkulturelles und interreligiöses Lernen greift diese kritischen Impulse der interkulturellen Philosophie und Pädagogik auf und versucht möglichst ohne Vorurteile Angehörige der Weltreligionen wahrzunehmen und mit der unseligen Ab- oder Ausgrenzungsgeschichte zu brechen.

2.3 Lernen als Verarbeiten vieldimensionaler Erfahrungen

Die Lernpsychologie beschreibt und erklärt die komplexen Bedingungen und die verschiedenen Dimensionen eines lebens- und erfahrungsbezogenen Lernens.[8] Das Gedächtnis spielt eine unverzichtbare Rolle, aber Lernen ist mehr als Auswendiglernen (vgl. Katechismus- und Koranunterricht). Auch die Wissensaneignung ist lediglich eine, nämlich die kognitive Dimension des Lernens.

Lernen wird durch äußere Impulse ausgelöst: Es geschieht im Gehirn, ist ein Verarbeiten von Sinnesreizen und äußert sich in adaptiertem Verhalten. Lernen kann durch Beobachten und Imitieren geschehen und sich durch Gewöhnung vertiefen; es kann unbewusst geschehen oder bewusst geplant, organisiert und ausgeführt werden. Lernen meint zunächst »die Fähigkeit eines lebendigen Systems zur dauerhaften Zustandsveränderung«[9]. Lernen ist ein schöpferisches Verarbeiten von Erfahrungen, das zu einer Korrektur des Verhaltens führt. Unter Lernen verstehen wir nicht direkt beobachtbare »Vorgänge in einem Organismus, vor allem in seinem zentralen Nervensystem (Gehirn), die durch Erfahrung (...) bedingt sind und eine relativ dauerhafte Veränderung bzw. Erweiterung des Verhaltsrepertoires zur Folge haben. Mit andern Worten: Lernen ist eine erfahrungsbedingte Veränderung der Möglichkeit eines lebenden Systems, in einer Umwelt einen Zustand einnehmen zu können«[10].

Bei diesem Lernverständnis können Eindrücke und Gefühle im Vordergrund stehen, die im günstigsten Falle zu neuen Einsichten führen. Möglich ist weiter, neue Denkformen als Korrekturen bisher verwendeter Muster zu übernehmen, wodurch sprachliche Differenzierungen geschehen. Heinrich Pestalozzi (1746–1827) betonte die Beteiligung von Kopf, Herz und Hand beim Lernprozess, und Jean Piaget (1896–1980) akzentuierte die aktive, schöpferische Rolle der Subjekte in einem konstruktiven, die Wirklichkeit (und Sprache) modellierenden Vorgang. Der gesamte Lernprozess darf nicht als mechanisch vorgestellt werden, ist er doch durch die Sinndimension und die Lebensdienlichkeit mitbestimmt. Lernen ist deshalb auch ein korrektiver Vorgang, ein selbst- und ideologiekritischer Prozess. Er führt zu vermehrter Freiheit und Verantwortung. Lernen ist ein lebenslanger, subjektgeleiteter Prozess im Dienste der Personwerdung (Subjektkonstitution).[11]

2.4 Interreligiöses Lernen durch Begegnung

»Interreligiöses Lernen« ist seit Anfang der 1990er-Jahre eine neue, einsichtige Begriffsbildung[12]: Interreligiöses Lernen bedeutet mehr als die traditionelle Behandlung der Weltreligionen im Unterricht im Sinne der reinen Kenntnisvermittlung. Es meint ein lebendiges, alltagsorientiertes, dialogisches Lernen in der Begegnung. Weniger das Wissen über eine Weltreligion steht im Zentrum, als vielmehr die persönliche und konkrete Begegnung mit Angehörigen einer anderen Religion. In diesen Begegnungen lässt sich nichts erzwingen, es können spontan Fragen gestellt und Erfahrungen ausgetauscht werden. Häufig prägen sich diese Begegnungserfahrungen tiefer ins Gedächtnis ein als eher kognitive Wissensvermittlung, so sehr diese selbstverständlich dazugehört.

Die multikulturelle und religiös-plurale Gesellschaft von heute ermöglicht ein spiralförmiges, aufbauendes und subjektbestimmtes Lernen in Bezug auf die Religion, in das sich auch Kinder und Jugendliche entsprechend ihrer Entwicklung selbst einbringen können. Oft besitzen sie ein gewisses Vorwissen, sie haben bestimmte Einstellungen, die nun vertieft, ergänzt und kritisch hinterfragt und korrigiert werden können. Ein privilegierter Lernort interreligiösen Lernens ist der schulische Religionsunterricht, in den Angehörige anderer Religionen eingeladen werden. Auf diesem Weg lassen sich neue Einsichten über die andere Religion gewinnen und Fragen an die eigene Religion stellen. Denn die eigene religiöse Identität bildet den impliziten Ausgangspunkt wie auch die Zielperspektive interreligiösen Lernens.[13] Interreligiöses Lernen geschieht also vorrangig in der unmittelbaren Begegnung, wobei die Entwicklungspsychologie ein bewusstes Lernen erst auf der postkonventionellen Ebene vorsieht.

Religionsphilosophisch wurde die Begegnung u.a. von Martin Buber (1878–1965) ausgelotet. Nach ihm bricht der Dialog das gegenseitige Fremdsein auf. Er lässt das Leben als Mitsein und Anteilgabe verstehen. Für Buber ist die Begegnung die »Urkategorie der menschlichen Wirklichkeit«[14]. Der Gesprächsvorgang weist dabei eine doppelte Bewegung auf: zunächst eine Distanzierung, dann eine Annäherung und ein In-Beziehung-Treten. Der Dialog zielt auf wechselseitigen Respekt, in dem die Andersheit und Originalität der Gesprächspartner geachtet wird. Er ermöglicht ein besseres gegenseitiges Verstehen. Für Buber, den jüdischen Denker der Zwischenkriegszeit, ereignet sich im Dialog ein Geben und Beschenkt-Werden, letztlich auch eine Erfahrung des ganz Anderen, ja eine Gotteserfahrung, weil Gott im Nächsten begegnet. Fast euphorisch ruft er aus: »Alles wirkliche Leben ist Begegnung.«[15]

2.5 Ebenen des interreligiösen Lernens

Die ästhetische Ebene: Wahrnehmen

Interreligiöses Lernen beginnt mit achtsamem Wahrnehmen anderer Religionen, deren Angehörigen und Phänomenen. Beschreibend kann man sich anderen religiösen Zeugnissen annähern: den Blick schärfend, die Beobachtung verlangsamend, das (Vor-)Urteil zurückhaltend. Staunen und Auf-Sich-Wirken-Lassen sind zunächst angesagt; neues Gelände muss erkundet und erforscht werden, um ihm gerecht zu werden und es zumindest von außen zu erfassen. Durch diese verlangsamte Wahrnehmung können lieb gewonnene Sehweisen und Einstellungen irritiert, kann Neues entdeckt werden. Dabei soll die Wahrnehmung mit möglichst allen Sinnen geschehen. Der ganze Leib ist an der Wahrnehmung beteiligt. Insbesondere geschieht interreligiöse Bildung durch die Entdeckung von Differenzen zu Phänomenen der eigenen Religion wie auch von Gemeinsamkeiten: Wahrnehmen durch Vergleichen! Mit der Zeit gelingt es, sich durch Perspektivenwechsel in die Situation jener zu versetzen, deren Kultur und Religion einfühlend beobachtet wird (Empathie).

Interreligiös gelernt wird am Eindrücklichsten und Nachhaltigsten in personalen Begegnungen: Fremde besuchen, bei Angehörigen anderer Religionen Gastfreundschaft erfahren, mit anderen längerfristige Beziehungen, ja Freundschaften aufbauen – dies alles bewirkt tiefere, nachhaltige Erinnerungen und Einstellungen. Im Unterschied zu medial vermittelten Begegnungen durch Film oder Internet geben das direkte Gespräch, der unmittelbare Erfahrungsaustausch, das Hören und Sprechen eine verbindliche und tiefergehende Weise der Gemeinschaft, die nicht so schnell vergessen wird: eine Teilnahme und Teilgabe am Leben und an der Person des anderen.

Die emotional-affektive Ebene: Empfinden

Begegnungen mit Angehörigen anderer Religionen bzw. deren religiösen Rituale betreffen uns als Person und sprechen deshalb auch die affektiven, emotionalen Seiten unseres Menschseins an. Religion hat mit dem »Heiligen als Tremendum und Fascinosum« (Rudolf Otto) zu tun. Gefühle haben, Gefühle zeigen und benennen gehört zur Persönlichkeitsentwicklung und offenbart die Vielfalt des Lebens. Das Gespräch mit Andersglaubenden, das Betreten eines sakralen Raumes oder das Miterleben einer Bestattung mit unbekannten Riten und Bräuchen kann uns betreffen und unterschiedliche Empfindungen hervorrufen. Diese Empfindungen zuzulassen, zu kultivieren und zu verbalisieren gehört mit zur Didaktik interreligiöser Bildung. Eine Begegnung wird umso umfassender, je mehr es uns gelingt, andere Menschen von ihren Gefühlen und Motiven her zu begreifen. Auf der affektiven Ebene sind aber auch Vorurteile und Ängste angesiedelt, die es durch das interkulturelle und interreligiöse Lernen aufzuspüren und zu verarbeiten gilt: Nur durch persönliche Begegnung, die nicht punktuell bleibt, kann ein Klima des Vertrauens geschaffen, können jene Ängste und Vorurteile abgebaut werden.

Die kognitive und sprachliche Ebene: Erkennen

Freilich soll interreligiöses Lernen nicht auf der Ebene der Gefühle und Empfindungen verbleiben. Es zielt ebenso auf die kognitive, reflexive Bewältigung und den sprachlichen Ausdruck. Seit dem sog. »linguistic turn«[16] in der Philosophie ist ins Bewusstsein gerückt worden, dass Wahrnehmung und Erkenntnis nicht ohne

Sprache möglich ist. Zwar stehen wertvolle Intuitionen oft am Anfang einer neuen Einsicht, aber diese braucht die klare sprachliche Artikulation, wodurch mögliche Missverständnisse beseitigt werden. Auf der sprachlich-kognitiven Ebene sind tradierte Denkmuster und Vorurteile zu prüfen und zu korrigieren. Interreligiöse Bildung bezieht sich selbstverständlich auch auf die Inhalte und die diskursive Auseinandersetzung mit den Religionen, ihren heiligen Schriften und Theologien. Islam und Christentum haben ihr Credo, ihre eigenen Denkformen und Sprachspiele. Auf der kognitiv-sprachlichen Ebene gilt es, die inhaltlichen Gemeinsamkeiten und Unterschiede der Religionen herauszuarbeiten, zu reflektieren und zu versuchen, begriffliche Verständnisbrücken zu finden oder zu bauen.

Die handlungsbezogene Ebene: Gemeinsames Handeln

Indem Begegnungen und Beziehungen Gemeinschaft und Solidarität erzeugen, können sie zu gemeinsamem Handeln führen. Die großen Aufgaben und Probleme der Menschheit, aber auch die kleinen Probleme vor Ort können nur gemeinsam angegangen werden: Bekämpfung von Hunger, Armut und Analphabetentum, von Krankheiten und Umweltzerstörung. Wenn sich in diesen Belangen die Gläubigen der Religionen solidarisieren, Lern- und Handlungsgemeinschaften bilden, können sie Zeichen setzen und gemeinsam ihre religiös-ethisch begründeten Ziele zu verwirklichen versuchen. Auf der praktisch-sozialen Ebene zielt das interreligiöse Lernen somit auf das Entwickeln der Bereitschaft und Fähigkeit zu einem friedlichen Zusammenleben im Alltag und zum konstruktiven Zusammenarbeiten für das Wohl der Menschheit.

Die spirituelle Ebene: Beten und Meditieren

Glaube ist nach dem Verständnis der monotheistischen Religionen gleichermaßen eine Angelegenheit der Sinne, des Kopfes, des Handelns und des Herzens. Ja, das »Herz« bildet nach semitischem Denken die eigentliche Dimension gläubiger Existenz, es ist die Personmitte, von der aus die Gottesbeziehung möglich wird. Versteht man den Glauben in diesem personalen und ganzheitlichen Sinn, so muss das interreligiöse Lernen auch die spirituelle Dimension berücksichtigen und umfassen, d.h. das wechselseitige Teilhabenlassen an der je eigenen und spezifischen religiösen Erfahrung, am geistlichen Leben. Dies geschieht beispielsweise und am tiefsten in der gegenseitigen Teilnahme an Gebet und Gottesdienst. Zu empfehlen ist in diesem Zusammenhang eine Form des gemeinsamen Gebets, die man »multireligiöses Gebet« nennt, d.h. Christen und Muslime kommen an einem Ort zusammen, um abwechselnd nach je eigener Tradition zu beten, während die anderen andächtig zugegen sind (vgl. Kap. 9.4). Dabei geht es weder um eine Vermischung der Gebets- und Glaubenstraditionen noch um eine Reduktion auf einen kleinsten gemeinsamen Nenner, sondern um die Vertiefung der eigenen Religiosität durch die existentielle Begegnung mit der Glaubenserfahrung des anderen.

Lernebenen und Lernziele		
	Religiöses Lernen	**Interreligiöses Lernen**
Ästhetische Ebene	Wahrnehmen der Menschen, der Natur und der Kunst mit allen Sinnen und Erahnen der dahinterliegenden Dimension (Schulung des »dritten Auges«).	Vorurteilsfreies Wahrnehmen der Angehörigen anderer Religionen und ihrer kulturellen Leistungen (Architektur, Kunst, Literatur ...).
Beziehungs- und Gefühlsebene	Verbindung des eigenen Lebens mit der Glaubensgemeinschaft (Kirche, Umma).	Verbindung des eigenen Lebens mit Andersgläubigen durch Begegnung, Freundschaft.
Kognitive Ebene	Um die transzendentale Verfasstheit des Menschen wissen sowie die Grundinhalte des Glaubens kennen.	Die zentralen Inhalte und religiösen Vollzüge anderer Religionen kennen lernen und mit den eigenen vergleichen.
Handlungsebene	Solidarisches Handeln nach ethischen Grundsätzen.	Gemeinsames Handeln für das Wohl der Menschen und die Bewahrung der Schöpfung.
Spirituelle Ebene	Öffnung für Transzendenz, Einübung in das geistliche Leben (Gebet, Gottesdienst).	Öffnung für die Gotteserfahrung des anderen, gemeinsam vor dem Geheimnis Gottes stehen.

2.6 Unterstützung oder Behinderung durch die Medien?

Während die Begegnung eine direkte interreligiöse Lernform darstellt, lernen wir andere Religionen über die Medien auf indirekte Weise kennen. Die Wirkung der Medien ist erstaunlich nachhaltig und tiefgehend. Es gilt zur Kenntnis zu nehmen, dass ein Großteil der Kinder und Jugendlichen erste Kenntnisse über den Islam vorwiegend durch die Medien erlangt. Allerdings wird in Fernsehen und Magazinen ein sehr ausschnitthaftes und damit einseitiges Islambild vermittelt. Verlässliche und verständliche Hintergrundinformationen werden nur selten mitgeliefert.

Anders sieht es aus mit den zur Verfügung stehenden »Unterrichtsfilmen« wie »Die Moschee: Das Gotteshaus der Muslime« (1999); »Ein Tag in einer Moschee in Isfahan« (1999) oder auch in Hans Küngs »Spurensuche: Islam« (1997). Hier wird nicht das Spektakuläre in den Vordergrund gerückt, sondern der Blick auf das Alltägliche und Wesentliche gelenkt. In der Regel werden schnelle Schnitte vermieden, um den Betrachtenden Zeit zu geben, sich in die Situation einzufühlen. Ein eher informierender Kommentar sollte sachliche Kenntnisse zum Geschehen vermitteln, auf Besonderheiten hinweisen und etwas von der Spiritualität einer Religion mitteilen. Solche Unterrichtsfilme ergänzen und unterstützen das interreligiöse Lernen.[17]

Ein Ziel von Schule und Religionsunterricht besteht darin, die Medienkompetenz junger Menschen zu fördern[18], d.h. sie zu einem selbstständigen, kritischen und kreativen Umgang mit den Medien einschließlich Internet zu befähigen. Wenn es gelingt, in Schule, Religionsunterricht und Erwachsenenbildung die Vereinfachungen und Einseitigkeiten gewisser Mediendarstellungen zu erkennen, die Meinungs- und Urteilsbildung zu fördern und sich selbst kreativ in die mediale Öffentlichkeit einzubringen, wird gute Vorarbeit für den christlich-islamischen Dialog geleistet.[19]

2.7 Zielrichtungen für die verschiedenen Lernorte

Interreligiöses Lernen beinhaltet ein großes Potenzial für das schulische und religiöse Lernen bis hin zur Erwachsenenbildung. In der inzwischen bunten Schülerschaft gehören die großen Religionen und ihre Angehörigen selbstverständlich mit zum Unterricht. Gewünscht ist ein vielseitiges, lebendiges interkulturelles und interreligiöses Lernen *mit* Fremden, die zu Bekannten, Vertrauten oder im besten Fall sogar zu Freunden werden können. Die Inhalte spielen dabei selbstverständlich eine Rolle, aber sie sind bezogen auf die betreffenden Kinder, Jugendlichen und Erwachsenen, d.h. Inhalte müssen elementarisiert, existenzialisiert und personengerecht aufgearbeitet werden. Dieses subjektorientierte Lernen unterscheidet sich vom bloßen Vermitteln bereits feststehender, unveränderlicher Inhalte insofern, als die Lernenden selbst im Zentrum der Lernvorgänge stehen und diese eigens prägen.

Schule

In der Schule sollen Kinder und Jugendliche die Erfahrung machen, dass sie willkommen sind und ihre Fragen und Anliegen einbringen dürfen. Eine Didaktik der Weltreligionen muss heute im Zeichen der Interaktion und der Kommunikation stehen. Schülerinnen und Schüler können miteinander und voneinander lernen. Die Lehrpersonen ihrerseits wissen um fächerverbindendes Lernen, um neue, offene Lernformen (Projekt-, Freiarbeit, Stationenlernen, Experteninterview) und um integrierte Medienkompetenz.

Religionsunterricht

Der christliche Religionsunterricht hat sich seit bald vierzig Jahren vom selbstreferentiellen, binnenorientierten Katechismusunterricht verabschiedet und sich anderen Konfessionen wie auch Religionen geöffnet. Bereits in der Grundschule trägt er der pluralen Ausgangssituationen Rechnung, wenngleich er primär eine Einführung in den christlichen Glauben und dessen religiöse Tradition bleibt. Aber diese Einführung geschieht jetzt kontextbezogen und nicht mehr unabhängig von der gesellschaftlichen Situation. Schule und Religionsunterricht, ja schon der Kindergarten, werden zu Laboratorien interkulturellen und interreligiösen Lernens.

Der für Gesamtdeutschland gültige »Grundlagenplan für den Katholischen Religionsunterricht in der Grundschule« (1998) hat diesen Tatsachen bereits Rechnung getragen und die Angehörigen der Weltreligionen innerhalb des Themas »Fremde bei uns« eigens thematisiert. In der Tat ist der Umgang mit Fremden in Schule und Religionsunterricht der Lackmustest für gelingendes interkulturelles und interreligiöses Lernen. Im Grundlagenplan heißt es:

»Kinder erleben in ihrer familiären und schulischen Umwelt Menschen, die anders sind in ihrem Aussehen, in der Sprache, in ihren Gewohnheiten. Das macht unsicher und neugierig zugleich. Kinder erfahren auch, wie Menschen Fremden mit Vorurteilen begegnen, wie anfängliche Vertrautheit in Hass umschlagen kann. Der Religionsunterricht will dazu beitragen, den anderen in seiner Fremdheit anzunehmen und zu achten. Dies baut Vorurteile ab, bereichert und stärkt die Entwicklung der eigenen Persönlichkeit. Die Begegnung mit Fremden und das Bewusstmachen persönlicher Fremdheitserfahrungen sind zentrale Elemente des christlichen Glaubens. Biblische Geschichten erzählen, wie Gott Menschen in der Fremde Schutz gewährt. Abraham zieht auf Gottes Verheißung hin in ein fremdes Land. Gott führt sein Volk aus Ägypten und gewährt ihm nach Jahren der Wanderung durch die Wüste Gastrecht in seinem verheißenen Land. Darum soll es selber Fremden Gastfreundschaft erweisen.«[20]

Weil die alltäglichen Begegnungen mit Musliminnen und Muslimen an Intensität und Häufigkeit je nach Region differieren, ist in den Lehrplänen ein weiter

Spielraum für die Wahl und Kontur interreligiösen Lernens vorgesehen. Die in Deutschland stark vertretene Gruppe der Muslime ist aber besonders zu berücksichtigen. So wird im Kindergarten und in den ersten Jahrgangsstufen ein situationsbedingtes Lernen vordringlich sein, wo Schülerfragen aufgegriffen werden, etwa im Monat Ramadan. Erste religionskundliche Kenntnisse werden anhand von Fragen vor Ort (Moscheebesuch) angesprochen.

Für das vierte Schuljahr sind vielerorts erste thematische Einheiten vorgesehen, etwa: »Wie Muslime leben, woran sie glauben«. In der sechsten oder siebten Jahrgangsstufe ist ein systematisches Kennenlernen des Islam vorgesehen, womöglich mit existenziellem Ansatz, ausgehend von den Erfahrungen der jungen Menschen. Ziel ist nie eine Vermengung oder Nivellierung von Christentum und Islam, sondern der Respekt vor den Andersglaubenden, Kenntnis der anderen Religion und ein verstärktes Bewusstwerden der eigenen Wurzeln und Identität. Das heißt, der Islam sollte auch nicht an sich behandelt werden, sondern Aspekte und Elemente des islamischen Glaubens in ihrem Vergleich oder Bezug zum eigenen christlichen Glauben. Dies kann besonders in gymnasialen Leistungskursen von den Schülerinnen und Schülern im Projektunterricht an Einzelthemen (vgl. Kap. 6–11) erprobt werden.

Erwachsenenbildung

Die gegenwärtige religiöse Erwachsenenbildung[21] in kirchlicher und staatlicher Trägerschaft ist sich der Veränderungen von Gesellschaft und Kirche bewusst und trägt der multikulturellen und multireligiösen Situation zunehmend Rechnung. Dabei lässt sie sich von den großen Religionen, wie sie in Europa gegenwärtig sind, herausfordern und bietet den Teilnehmenden Information, Orientierung und Diskussionsforen an. In einer unübersichtlich gewordenen Zeit sind viele froh, wenn sie sich mit ebenfalls suchenden und fragenden Menschen über Erfahrungen zu diesen Themen austauschen können und Mut finden zu neuen Wegen. Zahlreiche Veranstalter haben interreligiöse Kurse und Tagungen als feste Bestandteile in ihre Programme aufgenommen und laden Juden und Muslime zu Begegnungen mit Christen ein (z.B. »Abrahamische Foren«). So können Christen Lebens- und Glaubenswissen in anderen Religionen entdecken und es auf ihren eigenen Glauben beziehen.

Fassen wir die Zielrichtungen für interkulturelles und interreligiöses Lernen in Leitlinien zusammen:

1. An erster Stelle steht das *Sich-Einüben in einen selbstverständlichen unverkrampften Umgang* zwischen Christen und Muslimen. Dabei zeigen oft gerade Kinder, wie ein zwangloses Miteinander aussehen kann. Zu berücksichtigen

ist, dass dieses Einüben Zeit braucht und gerade in Begegnungen nicht erzwungen werden kann. Elementare Vollzüge wie sich gegenseitig Begrüßen, miteinander Sprechen und zueinander Vertrauen finden sind Vorgänge, die wachsen müssen, die sich jedoch auf lange Sicht einspielen können.

2. Interkulturelles und interreligiöses Lernen verlangt eine verstärkte *»Wahrnehmungs- und Deutungskompetenz«*. Christentum und Islam sollen nicht unstatthaft vereinfacht und verzeichnet dargestellt werden. Es gilt, sich auf eine neue umfassende, vorurteilsfreie und unbelastete Wahrnehmung der Andersgläubigen einzulassen, sich durch Empathie und Perspektivenwechsel in die Situation der anderen zu versetzen und mit deren Brille Glaube und Welt sehen zu lernen.
3. Mit dieser neuen Ästhetik sollte ein *Abbau von Vorurteilen* einhergehen, und zwar auf beiden Seiten. Vorurteile, Fehlurteile und Klischees müssen und können aufgedeckt und durch sachliche, differenzierte Informationen ersetzt werden.
4. *Modelle der Konfliktbewältigung* müssen noch vermehrt ausgearbeitet und erprobt werden, um das bestehende Konfliktpotenzial zu minimieren. Konflikte sind eine Chance und können zu sachlichen Dialogen führen. Es geht um gangbare zukunftsverheißende Wege anstelle von Gewalt, um mit Differenzen zu leben. Interreligiöses Lernen kann in diesem Sinne die Friedensaufgabe der Religionen fördern und ein bereicherndes Zusammenleben ermöglichen.
5. Auf der handlungsbezogenen Ebene ist zu beachten, dass Begegnungen und Beziehungen *Solidarität fördern* und zu gemeinsamem Handeln führen können. Wenn sich Angehörige verschiedener Religionen solidarisieren, Lern- und Handlungsgemeinschaften bilden, können sie Zeichen setzen und gemeinsam jene Fragen angehen, welche auf der Tagesordnung der Welt stehen. Auf der praktisch-sozialen Ebene zielt das interreligiöse Lernen somit auf das Entwickeln der Bereitschaft und Fähigkeit zu einer konstruktiven Zusammenarbeit für das Wohl der Menschen.
6. Interreligiöses Lernen hat auch eine *spirituelle Ebene*. Glaube ist nach dem Verständnis der monotheistischen Religionen gleichermaßen eine Angelegenheit der Sinne, des Kopfes, des Handelns und des Herzens. Versteht man den Glauben in diesem personalen und ganzheitlichen Sinn, so muss das interreligiöse Lernen auch das wechselseitige Teilhabenlassen an der je eigenen und spezifischen religiösen Erfahrung und am geistlichen Leben ermöglichen.

Ziel des interkulturellen und interreligiösen Lernens ist letztlich, *»sich zu verändern und zu wachsen in der Wahrnehmung und im Verstehen von Wirklichkeit und als Konsequenz demgemäß zu handeln«*[22]. Es geht um eine schöpferische Umwandlung der Menschen, bei der der eigene Glaube nicht zerstört, sondern vertieft und bereichert wird.[23]

2.8 Chancen und Grenzen interkulturellen und interreligiösen Lernens

Die Begegnung mit Kindern, Jugendlichen und Erwachsenen anderer Religionen trägt dazu bei, den Religionsunterricht zu beleben und als interessantes Schulfach zu gestalten. Seit mehreren Jahren gehören die »Weltreligionen« zu den beliebtesten Themen des Unterrichtes, dicht hinter dem erstplatzierten Thema »Liebe – Freundschaft – Partnerschaft«. Natürlich kann man nicht ständig »Gäste« einladen und nichtchristliche Sakralräume besuchen. Aber die neue kommunikative Lernform betrifft in aller Regel die Schülerinnen und Schüler. Sie zeigt auf, wie vielfältig Kulturen und Religionen sind und inwiefern Religion dem Leben Orientierung und Sinn geben kann (*Lebensrelevanz*).

Darüber hinaus gibt interreligiöses Lernen der Schule eine Antwort auf die große Herausforderung durch die buntgemischte Gesellschaft: »Schule braucht Religion«![24] Interreligiöses Lernen zeigt nicht zuletzt, weshalb Menschen religiös sind und an Gott glauben. Es visualisiert modellhaft Sinn im Leben. Interreligiöses Lernen kommt an der Frage nicht vorbei, aus welchen Quellen die Menschen ihr Leben meistern. Das Kennenlernen von und Vertrautwerden mit anderen religiös geprägten Lebensformen bildet schließlich die spirituelle Voraussetzung für ein gedeihliches Zusammenleben zwischen Christen und Muslimen.

Interkulturelles und interreligiöses Lernen sind aber keine Patentrezepte und Allheilmittel auf dem oft beschwerlichen Lebensweg; es sind keine wundersamen Zaubertränke, um politische Spannungen zu lösen, Kriege zu beenden und vor Gewalt zu schützen. Dieses Lernen hat bei allen Chancen auch seine Grenzen: Da gibt es Grenzen des Verstehens einer anderen Sprache, einer fremden Kultur und Religion, die nicht einfach übersprungen werden können. Auch wenn wir noch so tief in die Geheimnisse des Islam eindringen, den Koran studieren und die je anderen Lebensweisen begründen können, ein Rest Fremdheit jener Religion, in der man nicht aufgewachsen ist, wird bleiben – und dies macht die Vielfalt ja gerade spannend und bereichernd. Dies gilt umgekehrt natürlich auch für die Muslime, die sich um ein Verständnis der christlichen Religion bemühen und am Dialog interessiert sind. Interreligiöse Begegnungen haben den Charakter der Unverfügbarkeit. Sie stellen uns in Frage, fordern uns heraus und beunruhigen uns im positiven Sinne.

Fazit

1. Die veränderte gesamtgesellschaftliche Situation mit ihrer unhintergehbaren weltanschaulichen und religiösen Vielfalt erweist interkulturelles und interreligiöses Lernen als vordringliche Aufgabe eines gedeihlichen Zusammenlebens.
2. Dieses Lernen ist mehr als ein bloßes Memorieren im Sinne der früheren Katechismusdidaktik und geht weiter als das Sprechen über Weltreligionen im einstigen Religionsunterricht. Vielmehr ist interreligiöses Lernen ein lebendiges, dialogisches Geschehen zwischen Angehörigen verschiedener Religionen.
3. Dieses prozesshafte Lernen betrifft alle Ebenen des Menschseins:

Ästhetische Ebene:	wahrnehmen, entdecken, feiern
Affektive Ebene:	empfinden, spüren, sich betreffen lassen
Kognitive Ebene:	denken, verarbeiten, deuten
Sprachliche Ebene:	ausdrücken, artikulieren
Handlungsbezogene Ebene:	handeln
Spirituelle Ebene:	beten, meditieren

4. Interreligiöses und interkulturelles Lernen schreitet nicht kontextinvariant von einer (Entwicklungs-)Stufe zur nächsthöheren voran. Es lebt vom Bezug mit der kulturellen Umgebung und trägt zur Ausbildung persönlicher und religiöser Identität bei. Damit zielt es weder auf »Missionierung« des anderen noch auf eine Einheitsreligion, sondern fördert Achtung und Verstehen der anderen.

Weiterführende Literatur:

J. Lähnemann, Evangelische Religionspädagogik in interreligiöser Perspektive, Göttingen 1998.

S. Leimgruber, Interreligiöses Lernen, München 1995.

A. Renz/S. Leimgruber (Hg.), Lernprozess Christen Muslime. Gesellschaftliche Kontexte – Theologische Grundlagen – Begegnungsfelder, Münster 2002.

F. Rickers/E. Gottwald (Hg.), Vom religiösen zum interreligiösen Lernen, Neukirchen-Vluyn 1998.

U. Tworuschka, Methodische Zugänge zu den Weltreligionen. Einführung für Unterricht und Studium, Frankfurt a.M./München 1982.

3

ERINNERUNGEN AUS DEM »KOLLEKTIVEN GEDÄCHTNIS«

Die Begegnung von Christen und Muslimen in der Gegenwart ist immer auch von Erinnerungen an die Ereignisse und Beziehungen in der Vergangenheit mitbestimmt. Da die christlich-islamische Geschichte »manche Zwistigkeiten und Feindschaften« (Nostra aetate, 3) kennt, gilt es diese aus dem kollektiven kulturellen Gedächtnis in die Erinnerung zu rufen, kritisch zu reflektieren und daraus Folgerungen für die Zukunft zu ziehen.

Diese Erinnerungen setzen ein mit der Entstehung der drei abrahamitischen Religionen im Kulturraum des Nahen und Mittleren Ostens (3.1). Die Zeit der Ausbreitung und Konsolidierung des Islam war einerseits von militärischen Konflikten, andererseits aber auch von einer relativ friedlichen Koexistenz (3.2) und einer gegenseitigen kulturellen Befruchtung (3.3) geprägt. Die wechselvolle Geschichte zwischen Christentum und Islam im europäischen Mittelalter wird exemplarisch mit ihren Licht- und Schattenseiten aufgezeigt: an militärischen Kämpfen, philosophischen Disputationen und fiktiven Religionsgesprächen (3.4). Aus der Zeit der Reformation und Gegenreformation werden zwei Exponenten (Martin Luther und Petrus Canisius) ausgewählt, deren Islamwahrnehmungen eine breite und langandauernde Wirkung auf die westlichen Kirchen hatten (3.5). Neues Licht auf den Islam hat erst die europäische Aufklärung geworfen, am prägnantesten wohl durch Gotthold Ephraim Lessing und Johann Wolfgang von Goethe (3.6), wodurch ein neuer, positiverer Zugang zur Religion und Kultur des Islam eröffnet wurde.

3.1 Entstehung der »abrahamitischen Religionen«

Der geographische und kulturelle Raum des Nahen Ostens als Ursprungsgebiet der prophetischen Religionen

Der Islam als heute zweitgrößte Weltreligion mit ca. 1,2 Mrd. Gläubigen ist auf der arabischen Halbinsel Anfang des 7. Jahrhunderts christlicher Zeitrechnung entstanden. Seine Wurzeln hat er in der arabischen Kultur und Gesellschaft und gehört somit wie Judentum und Christentum zu den Religionen semitischen Ursprungs. Aber nicht nur der geographische Raum und die ethnische Verwandtschaft dieser drei Religionen verbindet sie miteinander, sondern auch die religionsphänomenologische Tatsache, dass alle drei »prophetische Religionen« sind.

Zieht man weitere Religionsgründungen wie den Manichäismus (3. Jh.) oder die Bahai-Religion (19. Jh.) mit in Betracht, die im Raum des Vorderen Orients im »Fruchtbaren Halbmond« entstanden sind, handelt es sich hier offensichtlich um eine religionsproduktive Zone in einem Zeitraum von über 3000 Jahren. Bald nach ihrer Entstehung jedoch sind sowohl das Christentum wie auch der Islam weit über ihr jeweiliges Ursprungsgebiet hinausgelangt und haben sich in neue Kulturen eingepflanzt (Inkulturation).

Zur Zeit der Entstehung des Islam gab es auf der arabischen Halbinsel hauptsächlich im Südwesten sowie im Norden christliche Gemeinden und Stämme, die jedoch nicht der byzantinischen Reichskirche angehörten. In Nadschran, Yathrib (dem späteren Medina) und anderen Städten nördlich von Yathrib gab es zudem größere jüdische Gemeinden und Stämme, die sich wohl nach der Zerstörung des jüdischen Tempels in Jerusalem im Jahre 70 n. Chr. hier angesiedelt hatten. Die übrige arabische Bevölkerung praktizierte polytheistisch geprägte Natur- und Stammesreligionen.

Muhammad, der Stifter der »neuen alten« Religion

Die Geschichte des Islam beginnt mit Muhammad, der um das Jahr 570 in Mekka geboren wurde. Die Stadt spielte zu dieser Zeit als Handels- und Finanzzentrum auf der sogenannten Weihrauchstraße zwischen dem Süden der Halbinsel, dem heutigen Jemen, und Palästina (Gaza, Petra) sowie Syrien (Damaskus) eine bedeutende Rolle. Die makropolitische Situation der Zeit war durch die beiden konkurrierenden Großreiche Byzanz (Ostrom) im Westen und Persien (Sassaniden) im Osten bestimmt. Im Norden der arabischen Halbinsel fungierten christianisierte Stämme (die monophysitischen Ghassaniden und nestorianischen Lachmiden) den beiden Großreichen als Vasallen- und Pufferstaaten.

Städte wie Mekka oder die Oase Yathrib waren durch Stammesgesellschaften geprägt. Diese städtischen Gesellschaften waren zu Muhammads Zeiten keine Nomaden mehr, sondern hauptsächlich im Handel tätig, wie auch Muhammad selbst, der zunächst im Auftrag einer reichen Witwe namens Chadidscha als Karawanenführer und Kaufmann unterwegs war. Im Alter von 25 Jahren heiratete er Chadidscha und erwarb dadurch wirtschaftliche Sicherheit und gesellschaftliches Ansehen. Doch religiös-spirituell scheint Muhammad auf der Suche gewesen zu sein, zog er sich doch laut Prophetenbiografien immer wieder in die Einsamkeit der Wüste zurück, wo er im Jahr 610 seine Berufung zum Propheten erlebte.

Von nun an empfing er in unregelmäßigen Abständen Offenbarungen, die er verkündete, die von seinen Gefährten aufgeschrieben und schließlich nach seinem Tod zum Koran als Buch zusammengestellt worden sind. Muhammad predigte seine Botschaft zunächst nur engsten Vertrauten, unter denen er auch die ersten Anhänger gewann. Bald stieß er jedoch auf größte Widerstände seitens der mekkanischen Bevölkerung und selbst innerhalb seiner Sippe bzw. seines Stammes, da die neue Religion mit ihrer monotheistischen Botschaft und sozial-ethischen Kritik an den gesellschaftlichen Zuständen eine Gefahr für das religiöse, politische und wirtschaftliche Geflecht der Stadt darstellte. Muhammad wanderte mit seiner Gemeinde schließlich im Jahr 622 (Beginn der islamischen Zeitrechnung) nach Medina aus (Hidschra). Muhammad geriet dort in die Rolle des Schlichters zwischen den verfeindeten Stämmen, sodass er von nun an nicht mehr nur ein Prophet und religiöser Führer war, sondern auch Politiker und letztlich Heerführer. Vor allem mit den Mekkanern kam es wiederholt zu bewaffneten Auseinandersetzungen, in denen die Muslime erfolgreich waren.

Mekka wurde 630 erobert und das zentrale Heiligtum der altarabischen Religion, die Kaaba, wurde islamisiert. Im Jahr 632 starb der Prophet. Seine Nachfolge als religiöser und politischer Führer der islamischen Gemeinde traten die Kalifen an, von denen im sunnitischen Islam jedoch nur die ersten vier (Abu Bakr, 632–634, Umar, 634–644, Uthman, 644–656 und Ali, 656–661) als rechtgeleitet anerkannt werden. Sie führten Feldzüge über die arabische Halbinsel hinaus und erweiterten so innerhalb weniger Jahre das islamische Herrschaftsgebiet auf weite Teile des Nahen und Mittleren Ostens sowie Nordafrikas. Im Zuge der Auseinandersetzungen um die Prophetennachfolge kam es innerhalb der islamischen Gemeinde zum ersten Bürgerkrieg. Dabei spalteten sich die Schiiten und Charidschiten von der Mehrheit der Muslime, den späteren Sunniten, ab.

Weiterführende Literatur:

G. Endreß, Der Islam. Eine Einführung in seine Geschichte, München ^{3}1997.

G. Kettermann, Atlas zur Geschichte des Islam, Darmstadt 2001.

3.2 Rechtlicher Sonderstatus für die »Schriftbesitzer«

Die Ausbreitung des islamischen Herrschaftsgebietes über weite Teile des Nahen und Mittleren Ostens und Nordafrikas bis hin nach Spanien ging in atemberaubend kurzer Zeit vor sich (vgl. Karte 1, S. 15). Damit war jedoch meist keine gewaltsame Ausbreitung des Islam als Religion verbunden: Die eroberten Juden und Christen wurden nicht zwangsbekehrt, wohl aber die polytheistischen Heiden. Weil die meisten Christen dieser Gebiete (sog. orientalische Christen) nicht die dogmatischen Entscheidungen des Konzils von Chalzedon (451) akzeptierten und deshalb seitens des Byzantinischen Reiches Repressionen erfahren mussten, wurden die islamischen Eroberer vielfach sogar als Befreier begrüßt, so etwa von den Kopten in Ägypten. Ähnlich verhielt es sich Jahrhunderte später bei der Eroberung Griechenlands durch die Osmanen: »Lieber den Turban des Sultans als die Tiara des Papstes« – so lautete der Wahlspruch des Patriarchen von Konstantinopel. Die innere Zerstrittenheit des Christentums war sicher einer der Faktoren, der die Ausbreitung des Islam begünstigt hat.

Das islamische Recht gewährte den »Schriftbesitzern« den Sonderstatus von Schutzbefohlenen (*dhimmi*): Dieser Rechtsstand garantierte den Juden und Christen den Schutz ihres Lebens und Eigentums, die freie Ausübung ihrer Religion innerhalb bestehender Kirchenräume, jedoch keine aktive Mission. Dazu kam eine gewisse innere Autonomie in Bezug auf die Verwaltung und Rechtsprechung (v.a. im Privatrecht). Dafür waren die männlichen Erwachsenen verpflichtet, als Ersatz für den Militärdienst eine Kopfsteuer zu zahlen, deren Höhe von den jeweiligen Herrschern und zeitgeschichtlichen Umständen abhing. Insgesamt hatten die Schutzbürger nach diesem klassischen islamischen Recht nicht dieselben Rechte wie die Muslime und waren gleichsam »Bürger zweiter Klasse«. Dennoch erging es ihnen über weite Strecken besser als umgekehrt den Muslimen unter christlicher Herrschaft, etwa in Spanien während und nach der Reconquista, wo Muslime vertrieben, zwangsgetauft oder getötet wurden. Von politisch bedingten und regional begrenzten Ausnahmen abgesehen, kann man deshalb von einer »relativen Toleranz« des Islam gegenüber den Angehörigen der Schriftreligionen sprechen, wobei dieser Toleranzbegriff noch ein gutes Stück von jenem der europäischen Aufklärung entfernt ist und heutigen Maßstäben der Religionsfreiheit nicht genügt.

Wenn es auch in der Regel keine Zwangsbekehrungen der Christen durch die Muslime gab, so sind im Laufe der Zeit doch zahlreiche Christen dieser Gebiete zum Islam konvertiert, teils aus Gründen der sozialen, finanziellen und rechtlichen Benachteiligung, teils aus religiösen Gründen (Zerstrittenheit der Christen, Attraktivität des islamischen Glaubens). Dennoch konnten sich bis zum Zerfall des Osmanischen Reiches sowohl die orthodoxen Kirchen (wie die griechische, die serbische, die rumänische Kirche) als auch die sog. orientalischen Kirchen (wie die koptische, die syrische oder die armenisch-apostolische Kirche) nicht zuletzt wegen ihrer Glaubenstreue und Standfestigkeit unter islamischer Herrschaft halten.

Die Situation von Christen in islamischen Ländern heute

Heute sieht die rechtliche Situation der Christen in mehrheitlich islamischen Ländern sehr unterschiedlich aus: In vielen Ländern wurde das traditionelle islamische Recht weitgehend abgeschafft, sodass religiöse Minderheiten laut Verfassung nicht benachteiligt sind – vielfach jedoch nur auf dem Papier. Faktisch ist die Religionsfreiheit in vielen islamisch geprägten Ländern stark eingeschränkt. Dies gilt bislang auch für die laizistisch verfasste Türkei, obgleich hier ausgerechnet durch die im Jahr 2003 neu gewählte islamische Regierung Signale in Richtung einer Verbesserung der rechtlichen Lage von religiösen und ethnischen Minderheiten gesetzt wurden, deren Ernsthaftigkeit sich jedoch erst erweisen muss. In einzelnen, vor allem von Fundamentalisten regierten oder beeinflussten Ländern wie Pakistan, Sudan und Teilen Nigerias kommt es immer wieder zu schweren, zum Teil auch blutigen Konflikten zwischen Muslimen und Christen, die jedoch meist nicht religiös bedingt sind: Soziale und wirtschaftliche Probleme sowie vor allem (macht-)politische Interessen führen hier zu gesellschaftlichen Auseinandersetzungen, die von Seiten der Fundamentalisten religiös aufgeladen und angeheizt werden. Gewalt und Verfolgung richten sich dann oft gegen religiöse und ethnische Minderheiten wie die Christen aber auch liberale Muslime.

Diese allgemeine Notlage der Christen in mehrheitlich islamischen Ländern führte in den letzten Jahren zu einem Exodus vieler Christen in westliche Länder, was die Kirchen im Orient bereits enorm geschwächt hat, ja sie in vielen dieser Regionen auf Dauer möglicherweise völlig zum Verschwinden bringen wird. Damit würde nicht nur eine zweitausendjährige Tradition des Christentums im Orient beendet, sondern auch eine jahrhundertelange, über weite Strecken relativ friedlich funktionierende pluralistische Gesellschaftsstruktur.

Weiterführende Literatur:

M. Tamcke (Hg.), Orientalische Christen zwischen Repression und Migration. Beiträge zur jüngeren Geschichte und Gegenwartslage, Hamburg 2001.

M. Tamcke, Koexistenz und Konfrontation. Beiträge zur jüngeren Geschichte und Gegenwartslage der orientalischen Christen, Münster 2003.

Die Zukunft der orientalischen Christen. Eine Debatte im Mittleren Osten, hg. vom Evangelischen Missionswerk in Deutschland (EMW), dem Informationsprojekt Naher und Mittlerer Osten (INAMO) und Alexander Flores, Hamburg/Berlin 2001.

3.3 Entwicklung einer eigenständigen islamischen Hochkultur

Inkulturationen des Islam

Hatte der Islam seinen Ausgangspunkt im Arabien des 7. Jahrhunderts, so ist er innerhalb weniger Jahrzehnte zu einer Weltreligion geworden, die sich in die verschiedenen eroberten Kulturen und Gesellschaften eingepflanzt hat. Durch diesen Prozess der Inkulturation wurden die antiken Kulturen vom Mittelmeerraum bis nach Südostasien zu einer »islamischen Kultur« umgeformt. Zugleich aber prägten diese vorislamischen Kulturen auch den Islam selbst, sodass eine vielgestaltige, keineswegs monolithische islamische Welt entstand, deren einigendes Band der Koran und damit auch die arabische Sprache sowie die religiöse Praxis war.

Ein »geistiger Gärungsprozess« (W. M. Watt) begann, bei dem jahrhunderte- und jahrtausendealte Traditionen, Erfahrungen und Kenntnisse aufgenommen und eigenständig weiterentwickelt wurden, ohne dabei die spirituell-geistige Basis, nämlich Koran und Sunna, aufzugeben. Es entstanden die arabischen Geisteswissenschaften wie Koranexegese, Hadithwissenschaft, Philologie, Geschichtsschreibung, Rechtswissenschaft im Gleichschritt mit dem Aufbau eines umfassenden Bildungswesens. Lange bevor in Europa Universitäten errichtet wurden, gab es in den größeren Städten der islamischen Welt (z.B. in Bagdad, Kairo, Cordoba) Lehreinrichtungen, die zum Teil bis heute bestehen. Die stärksten kulturellen und wissenschaftlichen Impulse, vor allem auf dem Gebiet der Naturwissenschaften, der Mathematik und Philosophie, erhielt die arabisch-islamische Kultur durch die breite Rezeption des griechischen Erbes, das zu dieser Zeit in Europa nur teilweise bekannt war.

Rezeption und Weiterentwicklung griechischer Wissenschaften

Bereits vor der Ausbreitung des Islam über die arabische Halbinsel hinaus existierten in Ägypten, Syrien und im Irak geistige Zentren, in denen die Werke der griechischen Wissenschaften übersetzt und gelehrt wurden. Anfang des 9. Jahrhunderts begann ein breit angelegtes Übersetzungsprogramm, das vom Abbassidenherrscher al-Ma'mun in Bagdad angestoßen wurde, indem er syrische Christen mit der Übersetzung der griechischen Schriften ins Arabische beauftragte und dafür eigens ein Lehrhaus, das »Haus der Weisheit«, gründete.

Von großem Interesse waren dabei die Disziplinen Medizin, Astronomie und Mathematik, aber auch Alchimie, Botanik, Zoologie und Mineralogie. Angereichert durch indische Quellen schufen islamische Gelehrte die Grundlagen für die moderne Algebra. Die arabischen Zahlen und das Dezimalsystem inklusive der Zahl Null wurden eingeführt (in Europa erst um das Jahr 1200). Die Mathematik bildete die Grundlage für die Astronomie. Auch die Medizin wurde von den Arabern weiter entwickelt und in einem Maße spezialisiert, dass man beispielsweise Augen- und Gehirnoperationen erfolgreich durchführen konnte. Bereits im 9. Jahrhundert gab es (zumindest in größeren Städten) Krankenhäuser und Apotheken. Schriften wie »Der Kanon der Medizin« von Avicenna (gest. 1037) dienten bis in die Neuzeit hinein in Europa als Lehrwerke.

Neben den Naturwissenschaften haben islamische Gelehrte, die vielfach Universalgelehrte waren, auch die griechische Philosophie rezipiert. Eine der frühesten Theologenschulen im Islam, die Mu'taziliten, hatte ihre Basis in der griechischen Philosophie. Doch bald wurde in der sunnitischen Theologie der Einfluss der Philosophie zurückgedrängt, und es entstand eine eigenständige islamische Philosophie, deren bekannteste Vertreter zu den größten Philosophen der Geschichte gezählt werden: al-Farabi (ca. 870–950), Avicenna (980–1037) und Averroes (1126–1198). Vom Hauptstrom der sunnitischen Theologie wurden diese Philosophen jedoch kaum rezipiert, sondern eher als Ketzer verurteilt: Denn für die Philosophen stellte die Vernunft die unumstößliche Basis aller Erkenntnis dar, an der selbst die Offenbarungsaussagen zu messen seien.

Waren die ersten islamischen Philosophen eher vom Platonismus beeinflusst, so ist Philosophen wie Averroes die Aristoteles-Rezeption zu verdanken. Damit vermittelten sie jene Richtung der griechischen Philosophie weiter, die schließlich von Spanien aus das lateinische Mittelalter erreichte und damit die scholastische Theologie eines Albertus Magnus oder Thomas von Aquin (beide 13. Jh.) möglich machte. Die gesamte Geistesgeschichte Europas ab dem 12. Jahrhundert wäre wohl anders verlaufen, hätte es diesen geistigen und kulturellen Transfer durch die islamische Welt nicht gegeben: Dabei war die arabisch-islamische Kultur »nicht nur die Überlieferin vieler Texte, sondern hat dem Westen auch geholfen, diese Texte, die anderthalb Jahrtausende nach ihrer Entstehung in einen ihnen völlig fremden kulturellen Kontext gelangten, zu verstehen.«[1]

Nicht unerwähnt bleiben sollten die landwirtschaftlichen Errungenschaften wie die Einführung von Baumwolle, Zitronen, Orangen und Aprikosen sowie die architektonischen Leistungen der Muslime im maurischen Spanien. Auch die Herstellung und Verwendung von Papier, eine Erfindung aus China, wurde durch die islamische Welt an Europa weitervermittelt.

Noch heute zeugen zahlreiche aus dem Arabischen kommenden Wörter im Deutschen von dieser Kulturvermittlung:

Admiral, Alchimie, Algebra, Algorithmus, Alkohol, Almanach, Amalgam, Amulett, Aprikose, Artischoke, Atlas, Aubergine, Azur, Baldachin, Benzin, Bohne, Café, Chemie, Chiffre, Diwan, Elixier, Fanfare, Gala, Gitarre, Havarie, Intarsien, Jacke, Joppe, Kabel, Kaffee, Kaliber, Kandare, Kandis, Konditor, Karaffe, Karat, Koffer, Kuppel, Lack, Magazin, Marzipan, Maske, massieren, Matratze, matt, Mokka, Mumie, Mütze, Myrrhe, Natron, Orange, Papagei, Rasse, Razzia, Reibach, Risiko, Safari, Scherif, Sesam, Simsalabim (arab. bi-smi llahi = »Im Namen Gottes«), Sofa, Sirup, Spinat, Talisman, Tarif, Tasse, Watte, Zenit, Ziffer, Zucker ...[2]

Leider wurde und wird vielfach bis heute diese kulturelle Gabe des Islam an die westliche Welt und das Christentum im Westen kaum beachtet:

»Der Islam gab an Westeuropa nicht nur viele materielle Erzeugnisse und technische Entdeckungen weiter, er gab Europa nicht nur geistige Anregungen auf dem Gebiet der Naturwissenschaften und der Philosophie, er gab ihm auch den Anstoß, ein neues Bild von sich selbst zu entwerfen. Weil Europa sich gegen den Islam wehrte, spielte es den Einfluss der Sarazenen [mittelalterlich für: Muslime] herunter und übertrieb seine Abhängigkeit vom griechisch-römischen Erbe. So haben wir Westeuropäer heute an der Schwelle zum Zeitalter der einen Welt die wichtige Aufgabe, diese falsche Akzentsetzung zu korrigieren und uneingeschränkt anzuerkennen, was wir den Arabern und der islamischen Welt verdanken.«[3]

Weiterführende Literatur:

W.G. Lerch, Die Denker des Propheten, Die Philosophie des Islam, München/Zürich 2002.
U. Rudolph, Islamische Philosophie. Von den Anfängen bis zur Gegenwart, München 2004.
W.M. Watt, Der Einfluß des Islam auf das europäische Mittelalter, Berlin 2001.

3.4 Interaktionen zwischen Christentum und Islam im Mittelalter

Missachtung und Verachtung des Islam

Im Gegensatz zu den christlichen Kirchen des Nahen Ostens und Nordafrikas war der Islam für weite Teile der europäischen Christenheit (vor allem Mitteleuropa) lange Zeit weder ein theologisches noch ein politisches Problem. Bis weit in das Hochmittelalter hinein wurden Existenz und Anspruch des Islam als nachchristliche Offenbarungsreligion kaum wahrgenommen. Lediglich die byzantinische Kirche und Theologie waren gezwungen, sich mit dem Islam näher auseinander zu setzen. Dabei entstand eine ausgeprägte apologetisch-polemische Literatur, die versuchte, Muhammad als Betrüger, den Koran als Menschenwerk und den Islam als »falsche Religion« zu erweisen: So sah *Johannes von Damaskus* (gest. um

750) im Islam nichts anderes als eine christliche Häresie arianischer Prägung – eine Sicht, die bis weit in die Neuzeit hinein bestehen blieb. Angereichert wurde diese theologische Einschätzung durch wild wuchernde Volksfantasien über Muhammads Beeinflussung durch einen häretischen Mönch. L. Hagemann bemerkt dazu:

»Alle diese legendären Traditionen verfolgen den offenkundigen Zweck, die neue Religion als nicht originär und ursprünglich darzustellen, vielmehr als Echo einer häretisch-christlichen Unterweisung und damit als Fälschung abzustempeln. Auf diese Weise sollte der Anspruch des Korans, Offenbarungsschrift göttlichen Ursprungs zu sein, entkräftet und aufgehoben werden.«[4]

Im Westen Europas, auf der Iberischen Halbinsel, war der Islam ab dem 8. Jahrhundert präsent, sodass es auch hier eine theologische Auseinandersetzung gab. Doch die weitgehend friedliche Koexistenz bedeutete keineswegs eine unvoreingenommene Wahrnehmung des Islam auf christlicher Seite: Mitte des 9. Jahrhunderts sahen spanische Christen wie der Bischof von Toledo, *Eulogius*, und *Paul Alvarus*, ein Laie aus Cordoba, im »Islam eine Vorbereitung auf das endgültige Auftreten des Antichrist«[5]. Diese apokalyptische Interpretation erhielt im Laufe der Geschichte wiederholt Auftrieb, wenn das christliche Europa bedroht wurde, so im 12. Jahrhundert bei *Joachim von Fiore* oder im 16. Jahrhundert bei *Martin Luther*. Auch manche Reaktionen in bestimmten gesellschaftlichen, politischen und religiösen Kreisen im Westen auf den 11. September 2001 scheinen das Bild vom endzeitlichen Kampf zwischen »dem Guten« und »dem Bösen« wieder aufzugreifen.

Militärische und geistige Auseinandersetzung mit dem Islam

Mit Beginn der Reconquista in Spanien und den Kreuzzügen, in denen die Ideologie eines »heiligen Krieges« und eines christlichen Rittertums im Kampf für Christus und die Kirche propagiert wurde, veränderte sich das christlich-islamische Verhältnis vollends ins Negative. Wo christliche Heere islamisches Territorium in Spanien zurückeroberten (zuletzt Granada 1492), wurden Juden und Muslime vertrieben, zur Konversion gezwungen oder Opfer der katholischen Inquisition. Dies führte umgekehrt zu Ausschreitungen gegen Christen, die noch in islamischen Gebieten lebten.

Als es im ersten Kreuzzug gelang, am 15. Juli 1099 Jerusalem einzunehmen, richteten fanatisierte Kreuzritter unter den Muslimen, Juden und orientalischen Christen der Stadt ein schreckliches Blutbad an, das nicht nur in die Geschichtsschreibung Eingang fand, sondern das Verhältnis von Christen und Muslimen zum Teil bis heute belastet.

Der fünfte Kreuzzug geht auf das Laterankonzil (1215) unter Papst Innozenz III. zurück, der alle Kräfte des Abendlandes gegen die islamische Macht im Mittelmeerraum mobilisieren wollte. Da er aber frühzeitig (1216) starb, realisierte sein Nachfolger Honorius III. dieses gewaltige Unternehmen mit der Beteiligung zahlreicher Völker der damaligen Christenheit. Erklärtes Ziel war es, Ägypten zu unterwerfen. Als Heerführer wurde der päpstliche Delegierte Kardinal Pelagius Galvani eingesetzt. Dieser belagerte und eroberte mit dem Heer am 5. November 1219 Damiette im Nildelta, das Eingangstor nach Ägypten. Der heilige *Franz von Assisi* (1181–1226) begleitete die Kreuzritter auf diesem Kreuzzug und versuchte laut Überlieferung zum Sultan al-Malik al-Kamil von Ägypten vorzudringen, um ihn zum christlichen Glauben zu bekehren.[6] Dieser hörte seinen Worten »mit Nachsicht« zu, zog aber keine Bekehrung in Erwägung. Immerhin soll er Franziskus erlaubt haben, in seinem Territorium zu predigen, auch dies letztlich ohne Erfolg. Und doch geschah ein interessanter Lernprozess, und zwar bei Franziskus selbst: Vom täglich fünfmal und mit vorbildhafter Ergebenheit vollzogenen Gebet des islamischen Heeres zutiefst beeindruckt, bat Franziskus seine Brüder, »zu bestimmten Tagesstunden alle Gläubigen durch Rufe oder Glocken zum Gotteslob aufzurufen. In einer von Feindschaft gegenüber dem Islam gekennzeichneten christlichen Welt sah Franz im Lobpreis des Allmächtigen eine verbindende Brücke.«[7]

Ähnlich wie Franziskus sprach sich bereits *Petrus Venerabilis* (1094–1156), Abt von Cluny, dafür aus, den Kampf gegen den Islam nicht mit militärischen, sondern allein mit Mitteln des Geistes und der Liebe zu führen. Eben dieser Gedanke einer friedlichen Mission unter Muslimen wurde im 13. Jahrhundert von den Bettel- und Missionsorden der Franziskaner und Dominikaner aufgegriffen: Mission erfordere zuerst ein besseres Studium des Islam und seiner Quellen, somit auch die Kenntnis islamischer Sprachen, sodass Sprachschulen errichtet wurden. Petrus Venerabilis selbst initiierte die erste, wenn auch aus heutiger philologischer Sicht mangelhafte Übersetzung des Korans ins Lateinische durch Robert von Ketton. Sie wurde 1143 fertiggestellt und fand in den folgenden Jahrhunderten – nicht zuletzt durch die Drucklegung auf Luthers Initiative hin – weite Verbreitung in Europa. Diese zwar weniger polemischen, wohl aber apologetischen Ansätze einer rationalen und wissenschaftlichen Erforschung des Islam Mitte des 12. und einer eher philosophischen Auseinandersetzung in der zweiten Hälfte des 13. Jahrhunderts (Thomas von Aquin, Roger Bacon, Raimundus Lullus) blieben zunächst weitgehend wirkungslos.

Theologische Abgrenzung durch Thomas von Aquin

Die mittelalterlichen Auseinandersetzungen der scholastischen Theologen mit dem Islam waren mitgeprägt und inspiriert von den Kampfschriften der Kirchenväter »Gegen die Juden«, »Gegen die Häretiker«, »Gegen die Heiden«. Anders jedoch als etwa Johannes von Damaskus behandelte der große Kirchenlehrer *Thomas von Aquin* (1225–1274) die Muslime nicht mehr als christliche Häretiker, sondern als Ungläubige (»infideles«): Im Gegensatz zu Juden und »irrgläubigen« Christen nämlich stimmten seiner Meinung nach die Muslime »mit uns nicht in der Autorität irgendeiner Schrift überein, durch die sie überzeugt werden könnten, wie wir gegen die Juden mit dem Alten Testament, gegen die Häretiker mit dem Neuen diskutieren können. Jene aber nehmen keines von beidem an. Daher muss man auf die natürliche Vernunft zurückgreifen, der zuzustimmen alle gezwungen sind, die aber in theologischen Dingen nicht ausreicht.«[8]

Dabei hat Thomas nicht genügend gewürdigt, dass seine ganze Theologie und Philosophie nicht möglich gewesen wäre ohne die Vermittlung aristotelischen Gedankengutes durch die arabisch-islamische Philosophie des Hochmittelalters. Philosophisch-argumentativ setzte er sich in seinem Werk »De rationibus fidei« mit folgenden drei Lehren dieser Religion auseinander, in denen er die zentralen Widersprüche zum christlichen Glauben sah:

a) Die absolute Einheit »Allahs« stand für ihn in unversöhnlichem Widerspruch zur christlichen Dreifaltigkeitslehre;
b) die islamische Leugnung der Gottessohnschaft Jesu und seines Kreuzestodes ist unvereinbar mit dem christlichen Glauben;
c) die fatalistische Ergebenheit der Muslime in »Allahs« Willen kompromittiert nach seiner Meinung die menschliche Entscheidungs- und Handlungsfreiheit.[9]

Mit Hilfe der Vernunft versuchte er, gegenüber diesen Irrlehren die christlichen Glaubensüberzeugungen zwar nicht zu beweisen, wohl aber argumentativ zu verteidigen. Im Gegensatz zu vielen anderen derartigen Versuchen blieb Thomas' Apologetik zwar weitgehend frei von Polemik, was seine Methode positiv abhebt. Andererseits zeigen sich auch deutlich die Grenzen dieser Methode, weil sie den Islam in seinen Quellen und seinem Selbstverständnis überhaupt nicht in den Blick bekommt:

»Die von Thomas vertretene strikt-rationale Argumentation als alleinige Disputationsgrundlage für die Auseinandersetzung zwischen Christen und Muslimen reduziert das weite Feld dieser Auseinandersetzung unnötigerweise auf die erkenntnistheoretische Problematik, ohne die breite Palette vorhandener theologischer Kongruenzen miteinzubeziehen.«[10]

Muhammad als »Zwietrachtstifter« in Dantes »Göttlicher Komödie«

Wir begegnen Muhammad auch im klassischen Werk des hochmittelalterlichen Dichters Dante Alighieri (1265–1321). Dessen Hauptwerk, »Die göttliche Komödie« (1307–1321), entstand auf dem Boden politischer und biografischer Krisenerfahrungen. Fest verankert in der mittelalterlichen Gläubigkeit gestaltete er in Allegorieform eine imaginative Reise ins Jenseits. Mit großer synthetischer Kraft baute er den Kosmos als Jenseits mit Hölle, Fegefeuer (Läuterungsberg) und Himmel auf. Dante selbst begibt sich auf die Reise durch das Jenseits auf der Suche nach Liebe und Gerechtigkeit. Der Dichter Vergil nimmt ihn dabei an der Hand als Führer mittels Vernunft, Philosophie und klassischer Bildung. Vergil zeigt ihm die Hölle als Ort der Qualen und der Buße für begangenes Unrecht, dann den Läuterungsberg, bis sie schließlich an die Pforte des Himmels gelangen. Dort begegnet er seiner geliebten Jugendfreundin, der Nachbarin Beatrice, die ihn zum wahren ewigen Leben führt, zur glückseligen Anschauung (*visio beatifica*) des dreieinigen Gottes.

In dieser hochmittelalterlichen Dichtung platzierte Dante Muhammad und dessen Schwiegersohn Ali im Raum der Hölle, wo für Sünden und Laster gesühnt wird. Spezifische Sünde für beide Muslime ist nach Dante das Stiften von Zwietracht auf Erden. Die Strafe für Muhammad ist eine völlige Verstümmelung des Leibes, ein Aufschlitzen vom Fuß bis zu den Lenden, sodass die Eingeweide und der Magen hervortreten. Eine noch schlimmere Buße erfährt sein Schwiegersohn Ali, nämlich die Spaltung des Hauptes, weil er für die Glaubensspaltung innerhalb des Islam verantwortlich gemacht wird. Damit sind schwerste Vergehen gegen die Wahrheit geschehen, die nach Dante eine ewige Verdammnis in der Hölle verdienen.[11]

Wir haben dieses unrühmliche Zeugnis aus dem Bereich der Literatur nicht verschwiegen, weil es ein Beispiel dafür ist, dass die Geschichte durchaus noch die Gegenwart bestimmen kann, wie folgende Begebenheit zeigt: »Fotografieren und Filmen verboten« heißt es seit dem Sommer 2002 in der Seitenkapelle des Petronius-Domes zu Bologna. Dort ist nämlich auf einem Fresko der Prophet Muhammad dargestellt, und zwar auf einem Stein liegend zwischen Höllenwesen, Ketzern und Zwietrachtstiftern, nackt und mit einem Schwert aufgeschlitzt. Gestaltet wurde das Fresko um das Jahr 1410 von Giovanni da Modena, der sich bei der Darstellung von Himmel und Hölle an Dantes »Göttlicher Komödie« orientierte. In Bologna empörten sich – verständlicherweise – seit längerem Muslime über dieses ihre religiösen Gefühle höchst verletzende Fresko und baten darum, es zu entfernen oder zumindest den Schriftzug »Maometto« zu verdecken.[12] An solchen Beispielen muss sich beweisen, ob jene »Hochachtung« für den Glauben der

Muslime, von der das II. Vatikanum spricht, tatsächlich ernst gemeint ist und zu entsprechenden Konsequenzen führt.

Weiterführende Literatur:

L. Hagemann, Christentum contra Islam. Eine Geschichte gescheiterter Beziehungen, Darmstadt 1999.

R.W. Southern, Das Islambild des Mittelalters, Stuttgart u.a. 1981.

Reale und fiktive Religionsgespräche

Eine andere Art der christlich-islamischen Begegnung begann im 14. und 15. Jahrhundert in Westeuropa mit Raimundus Lullus und Nikolaus von Kues, im Osten mit den byzantinischen Theologen Gregor Palamas, Manuel II. Palaiologos und dem Patriarchen Gennadios Scholarios. Sie alle verfolgten (je auf ihre Weise) das Ziel eines friedlichen Wettstreits zwischen den Religionen. Sie sahen dabei die Notwendigkeit einer neuen Art von Kommunikation: die Konferenz oder das Religionsgespräch, basierend auf argumentativer Auseinandersetzung der Dialogpartner. Während es im Osten tatsächlich zu solchen Religionsgesprächen mit Muslimen kam, mussten sich die Christen im Westen meist mit fiktiven Religionsgesprächen auf literarischer Eben begnügen.

Raimundus Lullus und die friedliche Eintracht der Religionen

Der Katalane und Autodidakt Raimundus Lullus (1232–1316), auf Palma de Mallorca geboren, wuchs in jener Zeit und Gesellschaft einer Konvivenz von Juden, Christen und Muslimen auf. Nach einem Berufungserlebnis im Jahr 1263 widmete er sein ganzes Leben der christlichen Mission, die er – zunächst zumindest – allein mit friedlichen Mitteln durchführen wollte.

In seinem Buch »Vom Heiden und den drei Weisen« versucht Lullus nicht nur, die »praeambula fidei«, also die dem Offenbarungsglauben vorausliegenden Erkenntnisse, sondern – im Gegensatz zur scholastischen Theologie etwa des Albertus Magnus oder Thomas von Aquin – auch die Offenbarungswahrheiten selbst mit Hilfe der Vernunft zu beweisen: »Denn da wir mit Hilfe von Autoritätsbeweisen zu keiner Übereinstimmung gelangen können, sollten wir durch zwingende Vernunftgründe eine Übereinstimmung versuchen.«[13]

Nacheinander lässt Lullus einen Juden, einen Christen und einen Muslim auftreten, die einem fragenden und suchenden Heiden jeweils die Grundsätze des Glaubens darzulegen und zu begründen versuchen. Als gemeinsamer Ausgangspunkt der Reflexion dienen ihm dabei die göttlichen Tugenden (Güte, Größe,

Ewigkeit, Macht, Weisheit, Liebe und Vollkommenheit). Damit schafft Lullus eine Verbindung von Logik und Ethik, wie Th. Pindl feststellt:

»Denn er entwirft mit Hilfe der *Virtutes* nicht nur eine allen Religionen gemeinsame philosophische, sondern auch eine universal-ethische Gesprächsbasis, an deren Maßstäben die Sittengesetze des Juden, des Christen und des Muslimen ausgerichtet werden müssen, insofern sie alle einen sittlichen Weg zu Gott und seinen Tugenden zu weisen beanspruchen.«[14]

Im philosophischen Streitgespräch also sollen sich die Religionen messen und beweisen und so zur friedlichen Eintracht, zur *concordantia*, gelangen. So lässt Lullus einen der Weisen sagen:

»Ach Gott! Welch ein hohes Gut wäre es doch, wenn wir uns – alle Menschen dieser Welt – mit Hilfe der Wissenschaft dieser Bäume in einem einzigen Gesetz und einem einzigen Glauben zusammenfinden könnten! Auf diese Weise verschwänden Streit und Hass zwischen den Menschen, die wegen der verschiedenen Glaubensüberzeugungen und der gegensätzlichen Gesetze der Völker entstehen. Da es ja nur einen Gott gibt, den Vater, Herrn und Schöpfer der Welt, wäre es auch möglich, dass sich die Vielfalt der Völker zu einem einzigen Volk vereine, sich somit die Menschen gemeinsam auf den Weg des Heils begäben; und wir hätten nur noch einen Glauben und eine Religion, durch die wir gemeinsam unseren Herrn und Gott, den Schöpfer alles Guten, lobten und rühmten. Bedenkt doch ihr Herren, all das Unglück, das aus der Verschiedenheit der Glaubenshaltungen erwächst und welch hohes Gut es demgegenüber wäre, wenn alle in demselben Gesetz übereinstimmten.«[15]

Mit dieser Vision hat Lullus eine Vorform des interreligiösen Dialogs entworfen, die über Nikolaus von Kues bis zu Gotthold Ephraim Lessing führen wird. Auch wenn das Lullsche Unterfangen, Glaubensinhalte wie etwa die Auferweckung von den Toten mit Hilfe der Vernunft beweisen zu wollen, aus heutiger Sicht scheitern muss, und wenn sich auch Lullus selbst in seiner letzten Lebensphase unter dem Eindruck der damaligen Ereignisse zum Kreuzzugprediger wandelte: Seine ursprüngliche Vision eines Dialogs in Freiheit und gegenseitigem Respekt ohne Polemik und Aggression ist ebenso richtungsweisend wie die innere Verbindung von Glaube, Logik und Ethik, die Lessing ein halbes Jahrtausend später wieder herausstellen wird.

Lullus war von der Wahrheit des christlichen Glaubens zutiefst überzeugt, aber er lässt in seinem Buch »Vom Heiden und den drei Weisen« auf literarischer Ebene doch offen, von wem sich der Heide überzeugen ließ und welchem Glauben er sich anschloss. Die drei Weisen lehnen es ab, vom Heiden zu erfahren, wie er sich entschieden hat, um den Dialog nicht abbrechen zu müssen: »Denn, wenn du hier vor uns die Religion, die du vorziehst, bekunden würdest, hätten wir kein so gutes Diskussionsthema und auch keinen so guten Anlass für die Wahrheitsfindung.«[16] Der Dialog ist also nicht zu Ende und hat seinen Eigenwert:

»Wir sollten die Streitfrage diskutieren, wer von uns sich in der Wahrheit und wer sich im Irrtum befindet! Denn genau so wie wir einen Gott, einen Schöpfer, einen Herrn haben, sollten wir auch einen Glauben, eine Religion, eine Lehre haben und nur auf eine Art und Weise Gott lieben und ehren. Wir sollten einander lieben und unterstützen, und unter uns dürfte es weder Unterschied noch Gegensatz in Glauben und Sitten geben. Denn diese Unterschiede und Gegensätze sind es ja gerade, deretwegen wir uns feindlich gegenüberstehen und bekriegen, uns gegenseitig töten und deretwegen wir uns in gegenseitiger Gefangenschaft befinden. Krieg, Tod und Knechtschaft hindern uns daran, Gott das Lob, die Ehrerbietung und die Ehre zu erweisen, die wir ihm an jedem Tage unseres Lebens von neuem schuldig sind.«[17]

Damit steht der interreligiöse Dialog bei Lullus, auch dies ist für heute relevant, »unter der Maßgabe der noch zu findenden und deshalb zu erringenden Wahrheit, nicht unter dem Diktat der bereits gefundenen Wahrheit«[18]. Kein Aufgeben oder Ausklammern der eigenen Glaubensüberzeugung also, aber auch kein triumphalistischer und exklusiver Wahrheitsanspruch, sondern das gemeinsame Suchen nach der je größeren Wahrheit soll das leitende Prinzip des unabschließbaren Dialogs sein.

Nikolaus von Kues' Vision eines Religionsfriedens

Stand bei Raimundus Lullus die »Eintracht« (*concordantia*) im Zentrum der Vision, so spricht der Theologe und Kirchenpolitiker Nikolaus von Kues (1401–1464) von der »Einheit« (*unitas*) der Religionen. In seinem Werk »Vom Frieden zwischen den Religionen« (*De pace fidei*), das vor dem Hintergrund der Eroberung Konstantinopels durch die Osmanen im Jahr 1453 entstanden und zu würdigen ist, versammeln sich in einer Vision Vertreter der Religionen und Kulturen vor Gottes Thron, um in einem »Konzil« zu einer Einheit der Religionen zu gelangen. Dazu müssten die äußerlich sichtbaren Unterschiede auf eine einzige, wahre Religion zurückgeführt werden.

Für Nikolaus von Kues stand außer Zweifel, dass die eine wahre Religion die christliche sei bzw. im Christentum zum Ausdruck komme, doch ging es ihm weniger um die Bekehrung Andersgläubiger zum Christentum, als vielmehr um den Aufweis der Übereinstimmung der Religionen in ihrem Wesenskern mit der *vera religio* und damit mit dem christlichen Glauben. Seine Devise lautete: Die eine wahre Religion prägt sich in der Geschichte der Menschheit in verschiedenen Formen aus (*una religio in rituum varietate*). Dabei steht ein theologisch-philosophischer Gedanke im Mittelpunkt, den er bereits in seiner Hauptschrift »De docta ignorantia« ausgeführt hat: Die Unendlichkeit und das unerschöpfliche Geheimnis Gottes, in dem alle Gegensätze vereinigt werden (*coincidentia oppositorum*).

Das Ziel des Religionsgesprächs bei Cusanus besteht darin, sich auf diese gemeinsame religiöse Wahrheit zu verständigen: Konstitutive Bausteine dieser wahren Religion sind »der monotheistisch-trinitarische Gottesbegriff, die Gestalt des gott-menschlichen Mittlers und Erlösers, die Auferstehung der Toten und der Gedanke der Rechtfertigung aus dem Glauben«[19]. Cusanus war der Überzeugung, dass man »einen sicheren Weg finden würde, auf dem man leicht zu einer Versöhnung und zu einem haltbaren Frieden zwischen den Religionen gelangen könne«[20].

Diesem Ziel der zunehmenden Erkenntnis der Einheit der Religionen soll ein weiteres, um 1460 verfasstes Werk des Cusanus dienen, die »Sichtung des Koran« (*Cribratio Alkorani*): Der Koran soll daraufhin durchsucht (»gesiebt«; lat. *cribrare* = durchsieben) werden, was als Anknüpfungspunkt für den christlichen Glauben dienen könnte. Cusanus interpretiert den Koran also in christlichem Sinne und will auf diese Weise die Wahrheit des christlichen Glaubens erweisen. Geleitet wird er dabei von der (falschen) Voraussetzung, der Islam sei im Grunde eine christliche Häresie. Hier wird zugleich der unterschiedliche methodische Ausgangspunkt des Cusanus gegenüber Lullus deutlich: Glaubte Letzterer auf der Basis und mit Hilfe der allen Menschen gemeinsamen Vernunft die Wahrheit des christlichen Glaubens zu beweisen, so geht Nikolaus von Kues von den zentralen christlichen Glaubenswahrheiten aus, deren Ansätze er auch im Koran zu finden glaubt.

So sehr man diese friedliche Methode gerade angesichts der militärischen Auseinandersetzungen seinerzeit würdigen muss, verkennt sie aus heutiger Sicht doch die Eigenständigkeit und das Selbstverständnis des Islam. Richtig und wichtig dagegen ist die Einsicht, dass keine vom eigenen Glauben unabhängige Sicht auf die andere Religion möglich ist. Zukunftsweisend war überdies der Versuch, Gemeinsamkeiten und Anknüpfungspunkte zwischen den Religionen zu finden. Das eigentliche Ziel des Cusanus ist wie bei Lullus der Friede und die Eintracht unter den Menschen und Völkern. Dabei ist der Friede nicht nur ein fernes Ziel, sondern bereits der »gangbare Weg zu diesem Ziel«[21].

Weiterführende Literatur:

Ramon Lull, Das Buch vom Heiden und den drei Weisen, Stuttgart 1998.

Nikolaus von Kues, Vom Frieden zwischen den Religionen. Lateinisch – deutsch, hg. und übers. von K. Berger und Ch. Nord, Frankfurt a.M./Leipzig 2002.

3.5 Negative Wahrnehmung des Islam in Reformation und Gegenreformation

Martin Luther: Der Islam als »Gesetzesreligion« und Muhammad als Ausbund des Teufels

Die protestantischen Kirchen hatten mit ihrer schwerpunktmäßigen Verbreitung in Mittel- und Nordeuropa und Nordamerika lange Zeit kaum Kontakt mit der islamischen Welt. Dies änderte sich im 19. Jahrhundert durch die Missionsbemühungen und vor allem nach dem Zweiten Weltkrieg durch den Zuzug muslimischer Gastarbeiter und Flüchtlinge. Bis in die Gegenwart hinein war die protestantische Position gegenüber dem Islam durch die negativen und polemischen Äußerungen Luthers bestimmt, dessen Islamwahrnehmung wiederum in erster Linie durch die militärische, damit aber auch religiöse Bedrohung Europas in Form des Osmanischen Reiches (sog. »Türkengefahr«) geprägt war.[22] Luther begriff diese Bedrohung als göttliches Strafgericht über die verderbte Christenheit und sah in den »Türken« (pars pro toto für »die Muslime«) – zusammen mit dem Papsttum – die apokalyptischen, antichristlichen Mächte der Endzeit verkörpert.[23] Doch die größere Bedrohung ging nach Luther vom Papst aus, denn bei ihm sei die antichristliche Einstellung besser getarnt als bei Muhammad:

> »Und ich halt den Mahmet [Muhammad] nicht für den Endechrist [Antichrist], Er machts zu grob und hat einen kendlichen schwartzen Teuffel, der weder Glauben noch vernunfft betriegen kann, Und ist wie ein Heide, der von aussen die Christenheit verfolgt, wie die Roemer und andere Heiden gethan haben ... Aber der Bapst bey uns ist der echte Endechrist, der hat den hohen, subtilen, schoenen, gleissenden Teuffel, der sitzt inwendig in der Christenheit ...«[24]

Die theologischen Parallelen zwischen dem Islam und der Religion des Papstes lagen für den Reformator auf der Hand: Nachdem der Islam mit der Leugnung des Kreuzestodes Christi auch den Kern der reformatorischen Erkenntnis, nämlich die Rechtfertigungslehre, ablehnt, »kann es für Luther im Islam auch keine ›Sündenvergebung‹ noch so etwas wie ›Gnade‹ geben. Vielmehr bleibt der Mensch auf sich und seine ›guten Werke‹ verwiesen«[25]. Damit ist ein Urteil über den Islam gefällt, das von nun an zu einer Standardcharakterisierung des Islam durch die protestantische, dann aber auch katholische Theologie und zum Teil sogar moderne Religions- und Islamwissenschaft wurde und bis in die Gegenwart hinein die christlich-westliche Islamdarstellung bestimmt, nämlich die Bewertung des Islam als »Werkglauben« oder »Gesetzesreligion«: Die Muslime, so lautet das Urteil Luthers, wollen »durch yhre eigen grosse wercke ... frum und selig werden«[26]. So ist denn Muhammad vom Lügengeist besessen und der Koran für Luther »ein verflucht, schendlich, verzweivelt buch ... , voller lugen, fabeln und aller grewel«, eine »Grube aller Ketzereien«[27], letztlich ein Werk des Teufels[28] – ein Vorwurf, der in der antiislamischen Polemik byzantinischer und lateinischer Literatur nicht neu war, aber deshalb nicht weniger verhängnisvoll. Mit dieser Hypothek hatten die evangelischen Kirchen zu kämpfen, bevor sie in der zweiten Hälfte des 20. Jahrhunderts eine unvoreingenommenere Sicht des Islam erlangen und in den Dialog mit den Muslimen eintreten konnten.

Petrus Canisius und Joseph Deharbe: Der Islam in den katholischen Katechismen

Die römisch-katholische Kirche hatte in dieser Zeit ähnliche negative Wertungen über den Islam gefällt und auf dem Weg der Katechismen den nachwachsenden Generationen weitergegeben. Allerdings standen die nicht-christlichen Religionen nur am Rande, wenn sie überhaupt in den Katechismen vorkamen; dann aber wurden sie stigmatisiert.

Petrus Canisius (geb. 1521), Jesuit und Berater beim Konzil von Trient, wurde mit der Ausarbeitung der Katechismen betraut, in denen eine Antwort auf die reformatorische Herausforderung gegeben werden sollte. Die Katechismen waren Spiegelbilder des damaligen katholisch-theologischen Denkens und eine Kurzfassung des Glaubens. Sie enthielten in der Regel vier Hauptstücke: Glaubens-, Sitten-, Sakramentenlehre und die Gebete. Gleich zu Beginn des ersten Kapitels der Glaubenslehre (1555) kommt in der »Summa doctrinae christianae« die islamische Lehre vor:

»*(Frage) 1. Wer darf Christ genannt werden? – (Antwort)* Der, der die heilsame Lehre Jesu Christi, des wahren Gottes und Menschen, in seiner Kirche bekennt. Der ebenso alle Kulte und Sekten, die außerhalb der Lehre und der Kirche Christi überall bei den Völkern gefunden werden wie z.B. die jüdische, die muslimische und diese als häretisch verurteilt und ganz und gar verabscheut, der ist wirklich ein Christ und ruht fest in der Lehre Christi.«[29]

Es gehörte somit zum Christsein, nicht nur an Jesus Christus (als Gott und Mensch) festzuhalten, sondern gleichzeitig alle anderen Religionen zu verurteilen und zu verabscheuen. Die jüdische und islamische Religion werden explizit genannt und auf eine Ebene mit den Häresien gestellt. Auch in einer Ausgabe von 1561 erwähnte Petrus Canisius die Muslime in einem Zug mit den Ungläubigen, Ketzern und Abtrünnigen, mit den Schismatikern und Exkommunizierten.[30] Im Hintergrund stand die exklusivistische Vorstellung, dass die eine Wahrheit allein in der römisch-katholischen Kirche bewahrt sei, während sich alle anderen Religionen außerhalb dieser Wahrheit befinden, Nichtchristen also zum Unheil verdammt seien. So definierte bereits das Konzil zu Florenz 1442 als verbindliche Glaubenslehre:

»[Die hochheilige römische Kirche, durch das Wort unseres Herrn und Erlösers gegründet,] glaubt fest, bekennt und verkündet, dass ›niemand, der sich außerhalb der katholischen Kirche befindet, nicht nur keine Heiden‹, sondern auch keine Juden oder Häretiker und Schismatiker, des ewigen Lebens teilhaftig werden können, sondern dass sie in das ewige Feuer wandern werden, ›das dem Teufel und seinen Engeln bereitet ist‹ [Mt 25,41], wenn sie sich nicht vor dem Lebensende ihr angeschlossen haben ...«[31]

Eine Renaissance erlebten die Katechismen im 19. Jahrhundert. Der bekannte Jesuit Joseph Deharbe griff mit seinem neuscholastischen »Lehrbegriff« (1847) die herkömmlichen Lehren auf, um sie noch etwas drastischer weiterzugeben. Zur Ablehnung des Islam kam nun hinzu, dass er Muhammad einen »Betrüger« nannte, der aus heidnischen, jüdischen und christlichen Gebräuchen eine neue Religion »zusammenstoppelte. An der Spitze einer räuberischen Schar plünderte er anfangs Karawanen, eroberte bald Städte und Länder und zwang mit dem Schwerte die Einwohner zur Annahme seiner Lehre.«[32] Damit wurde der Islam auch moralisch kompromittiert, einseitig als »Religion des Schwertes und der Gewalt« tituliert und Muhammad als Prophet in Verruf gebracht.

3.6 Neues Licht auf den Islam durch die Aufklärung

Erst nachdem die äußere Bedrohung Europas durch den allmählichen Niedergang des Osmanischen Reiches abnahm, konnte sich im 18./19. Jahrhundert, »begünstigt durch die europäische Aufklärung, eine unvoreingenommenere, historisch-kritische Sichtweise des Islam« entwickeln.[33] Namen wie Hadrian Reland (1676–1718) oder George Sale (ca. 1697–1736) sind in diesem Zusammenhang zu nennen, dazu zwei Denker und Dichter, deren tolerante Einstellung besonders gegenüber dem Islam eine geistesgeschichtliche Novität darstellte und deren Bedeutung in diesem Zusammenhang erst in den letzten Jahren verstärkt erkannt wurde: Gotthold Ephraim Lessing sowie Johann Wolfgang von Goethe.

Gotthold Ephraim Lessing und die Ringparabel

Bei dem großen Literaten der Aufklärung Gotthold Ephraim Lessing (1729–1781) begegnen wir einer wertschätzenden Einstellung gegenüber dem Islam, die in völligem Gegensatz zur bisherigen und zu seiner Zeit üblichen Abwertung dieser Religion in der europäischen Theologie und Gesellschaft steht. Wie keiner vor ihm bricht er die beiden traditionellen christlichen Sichtweisen auf, die im Islam entweder eine christliche Häresie (Johannes von Damaskus, Petrus Venerabilis) oder eine heidnische, götzendienerische Religion (Thomas von Aquin, Martin Luther) erblickten. Lessing setzt dem überkommenen Modell der Abwertung und Konfrontation ein *Modell des friedlichen Wettstreits* entgegen, ähnlich wie bereits Raimundus Lullus oder Nikolaus von Kues.

Freilich gab es auch unter den europäischen Aufklärern des 17. und 18. Jahrhunderts Vorbereiter für diese Einstellung, doch bei niemandem vorher wird der Islam derart als vernunftgemäße Religion gewürdigt wie bei Lessing. So lässt dieser einen Muslim in der »Rettung des Hieronymus Cardanus« (1754) sagen, was der Dichter selbst denkt:

> »Doch den Propheten ist es nur zum Teil geglückt, euch die Augen zu öffnen, und ich sollte es unternehmen? Wirf einen Blick auf sein [Muhammads] Gesetz! Was findest du darinne, das nicht mit der allerstrengsten Vernunft übereinkomme? Wir glauben einen einigen Gott: wir glauben eine zukünftige Strafe und Belohnung, deren eine uns, nach Maßgebung unserer Taten, gewiss treffen wird. Dieses glauben wir, oder vielmehr, damit ich eure entheiligten Worte nicht brauche, davon sind wir überzeugt und sonst von nichts!«[34]

Die Verbindung eines konsequenten Monotheismus mit einer hochstehenden Ethik ist es, die Lessing den Islam als *Religion der Vernunft* und damit der Aufklärung erscheinen lässt.[35]

Am deutlichsten wird Lessings Position in seinem berühmtesten Stück, dem Drama »Nathan der Weise«. Schauplatz ist Jerusalem, die für die drei »abrahamitischen« Religionen bis heute ebenso heilige wie umkämpfte Stadt zur Zeit des dritten Kreuzzugs (1189–1192). Die Stadt wurde 1191 von den Muslimen und ihrem Sultan Saladin besetzt. Höhepunkt des Lessing'schen Dramas ist jene Szene, in der der Sultan den reichen jüdischen Kaufmann Nathan, den er als Kreditgeber zu gewinnen versucht, nach der wahren Religion befragt. Nathan antwortet weise mit der Ringparabel, einem literarischen Motiv, das in verschiedenen Formen und Abwandlungen bereits seit Jahrhunderten in den Kulturen der abrahamitischen Religionen kursierte und seinen Ursprung möglicherweise im Koran (Sure 5,48) hat.

Die Lessing'sche Ringparabel enthält drei Grundgedanken:

1. Eine Rangfolge unter den Religionen im Sinne einer besonderen göttlichen Erwählung einer Religion lässt sich weder mit der Vernunft noch mit der Berufung auf Offenbarung begründen.
2. Gott liebt vielmehr alle Menschen, und er will offensichtlich die Vielfalt der Religionen.
3. Alle Menschen und Religionen sind von Gott vor dieselbe Aufgabe gestellt und müssen sich darin beweisen, ja darin sollen sie miteinander wetteifern: im Tun des Guten.

Nur der kann sich auf Gott berufen und Wahrheit beanspruchen, der Gottes Willen erfüllt, der Gottes- und Menschenliebe praktiziert. Die Wahrheitsfrage wird also keineswegs aufgehoben, die Unterschiede zwischen den Religionen werden nicht nivelliert. Vor allem in der Darstellung der Personen wie des Juden Nathan, des Muslim Saladin oder des christlichen Tempelherrn, die sich alle wie durch gnadenhafte Fügung allmählich als Teil einer Schicksalsgemeinschaft, ja als eine große »Familie« entdecken, wird erkennbar, dass es Lessing weder um eine Idealisierung noch um eine Überwindung der real existierenden Religionen geht, sondern darum, das Humanum, das universal Menschliche, die Menschlichkeit, in den Religionen freizulegen und zu verwirklichen: Menschsein soll als Judesein, Christsein, Muslimsein verwirklicht werden und umgekehrt.[36]

Die Strategie, die Lessing in seinem Nathan verfolgt, ist offensichtlich: »Nirgendwo identifiziert er sich direkt mit muslimischen Glaubensinhalten oder mit Muslimen, aber leidenschaftlich streitet er dafür, dass Christen im Urteil über Muslime oder den Islam Gerechtigkeit walten lassen. Entschieden streitet er dafür, dass Christen ihre eigene Selbstgerechtigkeit, ihren eigenen religiösen Triumphalismus durchschauen lernen und auch den Andersglaubenden Werte, Wahrheit und Existenzberechtigung zugestehen. Entschlossen streitet er dafür, dass man Menschen, die aus Gewissensgründen eine andere Religion gewählt haben, mit Respekt und Verständnis behandelt und nicht mit Verachtung und Aburteilung.«[37] Darin liegt die bleibende Bedeutung und der Wert, ja die Herausforderung Lessings für die interreligiöse und interkulturelle Begegnung heute.

Weiterführende Literatur:

Karl-Josef Kuschel, Vom Streit zum Wettstreit der Religionen. Lessing und die Herausforderung des Islam, Düsseldorf 1999.

Johann Wolfgang von Goethe: »... im Islam leben und sterben wir alle«

Ein zweiter Aufklärer neben Lessing, der sich nicht nur mit dem Islam intensiv beschäftigte, sondern der sogar deutliche Sympathie für diese Religion zeigte, ist Johann Wolfgang von Goethe (1749–1832). Bis in die Gegenwart hinein wurde der Einfluss des Islam auf Goethes Leben und Werk in der Forschung kaum beachtet.[38] Erst die Untersuchungen der Literaturwissenschaftlerin Katharina Mommsen haben diese Lücke gefüllt.

Bereits in den Jahren 1771/72 beschäftigte sich Goethe eingehender mit dem Islam, worauf eine – leider fragmentarisch gebliebene – »Mahomet«-Tragödie entstanden ist, in der der Dichter den Propheten Muhammad als große geistige Gestalt der Menschheitsgeschichte würdigen wollte. Muhammad war nach Goethes Überzeugung ein von Gottes Geist inspirierter Prophet und er sah eben darin die Geistesverwandtschaft zu sich selbst, zum vom göttlichen Geist ergriffenen Dichter.

Vor allem aber begegnen hier auch die beiden Themen, die den Kern des islamischen Glaubens ausmachen und die Goethe offensichtlich hochschätzte, die Lehre von der Einzigkeit und Einheit Gottes sowie die damit verbundene Ethik. In einer Szene des »Mahomet« lässt der Dichter den Propheten sagen:

> »Von mir geht eine rasche Wirkung aus,
> Die auch den Meinen hohes Glück verspricht.
> Wie manches Volk hat auf der Erde schon
> Geglänzt an seiner Stelle durch Gesetz,
> Durch Künste, doch besonders durch den Krieg.
> Nun endlich tritt Arabien hervor.
> Ein edles Volk, in Wüsten, unbekannt,
> Vergräbt es lange seinen hohen Wert.
> Blick auf und sieh die neuen Siegestage
> Herannahn! Sieh von Norden gegen Süden
> Die Welt versunken, Persien in Blut.
> Schwach Indien, in Sklaverei Ägypten
> Erniedrigt, und den Glanz der Mauern Constantins
> Verfinstert; sieh das Reich, dem Rom gebot,
> Nach allen Seiten auseinander brechen,
> Zerstückt den großen Körper, seine Glieder,
> Zerstreut und ohne Hoffnung, traurig zucken.
> Auf diesen Trümmern einer Welt lass uns

Arabien erheben. Neuen Gottesdienst
Bedürfen sie, bedürfen neue Hülfe,
Die Tiefgesunknen, einen neuen Gott.
Einst gab Osiris den Ägyptern, einst
Den Asiaten Zoroaster, Moses
Den Juden, in Italien gab Numa
Halbwilden Völkern unzulängliche
Gesetze; nun, nach tausend Jahren, komm' ich,
Die gröberen Gebote zu verändern.
Ein edler Joch biet' ich den Völkern an.
Die falschen Götter stürz' ich; neuer Gottesdienst,
Die erste Stufe meiner Größe, lockt
Die Herzen an. Mit Unrecht tadelst du,
Dass ich mein Vaterland betriege. Nein,
Ich raub' ihm seines Götzendienstes Schwäche,
Und unter Einem König, Einem Gott,
Vereint es mein Gesetz. Wie es mir dient,
So soll es herrlich werden auf der Erde.«[39]

Ein weiterer Zug des Islam, zu dem Goethe offensichtlich eine innige Geistesverwandtschaft empfand, ist der Vorsehungsglaube, der in der christlichen Islamwahrnehmung zum Teil bis in die Gegenwart hinein als Fatalismus fehlinterpretiert und verurteilt wurde. Goethe schreibt 1807 in einem Brief:

»Was die Menschen bei ihren Unternehmungen nicht in Anschlag bringen und nicht bringen können, und das da, wo ihre Größe am herrlichsten erscheinen sollte, am auffallendsten waltet – der Zufall nachher von ihnen genannt –, das ist eben Gott, der hier unmittelbar mit seiner Allmacht eintritt und sich durch das Geringfügigste verherrlicht.«[40]

So befremdlich uns aufgeklärten Menschen dieses Bekenntnis heute auch vorkommen mag, so berechtigt ist die dahinter stehende Überzeugung, dass von diesem Glauben im Grunde doch in uns allen etwas liegt:

»Die Lehre des christlichen Glaubens: kein Sperling fällt vom Dache ohne den Willen eures Vaters, ist aus derselben Quelle hervorgegangen, und deutet auf eine Vorsehung, die das Kleinste im Auge hält und ohne deren Willen und Zulassen nichts geschehen kann.«[41]

Richtig interpretiert geht es sowohl Goethe wie dem Islam um die für jeden Glauben typische und konstitutive Grundhaltung der bedingungslosen Hingabe an Gott, der Ergebung in Gottes Willen. Das arabische Wort »Islam« besagt nichts anderes als eben dies, sodass Goethe in seinem »West-östlichen Divan« formulieren kann:

»Närrisch, dass jeder in seinem Falle
Seine besondere Meinung preist!
Wenn *Islam* Gott ergeben heißt,
Im Islam leben und sterben wir alle.«[42]

In diesem Sinne hat sich Goethe wohl selbst als »Muslim« verstanden (nicht in dem Sinne, dass er praktizierender Muslim gewesen wäre), wenn er in einer Ankündigung zum »West-östlichen Divan« sogar bekennt, er lehne »den Verdacht nicht ab, dass er selbst ein Muselman sei«[43].

Das größte Vermächtnis der Verbindung von Goethe und Islam stellt ohne Zweifel der »West-östliche Divan« dar, der zu einem nicht geringen Maße unmittelbar vom Koran inspiriert ist und mit dem Goethe »eine geistige Brücke zwischen Okzident und Orient schlagen«[44], ja letztlich die polare Einheit zwischen beiden geistigen und kulturellen Welten aufzeigen wollte. So greift der Dichter darin Sure 2,142 auf: »Sag: Gottes ist der Orient, und Gottes ist der Okzident; Er leitet, wen er will, den rechten Weg« und ergänzt ihn, um Gottes universale Fürsorge noch deutlicher hervorzuheben:

»Gottes ist der Orient!
Gottes ist der Okzident!
Nord- und südliches Gelände
Ruht im Frieden seiner Hände.«[45]

Das Anliegen Goethes, eine geistige Brücke zwischen Okzident und Orient zu schlagen, wurde tatsächlich von muslimischer Seite erwidert: durch das Werk »Die Botschaft des Ostens« des berühmten indisch-muslimischen Dichters Muhammad Iqbal (1877–1938), in dem er auf Goethes »West-östlichen Divan« antwortet!

Weiterführende Literatur:

K. Mommsen, Goethe und der Islam, Frankfurt a.M./Leipzig 2001.
A. Schimmel, Muhammad Iqbal. Prophetischer Poet und Philosoph, München 1989.

Fazit

Der Rückblick auf fast 1400 Jahre christlich-islamische Begegnung hat zahlreiche Erkenntnisse gebracht, die nicht leicht auf einen Nenner zu bringen sind:

1. Insgesamt zeigten sich manche Zwistigkeiten, Feindschaften und Kriege in der Geschichte beider Religionen. Diese haben mehrere Ursachen: herrschaftspolitische, ökonomische und religiös-theologische. Letztere könnten auch mit der Tatsache zusammenhängen, dass beide Religionen einen absoluten Wahrheits- und Heilsanspruch erheben.

2. Gleichwohl gab es islamischerseits eine »relative Toleranz« für die Schutzbefohlenen unter ihrer Herrschaft (z.B. Andalusien, Osmanisches Reich) und christlicherseits mehrere Initiativen zu gegenseitigem Verstehen und erste Versuche interreligiöser Religionsgespräche (Raimund Lullus, Nikolaus von Kues).

3. Doch die Christen im Abendland fühlten sich vom Islam jahrhundertelang sowohl militärisch wie auch religiös bedroht und tradierten auch aus dieser Angst heraus ein fast ausschließlich negatives Islambild (Martin Luther, katholische Katechismen).

4. Erst die Aufklärung brachte ein neues Licht auf die nichtchristlichen Religionen, besonders den Islam, und ermutigte zum fairen Wettstreit in Taten der Liebe (Lessing, Goethe). Bis sich jedoch die Religionsfreiheit im modernen Sinne durchsetzen und der unbefangene Dialog begonnen werden konnte, war noch ein langer Prozess nötig.

5. Alle im Mittelalter und in der frühen Neuzeit entstandenen christlichen Sichtweisen fanden letztlich keine befriedigende Lösung für die »Islamfrage«. Der Islam als nachchristliche monotheistische Religion konnte theologisch nicht in die christliche Sicht der Offenbarungs- und Heilsgeschichte eingeordnet werden. Diese ungelöste Frage ruft nach einer »christlichen Theologie der Religionen«, die heute kontrovers diskutiert wird.

4 KOPERNIKANISCHE WENDE IN DER »ISLAMFRAGE«

Der geschichtliche Überblick hat gezeigt, dass die christliche Theologie die Existenz des Islam lange Zeit nicht wirklich verarbeiten konnte. Im folgenden Kapitel geht es um die »kopernikanische Wende« der christlichen Islamwahrnehmung in der zweiten Hälfte des 20. Jahrhunderts, die in der katholischen Theologie und Kirche durch das Zweite Vatikanische Konzil, fast zeitgleich aber auch in den evangelischen und orthodoxen Kirchen erfolgte. Nach der Darstellung der Ursachen und Voraussetzungen dieser Wende (4.1) werden die einschlägigen Konzilstexte über den Islam dokumentiert und kommentiert (4.2). Diese wiederum wurden aufgegriffen und vertieft in den Ansprachen Papst Johannes Pauls II., die ausführlich zur Sprache kommen sollen (4.3). Es folgt die Darstellung der Positionen zum Islam und zum christlich-islamischen Verhältnis weiterer wichtiger kirchlicher Instanzen anhand des Ökumenischen Rates der Kirchen (4.4), der orthodoxen Kirchen (4.5) und der Evangelischen Kirche in Deutschland (4.6). Dabei wird deutlich, dass die christliche Theologie die systematischen Überlegungen zum grundsätzlichen Verhältnis zu den anderen Religion weiter vertiefen muss (»Theologie der Religionen«). Der letzte Abschnitt dieses Kapitels will einen Einblick in den gegenwärtigen Diskussionsstand geben (4.7).

4.1 Ursachen und Voraussetzungen für die veränderte Sichtweise

Der Umbruch hinsichtlich der Islamwahrnehmung durch die christlichen Kirchen fand in einem Umfeld statt, das ein helleres Licht auf die Religionen warf als in der Vergangenheit. Insbesondere entdeckten die modernen Wissenschaften des 19. und 20. Jahrhunderts wie Arabistik, Islamwissenschaft, Orientalistik und Religionswissenschaft das arabisch-islamische Erbe für Europa. Das vertiefte Studium altorientalischer Sprachen förderte eine Kultur zu Tage, die bis jetzt zu wenig wahrgenommen wurde, und eröffnete zugleich neue Erkenntnisse für die Erschließung der religiösen Quellen. Die moderne Hermeneutik und die Geschichtswissenschaften machten einen neuen, objektiveren Zugang zu den Schriften und Zeugnissen anderer Kulturen und Religionen möglich.

Die schrecklichen Erfahrungen des Zweiten Weltkriegs und der Schoa schließlich zwangen die christlichen Kirchen, sich mit der eigenen Vergangenheit kritisch auseinander zu setzen und machten zuerst eine Revision des jüdisch-christlichen Verhältnisses notwendig. Dies geschah katholischerseits auf dem Zweiten Vatikanischen Konzil (1962–65), wo in der »Dogmatischen Konstitution über die Kirche« (Lumen gentium, 16) sowie in der Erklärung über das Verhältnis der Kirche zu den nicht-christlichen Religionen (Nostra aetate, 4) die bleibende Erwählung des Volkes Israel bestätigt und jede Form von Antisemitismus und Rassismus verurteilt wurden. Der damals bereits bestehende Nahostkonflikt führte dazu, dass das Konzil in dieser Erklärung auch zum Islam und zu den anderen Religionen Stellung beziehen musste und wollte: So entstand die Erklärung über die Muslime (Nostra aetate, 3), die bis heute die Grundlage für den Dialog zwischen der katholischen Kirche und dem Islam darstellt.

4.2 Das Zweite Vatikanische Konzil und der Islam

Die Anerkennung der Religionsfreiheit und die Würdigung anderer Religionen

Das Zweite Vatikanum selbst war eine multikulturelle Versammlung mit über 2000 Bischöfen aus allen Erdteilen, auch aus islamisch geprägten Ländern, die ihren Erfahrungsschatz in den weltkirchlichen Lernprozess einfließen ließen. Zu den weitreichendsten Beschlüssen des Konzils gehört die »Erklärung über die Religionsfreiheit« (»Dignitatis humanae«). Sie wurde zu einer konstitutiven Bedingung für »Nostra aetate« und den interreligiösen Dialog:

Erklärung über die Religionsfreiheit (Dignitatis humanae, 2):
»Das Vatikanische Konzil erklärt, dass die menschliche Person das Recht auf religiöse Freiheit hat. Diese Freiheit besteht darin, dass alle Menschen frei sein müssen von jedem Zwang sowohl von Seiten Einzelner wie gesellschaftlicher Gruppen, wie jeglicher menschlichen Gewalt, sodass in religiösen Dingen niemand gezwungen wird, gegen sein Gewissen zu handeln, noch daran gehindert wird, privat und öffentlich, als Einzelner oder in Verbindung mit anderen – innerhalb der gebührenden Grenzen – nach seinem Gewissen zu handeln.«

Nur auf dieser Basis können Christen Andersgläubigen »herrschaftsfrei« und in Respekt und Hochachtung begegnen. Das Konzil korrigierte damit außerdem das bisherige Selbstverständnis der römisch-katholischen Kirche: Diese versteht sich nicht länger als »vollkommene Gesellschaft« (*societas perfecta*), die allein die Mittel zur Erlangung des ewigen Heils besitzt und die Gnade verwaltet. Neu, dynamischer und bescheidener bezeichnet sie sich als »Volk Gottes unterwegs«, als »Zeichen und Werkzeug« für die Einheit zwischen Gott und Welt bzw. den Menschen. Die römisch-katholische Kirche ist nicht mehr einfach identisch mit der Kirche Christi, sondern diese ist »in ihr verwirklicht« (Lumen gentium, 8). Dieses neue Kirchenbild spornte auch die ökumenische Hoffnung auf eine sichtbare und volle Einheit aller Christen an. Den Weltreligionen gestand das Konzil eine erfüllende Sinndeutung und eine wahre Gotteserkenntnis zu (vgl. Nostra aetate, 2). Es respektierte in anderen Religionen »Wahres und Heiliges« und erblickte darin das Werk des lebendigen Gottes, des dreieinigen Gottes, den die Christen zu verkündigen haben:

Erklärung über das Verhältnis der Kirche zu den nichtchristlichen Religionen (Nostra aetate, 2):
»Die katholische Kirche lehnt nichts von alledem ab, was in diesen Religionen wahr und heilig ist. Mit aufrichtigem Ernst betrachtet sie jene Handlungs- und Lebensweisen, jene Vorschriften und Lehren, die zwar in manchem von dem abweichen, was sie selber für wahr hält und lehrt, doch nicht selten einen Strahl jener Wahrheit erkennen lassen, die alle Menschen erleuchtet. Unablässig aber verkündet sie und muss sie verkündigen Christus, der ist ›der Weg, die Wahrheit und das Leben‹ (Joh 14,6), in dem die Menschen die Fülle des religiösen Lebens finden, in dem Gott alles mit sich versöhnt hat.«

Sowohl innerhalb wie auch außerhalb der katholischen Kirche und Theologie ist man sich heute weithin in der Einschätzung einig: Mit diesem Konzil hat eine Art »kopernikanische Wende« hinsichtlich der Verhältnisbestimmung der katholischen Kirche zu den nicht-christlichen Religionen stattgefunden.[1] Die neue Positionsbestimmung des Konzils hatte Katalysatorwirkung nicht nur für den Dialog der römisch-katholischen Kirche mit dem Islam und den Religionen, sondern auch der anderen christlichen Kirchen mit dem Islam. Erstmals hat ein Konzil zum Glauben der Muslime und damit zum Islam Stellung bezogen und dies in einer im Vergleich zur bisherigen Geschichte der christlichen Äußerungen über den Islam äußerst positiven Weise.

Muslime beten zum selben Gott wie die Christen

Wir wollen uns auf jene beiden Textpassagen konzentrieren, die explizit vom Glauben der Muslime handeln, nämlich in der Kirchenkonstitution »Lumen gentium« (LG), Art. 16 und in der Erklärung über das Verhältnis der Kirche zu den nichtchristlichen Religionen »Nostra aetate« (NA), Art. 3. Dabei muss NA als Erklärung im Lichte der grundsätzlichen Aussagen der dogmatischen Konstitution LG gelesen werden:

Dogmatische Konstitution über die Kirche (Lumen gentium, 16):
»Diejenigen endlich, die das Evangelium noch nicht empfangen haben, sind auf das Gottesvolk auf verschiedene Weise hingeordnet. In erster Linie jenes Volk, dem der Bund und die Verheißung gegeben worden sind und aus dem Christus dem Fleische nach geboren ist (vgl. Röm 9,4–5), dieses seiner Erwählung nach um der Väter willen so teure Volk: die Gaben und Berufung Gottes nämlich sind ohne Reue (vgl. Röm 11,28–29). Der Heilswille umfasst aber auch die, welche den Schöpfer anerkennen, unter ihnen besonders die Muslim, die sich zum Glauben Abrahams bekennen und mit uns (nobiscum) den einen Gott anbeten, den barmherzigen, der die Menschen am Jüngsten Tag richten wird. Aber auch den anderen, die in Schatten und Bildern den unbekannten Gott suchen, auch solchen ist Gott nicht ferne, da er allen Leben und Atem und alles gibt (vgl. Apg 17,25–28) und als Erlöser will, dass alle Menschen gerettet werden (vgl. 1 Tim 2,4). Wer nämlich das Evangelium Christi und seine Kirche ohne Schuld nicht kennt, Gott aber aus ehrlichem Herzen sucht, seinen im Anruf des Gewissens erkannten Willen unter dem Einfluss der Gnade in der Tat zu erfüllen trachtet, kann das ewige Heil erlangen.«

Die Nichtchristen sind demnach auf verschiedene Weise, d.h. in verschiedenen Graden der Nähe bzw. Distanz, auf das Gottesvolk hingeordnet. In diesem auch als »Zwiebelschalenmodell« bezeichneten inklusivistischen Schema wird die Kirche »als Mittelpunkt verschieden weiter konzentrischer Kreise angesehen. Wie Schalen gruppieren sich dann auch die Religionen um das eine Zentrum des (katholischen) Christentums«[2], zunächst das Judentum, dann die Muslime, schließlich die anderen nicht-christlichen Religionen und alle suchenden Menschen.

Die theologische Perspektive, von der aus die Konzilsväter den Glauben der Muslime betrachten, ist betont »theozentrisch«: Der monotheistische Glaube an den einen, barmherzigen Gott, der Schöpfer und Richter ist, eröffnet den Muslimen die Möglichkeit, das ewige Heil zu erlangen.[3] Im lateinischen Originaltext ist es das eine Wort »nobiscum«, das die entscheidende theologische Aussage impliziert: Mit diesem einen Wort schreibt das Konzil für die katholische Theologie fest, dass Christen und Muslime (natürlich zusammen mit den Juden) zu ein und demselben Gott beten.[4]

Mit »Hochachtung« betrachtet die Kirche die Muslime und ihren Glauben

Ausführlicher als diese grundsätzliche Aussage von LG 16 geht das Zweite Vatikanische Konzil in NA 3 auf den Glauben der Muslime ein, wobei hier entsprechend der Leitlinie von Art. 1 das Augenmerk auf das gelegt wurde, »was den Menschen gemeinsam ist und sie zur Gemeinschaft untereinander führt.«

Erklärung über das Verhältnis der Kirche zu den nichtchristlichen Religionen (Nostra aetate, 3):

»Mit Hochachtung betrachtet die Kirche auch die Muslime, die mit uns den alleinigen Gott anbeten, den lebendigen und in sich seienden, barmherzigen und allmächtigen, den Schöpfer des Himmels und der Erde, der zu den Menschen gesprochen hat. Sie mühen sich, auch seinen verborgenen Ratschlüssen sich mit ganzer Seele zu unterwerfen, so wie Abraham sich Gott unterworfen hat, auf den der islamische Glaube sich gerne beruft. Jesus, den sie allerdings nicht als Gott anerkennen, verehren sie doch als Propheten, und sie ehren seine jungfräuliche Mutter Maria, die sie bisweilen auch in Frömmigkeit anrufen. Überdies erwarten sie den Tag des Gerichtes, an dem Gott alle Menschen auferweckt und ihnen vergilt. Deshalb legen sie Wert auf sittliche Lebenshaltung und verehren Gott besonders durch Gebet, Almosen und Fasten.«

»Mit Hochachtung« (»cum aestimatione«) betrachtet die Kirche die Muslime – eine Formulierung und Haltung, die im Gegensatz zu früheren herabsetzenden Aussagen eine positive Einschätzung des Islam sowie einen wirklichen Dialog zwischen gleichwertigen Partnern erst ermöglicht hat.

Wie LG 16 und ganz dem islamischen Selbstverständnis gemäß stellt NA 3 das monotheistische Bekenntnis der Muslime an den Anfang und damit ins Zentrum seiner Aussagen, wobei Attribute Gottes genannt werden, welche christlichem und islamischem Glauben gemeinsam sind: Die Muslime beten den alleinigen Gott an, »den lebendigen und in sich seienden, barmherzigen und allmächtigen, den Schöpfer des Himmels und der Erde« (vgl. Sure 2,255).

In einer Fußnote verweist das Dokument auf den Brief Gregors VII. an den islamischen König an-Nāzir von Mauretanien aus dem Jahr 1076, in dem der Papst den König als »Bruder in Abraham« anredet und in einer für damalige Umstände wohl sensationell zu nennenden Aussage betont, dass Christen und Muslime, wenn auch auf verschiedene Weise (»diverso modo«), denselben Gott anbeten. Damit bestätigt das Konzil die theologische Annahme von der Identität des von Juden, Christen und Muslimen angebeteten Gottes. Dass dieser Gott nach islamischer Überzeugung »zu den Menschen gesprochen hat«, der Islam also übernatürlichen Ursprungs ist, wird in NA 3 formuliert. Dennoch wird der Koran – wie auch in LG 16 – ebenso wenig erwähnt und theologisch gewürdigt wie die Rolle und der Anspruch Muhammads als Prophet und religiös-ethisches Vorbild für die Muslime. Dieses Übergehen der Frage nach der theologischen Einschätzung des Korans und Muhammads hat sowohl innerchristlich wie auch in der islamischen Welt bis heute Kritik hervorgerufen, lässt auf der anderen Seite jedoch Raum für weitere Forschung, Reflexion und Diskussion.

Neben dem Glauben an den allmächtigen und barmherzigen Schöpfergott bemühen sich die Muslime, seinen »verborgenen Ratschlüssen sich mit ganzer Seele zu unterwerfen, so wie Abraham sich Gott unterworfen hat, auf den der islamische Glaube sich gerne beruft«. Mit dieser Formulierung ist die Bedeutung von »Islām« sowie das islamische Selbstverständnis exakt getroffen. Des Weiteren sehen die Konzilsväter Gemeinsamkeiten im Glauben an die Auferweckung der Toten, das Jüngste Gericht und die Vergeltung der Taten. Damit sind implizit auch das lineare Geschichtsverständnis sowie der Sinn und der Wert des individuellen menschlichen Lebens auf Erden angesprochen, die Christentum und Islam gemeinsam sind.

Eine weitere Brücke der Verständigung zwischen Christen und Muslimen sieht das Dokument in der Verehrung der jungfräulichen Mutter Maria, welche die Muslime »bisweilen auch in Frömmigkeit anrufen«. Das Wörtchen »bisweilen« – »aliquando« macht zugleich darauf aufmerksam, dass man diesen Aspekt nicht überbewerten sollte, spielt doch die Verehrung Marias – abgesehen von örtlich begrenzten Kulttraditionen wie etwa in Ephesus – in der alltäglichen Frömmigkeit der Muslime eine eher untergeordnete Rolle. Der wohl entscheidende Unterschied zwischen Christentum und Islam wird lediglich in einem Nebensatz angesprochen: Die Muslime verehren Jesus als Prophet, aber »nicht als Gott«, d.h. nicht als »Sohn Gottes«. Das Problem der Leugnung des Kreuzestodes Jesu im Koran und seiner Heilsbedeutsamkeit bleibt unerwähnt.

Schließlich wird das muslimische Bemühen um eine »sittliche Lebenshaltung« sowie die religiöse Praxis des Gebets, Almosengebens und Fastens gewürdigt, wiederum zentrale – wenn auch unvollständig aufgezählte – Merkmale islamischen Glaubens, die mit der christlichen Glaubenspraxis verbinden. Dabei ist »wichtig, dass für beide Religionen die Vorstellung eines moralischen Lebens unmittelbar mit der Anbetung Gottes verbunden ist. Das bedeutet, dass das Konzil die Verbindung von moralischem Leben und dem Wesen von Religion im Islam als gültig anerkennt.«[5]

Aufforderung zum Dialog und zur Zusammenarbeit

Die Konzilsväter waren sich der geschichtlichen Belastungen des christlich-islamischen Verhältnisses sehr wohl bewusst. So fordert der zweite und kürzere, aber keineswegs unbedeutendere Abschnitt von NA 3 Christen und Muslime dazu auf, die unselige Geschichte der christlich-islamischen Feindschaft beiseite zu lassen:

Erklärung über das Verhältnis zu den nichtchristlichen Religionen (Nostra aetate, 3):
»... Da es jedoch im Lauf der Jahrhunderte zu manchen Zwistigkeiten und Feindschaften zwischen Christen und Muslimen kam, ermahnt die Heilige Synode alle, das Vergangene beiseite zu lassen, sich aufrichtig um gegenseitiges Verstehen zu bemühen und gemeinsam einzutreten für Schutz und Förderung der sozialen Gerechtigkeit, der sittlichen Güter und nicht zuletzt des Friedens und der Freiheit für alle Menschen.«

Es geht hier nicht um ein Verdrängen der Geschichte, als sei nichts gewesen, sondern vielmehr um wahrhafte Umkehr, um Vergebung und Versöhnung. Dies aber ist nur möglich, wenn man sich begegnet, in einen Dialog eintritt, sich um gegenseitiges Verstehen bemüht und zusammen für das Wohl der Menschheit wirkt, wozu das Konzil ermahnt. Damit die Wunden von einst heilen können, wäre es wohl wünschenswert, dass in naher Zukunft hochrangige Vertreter beider Religionen in einem öffentlichen Akt die Vergehen in der Geschichte bekennen und bedauern, einander um Vergebung bitten und so ein Zeichen der Versöhnung setzen.

Liest man LG 16 und NA 3 im Zusammenhang miteinander sowie im Kontext aller Konzilsdokumente, so lässt sich feststellen, dass das Konzil unzweideutig »die Gültigkeit des Islam als Religion, deren Glaube und Rituale den authentischen Glauben an den personalen, allmächtigen Gott ausdrücken, anerkennt«[6]. Die beiden Konzilstexte stellen somit eine »neue Charta des christlich-islamischen Dialogs«[7] und Verhältnisses dar, auf deren Grundlage die heutigen Beziehungen zwischen katholischen Christen und Muslimen gestaltet werden können und müssen. Die Aussagen des Konzils wurden in den folgenden Jahren vom kirchlichen Lehramt wiederholt und bekräftigt und vor allem durch Äußerungen Papst Johannes Pauls II. an manchen Stellen auch vertieft.

4.3 Die Muslime als »unsere Brüder und Schwestern im Glauben Abrahams«

Äußerungen der Päpste

Glaube an den Gott Abrahams

Papst Paul VI. bestätigte in einem Grußwort an den neuen Botschafter von Pakistan 1972 die Aussagen des Konzils hinsichtlich des Islam, indem er bekennt, dass »die Kirche die Reichtümer des islamischen Glaubens anerkennt – ein Glaube, der uns an den einen Gott bindet«[8]. In einem Grußwort an den neuen Botschafter von Marokko 1976 sprach Paul VI. – wohl in Anknüpfung an Gregor VII. – von den Muslimen als »unseren Brüdern im Glauben an den einen Gott«[9], eine Formulierung, die Papst Johannes Paul II. später wiederholt aufgreifen wird. So begrüßte dieser die muslimischen Teilnehmer bei der Eröffnung eines katholisch-muslimischen Symposions in Rom 1985 über »Heiligkeit in Christentum und Islam« mit den Worten: »Euer und unser Gott ist ein und derselbe und wir sind Brüder und Schwestern im Glauben Abrahams.«[10] Vor Repräsentanten der Muslime in Belgien sagte er 1985:

»Als Christen und Muslime begegnen wir einander im Glauben an den einen Gott, unseren Schöpfer und Führer, unseren gerechten und barmherzigen Richter. In unserem täglichen Leben streben wir danach, Gottes Willen entsprechend den Aussagen unserer jeweiligen Heiligen Schriften zu erfüllen. Wir glauben, dass Gott unsere Vorstellungen und unsere Welt übersteigt und dass seine liebende Gegenwart uns jeden Tag hindurch begleitet. Im Gebet stellen wir uns selbst in die Gegenwart Gottes, um ihn anzubeten und ihm dankzusagen, um ihn um Vergebung unserer Schuld zu bitten und um seine Hilfe und seinen Segen zu erbitten.«[11]

Diese betonte Theozentrik im Kontext des Dialogs mit Juden und Muslimen wird auch in der Ansprache bei der interreligiösen Begegnung in Jerusalem am 23. März 2000 deutlich:

»Wir sind uns alle einig, dass sich die Religion wirklich auf Gott ausrichten muss und dass unsere erste religiöse Pflicht Anbetung, Lob und Dank ist.«[12]

Der Rekurs auf Abraham als den geistlichen Stammvater des Glaubens von Juden, Christen und Muslimen wurde zu einem zentralen Topos in den Stellungnahmen Johannes Pauls II. über das Verhältnis dieser drei Glaubensgemeinschaften untereinander, so etwa 1992 in einer Ansprache vor islamischen Führern in Senegal:

»Das Bekenntnis zu Gott durch die spirituellen Nachkommen Abrahams – Christen, Muslime und Juden – ist, wenn aufrichtig gelebt und das Leben durchdringend, eine sichere Grundlage für die Würde, Brüderlichkeit und Freiheit der Menschen sowie ein Prinzip der Rechtschaffenheit für moralisches Handeln und Leben in der Gesellschaft. Und da ist noch mehr: als eine Folge dieses Glaubens an Gott, den Schöpfer und Transzendenten, erkennt sich der Mensch als Krone der Schöpfung.«[13]

In der Predigt zur Feier des Gedenkens an Abraham auf der Jubiläumspilgerreise zu den Heiligen Stätten im Jahr 2000[14] betonte der Papst, dass mit Abraham, auf den mit uns auch Juden und Muslime »als Vorbild bedingungsloser Unterwerfung unter den Willen Gottes« schauen, der Bund Gottes mit der Menschheit begann und damit »die Heilsgeschichte ihren Ausgang nahm«[15].

Bestimmung und Würde des Menschen

Aufgrund dieses gemeinsamen Glaubens an den einen und selben Gott haben, so der Papst, »Christentum und Islam viele Dinge gemeinsam: den Vorzug des Gebets, die Pflicht zur Gerechtigkeit verbunden mit Mitgefühl und Armenspende, und vor allem einen heiligen Respekt vor der Würde des Menschen, welche das Fundament der Grundrechte jedes Menschen darstellt, einschließlich des Lebensrechts des ungeborenen Kindes«[16]. In einer Rede vor der katholischen Gemeinde Ankaras im Jahr 1979 setzte der Papst die Schöpfungserzählung von Sure 32,7–9 mit Gen 1,27 in Bezug (es war wohl das erste Mal, dass ein Papst öffentlich aus dem Koran zitierte) und sah den biblischen Herrschaftsauftrag an den Menschen von Gen 2,15 und damit dessen unvergleichliche Würde auch im Islam gegeben: »Für die Muslime ist das Universum dazu bestimmt, dem Menschen als dem Repräsentanten Gottes unterworfen zu sein.«[17] Diese anthropologische Grundbestimmung des Menschen in Christentum und Islam wird in seiner Ansprache vor muslimischen Repräsentanten in Kamerun 1985 noch ausführlicher dargelegt:

»Gott hat uns auf die Erde gestellt als seine Repräsentanten, um sich gewissenhaft um die Welt der Natur zu kümmern und um unsere menschliche Gesellschaften seinem Willen entsprechend zu gestalten. Die Muslime glauben, dass Gott den Menschen als seinen Vertreter (delegate) erschaffen hat und von uns erwartet, als rechtschaffene und zuverlässige Verwalter (superintendents) der Schöpfung zu handeln.«[18]

Zu dieser gemeinsamen Bestimmung des Wesens und der Aufgaben des Menschen gehört die Respektierung der Menschenrechte, besonders der Freiheitsrechte des Einzelnen wie z.B. der Religionsfreiheit. Papst Johannes Paul II. macht gerade in seinen Ansprachen vor Muslimen und islamischen Führern immer wieder auf die Notwendigkeit der Reziprozität dieser Rechte aufmerksam.[19]

Der gemeinsame Kampf gegen den Materialismus

In Anlehnung an NA 3 betonte der Papst in einer Ansprache vor muslimischen Führern in Kenia 1980, dass »Gebet, Armenspende und Fasten hohe Wertschätzung in unseren beiden jeweiligen Traditionen genießen und ohne Zweifel ein großartiges Zeugnis an eine Welt sind, die Gefahr läuft, vom Materialismus aufgesaugt zu werden«[20]. Dieses Motiv begegnet auch in den Grußbotschaften der katholischen Kirche zum Fest des Fastenbrechens am Ende des Monats Ramadan an die Muslime: Seit 1967 richtet der vorsitzende Kardinal des »Sekretariats für die Nichtchristen« bzw. (seit 1989) des »Päpstlichen Rates für den Interreligiösen Dialog« (später ebenso der Vorsitzende der Deutschen Bischofskonferenz und der Ratsvorsitzende der Evangelischen Kirche Deutschlands) eine derartige Botschaft an die muslimische Welt, um »unsere freundschaftliche und brüderliche Haltung zu bekunden, die alle, die an den einen, lebendigen und wahren Gott glauben, vereint und um unserer Achtung der geistlichen Werte, die mit dem Fasten im Ramadan verknüpft sind, Ausdruck zu verleihen.«[21] 1991 wandte sich Johannes Paul II. aufgrund des Golfkrieges persönlich an seine »geliebten« muslimischen Brüdern und Schwestern:

»Sie, die sie diesen harten Fastenmonat gemäß Ihrer religiösen Pflichten abgeschlossen haben, geben den modernen Gesellschaften ein notwendiges Beispiel des Gottesgehorsams, der Bedeutung des Gebetes, der Selbstbeherrschung und der asketischen Einfachheit im Gebrauch der Güter dieser Welt. Auch wir Christen haben kürzlich unsere jährliche Fastenzeit, für uns eine Zeit der Buße und der Reinigung, in Gebet und Enthaltsamkeit vollzogen. Diese Werte, die Christen und Muslime in ihren religiösen Glaubenssätzen und Traditionen teilen, können sie der Menschheit als eine religiöse Antwort auf die Anziehungskraft von Macht, Wohlstand und materiellem Vergnügen anbieten.«[22]

Bei seinem Besuch in Deutschland 1980 forderte der Papst die hier lebenden Muslime auf, ihren Glauben auch in der Fremde zu leben. Er sieht in der muslimischen Frömmigkeit gar Vorbildcharakter für die Christen: »Wenn Ihr Euch auch in der Öffentlichkeit nicht scheut zu beten, gebt Ihr uns Christen dadurch ein Beispiel, das Hochschätzung verdient.«[23]

Der gemeinsame Einsatz für Gerechtigkeit und Frieden und die Bedeutung des Gebetes

Christen und Muslime haben schließlich die Überzeugung gemeinsam, dass sie mit Gottes Gnade nach der Erfüllung des göttlichen Willens streben sollen, was sich vor allem im Bemühen um soziale Gerechtigkeit und Frieden manifestiert. In der eben zitierten Grußbotschaft zum Ramadan-Ende 1991 schreibt Johannes Paul II.:

»Der Weg derer, die an Gott glauben und ihm dienen wollen, ist nicht der des Herrschens. Es ist der Weg des Friedens: eine Einheit im Frieden mit unserem Schöpfer, die sich in der

Erfüllung seines Willens ausdrückt; Friede in und mit der gesamten Schöpfung im weisen Gebrauch ihrer Güter zum Wohl aller; Friede in der Menschheitsfamilie über die Zusammenarbeit zur Einbindung unserer Gesellschaften in ein Netz von Gerechtigkeit, Brüderlichkeit und Eintracht; Friede im Herzen jedes Einzelnen.«[24]

Soziale Gerechtigkeit und Friede sind nach Meinung des Papstes aufs Engste miteinander verknüpft und sollten von Christen wie Muslimen (und allen Menschen guten Willens) in gemeinsamer Zusammenarbeit verwirklicht werden. Bei allem Mühen jedoch soll das Gebet nicht vergessen werden, was auf den vom Papst persönlich initiierten multireligiösen Friedensgebeten in Assisi 1986, 1993 und 2002, aber auch in den Botschaften zum Weltfriedenstag deutlich zum Ausdruck gebracht wurde:

»Gebet ist das Band, das uns am wirksamsten vereint. Durch das Gebet begegnen die Gläubigen auf einer Ebene, wo Verschiedenheiten, Missverständnisse, Verbitterung und Feindschaft überwunden sind, nämlich vor Gott, dem Herrn und Vater von uns allen. Als der authentische Ausdruck einer richtigen Beziehung mit Gott und mit anderen ist das Gebet ein positiver Beitrag zum Frieden«[25].

Der Aufruf zum Dialog

Johannes Paul II. ruft Christen und Muslime immer wieder und inständig zum Dialog untereinander auf, »um einander besser zu verstehen sowohl auf der Ebene der Wissenschaft als auch in den personalen Beziehungen in der Familie und an den Arbeits- und Spielplätzen«[26]. In deutlicher Anlehnung an »Nostra aetate« bringt er in seiner Ansprache bei der interreligiösen Begegnung in Jerusalem am 23. März 2000 vor Juden, Christen und Muslimen sein Anliegen mit geradezu visionären Worten auf den Punkt:

»Wir müssen aus dem Reichtum unserer jeweiligen religiösen Traditionen schöpfen und das Bewusstsein verbreiten, dass die Probleme der heutigen Zeit nicht gelöst werden können, wenn wir einander nicht kennen und von einander getrennt sind. Wir alle wissen um die Missverständnisse und Konflikte der Vergangenheit, die auch heute noch schwer auf den Beziehungen zwischen Juden, Christen und Muslimen lasten. Wir müssen alles tun, was in unseren Kräften liegt, damit sich das Bewusstsein der vergangenen Kränkungen und Sünden verwandelt in den festen Entschluss zum Aufbau einer neuen Zukunft, in der es zwischen uns nur noch respektvolle und fruchtbare Zusammenarbeit geben wird. Die katholische Kirche möchte einen aufrichtigen und fruchtbringenden interreligiösen Dialog mit den Mitgliedern der jüdischen Glaubensgemeinschaft und den Anhängern des Islam fortführen. Ein solcher Dialog ist nicht etwa ein Versuch, den anderen unsere Meinung aufzuzwingen. Was er von uns allen fordert, ist, dass wir an unserem eigenen Glauben festhalten, dabei aber respektvoll einander zuhören, alles Gute und Heilige in den Lehren der anderen zu erkennen suchen und gemeinsam alle Initiativen zur Förderung des gegenseitigen Verständnisses und des Friedens unterstützen.«[27]

Dieser Dialog ist nach Ansicht des Papstes letztlich in dem einen Gott begründet, der ein Gott des Dialogs ist, »der sich von Beginn der Geschichte an in einem Dialog des Heils mit der von ihm erschaffenen Menschheit engagiert hat. Dieser Dialog dauert an bis zum heutigen Tag und wird andauern bis zum Ende der Zeit. Wir Christen und Muslime müssen Menschen des Dialogs sein.«[28]

Das Gemeinsame anerkennen, die Unterschiede respektieren

Die Stellung Papst Johannes Pauls II. zum Islam lässt sich wohl am besten mit seinen eigenen Worten zusammenfassen, die er 1985 an 80 000 muslimische Jugendliche in Casablanca/Marokko gerichtet hat:

»Die katholische Kirche blickt mit Hochachtung auf euren religiösen Weg und erkennt seine Qualität an, den Reichtum eurer geistlichen Tradition. Auch wir Christen sind stolz auf unsere religiöse Tradition. Ich glaube, dass wir, Christen und Muslime, mit Freude die religiösen Werte, die wir gemeinsam haben, anerkennen und Gott dafür danken sollten. Wir glauben beide an einen Gott, den einzigen, der voll Gerechtigkeit und Erbarmen ist. Wir glauben an die Bedeutung des Gebets, des Fastens und des Almosengebens, der Buße und der Vergebung. Wir glauben, dass Gott am Ende der Zeiten uns ein barmherziger Richter sein wird, und hoffen, dass er nach der Auferstehung mit uns zufrieden sein wird, und wissen, dass wir in ihm unsere Erfüllung finden. Die Loyalität verlangt aber auch, dass wir unsere Unterschiede erkennen und respektieren. Der grundlegendste Unterschied ist eindeutig unsere Würdigung von Person und Werk des Jesus von Nazaret. Ihr wisst, dass – für die Christen – dieser Jesus sie in eine intime Kenntnis des Geheimnisses Gottes eingeführt hat und in die Teilhabe seiner Kinder an seinen Gaben, wenn sie ihn als Herr und Erlöser anerkennen. Das sind die wichtigsten Unterschiede, die wir in Demut und Respekt anerkennen müssen, in gegenseitiger Toleranz. Hierin liegt ein Geheimnis, über das uns Gott eines Tages aufklären wird, dessen bin ich sicher.«[29]

Es verdient Beachtung, wie sehr besonders Papst Johannes Paul II. das neue Paradigma des Konzils rezipiert hat und mit welchem Engagement er es vor Christen und Muslimen bei verschiedensten Gelegenheiten konkretisiert. Mit dem Konzil stellt er das Verbindende zwischen christlichem und islamischem Glauben in den Vordergrund, gleichzeitig werden die Differenzen nicht verschwiegen, sondern respektiert. Die Menschen ermutigt er zum Dialog und zur Begegnung auf allen möglichen Ebenen. Der Höhepunkt seiner eigenen Bemühungen in diesem Prozess der Verständigung war wohl der Besuch und ein persönliches Gebet in der Umayyadenmoschee in Damaskus im Jahr 2001. Damit stellt der Papst mit seinen Äußerungen und Gesten ein unverzichtbares Korrektiv und Vorbild in einer durch Gleichgültigkeit, Feindschaft und Gewalt gefährdeten Weltgemeinschaft dar.

Weiterführende Literatur:

Deutsche Bischofskonferenz, Christen und Muslime in Deutschland. (Arbeitshilfen 172), Bonn 2003.

4.4 Überlegungen des Ökumenischen Rates der Kirchen

Auch die anderen christlichen Kirchen haben in etwa zur gleichen Zeit wie die römisch-katholische Kirche den interreligiösen und damit auch christlich-islamischen Dialog begonnen. Obwohl der Ökumenische Rat der Kirchen (ÖRK), zu dem heute über 330 protestantische und orthodoxe Kirchen gehören, erst 1971 (in Addis Abeba) offiziell in den interreligiösen Dialog eintrat und dafür die Untereinheit »Dialogue with People of Living Faiths and Ideologies«[30] einrichtete, fand die erste christlich-muslimische Begegnung im Rahmen des ÖRK bereits 1969 in Cartigny/Schweiz statt. Die gemeinsame Schlusserklärung dieses Treffens sieht die Notwendigkeit des Dialogs und seiner Institutionalisierung auf verschiedenen Ebenen mit dem Ziel größeren gegenseitigen Respekts und besseren Verstehens. Von besonderer Bedeutung für die weiteren Dialogbemühungen und die gegenseitige theologische Einschätzung war sicherlich folgende Formulierung:

> »Judentum, Christentum und Islam gehören nicht nur geschichtlich zusammen, sie sprechen von demselben Gott, dem Schöpfer, Offenbarer und Richter. Diesem Faktum muss im Dialog Rechnung getragen werden, indem man dasselbe Wort für Gott benutzt.«[31]

Diesem ersten Dialogtreffen auf offizieller Ebene folgten in den nächsten Jahren zahlreiche weitere, auch regionale, bi- und multilaterale Begegnungen im Rahmen oder auf Initiative des ÖRK. Doch das Dialogprogramm des ÖRK wurde aus den eigenen Reihen, besonders von Seiten evangelikaler und fundamentalistischer Gruppierungen, immer wieder attackiert und konnte nie ungeteilte Zustimmung aller Mitgliedskirchen finden.

1993 erschien das Dokument »Beziehungen zwischen Christen und Muslimen: Ökumenische Überlegungen«[32], das auf den Ergebnissen von fünf regionalen Konsultationen zwischen Christen und Muslimen in verschiedenen Teilen der Welt basierte. Obwohl sich das Dokument nicht als Grundsatzerklärung des ÖRK zum christlich-islamischen Dialog versteht, reflektiert es doch die Bereitschaft des ÖRK zum Dialog und zur Zusammenarbeit mit Muslimen in der ganzen Welt: Es geht kritisch auf die Geschichte der christlich-islamischen Beziehungen ein und verweist darauf, dass Dialog nicht nur ein Austausch von Gedanken ist, »sondern auch eine Begegnung zwischen Menschen (Dialog des Lebens). Er hängt von gegenseitigem Vertrauen ab, fordert die Achtung der Identität der anderen und verlangt die Bereitschaft, das eigene Selbstverständnis in Frage zu stellen, sowie die Offenheit, die anderen so zu verstehen, wie sie sich selbst definieren« (172f.). Die Christen werden zugleich davor gewarnt, im Islam einen monolithischen

Block zu sehen: »In Wirklichkeit umfasst der Islam sowohl in seiner historischen als auch in seiner gegenwärtigen Gestalt eine große Vielfalt von theologischen, philosophischen und juristischen Denkrichtungen.« (173) Außerdem verweist das Dokument auf die wichtigsten Gemeinsamkeiten zwischen christlichem und islamischem Glauben:

»Beide sehen Gott als den Schöpfer und Erhalter an, als gerecht und barmherzig, als einen Gott, der sein Wort offenbart und der die Menschen zur Rechenschaft für ihre Haushalterschaft über die Schöpfung ziehen wird. Beide Glaubensgemeinschaften, messen dem Gebet zentrale Bedeutung bei und haben Werte und Ideale gemeinsam wie die Suche nach Gerechtigkeit in der Gesellschaft, das Eintreten für Menschen in Not, Nächstenliebe und Zusammenleben in Frieden« (174).

Zugleich werden »wirkliche und grundsätzliche Unterschiede« wie die christliche Trinitätslehre, Jesu Gottessohnschaft, seine Kreuzigung und Auferstehung genannt.

Mit Recht verweist das Dokument auch darauf, dass die in christlichen und westlichen Kreisen weit verbreitete Meinung, die islamische Gemeinschaft kenne »de facto keine Unterscheidung zwischen politischer Macht und religiöser Autorität«, »einer sorgfältigen Prüfung nicht stand[hält]. Genauso wenig können wir es als christliche Lehre bezeichnen, dass die Religion eine ausschließlich spirituelle und private Angelegenheit sei« (177). So endet das Dokument mit der Hoffnung und Überzeugung, dass Christen und Muslime zum »Wohl der ganzen Menschheitsfamilie« beitragen können und sich »enorme Möglichkeiten der Zusammenarbeit in Fragen der sozialen Gerechtigkeit und der Gleichberechtigung der Rassen, der Verteidigung der Menschen- und Bürgerrechte, der Gewährleistung der Religionsfreiheit, der friedlichen Beilegung von Konflikten, des Engagements für Flüchtlinge und entwurzelte Menschen« bieten (179).

Damit hat der ÖRK, der sich seit den 1960er-Jahren im christlich-islamischen Dialog engagiert, zu einer Standortbestimmung gefunden, die stark an die Position des Zweiten Vatikanischen Konzils erinnert. Dabei lädt er seine Mitglieder, die offensichtlich nicht alle dieselbe Meinung vertreten, zu einer differenzierten Islamwahrnehmung ein, ohne »wirklich grundsätzliche Unterschiede« außer Acht zu lassen. Auch hier wird der Bereitschaft zur Kooperation mit Muslimen Ausdruck verliehen, was ein großes ethisches Potential für Gerechtigkeit und Frieden in sich birgt.

4.5 Die orthodoxen Kirchen und der Islam

Die orthodoxen und orientalischen Kirchen waren diejenigen christlichen Gemeinschaften, die praktisch von Beginn des Islam an, also nahezu seit vierzehn Jahrhunderten, in nächster Nachbarschaft zur islamischen Welt, ja zum Teil innerhalb des islamischen Herrschaftsgebietes lebten und zum Teil heute noch in islamisch geprägten Ländern leben. Ihre Erfahrungen mit dem Islam und den Muslimen sind je nach Region, Zeit und persönlichen Umständen sehr unterschiedlich und reichen von sehr negativen bis zu relativ positiven. So überrascht es nicht, dass die erste theologische Auseinandersetzung mit dem Islam in der byzantinischen Kirche begann. Ziel dieser überwiegend polemisch-apologetischen Auseinandersetzung war die theologische und philosophische Widerlegung des Korans, die Zurückweisung des prophetischen Anspruchs Muhammads und des Islam als eines wirksamen Heilsweges sowie die Verurteilung der islamischen Moral.[33]

Die Einschätzung des Islam als christliche Häresie durch Johannes von Damaskus (gest. um 750) wurde bis in die Neuzeit hinein zu einer bevorzugten Position der christlichen Theologie gegenüber dem Islam. Niketas von Byzanz war es, der in seiner »Widerlegung des Korans« – ein Werk, das zwischen dem 9. und 14. Jahrhundert in Byzanz als *die* Quelle für die christliche Kontroverse mit dem Islam diente – die unselige Behauptung aufbrachte, Muhammad wolle die Menschen zur Teufelsanbetung verführen. Seitdem war es weitgehend unhinterfragte christliche Überzeugung, dass die Muslime nicht den Gott des Alten und Neuen Testaments anbeteten.

Trotz der geographischen und gesellschaftlichen Nähe von christlichen Ostkirchen und Islam kann man auch hinsichtlich dieser Beziehungen über eine weite Strecke der Geschichte nicht von einer wirklichen gegenseitigen Kenntnisnahme, gar Wertschätzung sprechen: Vielmehr führte die politische und religiöse Konkurrenzsituation – von wenigen Ausnahmen im 14./15. Jahrhundert wie des Bischofs Gregor Palamas, des Kaisers Manuel II. Palaiologos oder des Patriarchen Gennadios Scholarios abgesehen – zu wechselseitiger Ignoranz, zu Missverständnissen und Vorurteilen, besonders in der Zeit des Osmanischen Reiches (14. Jh. bis 1922).[34] Ein wirklicher Dialog und eine wechselseitige Wertschätzung zwischen Christen und Muslimen im Orient konnten erst im letzten Drittel des 20. Jahrhunderts, wohl durch die Wende der katholischen Kirche sowie des Ökumenischen Rats der Kirchen (in dessen Dialogabteilung die Orthodoxie von Anfang an sehr aktiv war), geschehen. Zahlreiche orthodoxe Theologen und Würdenträger sehen heute die Notwendigkeit und die Chancen einer derartigen Begegnung und verweisen dabei auf die besondere Rolle für den christlich-islamischen Dialog, die die Orthodoxie aufgrund ihrer geographischen, aber auch kulturellen

Nähe zum Islam (man denke nur an das gemeinsame Erbe der griechischen Philosophie) spielen kann.[35]

So betont etwa Metropolit Konstantin von Derkon (USA) in deutlicher Anlehnung an das Zweite Vatikanische Konzil, dass es eine breite Basis für eine gute Zusammenarbeit zwischen Christen und Muslimen gibt: »den gemeinsamen Glauben an den einen, lebendigen und existierenden Gott, den gütigen und barmherzigen Gott, der Himmel und Erde geschaffen hat.«[36] Auch in der Anthropologie beider Religionen sieht der Metropolit gemeinsame Prinzipien: »Der Mensch ist Gottes Geschöpf, er wurde als Abbild Gottes, seines Herrn geschaffen. Er ist mit Vernunft und moralischen Fähigkeiten ausgestattet, er ist das beste Geschöpf Gottes. ... Gott hat ihn als seinen Stellvertreter auf Erden eingesetzt und gab ihm Macht über die Natur.«[37] Obgleich die Ursünde im Islam keine große Rolle spiele, da Gott Adam nach dessen Ungehorsam sofort vergeben hat, erkenne der Islam die Konsequenzen dieses Sündenfalls im Leben des Menschen, insofern Adam trotz Vergebung nicht mehr die frühere Position einnimmt. Bischof Anastasios von Androussa sieht die Muslime sogar als Teilhaber am Abrahamsbund und betont dabei die Rolle des Heiligen Geistes, die dieser in der orthodoxen Sicht der Heilsökonomie Gottes einnimmt und dessen Wirkungen in Form der geistlichen »Früchte« (Gal 5,22–23) auch im Leben vieler Muslime zu bemerken seien.[38]

Der Dialog zwischen Orthodoxie und Islam wird erst seit 1985 offiziell organisiert und zwar vom Orthodoxen Zentrum des Ökumenischen Patriarchats in Chambésy/Genf unter der Leitung von Metropolit Damaskinos Papandreou. Zusammen mit der Königlichen Jordanischen Akademie zur Erforschung Islamischer Kultur (Al-Albait-Stiftung), die auch mit dem Päpstlichen Rat für den Interreligiösen Dialog und der Evangelischen Kirche Deutschlands (EKD) im Dialog steht, veranstaltet dieses Organ seit 1986 regelmäßig Konsultationen zu verschiedenen Themen, wobei stets auch Vertreter anderer christlicher Kirchen teilnehmen. Diese Begegnungen bemühen sich auf akademischer Ebene »eine systematische Prüfung der theoretischen Voraussetzungen vorzunehmen für die Förderung einer Zusammenarbeit der beiden Religionen bei den aktuellen Problemen der friedlichen Koexistenz und des gegenseitigen Verständnisses, mit denen die Gläubigen konfrontiert sind.«[39] Papandreou sieht die Gemeinsamkeiten beider Religionen im Glauben »an den wahren Gott, den Schöpfer und Herrn der Menschen, der Welt und der Geschichte« sowie in der Erfahrung, dass »Kirchen und Moscheen Orte der Demut sind, an denen der Mensch seine Nichtigkeit erkennt, die letztlich aber die geistliche Aufwertung des Menschen anstreben. Die Gefahr unserer Zeit liegt weniger in dem Konflikt zwischen Evangelium und Koran als in der götzenhaften Verehrung alles Materiellen, die den Osten genauso wie den Westen bedroht.«[40]

1997 hat die 8. Dialogrunde zwischen dem Ökumenischen Patriarchat und der Al-Albait-Stiftung eine Grundsatzerklärung zum orthodox-islamischen Dialog verfasst, in der sich beide Seiten auf einige Grundsätze verpflichten, die dem Dialog und der Zusammenarbeit dienen sollen: Darunter wird auf die Einheit der Menschen rekurriert und werden Frieden und Gerechtigkeit gegen jede Kriegsideologie gesetzt. Außerdem wird die Absicht formuliert, »gemeinsam in den Lehrplänen und den Lehrbüchern des Bildungswesens die Prinzipien der gemeinsamen Achtung und des aufrichtigen Verständnisses hervorzuheben, damit die krankhaften Phänomene des Fanatismus und der interreligiösen Unduldsamkeit verschwinden.«[41] Eine offizielle Stellungnahme orthodoxer Kirchen zum Islam die den Aussagen des Zweiten Vatikanums oder der evangelischen Kirchen vergleichbar ist, fehlt dagegen bislang.

4.6 »Zusammenleben mit Muslimen in Deutschland«

Eine Handreichung der Evangelischen Kirche in Deutschland (2000)

Auch die evangelischen Kirchen in Deutschland führen seit vielen Jahren den Dialog mit dem Islam und haben dazu Islambeauftragte in den Landeskirchen wie auch auf EKD-Ebene. Das jüngste Papier der Evangelischen Kirche in Deutschland (EKD) zum Verhältnis von Christen und Muslimen ist eine pastorale Handreichung und versucht zugleich eine innerprotestantische Standortbestimmung. Dabei ist man sich dessen bewusst, dass in der EKD eine wie auch immer geprägte Theologie der Religionen, anders als im römisch-katholischen Bereich, bisher nur schwach in der Lehre vertreten ist. Zudem gibt es innerhalb der evangelischen Kirchen in dieser Frage, besonders was das Verhältnis zum und die Beurteilung des Islam angeht, stark divergierende Auffassungen. Umso beachtenswerter ist in diesem Zusammenhang die Aussage der Handreichung der EKD, dass sich Christen und Muslime im Gebet an denselben Gott wenden:

»Ist es aber der Gott der Gnade und des Erbarmens, den unsere und ihre Gebete erreichen, dann wenden sich alle Betenden – darauf vertrauen wir Christen – im Grunde und in Wahrheit an denselben einen Gott, den dreieinen, der sich der verlorenen Welt zuwendet und das Zertrennte und Zerstrittene versöhnen will. Das gilt, wie bewusst oder verborgen das den Betenden auch sein mag. Darum glauben wir, dass Gebete von Muslimen ebenso wie die von uns Christen vom dreieinen Gott erhört werden, der uns in Jesus Christus mit sich versöhnt hat und sich im Heiligen Geist vermittelt.«[42]

In der Frage nach der Möglichkeit gemeinsamen Betens von Christen und Muslimen spricht sich die Handreichung – wie die Deutsche Bischofskonferenz – für sog. »multireligiöse«, nicht aber interreligiöse Gebete aus (vgl. 29). Nach einer kurzen Beschreibung der Entwicklung und gegenwärtigen Situation des Islam in Deutschland stellt sich das Dokument der religionstheologischen Frage und vertritt dabei den allgemeinen Grundsatz, dass »weder der Weg der Selbstüberschätzung auf Kosten der anderen noch der der Selbstverleugnung auf Kosten der eigenen Identität ... die angemessene Haltung in der Begegnung mit Angehörigen anderer Religionen und für die theologische Beurteilung dieser Religionen« ist (25). Wohl in Anlehnung an Formulierungen des Zweiten Vatikanischen Konzils (»Strahl jener Wahrheit«, NA 2) nimmt das Papier der EKD »Spuren des Geisteswirkens auch bei den Muslimen« an (28):

»Wir begegnen auch im Islam wie in anderen Religionen Menschen, die schon in Gottes Hand sind. Das macht uns bescheiden und froh und führt zum Respekt gegenüber den anderen Religionen. Im Licht des uns in der Bibel bezeugten Gottes können wir auch dort Spuren seiner Wahrheit und Wirklichkeit entdecken« (29).

Damit wird dem Dialog mit Muslimen auch ein erkenntnistheoretischer Wert beigemessen:

»Denn indem Christen und Christinnen hier mit divergierenden Antworten konfrontiert werden, können sich für sie durchaus unerwartete theologische Einsichten in das Geheimnis des Glaubens an den dreieinen Gott erschließen – vorausgesetzt, sie sind bereit, die Anfragen an den christlichen Glauben als ernsthafte Herausforderungen anzunehmen« (41).

Das Dokument konstatiert, dass Christen im Bekenntnis zum dreieinen Gott ebenso nachdrücklich und eindeutig wie die Muslime bekennen: »›Es gibt keinen Gott außer Gott‹ – außer dem einen, einzigen, wahren Gott« (25). Als entscheidende Frage zwischen Christen und Muslimen wird gesehen, wie sich dieser eine Gott den Menschen mitteilt und wie die Menschen in Beziehung zu ihm treten können. Hier wird dann die Menschwerdung Gottes als das Zentrum des christlichen Glaubens genannt, der Koran jedoch an keiner Stelle erwähnt. Die Geschöpflichkeit des Menschen wird als eine gemeinsame Grundlage beider Religionen angesprochen:

»Gerade im Rahmen des Schöpfungsglaubens gibt es Grundwerte für die Sinngebung des Lebens und für den Auftrag des Menschen, die Christen, Muslimen und Juden gemeinsam sind: so etwa Dankbarkeit für die Schöpfung und Verantwortung für sie, Solidarität mit allen Kreaturen, Sinngebung für ein nicht dem Egoismus verfallenes Leben, Geborgenheit aus dem Glauben an Gott, Kritik an der Vergötzung von innerweltlichen Zielen, Einsatz für Schwächere und Benachteiligte, Achtung der Menschenwürde« (33).

Dennoch wird »im Zentrum der Lehre vom Menschen eine erhebliche Differenz zum christlichen Glauben« ausgemacht, »die viele scheinbare Übereinstimmungen als Unterschiede oder gar Gegensätze erweist. Nach christlicher Lehre kann der Mensch Gottes Willen nicht erfüllen, da er durch die Sünde schlechthin dem Ungehorsam verfallen ist. Ihm kann bloße Rechtleitung nicht helfen, er bedarf der Erlösung. Deshalb begibt sich Gott selbst in die Welt hinein, um dem Menschen Erlösung zu erwirken. Im Islam gibt es für eine dem christlichen Glauben vergleichbare Erlösungslehre keinen Platz. Das hat weitreichende Konsequenzen für die Gotteslehre, die Christologie, das Verständnis der Geschichte und die Bedeutung Abrahams für den Glauben. ... Wenn der Islam die Trinitätslehre ablehnt und in ihr die Einheit Gottes gefährdet sieht, so hängt das untrennbar mit seiner Überzeugung zusammen, dass der Mensch keiner Erlösung und daher keines besonderen Kommens Gottes zum Menschen bedarf« (34).

Die islamische Überzeugung von der Angewiesenheit des Menschen auf Gottes barmherzige Vergebung und sein Heilshandeln am Menschen durch die koranische Offenbarung kommt hier nicht zur Sprache. Das prinzipiell richtige Anliegen, das Spezifische des jeweiligen Glaubens im Gesamtzusammenhang zu berücksichtigen, scheint in diesem Dokument letztlich zu einer Überbetonung der Unterschiede zu führen: »Gleichlautendes bekommt durch das andere Netz des Gesamtzusammenhanges eine andere Bedeutung: Gott, Mensch, Schrift, Geist, Mission, Gemeinde, jedes dieser Worte schwingt und klingt im Klangkörper des Islam anders als in dem des Christentums und ruft beim muslimischen Gläubigen eine andere Resonanz hervor als bei uns« (34). Die gemeinsame historische Verwurzelung im semitischen Raum von Sprache, Weltsicht und Religiosität, die es doch erlaubt, vom »abrahamitischen Erbe« von Juden, Christen und Muslimen zu sprechen, bleibt in dieser Sicht unberücksichtigt. Dennoch ist diese Handreichung, die erst nach langjährigem innerkirchlichen Ringen zustande gekommen ist, besonders in ihren Ausführungen über rechtliche Belange und Begegnungsfelder wertvoll und hilfreich.

Weiterführende Literatur:

R. Geisler/H. Nollmann (Hg.), Muslime und ihr Glaube in kirchlicher Perspektive. Nachbarn – Dialogpartner – Freunde (Freundesgabe für Heinz Klautke zum 65. Geburtstag), Schenefeld 2003.

J. Sperber, Dialog mit dem Islam, Göttingen 1999.

Zusammenleben mit Muslimen in Deutschland. Gestaltung der christlichen Begegnung mit Muslimen. Eine Handreichung des Rates der Evangelischen Kirche in Deutschland, Gütersloh 2000.

4.7 Reflexionen zu einer »Theologie der Religionen«

Die theologische Reflexion über das Faktum der religiösen Vielfalt und über die Frage nach dem konkreten Verhältnis der eigenen Religion zu den anderen Religionen wird in der systematischen Theologie der letzten Jahrzehnte unter dem Stichwort »Theologie der Religionen« oder »Religionstheologie« verhandelt. Dabei kann man grundsätzlich folgende Positionen unterscheiden:

Religionstheologische Modelle	Vertreter
1. *ekklesiozentrischer Exklusivismus:* außerhalb der (sichtbaren) Kirche kein Heil	Cyprian von Karthago (3. Jh.) Augustinus (354–430) Konzil zu Florenz 1443 und Petrus Canisius (16. Jh.)
2. *christozentrischer Exklusivismus:* außerhalb des (expliziten) Bekenntnisses zu Jesus Christus kein Heil	Martin Luther (1483–1546) Dialektische Theologie (z.B. der frühe Karl Barth)
3. *christozentrischer/trinitarischer Inklusivismus:* Heilsmöglichkeit auch ohne das explizite Bekenntnis zu Jesus Christus, aber dieses Heil geschieht *durch* Jesus Christus bzw. den dreieinen Gott	Justin, der Märtyrer (2. Jh.) Nikolaus von Kues (1401–1464) Karl Rahner (1904–1984) II. Vatikanisches Konzil (1962–1965) Vereinigte Evangelisch-Lutherische Kirche Deutschlands VELKD (»Religionen, Religiosität und christlicher Glaube«, 1991) Evangelische Kirche in Deutschland EKD (»Zusammenleben mit Muslimen in Deutschland«, 2000)
4. *theozentrischer Pluralismus:* die (Welt-)Religionen sind gleichwertige Heilswege: Jesus Christus ist *ein* von Gott gesandter Heilsmittler unter anderen	»Pluralistische Religionstheologie«: z.B. Wilfred C. Smith, John Hick, Paul F. Knitter, Perry Schmidt-Leukel (20./21. Jh.)

Entlastend ist in dieser Diskussion, dass das über Jahrhunderte vorherrschende *exklusivistische Modell* – sowohl in seiner ekklesiozentrischen Variante (»extra ecclesiam nulla salus«) wie in seiner christozentrischen Variante (M. Luther, K. Barth) – in der katholischen Kirche vom Zweiten Vatikanischen Konzil und weitgehend auch in den evangelischen Kirchen durchbrochen und aufgegeben wurde. In der Tat verlöre jeder Dialog der Religionen seinen Sinn, wenn weiterhin allein in einer Kirche oder allein im Christentum Wahrheit und somit Heil läge.

Stattdessen wird heute von vielen christlichen Theologen und Kirchen eher ein Modell vertreten, das man als *inklusivistisch* bezeichnen könnte, weil es Gotteserkenntnis und folglich auch Heilsmöglichkeit in anderen Religionen annimmt oder zumindest nicht ausschließt. Begründet wird dieses Modell etwa mit den biblischen Aussagen, dass Gottes universaler Heilswille sich auf alle Menschen bezieht (vgl. 1 Tim 2,4), dass Gottes Geist das ganze All erfüllt (Weish 1,7) und dass in Jesu Christi Leben, Tod und Auferstehung allen Menschen Heil angeboten ist: Gott kann Menschen auf Wegen zum Glauben führen, die allein er kennt (vgl. Ad Gentes, 7). Entscheidend aber ist eben die Überzeugung, dass alles Heil, auch das der Nichtchristen durch den dreieinigen Gott bewirkt wird und dass die volle Wahrheit und Gottesbeziehung in der christlichen Botschaft vermittelt wird.

Ein solches inklusivistisches Modell ist dem Islam keineswegs unbekannt, sieht er doch auch in Judentum und Christentum Offenbarungs- und Schriftreligionen, die sich auf Propheten und Gesandte wie Mose und Jesus zurückführen. Der Islam jedoch versteht sich seinerseits als Korrektur, Erfüllung und Abschluss dieser Religionen.

Seit den 1980er-Jahren des vergangenen Jahrhunderts gewinnt schließlich das *pluralistische und theozentrische Modell* der Religionstheologie in der theologischen Diskussion an Bedeutung. Ausgehend von der Notwendigkeit gleichberechtigter und gleichwertiger Dialogpartner und beflügelt von der innerkirchlichen Ökumene, die nun auf die Ökumene der Religionen erweitert wird, treten deren Verfechter (z.B. John Hick, Paul F. Knitter, Perry Schmidt-Leukel) für die prinzipielle Gleichwertigkeit zumindest der großen Religionen als authentische Heilswege ein. Gleichzeitig wird jede Form eines Superioritätsanspruches oder gar eines Absolutheitsanspruches aufgegeben.

Diese pluralistische Sicht des Verhältnisses der Religionen stößt bei vielen christlichen Theologen wie auch beim kirchlichen Lehramt der katholischen Kirche (vgl. die Erklärung der Glaubenskongregation »Dominus Iesus«)[43] auf Kritik und Ablehnung, weil sie sich nur schwerlich mit der Bibel und der kirchlichen Tradition vereinbaren lässt und letztlich auch aus systematischen Gründen problematisch ist (wie etwa sollen die offensichtlichen Widersprüche zwischen den Religionen in diesem Modell erklärt werden?). Stattdessen setzt sich immer mehr die Auffassung durch, dass jede religionstheologische Position nur von ihren eigenen religiösen Vorgaben die anderen Religionen verstehen und beurteilen kann: Vom christlichen Bekenntnis ausgehend kann deshalb durchaus theologisch begründet gesagt werden, dass auch Menschen außerhalb der Kirche und des expliziten Bekenntnisses zu Jesus Christus und sogar zu dem einen Gott gerettet werden können, weil in ihnen selbst wie auch in den konkreten geschichtlichen Religionen, denen sie angehören, – neben und trotz allen Verirrungen der Menschen – Gottes universaler Geist wirkt. Andere Religionen können in diesem Sinne Heilsmittel sein, jedoch nicht unabhängig von dem einen Gott, den die Christen als dreieinigen Gott kennen und bekennen.

Weiterführende Literatur:

F. Kardinal Arinze, Begegnung mit Menschen anderen Glaubens. Den interreligiösen Dialog verstehen und gestalten, München u.a. 1999.

R. Bernhardt, Der Absolutheitsanspruch des Christentums. Von der Aufklärung bis zur Pluralistischen Religionstheologie, Gütersloh [2]1993.

R. Schwager (Hg.), Christus allein? Der Streit um die pluralistische Religionstheologie (QD 160), Freiburg i. Br. 1996.

L. Swidler, Die Zukunft der Theologie. Im Dialog der Religionen und Weltanschauungen, Regensburg/München 1992.

Fazit

1. Das Zweite Vatikanische Konzil hat ein neues Kapitel im christlich-islamischen Verhältnis aufgeschlagen. Unzweideutig wird der Islam als Religion anerkannt, in der eine authentische Gottes- und damit Heilserfahrung möglich ist. Es werden zahlreiche Gemeinsamkeiten mit dem christlichen Glauben (monotheistisches Gottesverständnis, Jesus als Prophet, Maria als jungfräuliche Mutter Jesu, Fasten, Almosen und Gebet sowie die Eschatologie) unterstrichen und in späteren Papstansprachen wiederholt gewürdigt. Erstmals in der Geschichte hat mit Johannes Paul II. ein Papst die Muslime als »Schwestern und Brüder im Glauben Abrahams« angesprochen, den Koran zitiert und eine Moschee besucht. Die christologische Differenz wird dabei nie verschwiegen, sondern taktvoll erwähnt.
2. Die Stellungnahmen anderer Kirchen lehnen sich vielfach an Aussagen des Konzils an und sind ebenfalls am Dialog, an der Kooperation und an der gemeinsamen Sorge um Gerechtigkeit und Frieden interessiert sowie im Kampf gegen Unrecht und Gewalt engagiert. Die orthodoxen und orientalischen Kirchen wollen und sollen dabei ihre Erfahrungen aus Geschichte und Gegenwart in den christlich-islamischen Dialog einbringen. In den evangelischen Kirchen gibt es in der Frage nach dem Verhältnis zum Islam ein breites Spektrum.
3. Die »Theologie der Religionen« versucht, auf der Basis des eigenen Glaubens das Verhältnis zwischen den Religionen zu denken. Unter den logisch möglichen und theologiegeschichtlich tatsächlich vertretenen Modellen »Exklusivismus«, »Inklusivismus« und »Pluralismus« kristallisiert sich seit dem II. Vatikanischen Konzil in der katholischen Kirche ebenso wie in vielen anderen christlichen Kirchen und Theologien eine inklusivistische Verhältnisbestimmung gegenüber den anderen Religionen und damit auch gegenüber dem Islam heraus. Dieses Modell gesteht dem Islam zu, Menschen den Weg zum Heil zu weisen, dieses Heil jedoch ist aus christlicher Sicht immer das Heil des von Christen als dreieinig erkannten und bekannten Gottes.

5

DAS PROBLEM DER OFFENBARUNG IN CHRISTENTUM UND ISLAM

Die im vorangegangenen Kapitel erörterte Frage nach dem Verhältnis von Christentum und Islam konkretisiert sich und spitzt sich zu im theologischen Begriff der »Offenbarung«: Beide Religionen erheben nämlich sowohl einen endgültigen als auch universalen Anspruch in Bezug auf die göttliche Offenbarung in der Geschichte und stehen sich damit in nahezu einzigartiger Konkurrenz gegenüber (5.1). Ein konkreter Vergleich des jeweiligen Verständnisses von Offenbarung zeigt die Gemeinsamkeiten, aber auch die Spezifika des christlichen (5.2) und islamischen (5.3) Offenbarungsbegriffs. Dabei wird deutlich, dass das inhaltliche Zentrum der Offenbarung für Christen die Person Jesus Christus ist, für die Muslime dagegen der Koran, sodass hier die Frage nach dem möglichen Vergleich beider Größen zu stellen ist (5.5). Ein Schlüsselproblem in dieser Thematik wie im christlich-islamischen Dialog insgesamt scheint die Frage der Auslegung der Heiligen Schriften zu sein (5.4). Schließlich ist nach möglichen Kriterien für die Beurteilung des islamischen Offenbarungsanspruchs zu suchen (5.6)

5.1 Endgültigkeits- und Universalitätsanspruch beider Religionen

Der Anspruch, Offenbarungsreligion und Heilsweg zu sein, ist Christentum und Islam gemeinsam: Beide führen sich auf Gottes Offenbarung in der Geschichte der Menschen zurück und legitimieren auf diese Weise ihren jeweiligen Wahrheits- und Geltungsanspruch. Die besondere Schwierigkeit des Verhältnisses zueinander liegt nun darin, dass beide Religionen hinsichtlich ihres grundlegenden Offenbarungsereignisses einen endgültigen und universalen Anspruch erheben: Während die Christen der Überzeugung sind, dass Gottes Wort an die Menschen in Jesus Christus unüberbietbar und definitiv ergangen ist, halten die Muslime den Koran für den normativen Schlusspunkt der Offenbarungsgeschichte. Muhammad wird im Islam als »Siegel der Propheten« (Sure 33,40) bezeichnet, was zum einen eine Bestätigung der vorangegangenen Propheten ist, zum anderen den Abschluss der Prophetenreihe und damit der Offenbarung Gottes bedeutet. Außerdem beansprucht jede der beiden Seiten, dass die eigene Botschaft universale, das heißt für alle Menschen aller Zeiten und Orte, Gültigkeit besitzt. Keine anderen zwei Weltreligionen gleichen sich so in diesem universalen und endgültigen Anspruch und stehen sich eben in dieser Hinsicht in so einzigartiger Konkurrenz gegenüber wie Christentum und Islam.

Da beide Religionen jedoch nicht gleichzeitig, sondern – geschichtlich betrachtet – nacheinander entstanden sind, handelt es sich um ein ›asymmetrisches Konkurrenzverhältnis‹[1]: Während sich der Islam von seinen Anfängen her (also bereits im Koran) mit den vorangehenden Offenbarungsreligionen Judentum und Christentum theologisch auseinander setzen musste (so wie das Christentum sich von Anfang an mit dem Judentum als seiner Wurzel auseinander setzen musste), bestand umgekehrt für die beiden früheren Religionen scheinbar keine Notwendigkeit, sich mit einer späteren Religion zu beschäftigen. Man glaubte sich ja im Besitz der vollkommenen und endgültigen Wahrheit, weshalb alles Nachfolgende irrelevant oder falsch sein musste (vgl. Kap. 3).

Weiterführende Literatur:

H. Zirker, Christentum und Islam. Theologische Verwandtschaft und Konkurrenz, Düsseldorf 1989.

5.2 Offenbarung im jüdisch-christlichen Verständnis

Der Offenbarungsbegriff ist vieldeutig und hat gerade in den letzten Jahrzehnten auch in der christlichen Theologie erhebliche Wandlungen durchgemacht.

- Die *Religionsphänomenologie* verbindet »Offenbarung« mit der Erfahrung des »Heiligen«, das Menschen als »mysterium tremendum et fascinosum« erfahren (Rudolf Otto), als Wirklichkeit, die Furcht einflößt und zugleich fasziniert und anzieht. In allen Religionen gibt es letztlich die Überzeugung, dass sich Gott oder das Göttliche in irgendeiner Art und Weise, direkt oder indirekt, den Menschen kundgetan hat und so Wahrheit oder übernatürliches Wissen, Heil, Sinn und Orientierung vermittelt.
- Die *jüdische Bibel* erzählt von Theophanien und Epiphanien. In diesen teilweise dramatischen Ereignissen gab der eine personale Gott seinen Willen kund – in Auditionen, Visionen und Träumen – oft mit naturhaften Begleitphänomenen (Feuer, Blitz, Donner). Gott rief Menschen und offenbarte ihnen, besonders den Propheten, Botschaften, die sie verkündigen sollten. Gott hat sich auch durch die Schöpfung kundgetan: In der Schönheit und Wohlgeordnetheit der Natur erkennt der Mensch den gütigen und weisen Schöpfergott. Insbesondere schuf er den Menschen als sein Abbild und lässt ihn an seiner Schöpfung partizipieren. Die Offenbarung Gottes im Namen »Jahwe« (»Ich werde dasein, als der ich dasein werde«, Ex 3,14) signalisiert eine Entwicklung in Richtung theologischer Reflexion und Literarisierung der Offenbarung: Jahwe offenbart sich selbst in Worten, Weisungen und Geboten, in Erfahrungen und der Reflexion des Glaubens bzw. in der Antwort auf das göttliche Wort. Kurz: Offenbarung ist die Selbstmitteilung Gottes, und der Glaube als die Antwort des Menschen ist die andere Seite dieser Offenbarung.
- Das *Neue Testament* führt die Gottesoffenbarungen in der Geschichte Israels fort, wenn etwa in Naturereignissen, Träumen und Wundern Gottes Macht und Herrlichkeit erfahren wird. Darüber hinaus stellt es alle Offenbarungen in Bezug zu Person, Leben und Werk Jesu Christi. Für die Christen ist er »Mittler und Fülle der ganzen Offenbarung« (Offenbarungskonstitution des II. Vaticanums »Dei verbum«, 2). Die Verkündigung der Apostel führte Gottes Offenbarung weiter und schlug sich im Kanon des Neuen oder Zweiten Testaments[2] nieder. Mit dem Tod des letzten Apostels – so die traditionelle christliche Sicht – endete die öffentliche Offenbarung, nicht jedoch die Möglichkeit von »Privatoffenbarungen«.

- Im Laufe der *Theologiegeschichte* kam es vor allem in der Westkirche zu einseitigen Entwicklungen hinsichtlich des Offenbarungsverständnisses: Indem man zunehmend über den Begriff der Offenbarung reflektierte, begann man, die Offenbarung immer mehr in rein übernatürlichen Ereignissen (Wunder, Mirakel) zu sehen oder lediglich in vom Lehramt definierten dogmatischen Sätzen, d.h. Gott belehrt die Menschen, teilt ihnen Informationen über übernatürliche Wirklichkeiten mit (»instruktionstheoretisches Offenbarungsverständnis«). Evangelischerseits lief man Gefahr, Offenbarung auf die Rechtfertigung zu fixieren, die dem Sünder durch den richtenden und gnädigen Gott zuteil wird. Es wurde ein Gegensatz zwischen Offenbarung durch die Schrift (sola scriptura) und dem Lehramt bzw. der Tradition aufgebaut. In beiden Konfessionen setzte sich dabei ein Schriftverständnis durch, das in der Bibel Gottes unmittelbar geoffenbartes Wort sah (Verbalinspiration).
- Das *Zweite Vatikanische Konzil* fand mit seiner biblischen Rückbesinnung zu einem dynamischen, heilsgeschichtlichen und dialogischen Offenbarungsverständnis zurück, das trinitarisch verankert und soteriologisch, d.h. am Heil der Menschen ausgerichtet ist: Demnach ist »Offenbarung« als das Heilsgeschehen der Selbstmitteilung Gottes zu verstehen, das in der Schöpfung beginnt, in der Geschichte des Volkes Israel neu einsetzt, in Person, Leben, Handeln, Tod, Auferstehung und Geistsendung Jesu Christi (des menschgewordenen Wortes Gottes) seine Erneuerung und seinen Höhepunkt findet und das im Heiligen Geist in die erlösende Gemeinschaft mit Gott hineinführt. Offenbarung ist deshalb in erster Linie Anrede Gottes, Dialog und Begegnung Gottes mit den Menschen (»personal-kommunikationstheoretisches Offenbarungsverständnis«). Die Bibel ist in diesem Verständnis das kirchliche Zeugnis dieses Dialog- und Begegnungsgeschehens: Sie ist nicht unmittelbares Wort Gottes, sondern »Gottes Wort im Menschenwort« (vgl. Dei verbum, 12).

Hier stellt sich nun die Frage, ob und wie die christliche Theologie eine nachchristliche Offenbarung anerkennen kann und wie sich der christliche Offenbarungsbegriff zur allgemeinen Offenbarung in den Religionen, speziell zum Islam und der Offenbarung im Koran durch den Propheten Muhammad verhält. Dazu müssen wir zuerst das islamische Offenbarungsverständnis näher betrachten. Der Koran wird im Folgenden – falls nicht anders vermerkt – zitiert nach: Der Koran, übersetzt von A. Th. Khoury unter Mitwirkung von M. S. Abdullah, Gütersloh [2]1992.

5.3 Das Offenbarungsverständnis des Islam

Der Islam ist sowohl religionsphänomenologisch als auch von seinem theologischen Selbstverständnis her als Offenbarungsreligion einzuordnen. Im islamischen Offenbarungsverständnis lassen sich hinsichtlich der zeitlichen Struktur eine vor- oder urgeschichtliche und eine geschichtliche Dimension unterscheiden, hinsichtlich ihrer Form eine nichtsprachliche (zeichenhafte) und eine sprachliche Dimension.

Uroffenbarung

Im Koran wird eine urgeschichtliche Szene geschildert, die von vielen islamischen Kommentatoren in Übereinstimmung mit prophetischen Überlieferungen als eine Art Uroffenbarung gedeutet wird:

»Und als dein Herr aus den Lenden der Kinder Adams ihre Nachkommenschaft nahm und gegen sich selbst zeugen ließ: ›Bin ich nicht euer Herr?‹ Sie sagten: ›Jawohl, wir bezeugen es.‹ (Dies,) damit ihr nicht am Tag der Auferstehung sagt: ›Wir ahnten nichts davon‹« (Sure 7,172).

Gott hat sich demnach bereits am Beginn der Menschheitsgeschichte der gesamten Menschheit als der einzige Herr (*rabb*) geoffenbart, worauf sich die Menschen auf das monotheistische Bekenntnis verpflichtet haben. So kann sich kein Mensch am Tag der Auferstehung und des Gerichts der Verantwortung mit der Ausrede entziehen, er hätte von Gott nichts gewusst. Monotheistische Gotteserkenntnis gehört somit nach islamischer Überzeugung zu einer Art natürlichen Anlage des Menschen – ein Gedanke, der seit der Patristik (Tertullian) auch in der christlichen Theologie begegnet.

Offenbarung in der Schöpfung

Neben der urgeschichtlichen Offenbarung kennt der Koran auch eine andauernde, nonverbale, zeichenhafte Offenbarung und zwar mittels der Natur bzw. der Schöpfung:

»In der Erschaffung der Himmel und der Erde; im Aufeinanderfolgen von Nacht und Tag; in den Schiffen, die auf dem Meer fahren mit dem, was den Menschen nützt; im Wasser, das Gott vom Himmel herabkommen lässt und mit dem Er die Erde nach ihrem Absterben wieder belebt und auf ihr allerlei Getier sich ausbreiten lässt; im Wechsel der Winde und der zwischen Himmel und Erde in Dienst gestellten Wolken, (in alledem) sind Zeichen für Leute, die verständig sind« (Sure 2,164, vgl. 6,95–99).

In der systematischen und sinnvollen Ordnung der Natur, in deren Schönheit und Zielgerichtetheit kann der Mensch, wenn er offenen Auges durch die Welt geht und darüber nachdenkt, Hinweise auf einen allmächtigen, weisen und gütigen Schöpfergott erkennen. Diese Hinweise werden im Koran āyāt genannt, *Zeichen*. Sie verweisen auf die transzendente Wirklichkeit in der sichtbaren Wirklichkeit der Dinge, auf Gott selbst also oder auf seine Eigenschaften, womit wiederum eine Parallele zur katholischen Auffassung von der natürlichen Gotteserkenntnis gegeben ist, wenn das Erste Vatikanische Konzil (1869–1870) formuliert:

»Gott, aller Dinge Grund und Ziel, kann mit dem natürlichen Licht der Vernunft aus den geschaffenen Dingen mit Sicherheit erkannt werden.«[3]

Frühere Propheten und Offenbarungsschriften

Die beiden weiteren Dimensionen des islamischen Offenbarungsverständnisses gehen von der Überzeugung aus, dass die Menschen generell die ihnen in der Urzeit gegebene Offenbarung und den dort geschlossenen Bund mit Gott nicht beachtet oder vergessen haben, wie sie auch die in der Schöpfung enthaltenen Gotteshinweise missachten. Aus diesen Gründen, so der Koran, hat Gott im Laufe der Menschheitsgeschichte wiederholt und zu allen Völkern Propheten geschickt, die die Menschen mit Worten auf Gottes Existenz und Einzigkeit hinweisen und Gottes Willen verkünden (vgl. Hebr 1,1). Zu diesen Propheten werden im Koran viele alttestamentliche Gestalten und schließlich auch Jesus gezählt:

»Sprecht: Wir glauben an Gott und an das, was zu uns herabgesandt wurde zu Abraham, Ismael, Isaak, Jakob und den Stämmen und an das, was Mose und Jesus zugekommen ist und an das, was den (anderen) Propheten von ihrem Herrn zugekommen ist. Wir machen bei keinem von ihnen einen Unterschied« (Sure 2,136).

All diese Propheten hatten dieselbe Botschaft, die im Grunde mit der Uroffenbarung identisch war. In all dem erweist sich die Barmherzigkeit Gottes: Er will das Heil der Menschen, er gibt ihnen immer wieder eine Chance. So kann sich am Ende kein Volk aus der Verantwortung stehlen mit der Ausrede: »Zu uns ist kein Freudenbote und kein Warner gekommen« (Sure 5,19).

Muhammad als »Siegel der Propheten« – der Koran als letzte Offenbarungsschrift

In dieser Reihe von Propheten und Gesandten sah sich auch Muhammad stehend. Während in den in Mekka geoffenbarten Suren noch die Auffassung durchscheint, die Botschaft Muhammads und des Koran seien im Grunde identisch mit dem Glauben der Juden und Christen, wandelt sich die Situation dann in Medina. Nachdem die dort lebenden Juden und Christen Muhammad offensichtlich nicht als Propheten anerkannten, erhebt der Koran den Vorwurf, diese hätten die ursprüngliche Offenbarung nicht richtig weiter vermittelt oder den Sinn verfälscht (vgl. Sure 2,75; 5,13.41), sodass noch einmal ein Prophet kommen musste, um die unverfälschte und endgültige Offenbarung zu bringen. Der Islam ist seinem Selbstverständnis nach somit keine neue Religion, sondern eigentlich eine Wiederherstellung der einen wahren Religion, der Urreligion, wie sie der Natur des Menschen entspricht. Der Koran ist die letzte verbindliche Offenbarungsschrift und Muhammad schließt die Prophetenreihe ab. Er ist »Siegel der Propheten« (Sure 33,40). Besiegelung der Prophetenreihe und damit der Offenbarungsgeschichte heißt in diesem Falle eine »Aufhebung« der früheren Offenbarungsreligionen im dreifachen Sinne:

1. Aufhebung im Sinne von *Bestätigung* und *Bewahrung* der in den vorislamischen Offenbarungsreligionen enthaltenen Wahrheiten (Prinzip der Inklusivität),
2. Aufhebung im Sinne von *Überbietung* an Deutlichkeit, Umfassendheit usw. (Prinzip der Superiorität) und schließlich
3. Aufhebung im Sinne von *Vollendung* und endgültiger Ablösung oder Ersetzung durch den Koran bzw. den Islam (Prinzip der Substitution).[4]

Dieses Modell der dreifachen »Aufhebung« mit seinen Elementen der Inklusivität, Superiorität und Substitution ist im Christentum keineswegs unbekannt. Es selbst hat dieses Modell über viele Jahrhunderte gegenüber der älteren Schwesterreligion, dem Judentum, angewandt. Erst nach den schrecklichen Erfahrungen der Schoa hat die christliche Theologie auf breiter Basis erkannt, wie unzulänglich, ja gefährlich eine Verhältnisbestimmung der Substitution ist oder sein kann, wenn sie sich mit anderen Ideologien verbindet.

Muhammads Berufungserlebnis und Sendungsbewusstsein

Muhammad war vor seinem Berufungserlebnis ein religiös Suchender, der weder der altarabischen noch der jüdischen oder christlichen Religion angehörte. Sein erstes Offenbarungserlebnis wird im Hadith (Prophetentradition) sowie in der Prophetenbiografie überliefert, aber auch der Koran selbst gibt einige Hinweise über den Vorgang bzw. das Erleben der Offenbarungen. Ausführlich wird uns bei Ibn Ishāq (8. Jh.) über Muhammads Berufung berichtet:

»Als Muhammad vierzig Jahre alt war, machte Gott ihn aus Mitleid mit der Welt zum Gesandten und Verkünder für alle Menschen. ... Jedes Jahr zog sich der Prophet im Monat Ramadān in die Einsamkeit zurück, um zu beten und die Armen zu speisen, die zu ihm kamen. ... Auch in jenem Ramadān, in dem Gott ihn ehren wollte, in jenem Jahr, in dem Er ihn sandte, zog Muhammad wieder mit seiner Familie nach dem Berg Hirā, um sich in der Einsamkeit dem Gebet zu widmen.

Und in jener Nacht, in der Gott ihn durch die Sendung auszeichnete und sich damit der Menschen erbarmte, kam Gabriel zu ihm. Als ich schlief, so erzählte der Prophet später, trat der Engel Gabriel zu mir mit einem Tuch wie aus Brokat, worauf etwas geschrieben stand, und sprach: ›Lies!‹ ›Ich kann nicht lesen‹, erwiderte ich. Da presste er das Tuch auf mich, sodass ich dachte, es wäre mein Tod. Dann ließ er mich los und sagte wieder: ›Lies!‹ ›Ich kann nicht lesen‹, antwortete ich. Und wieder würgte er mich mit dem Tuch, dass ich dachte, ich müsste sterben. Und als er mich freigab, befahl er erneut: ›Lies!‹ Und zum dritten Male antwortete ich: ›Ich kann nicht lesen.‹ Als er mich dann nochmals fast zu Tode würgte und mir wieder zu lesen befahl, fragte ich aus Angst, er könnte es nochmals tun: ›Was soll ich lesen?‹

Da sprach er: *›Lies im Namen deines Herrn, des Schöpfers, der den Menschen erschuf aus geronnenem Blut! Lies! Und der Edelmütigste ist dein Herr, Er, der das Schreibrohr zu brauchen lehrte, der die Menschen lehrte, was sie nicht wussten‹* (Sure 96,1–5).

Ich wiederholte die Worte, und als ich geendet hatte, entfernte er sich von mir. Ich aber erwachte, und es war mir, als wären mir die Worte ins Herz geschrieben. Sodann machte ich mich auf, um auf den Berg zu steigen, doch auf halber Höhe vernahm ich eine Stimme vom Himmel: ›O Muhammad, du bist der Gesandte Gottes, und ich bin Gabriel!‹ Ich hob mein Haupt zum Himmel, und siehe, da war Gabriel in der Gestalt eines Mannes, und seine Füße berührten den Horizont des Himmels.«[5]

»Koran« als »Schriftlesung«

»Koran« (arab. *qur'ān*) bedeutet wörtlich »Rezitation, Schriftlesung, Vortrag«. Das Wort steht im Koran selbst nicht nur für den Text zwischen den beiden Buchdeckeln, sondern nimmt hier verschiedene Bedeutungen an:

1. Zum einen ist im Koran von einer *»Mutter der Schrift«* die Rede (vgl. Sure 3,7; 29,4). Die Kommentatoren verweisen in diesem Zusammenhang meist auf das »wohlverwahrte Buch«, das als »trefflicher« oder »glorreicher Koran« bezeichnet wird (Sure 56,77f.; 85,21f.), den sie als transzendentes, ewiges Buch verstehen. Diese Vorstellung einer präexistenten, sich im Himmel befindlichen göttlichen Schrift ist keineswegs neu in der Religionsgeschichte des Alten Orients: Auch die biblische Erzählung von den Tafeln mit den Zehn Geboten, die Mose überreicht wurden, gehört zu dieser Vorstellung (vgl. Ex 31,18; Dtn 9,9–10).
2. Auszüge aus dieser himmlischen *»Urschrift«* (vgl. Sure 43,4; 13,39) werden als Einzelstücke dem Propheten »herabgesandt« (vgl. Sure 17,105) und – so sieht es die islamische Tradition wie im oben zitierten Text von Ibn Ishāq – durch den Erzengel Gabriel »vorgetragen«. Auch in jüdisch-christlicher Tradition steht der Erzengel Gabriel für die Übermittlung göttlicher Botschaften (vgl. Dan 9,21; Lk 1,26).

3. *Muhammad* gibt seinerseits die Offenbarungen öffentlich *rezitierend* wieder (vgl. Sure 75,16–18).
4. Nicht nur der Vorgang der Rezitation, sondern auch *das Rezitierte* selbst wird »Koran« genannt. Die geoffenbarten und öffentlich verkündeten Teiloffenbarungen werden noch zu Lebzeiten Muhammads (wohl auf dessen Veranlassung hin) auf Tontäfelchen, Blättern etc. verschriftlicht, gesammelt und so allmählich zu größeren Einheiten zusammengefügt: »Die endgültige Sammlung und Zusammenstellung einzelner Teilstücke und Gruppen führte zur Bedeutung des Begriffs qur'an als einer abgeschlossenen, schriftlich fixierten und dem Original im Himmel entsprechenden Schrift.«[6]
5. »Koran« kann schließlich auch die laute Rezitation von Teilen dieser Schrift im *liturgischen Rahmen*, d.h. im rituellen Pflichtgebet oder in der freien Koranlesung, bezeichnen: »Der Koran als Vortrag und der Koran als Buch – das sind zwei Seiten einer Medaille.«[7] Der Islam ist nicht adäquat zu verstehen, wenn man nicht die eminente Bedeutung der Koranrezitation im alltäglichen religiösen Leben der Muslime berücksichtigt: »Die koranische Buchvorstellung richtet sich ja von Anfang an nicht auf ein durchkomponiertes literarisches Werk, sondern auf ein Lektionar, ein Perikopenbuch, aus dem jeweils Einzelabschnitte zum Vortrag kommen sollen.«[8] Das feierliche und kunstvolle Rezitieren des Korantextes stellt für den gläubigen Muslim die Begegnung mit dem göttlichen Wort und damit letztlich mit Gott selbst, gleichsam eine Wiederholung des Offenbarungsereignisses dar: »Den Koran zu lesen oder zu rezitieren heißt, in der Gegenwart Gottes zu stehen.«[9] Diese Interpretation wird durch eine Prophetenüberlieferung gestützt, wo es heißt:

»Immer wenn eine Gruppe in einem Gotteshaus zusammentrifft, um die Gottesschrift zu rezitieren und einander zu belehren, lässt sich auf sie die göttliche Anwesenheit (as-Sakīnah) hernieder, die Barmherzigkeit bedeckt sie, die Engel strecken ihre Flügel über sie aus, und Gott erinnert sich ihrer unter denen, die Ihm nahe stehen.«[10]

Wie sehr die Koranrezitation als Ich-Du-Beziehung erlebt und gedeutet wird, zeigt schließlich eine heilige Überlieferung, wonach Gott spricht: »Wer den Koran liest, ist wie jemand, der mit Mir spricht und Ich rede mit ihm.«[11]

Die Quintessenz dieser Ausführungen besteht darin, dass die koranische Offenbarung in ihrem Wesen »gesprochenes Wort« und zwar von Gott gesprochenes Wort ist, welches durch Hören vom Menschen empfangen wird (vgl. Sure 39,18). Die Initiative zu diesem Geschehen liegt allein bei Gott, sodass die Offenbarung ein Geschenk der göttlichen Gnade ist, und die Adressaten, zunächst Muhammad, schließlich alle Menschen, sind zum *Hören* der Botschaft und letztlich zum *Gehorsam* Gott und seinem Gesandten gegenüber aufgefordert.

Weiterführende Literatur:

H. Bobzin, Der Koran. Eine Einführung, München 1999.
H. Bobzin, Mohammed, München 2000.
M. Cook, Der Koran. Eine kurze Einführung, Stuttgart 2002.
H. Zirker, Der Koran. Zugänge und Lesarten, Darmstadt 1999.

5.4 Das Problem der Auslegung Heiliger Schriften

Wichtig für die christlich-islamische Diskussion heute ist die Tatsache, dass sich im Islam mit der Ausbildung des Konzepts der »Schriftreligion« auch die Vorstellung von der »Verbalinspiration« entwickelte, vergleichbar mit dem Offenbarungsverständnis der christlichen Theologie von der Patristik bis in das 20. Jahrhundert hinein: Es ist sowohl in der klassischen wie in der modernen islamischen Theologie weitgehend Konsens, dass der Koran unmittelbares »Wort Gottes« ist, wortwörtlich von ihm geoffenbart.

Die christliche Theologie der Gegenwart, aber auch die westliche Islamwissenschaft haben mit diesem Offenbarungsverständnis größte Schwierigkeiten, da sie darin eine vormoderne Art und Weise des Umgangs mit Texten erblicken. Muslime verweisen in diesem Zusammenhang gerne auf die unterschiedliche Funktion und Stellung von Bibel und Koran[12], doch ändert dies nichts an der Tatsache, dass es sich auch im Falle des Korans um einen geschichtlichen Text handelt, der mit geschichts-, literatur-, sprach- und sozialwissenschaftlichen Methoden untersucht werden kann. Andererseits ist klar, dass diese Tatsache weder im positiven noch im negativen Sinne etwas über die transzendente Herkunft dieses Textes aussagt.

Ein Grund für die noch heute weitverbreitete Ablehnung der historisch-kritischen Methode in der islamischen Welt liegt auch darin, dass diese wissenschaftliche Methode im Gewand kolonialer Übermacht daherkam, sodass die Muslime den Eindruck erhielten, damit solle die religiöse und kulturelle Grundlage der islamischen Welt angegriffen und zerstört werden; die Ablehnung der historisch-kritischen Methode ist damit zugleich ein Ausdruck der Abwehr gegen tatsächliche oder vermeintliche westliche Vormachtsansprüche. Umgekehrt diente und dient das traditionelle Offenbarungsverständnis in islamischen Gesellschaften auch der Legitimation und Stützung von religiösen und politischen Herrschafts- und Machtstrukturen.[13]

Diese komplexe und vielschichtige Problematik kann hier ebenso wenig diskutiert werden wie die verschiedenen neuen hermeneutischen Ansätze innerhalb der modernen islamischen Theologie. Für die aktuelle Diskussion der Thematik im christlich-islamischen Dialog aber sei an dieser Stelle kurz auf den hermeneutischen Ansatz des ägyptischen Literaturwissenschaftlers Nasr Hamid Abu Zaid (geb. 1943) verwiesen, der freilich innerislamisch höchst umstritten ist und zurzeit eine Minderheitenposition einnimmt. Bei seinem Ansatz zeigt sich, dass das Modell der Verbalinspiration für eine historisch-kritische Hermeneutik des Korantextes nicht zwingend aufgegeben werden muss.

Abu Zaid betrachtet den Koran als einen »sprachlichen Text«; sprachliche Texte aber sind grundsätzlich menschliche und geschichtliche Texte und das heißt Produkte (zugleich natürlich auch Produzenten) menschlicher Kultur, die mit Hilfe historisch-kritischer Wissenschaften erforscht werden können.[14] Dies schließt nun nach Abu Zaid den Glauben an den göttlichen Ursprung des Textes keineswegs aus, die Angaben zum Offenbarungsgeschehen in Koran und Tradition aber werden von ihm mit Hilfe eines allgemeinen kommunikationstheoretischen Modells gedeutet. Der entscheidende Punkt dabei ist, dass die von Gott ausgehende und über den Engel Gabriel an Muhammad vermittelte Botschaft auf den konkreten historischen Kontext ihrer Adressaten bezogen ist, »und zwar mittels des seiner Gestaltung zugrunde liegenden ›Codes‹, der in bestimmten Elementen auf die zeit- und kulturbedingten Verstehensmöglichkeiten seines ersten Empfängers, des Propheten, und der von diesem unmittelbar angesprochenen Menschen zugeschnitten war«[15]. Für den christlich-islamischen Dialog von besonderer Bedeutung ist, dass ein derartiges hermeneutisches Verständnis des Korans keineswegs zwangsläufig die Aufgabe des Modells der »Verbalinspiration« implizieren muss. Die entscheidende Frage lautet nämlich nicht, ob der Korantext wortwörtlich inspiriert wurde, sondern ob er im wortwörtlichen Sinne auszulegen ist, und eben dies wird von Abu Zaid verneint: Der Koran ist für ihn »im Wortlaut göttlich«, aber im Augenblick der Rezeption und des Verstehens wird der Korantext zu einem menschlichen Text, wird er »von einer Offenbarung zu einer Interpretation«[16].

Weiterführende Literatur:

N.H. Abu Zaid, Ein Leben mit dem Islam. Erzählt von Navid Kermani, Freiburg i. Br. 2002.

5.5 Analogie von Jesus Christus und Koran?

Aber noch ein Zweites an Abu Zaids Offenbarungsverständnis ist für den christlich-islamischen Dialog von höchster Bedeutung: Er bestätigt ausdrücklich die von vielen christlichen Theologen und Islamwissenschaftlern (Nathan Söderblom, Wilfred C. Smith, Annemarie Schimmel) vertretene Strukturanalogie zwischen Jesus Christus (»Inkarnation« = »Menschwerdung«) einerseits und dem Koran (»Inlibration« = »Buchwerdung«) andererseits: »Man kann sagen, dass in beiden Religionen das Sprechen Gottes in sinnlich wahrnehmbarer Form leibhaftig geworden ist, indem es im Christentum in einem menschlichen Geschöpf, nämlich Christus, leibhaftig geworden ist; im Islam dagegen in einer menschlichen Sprache, nämlich der arabischen. In beiden Fällen ist das Göttliche Mensch geworden, oder ist das Göttliche menschlich geworden.«[17]

Diese Analogie von Jesus Christus, dem menschgewordenen Wort Gottes, einerseits und dem Koran, dem Buch gewordenen Wort Gottes andererseits ist tatsächlich nicht zu leugnen und kann auf beiden Seiten zu tieferem Verständnis dessen führen, was für den Anderen die Mitte der Offenbarung und damit des Glaubens ist. Dennoch hinkt der Vergleich zwischen Jesus Christus und dem Koran: Im einen Fall handelt es sich um eine Person, im anderen um eine Sache, ein Buch. Deshalb konnte Jesus Christus selbst für die Christen zum Gegenstand des Glaubens und der Anbetung werden, während der Koran für die Muslime kein Objekt der Anbetung, sondern höchstens der Verehrung ist. Daraus wiederum ergibt sich ein bedeutender Unterschied: Für Muslime ist der Koran zwar göttlichen Ursprungs, aber doch nicht Gott selbst – für Christen dagegen ist Jesus Christus Gott selbst, oder besser: er ist göttlicher und zugleich menschlicher Natur, ohne dass diese beiden Wirklichkeiten in ihm vermischt oder getrennt wären. Auch wenn der Vergleich also »hinkt«, so ist im Dialog doch darauf zu achten, in Bezug auf die Offenbarung eher Jesus Christus und den Koran miteinander zu vergleichen als Bibel und Koran oder Jesus und Muhammad.

Religionsphänomenologischer Vergleich		
	Christentum	**Islam**
Wort Gottes (Offenbarung)	Jesus Christus (Inkarnation des präexistenten Wortes Gottes)	Koran (»Inlibration« des präexistenten Wortes Gottes)
»Heilige Nacht«	Weihnachten (Geburt Jesu Christi)	27. Ramadan (erste koranische Offenbarung)
Vermittlung der Offenbarung	Neues Testament (neutestamentliche Autoren)	Erzengel Gabriel, Muhammad
Verbindliche Auslegung der Offenbarung	Kirchliche Tradition, Glaubenssinn des Volkes, wiss. Theologie und (im kath. Christentum) kirchliches Lehramt	Sunna (Hadithe) und Konsens der Gelehrten oder der Umma
Vergegenwärtigung des Heilsereignisses und Konstitution der Gemeinde	Bibellesung (Wortgottesdienst) und Eucharistiefeier (Präsenz Gottes durch Jesus Christus im Heiligen Geist)	Feierliche Koranrezitation (Präsenz Gottes durch das rezitierte Wort)
Religiöse Praxis	Nachfolge Christi und der Apostel	Nachahmung des Korans und Muhammads

5.6 Christliche Beurteilung des islamischen Offenbarungsanspruchs

Muhammad – ein wahrer Prophet?

Für eine theologische Beurteilung und Einordnung des Islam wie auch anderer Religionen in die Offenbarungs- und Heilsgeschichte bemüht sich die christliche Theologie um die Ausarbeitung einer begründbaren und tragfähigen Kriteriologie. Ohne diese noch offene Diskussion hier umfassend darstellen oder gar abschließen zu wollen, zeichnet sich wohl doch eine Richtung ab, vor allem dann, wenn man zunächst einmal die Frage stellt, was *nicht* als Kriterium gelten kann:

1. In der islamischen Überlieferung wird im Zusammenhang mit dem Offenbarungserlebnis Muhammads von physischen, äußerlich sichtbaren *Begleiterscheinungen* wie Schütteln, Schweißausbrüchen usw. berichtet. Derartige

Phänomene sind aus der Religionsgeschichte und Religionspsychologie bekannt, stehen aber weder im Koran noch in der islamischen Überlieferung und Theologie im Zentrum des Geschehens. Muhammads Sendungsbewusstsein wurde durch derartige Erlebnisse vielleicht »bestärkt, hing aber nicht von ihnen ab«[18]. Die Gültigkeit oder Wahrheit einer Offenbarung wird durch äußere Begleitumstände weder bewiesen noch widerlegt, weil grundsätzlich jedes religiöse »Erleben, Erkennen und Verhalten an psychische Voraussetzungen und Dispositionen gebunden ist«[19].

2. Analoges gilt hinsichtlich nachweisbarer *religions- und traditionsgeschichtlicher Zusammenhänge*: Zahlreiche jüdische und christliche Forscher glaubten im 19. und 20. Jahrhundert die Übernatürlichkeit der koranischen Offenbarung unplausibel erscheinen zu lassen oder gar widerlegen zu können, indem sie zu zeigen versuchten, dass Muhammad lediglich Elemente der jüdischen, christlichen und altarabischen Religion aufgriff und synkretistisch zusammenfügte. Unbestreitbar enthalten der Koran und die islamische Überlieferung zahlreiche Elemente früherer Religionen, besonders aus der biblischen und außerbiblischen jüdischen und christlichen Tradition. Doch ebenso unbestreitbar kann der Islam nicht einfach religionsgeschichtlich abgeleitet werden, hat er doch Übernommenes eigenständig verarbeitet und vielfach mit neuer Bedeutung gefüllt, sodass man durchaus von der »Originalität« des Propheten Muhammad (Johannes Fück) und damit des Islam sprechen kann. Letztlich steht jede Religion in religionsgeschichtlichen Zusammenhängen, hat jede Religion auch synkretistische Momente, auch das Christentum. Vor allem aber kann eine geschichtswissenschaftliche Methode nicht über die übernatürliche Wahrheit einer Schrift oder Religion urteilen.
3. Eine weitere Möglichkeit, religiöse Geltungsansprüche objektiv beweisen zu wollen, ist und war lange Zeit auch in der christlichen Apologetik der Verweis auf *Wunder*. Obgleich der Koran selbst den Wunderbeweis ablehnt (vgl. Sure 17,59), hat die islamische Theologie eben in Auseinandersetzung mit dem Christentum Wunderbeweise in Bezug auf den Koran angestrengt.
   Der göttliche Ursprung des Korans wird in der islamischen Theologie vor allem durch zwei interdependente Argumente zu beweisen versucht: Zum einen geschieht dies durch die Behauptung der »Illiteralität« des Propheten. Mit Bezug auf eine Aussage in Sure 7,158 nimmt die islamische (sunnitische) Apologetik an, Muhammad habe weder schreiben noch lesen können, wodurch ausgeschlossen sei, dass der Koran sein eigenes »Machwerk« sei. Die westliche Islamwissenschaft ist sich heute weitgehend darin einig, dass Muhammad als erfolgreicher Handelskaufmann lesen und schreiben können musste. Zudem ist der entsprechende Terminus in Sure 7,158 wohl nicht mit »des Lesens und Schreibens unkundig« zu übersetzen, sondern im Sinne von »schriftlos« (also

»ohne Offenbarungsschrift«), wie die frühe islamische Exegese selbst noch annahm.

Das zweite Argument, das den ausschließlich göttlichen Ursprung des Koran erweisen soll, ist die Überzeugung von der »rhetorischen Unübertrefflichkeit« und »Unnachahmlichkeit« des koranischen Sprachstils: Der Koran bedarf demnach keiner Bestätigung durch irgendein äußeres Wunder, vielmehr ist der Koran Beweis in sich selbst. Für die christliche Position ist klar, dass dieses Argument ebenso wenig wie das erste in der theologischen Auseinandersetzung zählt: Spätestens seit der Offenbarungskritik der Aufklärung kann ein »Wunder« nicht mehr als objektiver Beweis für einen Wahrheitsanspruch dienen. Zu einem »Wunder« im Sinne eines zeichenhaften Wirkens Gottes wird ein Geschehen erst aufgrund einer bereits gemachten subjektiven religiösen Erfahrung oder zumindest einer vorgängigen Öffnung auf das göttliche Geheimnis: Weil der gläubige Muslim im Koran die Nähe Gottes erfährt, ist er für ihn ein einzigartiges, gnadenhaftes Wunder – dies gilt so aber nicht für einen Außenstehenden.

4. Eine vierte Möglichkeit wäre, auf die *Glaub- und Vertrauenswürdigkeit einer Person* zu verweisen. Hier kommen wir zu einem Moment, das im Zusammenhang mit religiösen Überzeugungen eine wichtige, wenn nicht zentrale Rolle spielt, nämlich das Vertrauen auf die Zuverlässigkeit einer anderen Person, etwa des Propheten selbst oder seiner Zeugen. Glauben als Akt besteht im Wesentlichen in diesem Sich-Verlassen auf eine sich als verlässlich erwiesenen Person. Dass es, wie im frühen Christentum (die Apostel, Jüngerinnen und Jünger), so auch im Islam zahlreiche Menschen gab, die von der Glaubwürdigkeit, Zuverlässigkeit, Treue des Religionsstifters und der unmittelbaren Zeugen überzeugt waren, ist ein nicht zu übersehender Hinweis auf die Wahrheit einer mit diesen Personen verbundenen Botschaft. Dennoch zeigen etwa Sekten oder andere Ideologien, dass dieses Moment als hinreichendes Kriterium nicht ausreicht, auch wenn zwischen Sekten und Weltreligionen der fundamentale Unterschied besteht, dass letztere oft unzählige Millionen oder gar Milliarden von Gläubigen besitzen, oft über Jahrtausende bestehen und sich damit im Leben bewähren und bewahrheiten.
5. Aus den Überlegungen geht hervor, dass letztlich allein inhaltliche, d.h. theologische und ethische Kriterien zur Beurteilung einer Religion in Anschlag gebracht werden können, und zwar Kriterien, die der eigenen religiösen Tradition entnommen sind.[20] Das schließt nicht aus, dass diese dann spezifisch-christlichen Kriterien mit den Kriterien anderer religiöser Traditionen zumindest teilweise übereinstimmen und damit als allgemein religiöse und ethische Kriterien gelten können.[21] Was aber kann aus christlicher Sicht inhaltliches Kriterium sein? Jesus selbst gibt laut neutestamentlicher Überlieferung zwei zentra-

le heilsentscheidende Kriterien an, die er der jüdischen Überlieferung entnimmt: die Praxis der Gottes- und Nächstenliebe (vgl. Mt 22,37–39; Lk 10,27).

Bei der Interpretation dessen, was hier mit Gottes- und Nächstenliebe gemeint ist, ist die zeitgenössische jüdische Auslegung der biblischen Stellen als Hintergrundfolie heranzuziehen: »In der jüdischen Auslegung von Dtn 6,5 äußert sich ›Liebe zu Gott‹ in erster Linie in Taten des Gehorsams, der Frömmigkeit, der Torahtreue. Gott lieben heißt, sein Leben für seine Gebote hinzugeben.«[22] Nach Ulrich Luz ist anzunehmen, dass die Rezipienten dieser Worte bei »Gott lieben« nicht an ein Gefühl, sondern an die Anerkenntnis Gottes und den Gehorsam ihm gegenüber dachten. Dasselbe gilt für die klassische und mittelalterliche christliche Auslegung: Auch hier wurde »Liebe zu Gott« vorrangig als Gotteserkenntnis, Glaube, Gehorsam, Halten der Gebote verstanden. »Gott lieben« heißt nach jüdisch-christlichem Verständnis also »gänzliche Hingabe an Gott«[23] – nichts anderes meint das Wort »Islam«.

Analoges gilt für die Auslegung der Nächstenliebe: Der Kontext von Lev 19,11–18 »handelt von den grundlegenden ethischen Geboten Gottes gegenüber den Nächsten«, meint also »ein praktisches, solidarisches Verhalten«[24], wie es in der zweiten Dekalogtafel zusammengefasst ist. Gottes- und Nächstenliebe sind nach dem Zeugnis der synoptischen Evangelien also die zentralen Kriterien, an denen sich das Heil des Menschen entscheidet.

Eben jene beiden heilsentscheidenden Gebote, die auch im Zentrum der Botschaft bei den Propheten Israels standen, sind im Koran tatsächlich enthalten (vgl. Kap. 9). So kommt der Theologe Hans Küng zu folgendem Schluss:

- Wie die Propheten Israels wirkte auch Muhammad nicht kraft eines von der Gemeinschaft (oder ihren Autoritäten) verliehenen Amtes, sondern aufgrund einer besonderen persönlichen Beziehung zu Gott.
- Wie die Propheten Israels war Muhammad eine willensstarke Persönlichkeit, die sich von ihrer göttlichen Berufung völlig durchdrungen, total beansprucht, exklusiv beauftragt sah.
- Wie die Propheten Israels, so hat auch Muhammad in eine religiös-gesellschaftliche Krise hineingesprochen, stand er mit seiner leidenschaftlichen Frömmigkeit und seiner umstürzenden Verkündigung in Opposition zur vermögenden herrschenden Kaste und zu der von ihr gehüteten Tradition.
- Wie die Propheten Israels will Muhammad, der sich meist »Warner« nennt, nichts als Sprachrohr Gottes sein und Gottes Wort, nicht sein eigenes, verkünden.
- Wie die Propheten Israels kündet Muhammad unermüdlich den einen Gott, der keine anderen Götter neben sich duldet und der zugleich der gütige Schöpfer und barmherzige Richter ist.
- Wie die Propheten Israels, so fordert auch Muhammad gegenüber diesem einen Gott unbedingten Gehorsam, Unterwerfung, »Hingabe« (»Islam«): alles das, was Dankbarkeit gegenüber Gott und Großzügigkeit gegenüber den Mitmenschen einschließt.

- Wie die Propheten Israels verbindet auch Muhammad seinen Monotheismus mit einem Humanismus, den Glauben an den einen Gott und sein Gericht mit der Forderung nach sozialer Gerechtigkeit: Gericht und Erlösung, Drohungen den Ungerechten, die in die Hölle gehen, und Verheißungen den Gerechten, die zu Gottes Paradies versammelt werden.[25]

Der Koran – Gottes Wort auch für Christen?

Einer pauschalen, uneingeschränkten Anerkennung des prophetischen Anspruchs Muhammads und des Offenbarungsanspruchs des Korans und damit des Heilsanspruchs des Islam steht jedoch entgegen, dass der Koran explizit einige zentrale christliche Glaubensüberzeugungen negiert. Dieses ist zum einen der trinitarische Gottesbegriff sowie die Gottessohnschaft Jesu, zum anderen das historische Faktum wie auch die Heilsbedeutsamkeit des Kreuzestodes Jesu. Will man am klassischen Widerspruchsprinzip festhalten, wonach zwei sich widersprechende Aussagen nicht gleichzeitig wahr sein können, und will der christliche Glaube sich nicht selbst aufgeben, so erscheint es sowohl logisch wie theologisch unmöglich, dass die christliche Theologie zumindest hinsichtlich dieser Aussagen den Koran als Offenbarungsschrift anerkennen kann. Denkbar wäre demnach lediglich eine *eingeschränkte Anerkennung*, indem man diejenigen Inhalte des Koran als von Gottes Geist inspiriert gelten lässt, die mit dem biblisch-christlichen Glauben übereinstimmen bzw. diesem nicht widersprechen, während man die der christlichen Glaubensüberzeugung klar widersprechenden Inhalte oder Auslegungen ausklammert und auf menschliche Einflüsse und Irrtümer zurückführt.[26]

Das eigentliche Problem im theologischen Verhältnis von Christentum und Islam ist, dass der Koran explizit den Kreuzestod Jesu und folglich (implizit) die Heilsbedeutsamkeit dieses Kreuzestodes leugnet. Während Ersteres sich auf ein historisches Faktum bezieht, betrifft Letzteres eine rein theologische Aussage, die auch im heutigen Judentum von der Mehrheit der Gläubigen abgelehnt wird. Dennoch gilt das Judentum für die christliche Theologie heute als ein wirksamer Heilsweg, gelten die Juden als ein von Gott weiterhin erwähltes und geliebtes Volk (vgl. Lumen gentium 16; Nostra aetate 4). Ist es dann nicht vorstellbar, dass Gott auch andere Völker und Menschen mittels deren Religionen zum Heil führt, auch wenn sie sich nicht ausdrücklich zu Jesus Christus als den gekreuzigten und auferstandenen Gottessohn bekennen? Einschlägige Aussagen des Zweiten Vatikanischen Konzils legen dies tatsächlich nahe (vgl. Lumen gentium 16; Ad gentes 7), wobei das Konzil gleichzeitig daran festhält und dazu auffordert, den Nichtchristen Jesus Christus als den Gekreuzigten und Auferweckten zu verkünden, der alle Menschen erlöst hat (vgl. Kap. 4).

Fazit

1. Der Offenbarungsbegriff scheint der theologische Brennpunkt im Verhältnis von Christentum und Islam zu sein, in dem alle anderen theologischen Themen zusammenlaufen. Sowohl theologiegeschichtlich wie auch gegenwärtig gibt es in beiden Religionen eine Vielfalt von Offenbarungskonzepten und Auslegungsweisen der Heiligen Schriften.
2. Entscheidend dürfte sein, ob beide Religionen in der Mehrheit fähig und willens sind, ihren jeweiligen Universalitäts- und Endgültigkeitsanspruch allein mit friedlichen Mitteln, im Sinne eines Wettstreits um das Wahre und Gute durchzusetzen.
3. Bei allen inhaltlichen und formalen Gemeinsamkeiten wird das jeweilige Spezifikum beider Offenbarungsreligionen auch das Unterscheidende bleiben: Für die Christen ist dies das Heilswerk des menschgewordenen Gotteswortes Jesu Christi, für die Muslime ist dies das Wort Gottes im Koran.
4. Christen können im Koran und in der islamischen Religion Gottes inspirierenden Geist wahrnehmen und anerkennen, weil sich darin die von Christus bestätigten Kriterien der Gottes- und der Nächstenliebe wiederfinden. Darüber hinaus können sie wertvolle religiöse und ethische Werte des Islam würdigen und sogar davon lernen. Umgekehrt werden sie gegenüber Muslimen immer auch ihren Glauben an Jesus Christus als das fleischgewordene Wort Gottes und als den Gekreuzigten und Auferstandenen bekennen.

Weiterführende Literatur:

R. Leuze, Christentum und Islam, Tübingen 1994.

A. Renz, Der Mensch unter dem An-Spruch Gottes. Offenbarungsverständnis und Menschenbild des Islam im Urteil gegenwärtiger christlicher Theologie, Würzburg 2002.

H. Zirker, Der Koran. Zugänge und Lesarten, Darmstadt 1999.

6

GEMEINSAME GRUNDLAGEN IM BIBLISCHEN UND KORANISCHEN MENSCHENBILD

Auf der Suche nach einer gemeinsamen Ausgangsbasis für den theologischen Dialog zwischen Christen und Muslimen könnte sich das Menschbild anbieten. Vor allem die beiden Heiligen Schriften, Bibel und Koran, zeigen in diesem Thema weitreichende Gemeinsamkeiten in den Grundlagen: So sehen Judentum, Christentum und Islam den Menschen als Geschöpf Gottes. Mit Vernunft und Freiheit ausgestattet ist dieses Geschöpf zum Diener Gottes, zugleich aber zum Ansprechpartner und Bundespartner Gottes berufen. Diese besondere Stellung und Auszeichnung des Menschen drückt die Bibel mit dem Begriff der Gottebenbildlichkeit aus, der Koran mit dem Begriff »Khalifa«, Stellvertreter (6.1). Zugleich aber wissen Bibel und Koran um die Bedrohung und Gefährdung des Menschen durch die Sünde. Die bisherige christliche Islamdarstellung jedoch hat hinsichtlich des »Erbsündenbegriffs« einen der zentralen Unterschiede zwischen Christentum und Islam gesehen (6.2). Es wird zu prüfen sein, ob und wieweit diese Einschätzung stimmt bzw. wo Verständnisbrücken möglich sind.

6.1 Geschöpflichkeit und Würde des Menschen

Der Mensch als Geschöpf Gottes

Wie für das jüdisch-christliche Verständnis vom Menschen, so ist auch für das islamische Menschenbild die Auffassung vom Menschen als einem Geschöpf Gottes von grundlegender Bedeutung. Gott ist »der Schöpfer, der Erschaffer, der Bildner« (Sure 59,24). Er ist es, »der die Himmel und die Erde und das, was dazwischen ist, in sechs Tagen erschaffen und sich dann auf dem Thron zurechtgesetzt hat« (Sure 32,4). Biblisch ist auch die Vorstellung, wonach Gott den Menschen aus irdischen Materialien wie Erde, Lehm und Wasser erschaffen hat (vgl. Sure 6,2; 18,37; 22,5; 20,55): Er bringt »das Lebendige aus dem Toten und das Tote aus dem Lebendigen hervor« (Sure 6,95). Der Mensch ist damit hinfällig, sterblich: »Aus ihr [der Erde] haben Wir euch erschaffen und in sie lassen Wir euch zurückkehren« (Sure 20,55). Eine Aussage, die an Gen 3,19 erinnert: »Denn Staub bist du, zum Staub musst du zurück«. Die koranische Aussage geht jedoch noch weiter: »... und aus ihr bringen Wir euch ein anderes Mal hervor« – ein Hinweis auf die leibliche Auferstehung, die Neuschöpfung am Jüngsten Tag. Die folgende Schöpfungsszene aus Koran und Bibel macht die besondere Beschaffenheit des Menschen deutlich:

Sure 32,7–9	**Genesis 2,7**
»(Jener ist der,) der alles, was Er erschaffen, gut gemacht hat. Zuerst erschuf Er den Menschen aus Ton, dann machte Er seine Nachkommenschaft aus dem Erguss eines verächtlichen Wassers. Dann formte Er ihn und blies ihm Geist von Seinem Geist ein. Und Er machte euch Gehör, Augenlicht und Herz« (vgl. 15,29; 38,72).	»Da formte Gott, der Herr, den Menschen aus Erde vom Ackerboden und blies in seine Nase den Lebensatem. So wurde der Mensch zu einem lebendigen Wesen.«

Dass die koranische Aussage aus der Sure 32, die eine inhaltliche Parallele zu Gen 2,7 darstellt, von großer Bedeutung für die islamische Anthropologie ist, steht außer Zweifel: Während der Lehm das irdische Element darstellt, steht der Mensch durch die Geisteinhauchung höher als die Tiere und wird dadurch zu einem geistigen, vernunft- und verantwortungsfähigen Wesen.

Der Koran kennt auch die biblische Vorstellung, wonach Gott zuerst einen Menschen schuf und aus diesem einen Wesen ein »ihm entsprechendes anderes Wesen« (Sure 4,1; Übersetzung nach Rudi Paret) und aus diesen beiden die gesamte Menschheit. Diese Stelle wird von vielen modernen muslimischen Koranexegeten als *Grundlage für die wesensmäßige Gleichheit und damit auch Würde aller Menschen* herangezogen. Der biblische Mythos, wonach die Frau aus der Rippe Adams geschaffen wurde (vgl. Gen 2,21), begegnet im Islam erst in der späteren Tradition, wohl durch jüdische oder christliche Einflüsse.

Der Mensch als Diener und Bundespartner Gottes

Der Begriff der Schöpfung bzw. des Geschöpfes (Mensch) ist in der koranischen Semantik engstens verknüpft mit dem Begriff »Herr« (*rabb*), der sämtliche göttlichen Attribute wie Souveränität, Allmacht usw. in sich einschließt: Gott ist der »Herr der Welten« und damit Herr auch der Menschen (Sure 1,2). Ist Gott aber der Herr des Menschen, dann ist der Mensch der Diener oder Knecht (*'abd*) Gottes – eine Bezeichnung, die durchaus biblisch ist (vgl. Jes 40–55; Röm 6,22). Das Dienersein des Menschen in Bezug auf Gott impliziert wiederum Aspekte wie »Demut, Bescheidenheit, absoluten Gehorsam und andere Eigenschaften, die von einem Diener erwartet werden«[1]. Inhaltlich in Opposition dazu stehen folglich Eigenschaften wie Hochmut, Selbstgenügsamkeit, Arroganz, Unglaube.

Damit ist bereits angedeutet, dass die schöpfungsmäßige Beziehung zwischen Gott und Mensch als Herr-Knecht-Verhältnis eine ethisch-religiöse Dimension enthält oder nach sich zieht: »Die Bestimmung des Menschen zum Gottesdiener oder Gottesknecht ist für die islamische Anthropologie ein so grundlegendes Faktum, dass in der arabischen religiösen Sprache das Wort 'abd, ›Diener‹ oder ›Knecht‹, oftmals geradezu als synonym für ›Mensch‹ benutzt wurde und noch wird.«[2] Dies gilt selbst für den Sufismus, in dem das Verhältnis von Gott und Mensch sonst sehr innig erfahren und beschrieben wird.

Ja, der Mensch ist einzig aus dem Grund ins Leben gerufen worden, damit er Gott diene: *Gottesdienst*, d.h. Anbetung des einen Gottes und Erfüllung der religiösen Grundpflichten, ist *'ibāda* (vgl. Sure 18,110; 19,65)! Dabei steht die Rede vom Menschen als dem Diener Gottes dem Gedanken einer besonderen Würde und Auszeichnung des Menschen nicht im Wege, vielmehr erhält der Mensch seinen besonderen Wert durch diese Aufgabe, zu der nur er berufen ist: »Das Verhältnis des Menschen als Diener oder Sklave Gottes bedeutet für den Muslim nichts Herabsetzendes, sondern besagt im Gegenteil die höchstmögliche Stellung, die ein Muslim erreichen kann.«[3] Und er erlangt diese Auszeichnung, indem er nicht einfach nur die rituellen und ethischen Gebote, den Willen Gottes erfüllt, sondern sich und sein ganzes Leben auf Gott hin ausrichtet. Da der Prophet Muhammad diese Berufung zum Dienst vor Gott in vorbildlicher und vollkommener Weise verwirklicht hat (vgl. Sure 17,1; 53,10), stellt er das Idealbild des Menschen dar, das es als gläubiger Muslim, gläubige Muslima nachzuahmen gilt (*imitatio Muhammadi*).[4] In der islamischen Mystik und Philosophie wird er denn auch der »vollkommene Mensch« genannt.

Die besondere Berufung des Menschen zum Diener Gottes aber könnte zu einseitigen Schlussfolgerungen führen, wenn nicht eine weitere Bestimmung mitbedacht wird, die den Menschen unter allen Geschöpfen heraushebt und den Menschen zu mehr macht als nur zu einem willenlosen Diener, nämlich die zum »Bundespartner« Gottes. Wichtig ist in diesem Zusammenhang der Hinweis auf die innere Verbindung der Vorstellung vom Menschen als Bundespartner Gottes einerseits und der im Urgeschehen vom Menschen übernommenen Verantwortung: Laut Sure 33,72 hat Gott nach Abschluss des Schöpfungswerkes dem Himmel, der Erde und den Bergen die »Treuhänderschaft« über die Schöpfung angeboten; während diese sich aus Angst jedoch weigerten, diese zu tragen, nahm der Mensch die Aufgabe auf sich, was jedoch Verstand und Freiheit voraussetzt – Eigenschaften, die den Menschen gegenüber allen anderen Geschöpfen auszeichnen: Während alle anderen Geschöpfe sozusagen unfreiwillig Gott dienen, liegt die einzigartige Aufgabe des Menschen darin, sich in Freiheit für oder gegen Gott zu entscheiden. Dies ist eine Aufgabe, die ihn sogar über die Engel stellt, wenn er sie erfüllt, die ihn aber auch tiefer als die niedrigsten Geschöpfe fallen lassen kann, wenn er versagt. Damit ist bereits die Brücke geschlagen zu einem weiteren wichtigen koranischen Begriff, der für die islamische Anthropologie von zentraler Bedeutung geworden ist, nämlich der Begriff *khalīfa*.

Der Mensch als Stellvertreter Gottes oder Gottes Ebenbild auf Erden

Der Mensch ist laut Sure 2,30 zum »Kalifen« auf Erden eingesetzt, was sowohl »Nachfolger« als auch »Stellvertreter« bedeuten kann und in beiderlei Sinn in der islamischen Geschichte der Koranexegese auch verstanden worden ist. Die meisten modernen islamischen Theologen sehen Adam und damit jeden Menschen als *Stellvertreter* oder *Statthalter Gottes* auf Erden! Zunächst einmal stimmen zeitgenössische islamische Koraninterpreten weitgehend in der Feststellung überein, »der Mensch habe ganz bestimmte, unter allen Geschöpfen nur ihm verliehene Eigenschaften oder Fähigkeiten, angesichts deren einzig er für dieses Amt [des Stellvertreters Gottes] in Betracht gekommen sei«[5], seien dies nun Vernunft und Bewusstsein, Sprachfähigkeit, freier Wille, Wissen, Kreativität oder moralische Qualitäten – dies alles unterscheidet den Menschen vom instinktgesicherten Tier und macht ihn damit zu einem privilegierten und zugleich riskierten Wesen.[6]

Indem Gott dem Menschen seinen Geist einblies, gab er in der Sicht moderner islamischer Theologen dem Menschen Anteil an seinen göttlichen Eigenschaften. Gott beruft den Menschen mit den ihm dadurch verliehenen Fähigkeiten zu besonderen Aufgaben wie die der »Kultivierung der Erde« oder die des »Herrschens«, wie dies bereits die frühe islamische Exegese sah. Auch wenn der Herrschaftsauftrag an den Menschen im Koran nicht so ausdrücklich formuliert wird wie in der Bibel (vgl. Gen 1,28f.), so scheint dieser in Sure 2,31 doch impliziert zu sein: Danach lehrte Gott den Menschen die Namen aller Dinge, wodurch ihm nach altorientalischem Denken Wissen und Macht über diese Dinge gegeben sind. Damit steht der Mensch sogar über den Engeln, sodass diese sich vor ihm niederwerfen sollen (vgl. Sure 2,34). In diesen Kontext gehören schließlich auch all jene Aussagen des Koran, die davon sprechen, dass Gott alles im Himmel und auf Erden in den Dienst des Menschen bzw. unter seinen Befehl gestellt hat (z.B. Sure 22,65; 31,20).

Von entscheidender Bedeutung für die christlich-islamische Diskussion ist nun die Tatsache, dass viele moderne islamische Denker versuchen, auf der Grundlage der koranischen Vorstellung vom Menschen als »Kalifen« ein dem modernen christlich-westlichen entsprechendes und davon inspiriertes Konzept der Menschwürde und der daraus folgenden grundlegenden Menschenrechte zu begründen.[7] Auch die »Allgemeine Islamische Menschenrechtserklärung« des Islamrates für Europa von 1981 beruft sich in der Präambel auf die Stellvertreterschaft des Menschen, die darin bestehe, den Willen Gottes zu erfüllen.[8]

Schließlich beziehen sich muslimische Theologen und Denker zur koranischen Begründung der menschlichen Sonderstellung und Würde auch auf die Geisteinhauchung (Sure 15,29), das anvertraute Gut (Sure 33,72) und auf Sure 17,70, wo es heißt, Gott habe den Menschen »Ehre erwiesen« und sie vor vielen anderen Geschöpfen »eindeutig bevorzugt«.

Wie auch immer die menschliche Würde in der modernen islamischen Theologie mit Verweis auf den Koran begründet wird, gemeinsam ist diesen Begründungsversuchen das Ziel, zu zeigen, dass die Würde »allen Menschen im Zusammenhang mit dem Schöpfungsakt von Gott selbst fest eingestiftet wurde und eben deshalb weder erst verdient werden muss noch verlierbar ist. Sie ergibt sich allein daraus, wie Gott den Menschen gewollt und wozu er ihn bestimmt hat«[9]. Damit entspricht der koranische Begriff des *Kalifats* des Menschen inhaltlich dem biblischen Begriff der *Gottebenbildlichkeit* des Menschen (Gen 1,26f.), in dem das moderne christliche Verständnis von der Würde und den unveräußerlichen Rechten des Menschen gründet.

Der Koran selbst verwendet den biblischen Begriff der Gottebenbildlichkeit nicht, wohl um die schöpfungsmäßige Grenze zwischen Gott und dem Menschen nicht zu verwischen. Christliche Theologen und westliche Islamwissenschaftler haben das scheinbare Fehlen dieses Begriffs im Koran mit nicht selten apologetischer Zielsetzung meist als Beweis für die fundamentale Differenz von christlicher und islamischer Anthropologie bzw. von christlicher und islamischer Verhältnisbestimmung zwischen Gott und Mensch benutzt: Sie sahen darin eine unüberbrückbare Distanz zwischen Gott und Mensch; der Gott des Islam sei dem Menschen ein ferner, unerreichbarer Gott.

Beschränkt man sich bei dieser – und nicht nur dieser – Thematik auf den Koran allein als Grundlage islamischen Glaubens, dann bleibt die Wahrnehmung des Islam allerdings defizitär, gibt es doch den deutlichen und sehr frühen (Anfang 8. Jh.) Versuch der islamischen Tradition, den biblischen Begriff der »Gottebenbildlichkeit« – wenn auch gegen Widerstände – in den Islam einzuführen: So begegnet als Reminiszenz an Gen 1,27 in einer heiligen Überlieferung, die auf Gott zurückgeführt wird, die Aussage: »Gott schuf Adam nach seinem Bild/seiner Form.«[10] Wenn sich auch diese Sicht nicht generell in der islamischen Theologie durchzusetzen vermochte, so bleibt als Fazit festzuhalten, dass auch der Islam auf der Grundlage seiner Quellen dem Menschen eine besondere und herausragende Stellung im Kosmos zuspricht, die ihm von Gott verliehen worden ist, und die der Mensch kraft seiner Vernunft und Freiheit wahrzunehmen aufgefordert ist. In dieser Berufung liegt nach moderner islamischer Überzeugung die unverlierbare und unantastbare Würde des Menschen begründet. Leider jedoch haben die meisten bisherigen islamischen Menschenrechtserklärungen daraus noch nicht die Schlussfolgerung gezogen, dass aus derselben Würde aller Menschen auch dieselben Rechte für alle Menschen folgen (vgl. Kap. 10).

Fazit

1. Biblisches und koranisches Menschenbild sind sich darin einig, dass der Mensch Geschöpf Gottes und damit gut geschaffen ist.
2. Als einziges Geschöpf ist der Mensch mit Vernunft und Freiheit ausgestattet und daher aufgerufen, Gott zu dienen und mit der Schöpfung verantwortlich umzugehen.
3. Die Bibel hat diese besondere Stellung und Aufgabe des Menschen mit dem Begriff der Gottebenbildlichkeit ausgedrückt, der Koran mit dem Begriff der »Stellvertreterschaft« (Kalif). Beide Begriffe dienen der Begründung der besonderen Würde aller Menschen. Dem jedoch muss auch im Islam ein weiterer Schritt folgen: Die Anerkennung gleicher Rechte für alle Menschen.

6.2 Der Mensch als Sünder

Obgleich der Mensch in biblischer und koranischer Sicht von Gott gut geschaffen ist, kennen sowohl die jüdisch-christliche wie die islamische Tradition auch die Anfälligkeit des Menschen für das Böse. Den Verstoß gegen von Gott gesetzte Grenzen und die sich darin letztlich manifestierende Abwendung vom Schöpfer nennen diese Religionen »Sünde«. Erst ein unmittelbarer Vergleich der sog. Sündenfallerzählungen sowie der jeweiligen theologischen Konzepte kann die Frage beantworten, ob es sich dabei um denselben Sündenbegriff handelt oder nicht, was wiederum Konsequenzen etwa für die Heilsvorstellung hat.[11]

Die Sündenfallerzählung in Bibel und Koran

Der sog. »Sündenfall« der ersten Menschen im Paradies wird in Variation dreimal im Koran wiedergegeben (Sure 2,34–38; 7,11–27; 20,115–124). Die Eigenheiten der koranischen Versionen gegenüber der biblischen Erzählung werden erst in der unmittelbaren Synopse deutlich. Zunächst ist zu bemerken, dass sich die »Sündenfallerzählungen« von Bibel und Koran in jeweils acht Sinneinheiten unterscheiden lassen, die allerdings nicht in jeder Version, nicht in jeweils gleicher Anordnung und nicht immer mit gleicher Aussageintention auftreten:

(1) Der Fall des Satans (Iblīs) nach dem Koran

Sure 2,34	Sure 7,11–18	Sure 20,116–117
34 Und als Wir zu den Engeln sprachen: »Werft euch vor Adam nieder.« Da warfen sie sich nieder, außer Iblis. Der weigerte sich und verhielt sich hochmütig, und er war einer der Ungläubigen.	**11** Dann haben Wir zu den Engeln gesprochen: »Werft euch vor Adam nieder.« Da warfen sie sich nieder, außer Iblis: er gehörte nicht zu denen, die sich niederwarfen. **12** Er sprach: »Was hat dich daran gehindert, dich niederzuwerfen, als Ich (es) dir befohlen habe?« Er sagte: »Ich bin besser als er. Du hast mich aus Feuer erschaffen, ihn aber hast Du aus Ton erschaffen.« **13** Er sprach: »Geh aus ihm hinunter. Dir steht es nicht zu, dich darin hochmütig zu verhalten. Geh hinaus. Du gehörst zu den Erniedrigten.«	**116** Und als Wir zu den Engeln sprachen: »Werft euch vor Adam nieder.« Sie warfen sich nieder, außer Iblis. Er weigerte sich. **117** Wir sprachen: »O Adam, dieser (da) ist dir und deiner Gattin ein Feind. Dass er euch nicht aus dem Paradies vertreibt! Sonst wirst du unglücklich sein.«

Sure 2,34	Sure 7,11–18	Sure 20,116–117
	14 Er sagte: »Gewähre mir Aufschub bis zu dem Tag, da sie erweckt werden.« 15 Er sprach: »Du sollst nun zu denen gehören, denen Aufschub gewährt wird.« 16 Er sagte: »Weil du mich hast abirren lassen, werde ich, ich schwöre es, ihnen auf deinem geraden Weg auflauern. 17 Dann werde ich zu ihnen treten von vorn und von hinten, von ihrer rechten und von ihrer linken Seite. Und du wirst die meisten von ihnen nicht dankbar finden.« 18 Er sprach: »Geh aus ihm hinaus, verabscheut und verstoßen. Wer auch immer von ihnen dir folgt, füllen werde Ich die Hölle mit euch allen.«	

Ein erstes Charakteristikum im Koran ist die dem Sündenfall des Menschen vorangehende Erzählung vom Fall des Satans, hier Iblīs (von griech. *diabolos*) genannt, die Vorbilder in apokryphen jüdischen und christlichen Quellen (»Leben Adam und Evas«, »Schatzhöhle«) hat.[12] Gott fordert nach der Erschaffung des Menschen seinen Hofstaat, die Engel, auf, sich vor Adam niederzuwerfen – was jedoch nicht im Sinne von Anbetung oder gar Vergöttlichung des Menschen zu verstehen ist, weil nach dem Koran allein Gott Anbetung gebührt. Alle Engel folgten dem göttlichen Befehl, nur Iblīs weigerte sich aus Hochmut und Neid; er wird daraufhin verflucht und aus dem »Garten« vertrieben (z.B. Sure 15,34; 38,77). Auf seine Bitte hin jedoch – bezeichnenderweise bittet er nicht um Vergebung! – erhält er von Gott die Möglichkeit, die Menschen bis zum Tag der Auferstehung in Versuchung zu führen (z.B. Sure 7,4–18; 15,36–39; 38,79–82): »Gleichsam aus Rache, weil Gott ihn in Sünde fallen ließ, will der Teufel bewirken, dass die Menschen sich den Verlockungen der Welt hingeben und ein sündhaftes Leben führen.«[13] Gott gewährt ihm diese Bitte, doch stellt der Koran an einigen Stellen klar heraus, dass der Satan keine Vollmacht über Gottes Diener (die Gläubigen) haben wird, nur über die Ungläubigen (vgl. Sure 15,40; 17,65; 38,83).

(2) Gott setzt Grenzen: Der verbotene Baum

Genesis 2,16–17	Sure 2,35	Sure 7,19	Sure 20,115
16 Dann gebot Gott, der Herr, dem Menschen: »Von allen Bäumen des Gartens darfst du essen, 17 doch vom Baum der Erkenntnis von Gut und Böse darfst du nicht essen; denn sobald du davon isst, wirst du sterben.«	35 Und Wir sprachen: »O Adam, bewohne du und deine Gattin das Paradies. Esst reichlich von ihm zu eurem Wohl, wo ihr wollt. Aber naht euch nicht diesem Baum, sonst gehört ihr zu denen, die Unrecht tun.«	19 »O Adam, bewohne, du und deine Gattin, das Paradies. Esst, wo ihr wollt, und nähert euch nicht diesem Baum, sonst gehört ihr zu denen, die Unrecht tun.«	115 Und Wir hatten früher Adam (eine Verpflichtung) auferlegt. Aber er vergaß (sie). Und Wir fanden bei ihm keine Entschlossenheit.

Diese Sinneinheit haben Bibel und Koran gemeinsam: Gott erlaubt dem Menschen, von allen Bäumen des Paradieses zu essen, nicht jedoch von einem bestimmten Baum (Sure 20,115 spricht in diesem Zusammenhang von einer Verpflichtung für den Menschen). Dieser Baum wird in Sure 20,120 (vgl. 7,20) im Gegensatz zu Gen 2,17 (»Baum der Erkenntnis von Gut und Böse«)[14] als »Baum der Unsterblichkeit« bestimmt. Der Koran verschärft gegenüber der biblischen Version das Verbot, indem der Mensch die Frucht des verbotenen Baumes nicht nur nicht essen, sondern sich dem Baum nicht einmal nähern soll, was »Frevel, Unrecht« bedeuten würde. Was Herbert Haag daher in Bezug auf die biblische Stelle formuliert, dürfte wohl exakt auch die koranische Intention treffen: Das Verbot soll offensichtlich mit Nachdruck einschärfen, dass der Mensch »nicht in einer absoluten Weise Herr der Schöpfung« ist.[15]

(3) Die Verführung des Menschen

Genesis 3,1–5	Sure 2,36a	Sure 7,20–22a	Sure 20,120
1 Die Schlange war schlauer als alle Tiere des Feldes, die Gott, der Herr, gemacht hatte. Sie sagte zu der Frau: »Hat Gott wirklich gesagt: Ihr dürft von keinem Baum des Gartens essen?«	36a Da ließ sie Satan beide vom Paradies fallen und vertrieb sie vom Ort, wo sie waren.	20 Der Satan flüsterte ihnen ein, um ihnen zu zeigen, was ihnen von ihrer Blöße verborgen geblieben war. Und er sagte: »Nur deswegen hat euch euer Herr diesen Baum verboten, damit	120 Da flüsterte ihm der Satan ein, er sagte: »O Adam, soll ich dich auf den Baum der Ewigkeit hinweisen und auf eine Königsherrschaft, die nicht vergeht?«

Genesis 3,1–5	Sure 2,36a	Sure 7,20–22a	Sure 20,120
2 Die Frau entgegnete der Schlange: »Von den Früchten der Bäume im Garten dürfen wir essen; **3** nur von den Früchten des Baumes, der in der Mitte des Gartens steht, hat Gott gesagt: › Davon dürft ihr nicht essen, und daran dürft ihr nicht rühren, sonst werdet ihr sterben.‹ **4** Darauf sagte die Schlange zur Frau: »Nein, ihr werdet nicht sterben. **5** Gott weiß vielmehr: Sobald ihr davon esst, gehen euch die Augen auf; ihr werdet wie Gott und erkennt Gut und Böse.«		ihr nicht zu Engeln werdet oder zu denen gehört, die ewig leben.« **21** Und er schwor ihnen: »Ich bin zu euch einer von denen, die (euch) gut raten.« **22a** Er ließ sie durch Betörung abfallen.	

Auch im Falle der Verführung des Menschen zeigen Bibel und Koran bemerkenswerte Übereinstimmungen in der Grundaussage bei gleichzeitigen Differenzen im Detail: Während Sure 2,36 lediglich vom »Fehltritt« oder »Straucheln« des Menschen spricht, zu dem sie der Satan veranlasste, schildern Sure 7,20–22 und 20,120 wie Gen 3,1–5 ausführlicher den Versuch des Satans, den Menschen zu verführen, und zwar aus Neid. Im Gegensatz zu Gen 3 entwickelt sich in beiden Koranstellen jedoch kein wirkliches Zwiegespräch zwischen dem Menschen und Iblīs: Vielmehr flüstert dieser dem Menschen böse Gedanken ein, beschwatzt und betört ihn, indem er ihm Engelsgleichheit, Unsterblichkeit und ewige Herrschaft verspricht, die Gott ihm vorenthalten habe. Nach Gen 3,5 stellt die Schlange dem Menschen Gottgleichheit und die Erkenntnis von Gut und Böse in Aussicht. Schlange bzw. Satan, beides Geschöpfe Gottes, nehmen also in beiden Traditionen die Rolle des listigen Verführers ein (vgl. 1 Kön 22,21f.; Off 20,10), der das (Vertrauens-)Verhältnis des Menschen zu Gott stören, ja zerstören will.[16]

(4) Die Menschen übertreten das göttliche Gebot

Genesis 3,6	Sure 7,22b	Sure 20,121
6 Da sah die Frau, dass es köstlich wäre, von dem Baum zu essen, dass der Baum eine Augenweide war und dazu verlockte, klug zu werden. Sie nahm von seinen Früchten und aß; sie gab auch ihrem Mann, der bei ihr war, und auch er aß.	**22b** Und als sie dann von dem Baum gekostet hatten, ...	**121** Sie aßen beide davon, ... Adam war gegen seinen Herrn ungehorsam, und so irrte er ab.

Übereinstimmend zeichnen Bibel und Koran den Menschen als einen, der sich tatsächlich relativ leicht verführen lässt, ungehorsam, ja rebellisch wird und Gottes Gebot bewusst und willentlich übertritt, d.h. zum »Frevler« und Sünder wird (vgl. Sure 2,35; 7,23). Nachdem Sure 20,115 bereits von einer dem Menschen auferlegten Verpflichtung sprach, ist es der islamischen Exegese möglich, hier auch von einem Vertrags- oder »Bundesbruch« zu sprechen. Der Koran erwähnt dabei unterschiedslos beide Menschen, also Adam und seine Frau, während die Bibel (vgl. Sir 25,24; 2 Kor 11,3) und die spätere islamische Tradition – wohl unter jüdischem und christlichem Einfluss – eher die Frau belasten, die ihrerseits den Mann zur Übertretung des Gebots verführt. Dahinter steht eine gesellschaftliche Minderbewertung der Frau, was wiederum fatale Konsequenzen für die Auslegungsgeschichte dieser Stellen hatte, indem sie zur Legitimation der Marginalisierung der Frau dienten.

(5) Die gefallenen Menschen entdecken ihre Scham

Genesis 3,7	Sure 7,22b	Sure 20,121
7 Da gingen beiden die Augen auf, und sie erkannten, dass sie nackt waren. Sie hefteten Feigenblätter zusammen und machten sich einen Schurz.	**22b** ... wurde ihnen ihre Blöße offenbar, und sie begannen Blätter des Paradieses über sich zusammenzuheften.	**121** da wurde ihnen ihre Blöße offenbar, und sie begannen Blätter des Paradieses über sich zusammenzuheften.

Die Folge, die sich für das Verhältnis von Mann und Frau aus dieser Tat unmittelbar ergibt, wird in Gen 3,7 und Sure 7,22 bzw. 20,121 gleich geschildert: Es ist die Entdeckung ihrer Nacktheit, das erstmalige Gefühl der Scham, und der lächerlich erscheinende Versuch, die eigene Nacktheit vor dem anderen verbergen zu wollen. Nicht dass die Nacktheit und Geschlechtlichkeit in biblischer und koranischer Sicht etwas Böses an sich sei: Aber in der Abkehr von Gott wird für den Menschen eben alles, was vorher gut war, schlecht oder böse, erhält alles eine neue, nämlich negative Qualität. Das Erkennen des Nacktseins ist nicht, zumindest nicht primär, die Entdeckung der Sexualität, sondern das Erkennen der eigenen Geschöpflichkeit und Mangelhaftigkeit und das entstandene Schamgefühl ist »als äußeres Zeichen einer verborgenen Schuld« zu deuten.[17]

(6) Gott stellt die Menschen zur Rede

Genesis 3,8–14	Sure 7,22c–23
8 Als sie Gott, den Herrn, im Garten gegen den Tagwind einherschreiten hörten, versteckten sich Adam und seine Frau vor Gott, dem Herrn, unter den Bäumen des Gartens. 9 Gott, der Herr, rief Adam zu und sprach: »Wo bist du?« 10 Er antwortete: »Ich habe dich im Garten kommen hören; da geriet ich in Furcht, weil ich nackt bin, und versteckte mich.« 11 Darauf fragte er: »Wer hat dir gesagt, dass du nackt bist? Hast du von dem Baum gegessen, von dem zu essen ich dir verboten habe?« 12 Adam antwortete: »Die Frau, die du mir beigesellt hast, sie hat mir von dem Baum gegeben, und so habe ich gegessen.« 13 Gott, der Herr, sprach zu der Frau: »Was hast du da getan?« Die Frau antwortete: »Die Schlange hat mich verführt, und so habe ich gegessen.« 14 Da sprach Gott, der Herr, zur Schlange: Weil du das getan hast, bist du verflucht unter allem Vieh und allen Tieren des Feldes. Auf dem Bauch sollst du kriechen und Staub fressen alle Tage deines Lebens.	22c Und ihr Herr rief ihnen zu: »Habe ich euch nicht jenen Baum verboten und euch gesagt: ›Der Satan ist euch ein offenkundiger Feind?‹« 23 Sie sagten: »Unser Herr, wir haben uns selbst Unrecht getan. Und wenn Du uns nicht vergibst und dich unser erbarmst, werden wir bestimmt zu den Verlierern gehören.«

Gott stellt die Menschen zur Rede: Nach Gen 3,8 versuchen Adam und seine Frau zunächst, sich aus Angst vor Gott zu verstecken – eine Szene, die bereits die Störung, den Bruch der ursprünglichen Beziehung zwischen Mensch und Gott anzeigt; eine Szene, die im Koran selbst zwar fehlt, die die islamische Tradition aber kennt. Die anschließenden Dialoge zwischen Gott und den Menschen in Gen 3,9–13 und Sure 7,22–23 unterscheiden sich auffällig: Während im biblischen Bericht Mann und Frau versuchen ihre jeweils eigene Schuld von sich weg (der

Mann auf die Frau, die Frau auf die Schlange, damit letztlich beide Male auf Gott selbst als den Schöpfer) zu weisen, erkennen und bekennen die Menschen nach Sure 7,23 vor Gott ihren Ungehorsam und Frevel gegen ihn, der zugleich eine Selbstverfehlung war, und bitten schließlich um Vergebung und Erbarmen, was ihnen Gott tatsächlich gewährt.

Was Gott in der biblischen Erzählung durch sein Gespräch versucht, nämlich die Menschen zum Eingeständnis der Schuld und damit zur Umkehr und Bitte um Vergebung zu bewegen, gelingt also in koranischer Sicht und ist hier »heilsgeschichtlich notwendiger Bestandteil für die paradigmatische Abfolge des Urgeschehens«[18]. Im Gegensatz dazu wird etwas Spezifisches der biblischen Sicht vom Menschen deutlich: »Allzu leicht ist der Mensch geneigt, die Schuld auf die anderen und sogar auf Gott zu schieben, der nun einmal die Verhältnisse so sich hat entwickeln lassen, dass Schuld ein unentrinnbares Verhängnis zu sein scheint ... So verbauen sich die Menschen den Weg zu Umkehr und Vergebung und eröffnen selbst dem Verderben, dem auf der Sünde ruhenden Fluch, den Weg.«[19] Allerdings kennt die außerbiblische jüdische und christliche Literatur ebenfalls das Motiv der Buße Adams, worauf möglicherweise die koranische Version zurückgeht. Umgekehrt findet sich dann auch in der islamischen Tradition das biblische Motiv der Schuldabschiebung auf andere.

(7) Die Ankündigung einer dauernden Feindschaft zwischen Mensch und Satan und zwischen Mensch und Mensch

Genesis 3,15	Sure 2,36a	Sure 7,24	Sure 20,123
15 Feindschaft setze ich zwischen dich und die Frau, zwischen deinen Nachwuchs und ihren Nachwuchs. Er trifft dich am Kopf, und du triffst ihn an der Ferse.«	36a Die einen von euch sind Feinde der anderen.	24 Die einen von euch sind Feinde der anderen.	123 Die einen von euch sind Feinde der anderen.

Der Verfluchung der Schlange in Gen 3,14 entspricht im Koran keine besondere Bestrafung des Satans – er wurde ja bereits nach seinem Fall bestraft, indem er aus dem Himmel vertrieben wurde. Wohl aber kennt der Koran in allen drei Versionen die Ankündigung der Feindschaft zwischen den Menschen (Sure 2,36a; 7,24; 20,117.123), analog zu Gen 3,15 (vgl. Mt 13,25.39), wonach eine Feindschaft zwischen der Schlange und der Frau und ihren Nachkommen gesetzt wird. Damit ist in beiden Schriften die ständige Bedrohung des Menschen durch die Mächte des Bösen und des Unheils wie auch das Zerwürfnis der Geschöpfe untereinander angedeutet.

(8) Folgen des Sündenfalls für die Menschen

Genesis 3,16–24	Sure 2,36b–38	Sure 7,24–27	Sure 20,122–124
16 Zur Frau sprach er: »Viel Mühsal bereite ich dir, sooft du schwanger wirst! Unter Schmerzen gebierst du Kinder! Du hast Verlangen nach deinem Mann; er aber wird über dich herrschen.« **17** Zu Adam sprach er: »Weil du auf deine Frau gehört und von dem Baum gegessen hast, von dem zu essen ich dir verboten hatte: So ist verflucht der Ackerboden deinetwegen! Unter Mühsal wirst du von ihm essen alle Tage deines Lebens. **18** Dornen und Disteln lässt er dir wachsen, und die Pflanzen des Feldes musst du essen. **19** Im Schweiße deines Angesichts sollst du dein Brot essen, bis du zurückkehrst zum Ackerboden; von ihm bist du ja genommen. Denn Staub bist du, zum Staub musst du zurück.« ...	**36b** Und Wir sprachen: »Geht hinunter ... Ihr habt auf der Erde Aufenthalt und Nutznießung für eine Weile.« **37** Da nahm Adam von seinem Herrn Worte (der Umkehr) entgegen, so wandte Er sich ihm gnädig zu. Er ist der, der sich gnädig zuwendet, der Barmherzige. **38** Wir sprachen: »Geht von ihm alle hinunter. Wenn dann von Mir eine Rechtleitung zu euch kommt, dann haben diejenigen, die meiner Rechtleitung folgen, nichts zu befürchten, und sie werden nicht traurig sein.«	**24** Ihr habt auf der Erde Aufenthalt und Nutznießung auf eine Weile.« **25** Er sprach: »Auf ihr werdet ihr leben und auf ihr werdet ihr sterben, und aus ihr werdet ihr hervorgebracht werden.«	**122** Dann erwählte ihn sein Herr, und Er wandte sich ihm zu und leitete (ihn) recht. **123**: Er sprach: »Geht von ihm [dem Garten] hinunter. Die einen von euch sind Feinde der anderen. Wenn dann von mir eine Rechtleitung zu euch kommt, dann wird der, der meiner Rechtleitung folgt, nicht irregehen und nicht unglücklich sein. **124** Und der, der sich von meiner Ermahnung abwendet, wird ein beengtes Leben führen. Und am Tag der Auferstehung versammeln Wir ihn blind (zu den anderen).«
21 Gott, der Herr, machte Adam und seiner Frau Röcke aus Fellen und bekleidete sie damit.		**26** O Kinder Adams, Wir haben auf euch Kleidung hinabgesandt, dass die eure Blöße bedeckt, und auch Prunkgewän-	

Genesis 3,16–24	Sure 2,36b–38	Sure 7,24–27	Sure 20,122–124
22 Dann sprach Gott, der Herr: »Seht der Mensch ist geworden wie wir; er erkennt Gut und Böse. Dass er jetzt nicht die Hand ausstreckt, auch vom Baum des Lebens nimmt, davon isst und ewig lebt!« 23 Gott, der Herr, schickte ihn aus dem Garten von Eden weg, damit er den Ackerboden bestellte, von dem er genommen war. 24 Er vertrieb den Menschen und stellte östlich des Gartens von Eden die Kerubim auf und das lodernde Flammenschwert, damit sie den Weg zum Baum des Lebens bewachten.		der. Aber die Kleidung der Gottesfurcht, die ist besser. Das gehört zu den Zeichen Gottes, auf dass sie es bedenken. 27 O Kinder Adams, der Satan soll bloß nicht verführen, wie er eure Eltern aus dem Paradies vertrieben hat, indem er ihnen die Kleidung wegnahm, um sie ihre Blöße sehen zu lassen. Er sieht euch, er und seine Genossen, von wo ihr sie nicht seht. Wir haben die Satane denen zu Freunden gemacht, die nicht glauben.	

Theologisch bedeutsam ist nun, wie Bibel und Koran die Folgen des »Sündenfalls« für den Menschen schildern: Die Verse Gen 3,16ff. nennen eine Reihe von Bestimmungen, die zum Menschsein von Anfang an gehören wie Arbeit, Partnerschaft, Gebären, Tod, die aber im Zustand der inneren und äußeren Gottesferne zu Fluch und Strafe werden (sog. »Strafsprüche«, denen ätiologische Motive zugrunde liegen). Die Erzählungen von Kain und Abel, der Sintflut und des Turmbaus zu Babel schließen sich unmittelbar an den ersten Sündenfall an, um die möglichen Formen und die Ausweitung der menschlichen Sünde zu schildern. Das ursprüngliche Verhältnis zwischen Gott und Mensch ist durch die Sünde »zwar keineswegs aufgehoben, aber fundamental gestört«[20]. Gott wendet sich »erst« in den »Bundesschlüssen« mit Noach (Gen 9), Abraham (Gen 12;15) und Mose (Ex 24) wieder segensreich den Menschen zu, doch muss die Sündenfallerzählung eben im Kontext dieser Segensverheißungen und Offenbarungen und damit der universalen Heilsabsicht Gottes gelesen werden. Nach der paulinisch-christlichen Adam-Christus-Typologie dagegen wird »der erste Adam« und damit die Sünde erst durch den »zweiten« oder »letzten Adam«, Jesus Christus, definitiv überwunden (vgl. 1 Kor 15,44–49; Röm 5,12–21).

Auch der Koran kennt die Vertreibung der Stammeltern und damit der gesamten Menschheit aus dem Paradies (Sure 2,36; 7,24) – somit auch den überindividuellen Schuldzusammenhang –, doch gewährt Gott nach Sure 2,37f. und 20,122 den Menschen sogleich eine Verheißung und wendet sich dem Menschen wieder gnädig zu, indem er die Rechtleitung, d.h. die Offenbarung, ankündigt, die für den Gläubigen Heil bedeutet. Die Offenbarung wird also als Heilsangebot erst nach dem »Sündenfall« nötig: »Durch seine Sünde war Adam seiner ursprünglichen Gottesnähe verlustig gegangen und vom Himmel auf die Erde hinabgestürzt. Der Verlust der Gottesnähe wird durch die Umkehr Gottes und die Offenbarung einer Rechtleitung ausgeglichen, das Paradies als zukünftiges verheißen. Die absolute Gottesnähe bleibt aber verloren und wird durch die Rechtleitung in eine mittelbare gewandelt.«[21]

Der Koran kennt schließlich auch die Geschichte von Kain und Abel (Sure 5,27–32; vgl. Kap. 7.2) wie die Sintfluterzählung (z.B. Sure 11,25–49), doch bringt er diese nie in unmittelbaren Zusammenhang mit dem ersten Sündenfall.

Das universale Verstricktsein des Menschen in die Sünde: Das Problem der »Erbsünde«

Wie in der biblischen Sündenfallgeschichte, so ist auch im Koran die Vorstellung einer »Erbsünde« nicht zu finden. Die klassische Erbsündenlehre ist vielmehr ein theologisches Konstrukt, das wesentlich auf den Kirchenvater Augustinus zurückgeht und nach ihm die westliche Theologiegeschichte maßgeblich mitbestimmt hat. Kerngedanke der augustinischen Erbsündenlehre, die später auch von den Reformatoren aufgegriffen wurde, ist die Vorstellung, dass die gesamte Menschheit durch den als geschichtliches Ereignis verstandenen Sündenfall Adams und Evas sündig geworden sei, indem diese Ursünde durch die sündige Begierde beim Zeugungsakt weiter vererbt werde. Diese an ein bestimmtes Welt- und Menschenbild geknüpfte Vorstellung ist heute problematisch geworden und muss an die biblischen Grundaussagen rückgebunden und von daher korrigiert werden.

Will man die bleibende Kernaussage der klassischen Erbsündenlehre herausarbeiten, so muss man festhalten, dass jeder Mensch faktisch derart grundlegend in individuelle und strukturelle Sünde verstrickt ist, dass er selbst sich daraus nicht befreien kann, er also auf das vergebende, erlösende Handeln Gottes angewiesen ist. Soll der Begriff der Erbsünde von falschen und missverständlichen Konnotationen gereinigt und in verständliche und theologisch verantwortbare Sprache übersetzt werden, so könnte man heute von einer universalen und radikalen Sündenverfallenheit der Menschen sprechen, die sowohl die individuelle wie auch soziale und strukturelle Dimension umfasst.[22]

Aspekte der »Erbsünde«:

1. Sünde als *universales* Faktum: jeder Mensch wird zum Sünder (ausgenommen Jesus Christus).
2. Sünde als *radikales* Faktum: jeder Mensch bedarf der Vergebung und Hilfe Gottes.
3. Sünde als *individuelles, soziales und strukturelles* Faktum: Verstricktsein des Einzelnen in die Sünde der Welt.

So verstanden muss auch die bisherige christliche Behauptung überprüft werden, der Islam kenne die »Erbsünde« nicht, weshalb hier und damit auch im Heilsverständnis einer der zentralen Unterschiede, ja Gegensätze zwischen Christentum und Islam liegen würden. Bei genauerem Hinsehen jedoch kommen sich jüdisch-christliches und islamisches Verständnis von Sünde doch sehr nahe: Auch Koran und islamische Theologie gehen davon aus, dass faktisch jeder Mensch vor Gott zum Sünder wird und daher der Umkehr und Vergebung bedarf. Allein die Propheten, neben Muhammad also zum Beispiel auch Jesus und Maria, sind nach islamischer Tradition frei von Sünde, nicht aber durch eigene Leistung, sondern durch Gottes Gnade (»sola gratia«). Und schließlich sind sich Christentum und Islam auch in der Beschreibung des Wesens und der Wurzel der Sünde einig: Sünde ist nicht nur das Übertreten eines göttlichen Gebotes, sondern ist Verstoß gegen eine eingegangene Verpflichtung, einen Bund zwischen Gott und Mensch. Die größte Sünde aber ist in der Sicht beider Religionen der Unglaube und die hybride Selbstüberschätzung. Andererseits hat das Christentum die überindividuelle, d.h. die kollektive Dimension der Sünde und das unausweichliche Verstricktsein in sündhafte Strukturen (z.B. globale Umweltzerstörung, ungerechte Weltwirtschaftsstrukturen) stärker erkannt und betont als der Islam.

Weiterführende Literatur:

A. Bsteh/A. Th. Khoury (Hg.), Hören auf sein Wort. Der Mensch als Hörer des Wortes Gottes in christlicher und islamischer Überlieferung, Mödling 1992.

R. Leuze, Christentum und Islam, Göttingen 1994.

A. Renz, Der Mensch unter dem An-Spruch Gottes. Offenbarungsverständnis und Menschenbild des Islam im Urteil gegenwärtiger christlicher Theologie, Würzburg 2002.

Fazit

Zusammenfassend lässt sich festhalten, dass Bibel und Koran mit der sog. »Sündenfallgeschichte« eine paradigmatische Deutung der menschlichen Existenz bieten:

1. In der Sicht beider Heiligen Schriften wird der Mensch als ein moralisch anfälliges Wesen gezeichnet, das sich auf letztlich unerklärliche Weise, aber dennoch in freier Entscheidung und Verantwortung zum Verstoß gegen Gottes Gebot verleiten lässt.
2. Indem der Mensch damit seine geschöpfliche Grenze nicht anerkennt und überschreitet, verstößt er nicht nur gegen irgendein Gebot, sondern kehrt sich von Gott ab, zerstört so das ursprüngliche Verhältnis der unmittelbaren Nähe zwischen Schöpfer und Geschöpf und verfehlt damit letztlich das eigene Wesen wie die von Gott gewollte Bestimmung.
3. Bibel und Koran sind sich schließlich auch in der Überzeugung einig, dass faktisch jeder Mensch in seiner Existenz zum Sünder vor Gott wird (universaler Aspekt), dass der Einzelne dabei auch in strukturelle, d.h. überindividuelle Schuldzusammenhänge verstrickt ist (struktureller Aspekt) und dass schließlich der Mensch sich aus dieser Schuldverstrickung nicht aus eigener Kraft befreien kann (radikaler Aspekt).
4. Aus all diesen Gründen, so die Überzeugung beider Religionen, ist der Mensch unbedingt auf Gottes vergebende Barmherzigkeit und Hilfe angewiesen.
5. Zugleich bleibt zu beachten, dass in der christlichen Theologie die Aspekte der Radikalität und des überindividuellen Schuldzusammenhangs im Begriff der »Erbsünde« stärker betont werden und hier deshalb die Theologie der »Erlösung« stärker und anders bestimmt und akzentuiert ist als im Islam (vgl. Kap. 8.5).

7

BIBLISCHE ERZÄHLUNGEN UND PERSONEN IM KORAN

Judentum, Christentum und Islam sind »Buchreligionen«, die ihre Spiritualität wesentlich aus den Quellen ihrer Heiligen Schriften speisen (7.1). Der Koran hat zahlreiche biblische Überlieferungen aufgenommen, die beim direkten Vergleich jedoch oft markante Unterschiede aufweisen. Diese lassen sich zum Teil durch eigenständige Bearbeitung und Einfügung in das koranische Gesamtsystem erklären, zu einem anderen Teil auch dadurch, dass Muhammad keinen direkten Zugang zu biblischen Quellen hatte, wohl aber aus mündlichen und dabei vor allem außer- und nachbiblischen Traditionen des Judentums und Christentums schöpfen konnte. Dies wurde bereits bei der Synopse der Sündenfallerzählung deutlich (vgl. Kap. 6). Neben dieser begegnen – über den ganzen Koran verstreut – weitere Erzählungen aus der biblischen Urgeschichte, so z.B. der Brudermord (7.2). Außerdem spielen die Urgestalten Israels wie Abraham und seine Söhne Isaak und Ismael (7.3), Josef (7.4) und Mose (7.5) eine außerordentlich bedeutende Rolle im heilsgeschichtlichen Aufriss des Korans, während die großen Schriftpropheten wie Jesaja, Jeremia oder Amos überhaupt nicht vorkommen. Auch Jesus und seine Mutter Maria werden mehrfach erwähnt und gewürdigt (7.6).

7.1 »Heilige Schriften«: Kultur der Erinnerung

»Diese meine Worte sollt ihr auf euer Herz und auf eure Seele schreiben. ... Ihr sollt sie eure Söhne lehren, indem ihr von ihnen redet, wenn du zu Hause sitzt und wenn du auf der Straße gehst, wenn du dich schlafen legst und wenn du aufstehst.« So lautet die Aufforderung im Buch Deuteronomium an die erwachsenen Israeliten (Dtn 11,18–19), Gottes Wort im Herzen zu tragen und es von Generation zu Generation weiter zu erzählen, das war und ist die primäre und wichtigste Form der religiösen Sozialisation und der Traditionsbildung, auch und gerade in den sog. Schrift- oder Buchreligionen. Zuerst war das Wort und das Hören, dann erst folgten die Schrift und die Lesung. Heilige Schriften wie die Hebräische Bibel (Tenach), die christliche Bibel und der Koran sind nachträgliche Aufzeichnungen von Gesprochenem und Gehörtem: Gott spricht – und der Mensch hört. Dies sind die ursprünglichen und eigentlichen Vorgänge der Offenbarung in den prophetischen Religionen (vgl. Kap. 5).

Die Verschriftlichung dieser religiösen Erfahrungen dauerte im Falle der hebräischen Bibel mehr als ein halbes Jahrtausend, im Falle des Neuen oder Zweiten Testaments fast ein Jahrhundert und im Falle des Korans einige wenige Jahrzehnte. Auch danach waren die mündliche Weitergabe und laute Rezitation der heiligen Texte in der Liturgie vorherrschend, der verschriftlichte Text diente lediglich als Gedächtnisstütze. So sind die Heiligen Schriften Zeugnisse jahrhundertelanger religiöser Erfahrungen mit geschichtlichen Erinnerungen. Umgekehrt produzieren sie immer wieder neue religiöse Erfahrungen. Die Heiligen Schriften sind gleichsam die Rohre, welche die Gegenwart durch die Jahrhunderte und Jahrtausende hindurch mit der Quelle verbinden. Damit aber das Wasser des Lebens durch diese Rohre fließt, bedarf es der Glaubensgemeinschaft. Der Text allein nämlich ist noch keine Heilige Schrift. Zur Heiligen Schrift wird ein Text erst, wenn Menschen in ihm eine Offenbarung der göttlichen Wirklichkeit sehen und daraus leben.

Im Folgenden sollen einige Gestalten und Erzählungen, die sowohl in der Bibel als auch im Koran eine wichtige Rolle spielen, in einer ersten Hinführung dargestellt und miteinander verglichen werden (vgl. Synopse im Anhang, S. 285).

7.2 Die Erzählung vom Brudermord

Genesis 4,1–16	Sure 5,27–32
Adam erkannte Eva, seine Frau; sie wurde schwanger und gebar Kain. Da sagte sie: »Ich habe einen Mann vom Herrn erworben.« Sie gebar ein zweites Mal, nämlich Abel, seinen Bruder. Abel wurde Schafhirt und Kain Ackerbauer.	
Nach einiger Zeit brachte Kain dem Herrn ein Opfer von den Früchten des Feldes dar; auch Abel brachte eines dar von den Erstlingen seiner Herde und von ihrem Fett. Der Herr schaute auf Abel und sein Opfer, aber auf Kain und sein Opfer schaute er nicht.	Und verlies ihnen den Bericht über die zwei Söhne Adams der Wahrheit entsprechend. Als sie ein Opfer darbrachten. Es wurde von dem einen angenommen und von dem anderen nicht angenommen.
Da überlief es Kain ganz heiß, und sein Blick senkte sich. Der Herr sprach zu Kain: »Warum überläuft es dich heiß, und warum senkt sich dein Blick? Nicht wahr, wenn du recht tust, darfst du aufblicken; wenn du nicht recht tust, lauert an der Tür die Sünde als Dämon. Auf dich hat er es abgesehen, doch du werde Herr über ihn!«	Der sagte: »Ich schlage dich tot.« Er sagte: »Gott nimmt es an nur von den Gottesfürchtigen. Auch wenn du deine Hand nach mir ausstreckst, um mich zu töten, so werde ich meine Hand nicht nach dir ausstrecken, um dich zu töten. Ich fürchte Gott, den Herrn der Welten. Ich will, dass du meine Sünde und deine Sünde auf dich lädst und so zu den Gefährten des Feuers gehörst. Das ist die Vergeltung für die, die Unrecht tun.« Seine Seele machte ihn willig, seinen Bruder zu töten.
Hierauf sagte Kain zu seinem Bruder Abel: »Gehen wir aufs Feld!« Als sie auf dem Feld waren, griff Kain seinen Bruder Abel an und erschlug ihn. Da sprach der Herr zu Kain: »Wo ist dein Bruder Abel?« Er entgegnete: »Ich weiß es nicht. Bin ich der Hüter meines Bruders?« Der Herr sprach: »Was hast du getan? Das Blut deines Bruders schreit zu mir vom Ackerboden. So bist du verflucht, verbannt vom Ackerboden, der seinen Mund aufgesperrt hat, um aus deiner Hand das Blut deines Bruders aufzunehmen. Wenn du den Ackerboden bestellst, wird er dir keinen Ertrag mehr bringen. Rastlos und ruhelos wirst du auf der Erde sein.«	Er tötete ihn und wurde einer der Verlierer. Gott schickte einen Raben, der in der Erde scharrte, um ihm zu zeigen, wie er die Leiche seines Bruders bedecken könne. Er sagte: »Wehe mir! Bin ich nicht fähig, wie dieser Rabe zu sein und die Leiche meines Bruders zu bedecken?« So wurde er einer von denen, die bereuen.
Kain antwortete dem Herrn: »Zu groß ist meine Schuld, als dass ich sie tragen könnte. Du hast mich heute vom Ackerland verjagt, und ich muss mich vor deinem Angesicht verbergen; rastlos und ruhelos werde ich auf der Erde sein, und wer mich findet, wird mich erschlagen.«	Aus diesem Grund haben Wir den Kindern Israels vorgeschrieben: Wenn einer jemanden tötet, jedoch nicht wegen eines Mordes oder weil er auf der Erde Unheil stiftet, so ist es, als hätte er die Menschen alle getötet. Und wenn jemand ihn am Leben erhält, so ist es, als hätte er die Menschen alle am Leben erhalten. Unsere Gesandten kamen zu ihnen mit den deutlichen Zeichen. Aber viele von ihnen verhalten sich nach alledem maßlos auf der Erde.
Der Herr aber sprach zu ihm: »Darum soll jeder, der Kain erschlägt, siebenfacher Rache verfallen.« Darauf machte der Herr dem Kain ein Zeichen, damit ihn keiner erschlage, der ihn finde. Dann ging Kain vom Herrn weg und ließ sich im Land Nod nieder, östlich von Eden.	

Die *biblische Perikope* von den beiden Söhnen des »Urpaares« ist eine Fortsetzung der »Gartengeschichte« vom Sündenfall. Es geht auch hier um das Verhältnis der Menschen zueinander und zu Gott, es geht um das Gelingen und um die Gefährdung von Beziehung. Abel, der Zweitgeborene, steht in einer patriarchalen Gesellschafts- und Familienordnung hinter seinem älteren Bruder Kain. Gottes Aufmerksamkeit jedoch gilt auch und besonders dem Schwachen und Zurückgesetzten, weshalb er Abels Opfer annimmt und Kain an seine Verantwortung erinnert. In seinem Neid und Zorn ermordet Kain seinen Bruder und zerstört damit nicht nur die geschwisterliche Beziehung, sondern auch die Gottesbeziehung: »Die Beziehung Gott-Mensch heißt, dass wir leben als Menschen, die rechenschaftspflichtig sind über das Wohlergehen ihrer Geschwister«[1], ihrer Mitmenschen – dies ist die theologisch-moralische Pointe der biblischen Erzählung. Aber dies ist noch nicht alles: Jahwe nämlich zeigt sein Erbarmen für Kain dadurch, dass er ihn leben lässt und mit einem Zeichen vor Verfolgung schützt. Und Eva protestiert gegen die Tat Kains, indem sie an Abels Stelle einen anderen Nachkommen (Set) setzt (Gen 4,25), den Stammvater Abrahams – die Geschichte des ermordeten Abel geht also segensreich weiter.

Im *Koran* schließt sich die Erzählung vom Brudermord nicht an die Sündenfallerzählung an, sondern steht in anderem Kontext und somit auch in anderer Aussageabsicht: Gerahmt ist die koranische Erzählung nämlich durch die Geschichte von Mose und den Israeliten (Sure 5,20–26) und eine Aufzählung von Strafen für all jene, »die gegen Gott und seinen Gesandten Krieg führen« (5,33–34). Es fällt auf, dass die Namen Kain und Abel in der koranischen Version nicht genannt werden, vielmehr nur von »den beiden Söhnen Adams« die Rede ist. Erst die islamische Tradition kennt die beiden Namen Habīl und Qabīl für die beiden Brüder. Auch dass der eine Ackerbauer, der andere Hirte war, bleibt offensichtlich ohne Belang. Der Koran konzentriert sich vielmehr auf den Kern der Geschichte: Beide Brüder bringen Gott je ein Opfer dar, doch nur von einem wird das Opfer durch Gott angenommen. Während in der biblischen Überlieferung Gott auf Kains Verärgerung reagiert und ihn ermahnt, schildert der Koran ein Zwiegespräch der beiden Brüder: Auf seltsam offene Weise kündigt der eine an, dass er den anderen erschlagen will. Darauf reagiert der Bedrohte mit einer Erklärung und einem Bekenntnis zum Gewaltverzicht: Er erklärt die scheinbar ungerechte Behandlung durch Gott damit, dass nur Opfer von Gottesfürchtigen angenommen würden (vgl. 1 Joh 3,12; Hebr 11,4). Der andere ist demnach kein Gottesfürchtiger, wie sich letztlich auch an seinem mörderischen Plan erweist: Unglaube – tief verankert im Innersten des Menschen (vgl. Sure 5,30) – zieht Unheil nach sich. Wer Gott fürchtet, vergreift sich nicht am Leben anderer, weil Gott allein der Herr über das Leben ist.[2]

Der Koran unterstreicht dies noch durch die Wiedergabe einer aus der Mischna (jüdischer Kommentar zu Gen 4,10) bekannten Regel: Wer demnach jemanden ungerechtfertigt tötet, der lädt Schuld auf sich, als hätte er die gesamte Menschheit getötet. Wer dagegen ein Menschenleben erhält oder rettet, erhält oder rettet gleichsam die ganze Menschheit (Sure 5,32). Doch der Koran schiebt in dieses Gesetz zwei Ausnahmen vom Tötungsverbot: Mörder und Unheilstifter dürfen mit dem Tod bestraft werden. Damit bereitet Vers 32 auf den folgenden vor: »Die Vergeltung für die, die gegen Gott und seinen Gesandten Krieg führen und auf der Erde umherreisen, um Unheil zu stiften, soll dies sein, dass sie getötet oder gekreuzigt werden, oder dass ihnen Hände und Füße wechselseitig abgehackt werden, oder dass sie aus dem Land verbannt werden« (Sure 5,33). Die Brudermorderzählung im Koran erhält auf diese Weise eine zusätzliche Aussageabsicht im Vergleich zur biblischen Erzählung: Einerseits geht es auch hier um die *Begründung des Gewalt- und Tötungsverbotes*, andererseits wird festgestellt, dass es Fälle gibt (Mord, Unheilstiftung), in denen Tötung menschlichen Lebens legitim sein kann, um größeres Unheil zu verhindern (vgl. Kap. 9).

Noch eine Besonderheit enthält die koranische Version, die mit der koranischen Sündenfallgeschichte (vgl. Kap. 6), aber auch mit der jüdischen und christlichen Auslegungsgeschichte[3] der Brudermorderzählung verbindet: Wie Adam nach dem Sündenfall (vgl. Sure 7,23) so bereut auch der Brudermörder, nachdem er den Frevel seiner Tat und die Folge erkannt hat (Sure 5,29). Die moralpädagogische Intention beider Erzählungen liegt auf der Hand: Der Mensch hat zu Lebzeiten stets die Möglichkeit, durch Reue und Umkehr Gottes Vergebung zu erlangen und den Strafen zu entgehen, ganz gleich, wie groß das Vergehen war (vgl. Sure 5,34).

7.3 Abraham – Urbild des Glaubens

Aus biblischer Sicht ist Abraham der Stammvater Israels, von dem im Buch Genesis in den Kapiteln 11–25 erzählt wird. Mit Abraham hat Gott einen Bund geschlossen, dessen Zeichen die Beschneidung ist, und hat ihm reichen Segen (Land, Nachkommen) verheißen. Für das rabbinische Judentum ist Abraham der erste Jude, der treu die Gebote der Tora befolgte. Im Neuen Testament wird Abraham zum Leitbild des glaubenden Menschen (z.B. Röm 4; Hebr 11,8–19).

Nach Mose ist Abraham (arab. Ibrāhīm) diejenige biblische Gestalt, die am häufigsten (69-mal) im Koran erwähnt wird. An Abraham schildert der Koran beispielhaft den Weg von einem, der durch Naturbeobachtung zur Erkenntnis des einen Gottes gelangt und sich vom Götzendienst seines Vaters abwendet (vgl. Sure

6,74–83; 19,41–90; 21,51–71; 43,26–28)[4] und so zum »Vertrauten«, wörtlich zum »*Freund Gottes*« erwählt wurde (4,125; vgl. Jes 41,8). Die Quintessenz der Erzählungen ist, dass man sich auch gegen den Glauben und die Tradition der Eltern wenden muss, wenn deren Glaube falsch ist und man den wahren Gott erkannt hat (vgl. Sure 29,8; Apg 5,29). Dieses ist im Kontext einer Stammesgesellschaft, in der Familienbande über alles zählen, eine unerhört weit reichende, ja gefährliche Forderung. Sie kann den völligen Verlust des Schutzes durch die Familie bedeuten. Abraham und Muhammad haben sich in diese Schutzlosigkeit begeben, dafür aber göttlichen Schutz erhalten. Daran wird deutlich, dass sich in der koranischen Darstellung der Abrahamsgeschichte – wie auch der anderen biblischen Gestalten im Koran – die konkrete Situation Muhammads in Mekka, seine Auseinandersetzung mit den arabischen Polytheisten widerspiegelt.

In Sure 6,79 wird Abraham ein *Hanif* genannt, was so viel wie »Anhänger des reinen Glaubens« bedeutet: ein Monotheist also, der aber nicht Jude oder Christ ist. Abraham wird im Koran als Vertreter des reinen Urislam gezeichnet und damit zum Ur- und Vorbild des wahren Glaubens: »Abraham war weder Jude noch Christ, sondern er war Anhänger des reinen Glaubens, ein Gottergebener, und er gehörte nicht zu den Polytheisten« (Sure 3,67). An dieser Stelle wird bereits der Konflikt der drei Religionen offenbar, die sich jeweils auf Abraham beziehen: Es geht um die Frage, wer sich zu Recht auf Abraham beziehen kann und wer nicht. Die religiösen Traditionen nämlich zeigen, dass Judentum, Christentum und Islam Abraham jeweils lange Zeit exklusiv für sich vereinnahmt und sich jeweils als die wahren Nachkommen Abrahams verstanden haben. Die gemeinsame Bezugsperson wurde so zum Zankapfel der »Kinder Abrahams«.[5]

Gleich dreimal schildert der Koran jene Szene von Gen 18,1–16, wo Gäste Abrahams diesem trotz seines und seiner Frau hohen Alters einen Sohn ankündigen (vgl. Sure 11,69–73; 15,51–56; 51,24–30). Auch hier steht, wie in allen Passagen des Korans die Allmacht Gottes im Zentrum: Nichts ist bei Gott unmöglich, der Mensch soll sich ganz auf ihn verlassen, ihm bedingungslos vertrauen.

Die Vernichtung Sodoms und die Errettung Lots (vgl. Gen 18,17–19,29) wird im Koran ebenfalls mehrfach wiedergegeben (z.B. Sure 7,80–84; 26,160–175; 54,33–39) und wiederum auf die Situation Muhammads in Mekka hin gedeutet: Wie bei der Sintfluterzählung geht es hier um ein Strafgericht gegen Ungläubige (jedoch nicht universal, sondern auf eine Stadt bzw. bestimmte Gruppe beschränkt), während die Gerechten und Gottesfürchtigen gerettet werden.

Nur einmal wird im Koran Abrahams Opfer geschildert. Wie in Gen 22 geht es auch hier um die Erprobung und Bewährung des Glaubens Abrahams:

Die Bindung Isaaks: Genesis 22,1–18	Sure 37,99–113
Nach diesen Ereignissen stellte Gott Abraham auf die Probe. Er sprach zu ihm: »Abraham!« Er antwortete: »Hier bin ich.« Gott sprach: »Nimm deinen Sohn, deinen einzigen, den du liebst, Isaak, geh in das Land Morija, und bring ihn dort auf einem der Berge, den ich dir nenne, als Brandopfer dar.«	Er sagte: »Ich gehe zu meinem Herrn, Er wird mich rechtleiten. O mein Herr, schenk mir einen von den Rechtschaffenen.« Da verkündeten Wir ihm einen langmütigen Knaben.
Frühmorgens stand Abraham auf, sattelte seinen Esel, holte seine beiden Jungknechte und seinen Sohn Isaak, spaltete Holz zum Opfer und machte sich auf den Weg zu dem Ort, den ihm Gott genannt hatte. Als Abraham am dritten Tag aufblickte, sah er den Ort von weitem. Da sagte Abraham zu seinen Jungknechten: »Bleibt mit dem Esel hier! Ich will mit dem Knaben hingehen und anbeten; dann kommen wir zu euch zurück.«	
Abraham nahm das Holz für das Brandopfer und lud es seinem Sohn Isaak auf. Er selbst nahm das Feuer und das Messer in die Hand. So gingen beide miteinander. Nach einer Weile sagte Isaak zu seinem Vater Abraham: »Vater!« Er antwortete: »Ja, mein Sohn!« Dann sagte Isaak: »Hier ist Feuer und Holz. Wo aber ist das Lamm für das Brandopfer?« Abraham entgegnete: »Gott wird sich das Opferlamm aussuchen, mein Sohn.«	
Und beide gingen miteinander weiter. Als sie an den Ort kamen, den ihm Gott genannt hatte, baute Abraham den Altar, schichtete das Holz auf, fesselte seinen Sohn Isaak und legte ihn auf den Altar, oben auf das Holz. Schon streckte Abraham seine Hand aus und nahm das Messer, um seinen Sohn zu schlachten.	Als dieser das Alter erreichte, dass er mit ihm laufen konnte, sagte er: »Mein lieber Sohn, ich sehe im Schlaf, dass ich dich schlachte. Schau jetzt, was du meinst.« Er sagte: »O mein Vater, tu, was dir befohlen wird. Du wirst finden, so Gott will, dass ich zu den Standhaften gehöre.«
Da rief ihm der Engel des Herrn vom Himmel her zu: »Abraham, Abraham!« Er antwortete: »Hier bin ich.« Jener sprach: »Streck deine Hand nicht gegen den Knaben aus, und tu ihm nichts zuleide! Denn jetzt weiß ich, dass du Gott fürchtest; du hast mir deinen einzigen Sohn nicht vorenthalten.« Als Abraham aufschaute, sah er: Ein Widder hatte sich hinter ihm mit seinen Hörnern im Gestrüpp verfangen. Abraham ging hin, nahm den Widder und brachte ihn statt seines Sohnes als Brandopfer dar. ...	Als sie sich beide ergeben gezeigt hatten und er ihn auf die Stirn niedergeworfen hatte, da riefen Wir ihm zu: »O Abraham, du hast das Traumgesicht wahr gemacht.« So vergelten Wir den Rechtschaffenen. Das ist die offenkundige Prüfung. Und Wir lösten ihn mit einem großen Schlachtopfer aus.
Der Engel des Herrn rief Abraham zum zweiten Mal vom Himmel her zu und sprach: »Ich habe bei mir geschworen – Spruch des Herrn:	

Die Bindung Isaaks: Genesis 22,1–18	Sure 37,99–113
›Weil du das getan hast und deinen einzigen Sohn mir nicht vorenthalten hast, will ich dir Segen schenken in Fülle und deine Nachkommen zahlreich machen wie die Sterne am Himmel und den Sand am Meeresstrand. Deine Nachkommen sollen das Tor ihrer Feinde einnehmen. Segnen sollen sich mit deinen Nachkommen alle Völker der Erde, weil du auf meine Stimme gehört hast.‹«	Und Wir ließen seinen Ruf unter den späteren Generationen fortbestehen. Friede sei über Abraham! So vergelten Wir den Rechtschaffenen. Er gehört zu unseren gläubigen Dienern. Und Wir verkündeten ihm Isaak als einen Propheten von den Rechtschaffenen. Und Wir segneten ihn und Isaak. Unter ihren Nachkommen gibt es welche, die rechtschaffen sind, und welche, die sich selbst offenkundig Unrecht tun.

Abraham wird sowohl in der biblischen als auch in der koranischen Erzählung vom Opfer als ein völlig Gottergebener dargestellt: Ohne Zögern und Einwände macht sich Abraham daran, Gottes unbegreiflichen, ja schrecklichen Befehl auszuführen, seinen eigenen Sohn zu opfern. Im Koran wird darüber hinaus auch der Sohn Abrahams als einer gezeichnet, der sich ganz in den Willen Gottes ergibt. Die ganze Dramatik der Erzählung wird erst deutlich vor dem Hintergrund, dass Gott Abraham den Sohn geschenkt und an diesen die Segensverheißung geknüpft hat. Die koranische Erzählung – deutlich kürzer, fast schon paraphrasenhaft – erwähnt dies zwar nicht explizit, kann aber bei seinen Zuhörern die Kenntnis der biblischen Segensverheißung voraussetzen. Nachdem Abraham Gott seine Ergebung bewiesen und damit seine Glaubensprüfung bestanden hat, löst er den Sohn durch ein Opfertier aus und verheißt Abraham und seinen Nachkommen Segen. Allerdings – und dies ist das Charakteristische der koranischen Sicht der Heilsgeschichte – gibt es auch unter den Nachkommen Abrahams Frevler. Sie werden nicht teilhaben an der Segensverheißung, denn entscheidend ist nicht die leibliche, sondern die »geistige« Abrahamskindschaft. Hier zeichnet sich derselbe Konflikt ab, wie er im Johannesevangelium zwischen Jesus und seinen Widersachern berichtet wird (vgl. Joh 8,30–47).

Weil im Koran erst nach der Erzählung vom Opfer von der Verkündigung der Geburt Isaaks die Rede ist (Sure 37,112), hat die spätere islamische Tradition die Opfererzählung im Gegensatz zur Bibel nicht mit Isaak, sondern mit Ismael verbunden. Zugleich hat sie das Geschehen nicht auf den Berg Morija in Jerusalem, sondern auf den Felsen in Mina in der Nähe von Mekka verlegt und als Stiftung des islamischen Opferfestes während der Pilgerfahrt verstanden. Die Intention ist klar: Es soll eine direkte Verbindung zum Islam hergestellt werden, führen die Muslime den Propheten Muhammad doch genealogisch auf Ismael zurück.[6] Während Ismael, der Sohn der Sklavin Hagar, in der christlichen Auslegung nach Paulus (vgl. Gal 4,21–31) zum Symbol der Knechtschaft und im Mittelalter gar zur politischen Feindmetapher (»der Wildesel aus der Wüste«) wurde, erinnert die islamische Tradition zu Recht wieder an die biblische Segensverheißung, die auch an den Abrahamsohn Ismael erging (vgl. Gen 16,10f.; Sure 2,124).

Das biblische und koranische Bild der Abrahamfamilie bietet also verschiedenen Frauen, Söhnen und Völkern einen Raum des göttlichen Segens, ein »Haus Abrahams«, das ein Bethaus und ein Lernort ist, in dem es Nähe und Gemeinschaft genauso wie Konfliktpotentiale gibt.[7] In diesem Sinn kann Abraham tatsächlich Ausgangspunkt und Sinnbild des Dialogs zwischen Juden, Christen und Muslimen sein: »Abraham ist Israels Vermächtnis an die Völker der Welt. Denn in diesem Ur-Menschen aus Ur ist das Ur-Bild des Menschen von sich selbst aufbewahrt: Menschsein ist Auf-dem-Weg-Sein zu Gott, ist Exodus aus dem falschen Glauben, Auf-Bruch aus schicksalhaften Bedingungen im Vertrauen auf einen Gott, der Menschen in ein unbekanntes Land weist.«[8]

Weiterführende Literatur:

R.G. Kratz/T. Nagel (Hg.), »Abraham, unser Vater«. Die gemeinsamen Wurzeln von Judentum, Christentum und Islam, Göttingen 2003.

K.-J. Kuschel, Streit um Abraham. Was Juden, Christen und Muslime trennt – und was sie eint, Düsseldorf 2001.

7.4 Die Josefsgeschichte

Die Josefsgeschichte ist nicht nur ein herausragendes Stück biblischer Erzählkunst, sondern hat aufgrund ihrer Faszinationskraft auch die Weltliteratur (z.B. Thomas Mann) und bildende Kunst (z.B. Marc Chagall) tief beeinflusst. Umso bezeichnender ist es, dass der Josefserzählung im Koran eine ganze Sure, nämlich Sure 12, gewidmet ist. Es ist eine der wenigen zusammenhängend erzählten biblischen Geschichten im Koran, die aber gegenüber der Bibel (vgl. Gen 37–50) eine deutliche Straffung erfahren hat und etwas anders akzentuiert ist.

Beide Versionen zielen in pädagogischer Absicht darauf hin, Josef als Gott wohlgefälligen, als seinen gehorsamen und ergebenen Diener sowie als tugendhaftes Vorbild darzustellen. Besonders als Traumdeuter kennt er Gottes Willen und tut diesen den Menschen kund. Josef gehört in die Reihe der Propheten, die den Menschen Gottes Botschaft bringen.[9] Biblische und koranische Josefsgeschichte schildern weitgehend übereinstimmend einen Bruder- und Familienkonflikt, der sich bereits zu Beginn der beiden Erzählungen in den Träumen Josefs ankündigt. Die Bibel begründet den Konflikt damit, dass der Vater Jakob Josef am meisten liebte, »weil er ihm noch in hohem Alter geboren worden war« (Gen 37,3). Der Koran setzt nach einer kurzen Einführung in »die schönste Geschichte« (Sure 12,3) mit dem zweiten aus der Bibel bekannten Traum ein:

Der Traum Josefs: Genesis 37,9–11	Sure 12,4–6
Er [Josef] hatte noch einen anderen Traum. Er erzählte ihn seinen Brüdern und sagte: »Ich träumte noch einmal: Die Sonne, der Mond und elf Sterne verneigten sich vor mir.«	Als Josef zu seinem Vater sagte: »O mein Vater, ich sah elf Sterne und die Sonne und den Mond, ich sah sie vor mir niederfallen«.
Als er davon seinem Vater und seinen Brüdern erzählte, schalt ihn sein Vater und sagte zu ihm: »Was soll das, was du da geträumt hast? Sollen wir vielleicht, ich, deine Mutter und deine Brüder, kommen und uns vor dir zur Erde niederwerfen?« Seine Brüder waren eifersüchtig auf ihn, sein Vater aber vergaß die Sache nicht.	Er sagte: »O mein Sohn, erzähl von deinem Traumgesicht nicht deinen Brüdern, sonst werden sie eine List gegen dich ausführen. Der Satan ist den Menschen offenkundiger Feind. Und so wird dein Herr dich erwählen und dich etwas von der Deutung der Geschichten lehren und seine Gnade an dir und an der Sippe Jakobs vollenden, wie er sie vorher an seinen beiden Vätern Abraham und Isaak vollendet hat. Dein Herr weiß Bescheid und ist weise.«

In der Bibel und im Koran wird Josefs zweiter Traum strukturgleich erzählt. Nach der Bibel erzürnt sich sein Vater Jakob allerdings darüber; nach dem Koran dagegen erblickt Jakob in Josef den von Gott Erwählten und Begnadeten und erweist sich so selbst als Gottesmann. In beiden Erzählungen aber kommt die böse Absicht der Brüder Josefs zum Durchbruch: Vom Satan angestachelt (vgl. Sure 12,100) möchten sie Josef vertreiben oder gar umbringen, um vom Vater mehr geliebt zu werden (vgl. Sure 12,8–9). Nach beiden Versionen jedoch vereitelt einer der Brüder diese Absicht (vgl. Gen 37,21f.; Sure 12,10). Nachdem Josef in eine Zisterne geworfen und von einer Karawane mitgenommen wurde, gelangt er nach Ägypten. Die Brüder belügen ihren Vater, indem sie ihm von der angeblichen Tötung Josefs durch ein wildes Tier (vgl. Gen 37,33; Sure 12,17) erzählen.

In Ägypten muss der erwachsene Josef wegen seiner »Herrin« ins Gefängnis, die ihn zu Unrecht der Verführung beschuldigt. Josef deutet dort die Träume zweier Mithäftlinge und verkündet ihnen den einen Gott (vgl. Sure 12,40f.). Schließlich wird er vom Pharao angefordert, dessen Träume über die mageren und fetten Kühe bzw. über die verdörrten und die grünen Ähren zu deuten (vgl. Sure 12,46–49). Josef kann die Träume richtig deuten und auch seine Unschuld beweisen, sodass er zum Aufseher über ganz Ägypten erhoben wird (vgl. Sure 12,50–56). In all dem zeigt sich die gütige Vorsehung und Barmherzigkeit Gottes.

Im nächsten Abschnitt begegnet Josef wieder seinen Brüdern. Es kommt zu einer Wiedererkennung und schließlich zu einer Versöhnung zwischen Josef und seinen Brüdern. Deutlich streicht der Koran das Bild des barmherzigen Gottes heraus, nachdem die Brüder um Vergebung gebeten haben: »O unser Vater, bitte für uns um Vergebung unserer Sünden. Wir haben ja gesündigt« (Sure 12,97f.). Josefs Eltern aber werfen sich vor seinem Thron nieder, womit sich das Traumgesicht von früher erfüllte (vgl. Sure 12,100).

Wie in der Bibel so ist die Josefsgeschichte also auch im Koran ein »Versöhnungsgleichnis«, »eine Lehre für die Einsichtigen« (Sure 12,111): Gott hat die Wunden des Unrechts geheilt und so können auch die Menschen einander vergeben. Insgesamt wird im Koran die Rolle Josefs als Prophet und damit als Typos für Muhammad deutlich: »Er leidet Unrecht und Verfolgung, verkündet die Botschaft unter widrigsten Umständen, am Ende aber triumphiert er.«[10] Josef wird rechtschaffen, barmherzig und sich dem einen Gott hingebend dargestellt, und so endet die Geschichte mit einem Lobpreis Josefs auf den Schöpfergott: »Mein Herr, du hast mir etwas von der Königsherrschaft zukommen lassen und mich etwas von der Deutung der Geschichten gelehrt. Du Schöpfer der Himmel und der Erde, du bist mein Freund im Diesseits und im Jenseits. Berufe mich als gottergeben ab und stelle mich zu den Rechtschaffenen.« (Sure 12,101)

7.5 Mose – Urbild des Propheten

Mose ist für das Judentum wohl die wichtigste Gestalt der Heilsgeschichte: Ihm offenbarte sich Jahwe am Dornbusch (vgl. Ex 3), er führte mit Gottes Hilfe das Volk Israel aus der Knechtschaft Ägyptens (Exodus) in das gelobte Land, mit ihm schloss Gott den Bund am Sinai. Er gilt in der Bibel als Gottesknecht, Priester, Prophet und Gesetzgeber. Im Neuen Testament wird Jesus oft als ein Prophet wie Mose oder typologisch als neuer Mose dargestellt (Analogie: Sinai – Bergpredigt).

Mose (arab. Mūsā) ist diejenige biblische Gestalt, die im Koran am häufigsten (in etwa 40 Suren) erwähnt wird und zwar meist im Zusammenhang mit dessen Auseinandersetzung mit dem ägyptischen Pharao. In Sure 28 wird die Geschichte von Mose Geburt bis zur Rettung der Israeliten aus Ägypten erzählt. Die Berufung des Mose wird mehrfach wiedergegeben, in Sure 20 jedoch am Ausführlichsten:

Berufung des Mose: Exodus 3,1–6	**Sure 20,9–14**
Mose weidete die Schafe und Ziegen seines Schwiegervaters Jitro, des Priesters von Midian. Eines Tages trieb er das Vieh über die Steppe hinaus und kam zum Gottesberg Horeb. Dort erschien ihm der Engel des Herrn in einer Flamme, die aus einem Dornbusch emporschlug. Er schaute hin: Da brannte der Dornbusch und verbrannte doch nicht. Mose sagte: »Ich will dorthin gehen und mir die außergewöhnliche Erscheinung ansehen. Warum verbrennt der Dornbusch nicht?«	Ist denn die Geschichte von Mose zu dir gelangt? Als er ein Feuer sah und zu seinen Angehörigen sagte: »Bleibt hier. Ich habe ein Feuer wahrgenommen, vielleicht kann ich euch davon eine Fackel bringen oder beim Feuer eine Wegweisung finden.«
Als der Herr sah, dass Mose näher kam, um sich das anzusehen, rief Gott ihm aus dem Dornbusch zu: »Mose, Mose!« Er antwortete: »Hier bin ich.« Der Herr sagte: »Komm nicht näher heran! Leg deine Schuhe ab; denn der Ort, wo du stehst, ist heiliger Boden.« Dann fuhr er fort: »Ich bin der Gott deines Vaters, der Gott Abrahams, der Gott Isaaks und der Gott Jakobs.«	Als er dort ankam, wurde ihm zugerufen: »O Mose! Siehe, Ich bin dein Herr, so ziehe deine Sandalen aus. Du befindest dich ja im heiligen Tal Tuwa. Ja, Ich habe dich erwählt. So höre auf das, was offenbart wird. Siehe, Ich bin Gott. Es gibt keinen Gott außer Mir. So diene Mir und verrichte das Gebet zu meinem Gedächtnis.«
Da verhüllte Mose sein Gesicht; denn er fürchtete sich Gott anzuschauen.	

Wie auch sonst wird der biblische Stoff im Koran nur sehr knapp nacherzählt: Es ist hier lediglich von einem Feuer die Rede, nicht von einem brennenden Dornbusch. Gott offenbart sich an dieser Stelle der Feuererscheinung als der einzige Gott: »Ich bin Gott.« Mose wird von ihm zum Propheten und Gesandten erwählt, der den Israeliten eine Offenbarungsschrift, die Tora, bringen wird (vgl. Sure 19,51).

In Sure 26,10–51 wird das Auftreten von *Mose und Aaron vor dem ägyptischen Pharao* geschildert: Mose verkündet dem Pharao, der (im Koran) als Paradebeispiel eines Ungläubigen und der menschlichen Hybris dient, den einen wahren Gott und fordert die Freilassung der Kinder Israels. Als Beweis der Wahrheit seiner Botschaft und Gesandtschaft vollbringt Mose mit Gottes Hilfe ein Beglaubigungswunder (vgl. Sure 26,32) und gewinnt einen Wettstreit mit ägyptischen Zauberern (vgl. Sure 26,34–45). Nach Sure 10,90–92 wurden die Israeliten aus der ägyptischen Knechtschaft befreit und durch das Meer geführt, anders als in der biblischen Überlieferung bekehrt sich jedoch der Pharao kurz vor dem Ertrinken und wird so im letzten Augenblick gerettet. Die Aussageabsicht ist klar: Wer gegen Gott und seine Getreuen kämpft, wird untergehen, aber bis zum Schluss gibt es die Möglichkeit der Umkehr und damit der Rettung. Auch die Adressaten sind leicht auszumachen: Die ungläubigen und widerspenstigen Mekkaner, denen das sichere Strafgericht Gottes angedroht wird, wenn sie sich nicht zum wahren Herrn bekehren. Muhammad dagegen sieht seine Berufung und sein Schicksal in der Gestalt des Mose vorgezeichnet.

Schließlich kennt der Koran auch die *Offenbarung am Sinai*: Mose wünscht Gottes Angesicht zu sehen, doch der gibt sich nur indirekt zu erkennen, weil der Mensch dessen göttliche Wirklichkeit und Macht nicht zu fassen vermag. Auch weiß der Koran von der Übergabe der Gesetzestafeln an Mose, an die sich das Volk Israel halten soll. Der Inhalt der Tafeln jedoch wird an anderen Stellen des Koran in leicht veränderter Form wiedergegeben (vgl. Kap. 9):

Offenbarung am Sinai: Exodus 33,18–23; 24,12	**Sure 7,143–145**
Dann sagte Mose: »Lass mich doch deine Herrlichkeit sehen!« Der Herr gab zur Antwort: »Ich will meine ganze Schönheit vor dir vorüberziehen lassen und den Namen des Herrn vor dir ausrufen. Ich gewähre Gnade, wem ich will, und ich schenke Erbarmen, wem ich will.« Weiter sprach er: »Du kannst mein Angesicht nicht sehen; denn kein Mensch kann mich sehen und am Leben bleiben.« Dann sprach der Herr: »Hier, diese Stelle da! Stell dich an diesen Felsen! Wenn meine Herrlichkeit vorüberzieht, stelle ich dich in den Felsspalt und halte meine Hand über dich, bis ich vorüber bin. Dann ziehe ich meine Hand zurück, und du wirst meinen Rücken sehen. Mein Angesicht aber kann niemand sehen.«	Als Mose zu unserem Termin kam und sein Herr zu ihm sprach, sagte er: »Mein Herr, zeige (Dich) mir, dass ich zu Dir schaue.« Er sprach: »Du wirst Mich nicht sehen. Aber schau zu dem Berg. Wenn er an seiner Stelle festbleibt, wirst du Mich sehen.« Als sein Herr sich vor dem Berg enthüllte, machte Er ihn zu Staub, und Mose fiel zu Boden wie vom Blitz getroffen. Als er aufwachte, sagte er: »Preis sei Dir! Ich wende mich Dir zu, und ich bin der erste der Gläubigen.« Er sprach: »O Mose, Ich habe dich durch meine Botschaften und mein Gespräch (mit dir) vor den Menschen auserwählt. So nimm, was Ich dir zukommen lasse, und sei einer der Dankbaren.«
Der Herr sprach zu Mose: »Komm herauf zu mir auf den Berg, und bleib hier! Ich will dir die Steintafeln übergeben, die Weisung und die Gebote, die ich aufgeschrieben habe. Du sollst das Volk darin unterweisen.«	Und Wir schrieben ihm auf den Tafeln über alle Dinge, eine Ermahnung und eine ins einzelne gehende Darlegung aller Dinge. »So nimm sie mit voller Kraft und befiehl deinem Volk, sich an das Schönste in ihnen zu halten. Ich werde euch die Wohnstätte der Frevler zeigen.«

Mose gilt nach dem Koran also als ein Prophet und Gesandter, als Begnadeter und Diener Gottes. Er wird hier geradezu als Inbegriff eines Propheten vorgestellt, der unbeirrt die Botschaft vom einen Gott verkündet, eine Offenbarungsschrift bringt und mit Gottes Hilfe gegen seine Widersacher siegt: »Musas Sendung trägt demnach ganz den Stempel von Muhammads Sendung zu dessen eigenem Volk. Beide, sowohl Musa als auch Muhammad, warnen vor der Stunde des Gerichts und beide verkünden daher den Monotheismus, die Hingabe (*islām*) an den einen Gott.«[11] Für diese typologische Sicht spielen zentrale Aspekte der biblischen Moseerzählungen für den Koran kaum eine (z.B. Auszug aus Ägypten, Bundesschluss) oder gar keine Rolle (z.B. Mose als Stifter des Kultes und Priestertums, Auserwählung Israels): Mose und das Volk Israel werden stattdessen in die koranische Sicht der universalen Offenbarungs- und Heilsgeschichte eingeordnet, wonach Israel kein heilsgeschichtlicher Vorrang, sondern lediglich paradigmatische Bedeutung zukommt.

7.6 Jesus, der Sohn Marias

Wie die großen Gestalten Israels, Abraham, Isaak, Ismael, Josef und Mose, so spielen auch Jesus und seine Mutter Maria im Koran und damit im Islam eine ganz besondere Rolle (von den neutestamentlichen Personen werden noch Zacharias und Johannes der Täufer genannt). Jesus wird insgesamt 25-mal im Koran mit dem arabischen Namen ʻIsā, dabei oft mit dem Beinamen »Sohn Marias«, erwähnt. Daneben werden ihm im Koran eine Reihe von Titeln verliehen, die zwar der christlichen Terminologie entstammen, im koranischen Kontext jedoch spezifisch konnotiert sind. So wird Jesus »der Messias« genannt oder »Geist« und »Wort Gottes«. Was der Koran jedoch darunter versteht, wird erst deutlich, wenn man die »koranische Christologie« näher und im Kontext beleuchtet. Insgesamt lassen sich in Bezug auf Jesus fünf thematische Einheiten im Koran unterscheiden, die – noch weniger als die biblischen Evangelien – kein vollständiges Bild von Jesu Person und Leben bieten:

(1) Ankündigung der Geburt Jesu

Ähnlich wie in der lukanischen Kindheitsgeschichte enthält der Koran einen Bericht von der Ankündigung und Empfängnis Jesu. Das Handeln Gottes an Maria, der Mutter Jesu – übrigens die einzige Frau, die im Koran namentlich erwähnt und nach der sogar eine Sure (19) benannt ist –, steht dabei im Mittelpunkt.

Lukas 1,26–38	Sure 3,42–48
Im sechsten Monat wurde der Engel Gabriel von Gott in eine Stadt in Galiläa namens Nazaret zu einer Jungfrau gesandt. Sie war mit einem Mann namens Josef verlobt, der aus dem Haus David stammte. Der Name der Jungfrau war Maria. Der Engel trat bei ihr ein und sagte: »Sei gegrüßt, du Begnadete, der Herr ist mit dir.« Sie erschrak über die Anrede und überlegte, was dieser Gruß zu bedeuten habe. Da sagte der Engel zu ihr: »Fürchte dich nicht, Maria; denn du hast bei Gott Gnade gefunden. Du wirst ein Kind empfangen, einen Sohn wirst du gebären; dem sollst du den Namen Jesus geben. Er wird groß sein und Sohn des Höchsten genannt werden. Gott, der Herr, wird ihm den Thron seines Vaters David geben. Er wird über das Haus Jakob in Ewigkeit herrschen, und seine Herrschaft wird kein Ende haben.« Maria sagte zu dem Engel: »Wie soll das geschehen, da ich keinen Mann erkenne?« Der Engel antwortete ihr: »Der Heilige Geist wird über dich kommen, und die Kraft des Höchsten wird dich überschatten. Deshalb wird auch das Kind heilig und Sohn Gottes genannt werden. Auch Elisabet, deine Verwandte, hat noch in ihrem Alter einen Sohn empfangen; obwohl sie als unfruchtbar galt, ist sie jetzt schon im sechsten Monat. Denn für Gott ist nichts unmöglich.« Da sagte Maria: »Ich bin die Magd des Herrn; mit geschehe, wie du es gesagt hast.« Danach verließ sie der Engel.	Als die Engel sagten: »O Maria, Gott hat dich auserwählt und rein gemacht, und Er hat dich vor den Frauen der Weltenbewohner auserwählt. O Maria, sei deinem Herrn demütig ergeben, wirf dich nieder und verneige dich mit denen, die sich verneigen.« Dies gehört zu den Berichten über das Unsichtbare, die Wir dir offenbaren. Du warst ja nicht bei ihnen, als sie ihre Losstäbe warfen, wer von ihnen Maria betreuen solle. Und du warst nicht bei ihnen, als sie miteinander stritten. Als die Engel sagten: »O Maria, Gott verkündet dir ein Wort von Ihm, dessen Name Christus Jesus, der Sohn Marias, ist; er wird angesehen sein im Diesseits und Jenseits, und einer von denen, die in die Nähe (Gottes) zugelassen werden. Er wird zu den Menschen sprechen in der Wiege und als Erwachsener und einer der Rechtschaffenen sein.« Sie sagte: »Mein Herr, wie soll ich ein Kind bekommen, wo mich kein Mensch berührt hat?« Er sprach: »So ist es; Gott schafft, was Er will. Wenn Er eine Sache beschlossen hat, sagt Er zu ihr nur: Sei!, und sie ist.« Und Er wird ihn lehren das Buch, die Weisheit, die Tora und das Evangelium.

Ganz der christlichen Tradition entsprechend wird Maria in Sure 3,42 von den Engeln als von Gott Auserwählte und Reine bezeichnet. Demütige Ergebenheit in Gott zeichnet sie aus und macht sie würdig und fähig für das, was Gott mit ihr vorhat. Wie im biblischen Bericht verkündet ihr in einer Vision der Bote des Herrn – auch nach islamischer Tradition der Erzengel Gabriel –, dass sie einen lauteren, d.h. sündenfreien Sohn empfangen werde, »dessen Name Christus Jesus, der Sohn Marias« sein solle: »Er wird angesehen sein im Diesseits und Jenseits und einer von denen, die in die Nähe Gottes zugelassen werden« (Sure 3,45). Noch mehr: Er wird ein »Zeichen für die Menschen« sein, also ein Zeichen, das auf Gott verweist und ein Ausdruck der Barmherzigkeit Gottes ist (vgl. Sure 19,21).

Maria fragt erstaunt zurück, wie sie einen Sohn gebären soll, hat sie doch kein sexuelles Verhältnis zu einem Mann gehabt. Die Antwort des Engels verweist auf die uneingeschränkte, unmittelbare Schöpferkraft Gottes: »Gott schafft, was Er will. Wenn Er eine Sache beschlossen hat, sagt Er zu ihr nur: Sei!, und sie ist« (Sure 3,47). Wie in der biblischen Tradition, so wird auch im Koran wie in der späteren islamischen Tradition und Volksfrömmigkeit Maria als Jungfrau angesehen, d.h. Jesus ist – wie Adam – eine unmittelbare Schöpfung Gottes. Gemeinsam ist beiden Religionen darüber hinaus, dass Maria als Zeichen und Vorbild des Glaubens gesehen, ja sogar verehrt wird: An ihr wird Gottes Heilshandeln und die vom Menschen geforderte Antwort darauf exemplarisch sichtbar (vgl. Magnifikat: Lk 2,46–55).

Doch sind auch *Differenzen* zwischen christlichem und islamischem Verständnis Mariens unübersehbar, die mit der unterschiedlichen Sicht Jesu Christi zusammenhängen: Nach christlicher Überzeugung hat Maria nicht nur den Menschen Jesus, sondern auch den »Sohn Gottes« geboren, weshalb sie nach dem Konzil von Ephesus (431) auch »Gottesgebärerin« genannt werden darf – ein Begriff, der für muslimische Ohren geradezu gotteslästerlich klingt. Tatsächlich ist dieser Begriff höchst missverständlich, wenn nicht zwei Auslegungsregeln berücksichtigt werden: Erstens gilt wie in allen theologischen Aussagen und Begriffen auch hier, dass der Mensch nur in sehr unzulänglichen Bildern und im übertragenen Sinn von Gott und dem Heilsgeheimnis sprechen kann. Zweitens muss sich jede Verehrung Mariens stets daran messen lassen, inwieweit sie Gottes Einzigkeit, seine Allmacht und sein Gnadenhandeln an den Menschen deutlich macht. Jede Form von Marienverehrung (wie jede andere Form von Heiligenverehrung), die diese Wahrheit verdunkelt oder gar vergisst, ist theologisch nicht zu begründen.

(2) Geburt Jesu

Die Geburt Jesu wird in Sure 19,23–34 in einer Szene erzählt, die dem Bibelkenner befremdlich vorkommen muss, hat sie doch stark legendäre Züge. Jesus spricht bereits im Mutterleib oder als Neugeborener mit seiner Mutter und als sie nach dessen Geburt zu ihrem Volk zurückkehrt und mit Vorwürfen wegen des unehelichen Kindes konfrontiert wird, verteidigt der eben geborene Jesus seine Mutter und macht zugleich seine heilsgeschichtliche Rolle kund: Er ist ein Diener Gottes und ein Prophet (von Geburt an!), der eine Offenbarungsschrift überbringen wird. Der direkte Vergleich mit einem Abschnitt aus dem apokryphen Pseudo-Matthäusevangelium[12] legt nahe, dass im Umfeld Muhammads dieses Traditionsgut im Umlauf gewesen sein muss:

Pseudo-Mt 20,1	Sure 19,22–34
Am dritten Tag ihrer Reise (nach Ägypten), während sie weiterzogen, traf es sich, dass die selige Maria von der allzu großen Sonnenhitze in der Wüste müde wurde, und als sie einen Palmbaum sah, sprach sie zu Josef: »Ich möchte im Schatten dieses Baumes ein wenig ausruhen.« So führte Josef sie eilends zur Palme und ließ sie vom Lasttier herabsteigen. Als die selige Maria sich niedergelassen hatte, schaute sie zur Palmkrone hinauf und sah, dass sie voller Früchte hing. Da sprach sie zu Josef: »Ich wünschte, man könnte von diesen Früchten der Palme holen.« Josef aber entgegnete ihr: »Es wundert mich, dass du dies sagst; denn du siehst doch, wie hoch diese Palme ist, und (es wundert mich), dass du (auch nur) daran denkst, von den Palmfrüchten zu essen. Ich für meinen Teil denke eher an den Mangel an Wasser, das uns in den Schläuchen bereits ausgeht, und wir haben nichts, womit wir uns und die Lasttiere erfrischen können.«	So empfing sie [Maria] ihn [Jesus]. Und sie zog sich mit ihm zu einem entlegenen Ort zurück. Die Wehen ließen sie zum Stamm der Palme gehen. Sie sagte: »O wäre ich doch vorher gestorben und ganz und gar in Vergessenheit geraten!« Da rief er ihr von unten her zu: »Sei nicht betrübt. Dein Herr hat unter dir Wasser fließen lassen. Und schüttle den Stamm der Palme gegen dich, so lässt sie frische, reife Datteln auf dich herunterfallen. Dann iss und trink und sei frohen Mutes. Und wenn du jemanden von den Menschen siehst, dann sag: Ich habe dem Erbarmer ein Fasten gelobt, so werde ich heute mit keinem Menschen reden.« Dann kam sie mit ihm zu ihrem Volk, indem sie ihn trug. Sie sagten: »O Maria, du hast eine unerhörte Sache begangen. O Schwester Aarons, nicht war dein Vater ein schlechter Mann, und nicht war deine Mutter eine Hure.« Sie zeigte auf ihn. Sie sagten: »Wie können wir mit dem reden, der noch ein Kind in der Wiege ist?« Er sagte: »Ich bin der Diener Gottes. Er ließ mir das Buch zukommen und machte mich zu einem Propheten. Und Er machte mich gesegnet, wo immer ich bin. Und Er trug mir auf, das Gebet und die Abgabe (zu erfüllen), solange ich lebe, und pietätvoll gegen meine Mutter zu sein. Und Er machte mich nicht zu einem unglückseligen Gewaltherrscher. Und Friede sei über mir am Tag, da ich geboren wurde, und am Tag, da ich sterbe, und am Tag, da ich wieder zum Leben erweckt werde.« Das ist Jesus, der Sohn Marias. Es ist das Wort der Wahrheit, woran sie zweifeln.

Die Palme mit ihren reifen Früchten und das Wasser am Fuße der Palme sind im orientalischen Kontext Bilder für Fruchtbarkeit und Leben: Gott, so will diese Passage jeweils sagen, schenkt Maria alles Lebensnotwendige in seiner barmherzigen Fürsorge, und er wird jedem gegenüber so handeln, der sich auf ihn verlässt. Möglicherweise ist die Erzählung hier auch eine typologische Anspielung auf die Wassersuche Hagars und ihres Sohnes Ismael nach ihrer Verstoßung durch Sara (vgl. Gen 21,8–19).[13] Noch heute gedenken die Muslime bei ihrer Wallfahrt nach Mekka dieser Wassersuche Hagars, wenn sie siebenmal zwischen den beiden Hügeln as-Safa und al-Marwa nahe Mekka hin- und herlaufen und aus der heiligen Quelle Zamzam schöpfen, die der Knabe Ismael fand und die die Rettung brachte.

(3) Jesus als Prophet und Gesandter, nicht Sohn Gottes

Der Koran macht an mehreren Stellen unmissverständlich klar, dass Jesus ein Prophet und Gesandter Gottes ist, nicht mehr, aber auch nicht weniger. Nicht mehr, d.h. er ist trotz dieser heils- und offenbarungsgeschichtlichen Funktion nur ein Mensch, kein Gott, kein Gottmensch, auch nicht »Sohn Gottes«. Er ist ein Prophet wie die anderen Propheten von Abraham bis Mose (vgl. Sure 2,136; 42,13). Seine Aufgabe besteht darin, das Evangelium zu bringen, »das Rechtleitung und Licht enthält und das bestätigt, was von der Tora vor ihm vorhanden war, und als Rechtleitung und Ermahnung für die Gottesfürchtigen« (Sure 5,46, vgl. 2,136). Den Christen aber wird vorgeworfen, sie hätten die ursprüngliche Offenbarung und damit Jesu Botschaft verfälscht, indem sie Jesus zum Sohn Gottes erklärten und damit Gott etwas beigesellten – ein Verrat also am Monotheismus und damit die größte Sünde, die der Mensch begehen kann:

Sure 4,171

O ihr Leute des Buches, übertreibt nicht in eurer Religion und sagt über Gott nur die Wahrheit. Christus Jesus, der Sohn Marias, ist doch nur der Gesandte Gottes und sein Wort, das er zu Maria hinüberbrachte, und ein Geist von Ihm. So glaubt an Gott und seine Gesandten. Und sagt nicht Drei. Hört auf, das ist besser für euch. Gott ist doch ein einziger Gott. Gepriesen sei Er und erhaben darüber, dass Er ein Kind habe. Er hat, was in den Himmeln und was auf der Erde ist. Und Gott genügt als Sachwalter.

Sure 5,116–119

Und als Gott sprach: »O Jesus, Sohn Marias, warst du es, der zu den Menschen sagte: ›Nehmt euch neben Gott mich und meine Mutter zu Göttern?‹ « Er sagte: »Preis sei Dir! Es steht mir nicht zu, etwas zu sagen, wozu ich kein Recht habe. Hätte ich es gesagt, dann wüsstest Du es. Du weißt, was in meinem Inneren ist, ich aber weiß nicht, was in deinem Inneren ist. Du bist der, der die unsichtbaren Dinge alle weiß. Ich habe ihnen nichts anderes gesagt als das, was Du mir befohlen hast, nämlich: ›Dienet Gott, meinem Herrn und eurem Herrn.‹ Ich war Zeuge über sie, solange ich unter ihnen weilte. Als Du mich abberufen hast, warst Du der Wächter über sie. Und Du bist über alle Dinge Zeuge. Wenn Du sie peinigst, so sind sie deine Diener. Wenn Du ihnen vergibst, so bist Du der Mächtige, der Weise.« Gott sprach: »Das ist der Tag, an dem den Wahrhaftigen ihre Wahrhaftigkeit nützen wird. Bestimmt sind für sie Gärten, unter denen Bäche fließen, darin werden sie auf immer ewig weilen. Gott hat Wohlgefallen an ihnen, und sie haben Wohlgefallen an Ihm. Dies ist der großartige Erfolg.«

Zum richtigen Verständnis dieser Aussagen muss Folgendes beachtet werden: Der Koran wendet sich hier offensichtlich gegen Vorstellungen einer physisch verstandenen Zeugung und Sohnschaft in der Beziehung zwischen Gott und Jesus – Vorstellungen aus einer Götterwelt, wie sie im Alten Orient weit verbreitet waren. Es ist nicht auszuschließen, dass es zu Muhammads Zeiten auf der arabischen Halbinsel auch christliche Gruppierungen oder volksreligiöse Strömungen gab, die ein derartiges, aus dogmatischer Sicht falsches Verständnis vom Wesen Jesu und seiner Beziehung zu Gott hatten. Ob der Koran also das rechtgläubige christliche Verständnis vom Wesen Jesu erfasst hat, bleibt fraglich und wäre im Dialog mit Muslimen heute weiter zu klären (vgl. Kap. 8).

Es fällt auf, dass der Koran keine Gleichnisse im Munde Jesu wiedergibt. Es finden sich lediglich Anklänge an das Gleichnis vom Sämann (Sure 2,261; vgl. Mt 13,1–9), das Gleichnis vom reichen Mann und vom armen Lazarus (Sure 18,32ff.; vgl. Lk 16,19–31) sowie das Gleichnis von den törichten Jungfrauen (Sure 57,12–13; vgl. Mt 25,1–13). Auch das Zentrum der Predigt Jesu nach den neutestamentlichen Synoptikern, die Ankündigung der Gottesherrschaft, begegnet im Munde des koranischen Jesus nicht.

(4) Jesus als Wundertäter

Obgleich der Koran selbst Wunder als Beweis seiner Echtheit ablehnt, überliefert er im Zusammenhang mit Jesus Wundertaten, die zum Teil auf neutestamentliche Wunderberichte anspielen, zum Teil offensichtliche Parallelen zu apokryphen Erzählungen aufweisen.

Kindheitsevangelium des Thomas 2,1–2	Sure 5,110
Als das Jesuskind fünf Jahre alt war, spielte es an einer Furt. Das vorbeiströmende Wasser des Baches leitete es in Gräben und machte es sogleich klar; mit dem bloßen Wort gebot es ihm. Es bereitete sich weichen Lehm zu und formte daraus zwölf Sperlinge. Es war Sabbat, als es dies tat. ... Josef herrschte Jesus an: »Weshalb tust du am Sabbat, was man nicht tun darf?« Er aber klatschte in die Hände und schrie den Sperlingen zu: »Fort mit euch!« Die Sperlinge öffneten ihre Flügel und flogen mit Geschrei davon.[14]	Und als Gott sprach: »O Jesus, Sohn Marias, gedenke meiner Gnade zu dir und zu deiner Mutter, als Ich dich mit dem Geist der Heiligkeit stärkte, so dass du zu den Menschen in der Wiege und als Erwachsener sprachst; und als Ich dich das Buch, die Weisheit, die Tora und das Evangelium lehrte; und als du aus Ton etwas wie eine Vogelgestalt mit meiner Erlaubnis schufest und dann hineinbliesest und es mit meiner Erlaubnis zu einem Vogel wurde; und als du Blinde und Aussätzige mit meiner Erlaubnis heiltest und Tote mit meiner Erlaubnis herauskommen ließest; und als Ich die Kinder Israels von dir zurückhielt, als du mit den deutlichen Zeichen zu ihnen kamst, worauf diejenigen von ihnen, die ungläubig waren, sagten: ›Das ist nichts als eine offenkundige Zauberei.‹ «

Sure 5,110 spielt zunächst auf das sog. Wiegenwunder von Sure 19,30–33 an, wo Jesus als Kleinkind zu den Menschen spricht. Dieses Wunder wird wie alle Wundertaten, die durch Menschen geschehen, letztlich nicht dem eigenen Vermögen Jesu zugeschrieben, sondern Gott allein: Er hat ihn mit dem Geist der Heiligkeit gestärkt. Dies wird noch deutlicher in der an das apokryphe Thomasevangelium erinnernden Wundererzählung, wonach Jesus aus Ton geformte Vögel lebendig machte, indem er in sie hineinblies. Alles dies geschieht nur mit Gottes Erlaubnis und Macht.

Ganz auf neutestamentlichem Boden befindet sich der Koran dort, wo er von der Heilung von Blinden und Aussätzigen sowie von Totenerweckungen durch Jesus in göttlicher Vollmacht berichtet (vgl. Mk 1,40–42; 8,22–25, Lk 7,11–16). Eine weitere vom Koran geschilderte Wundertat Jesu (Sure 5,112–115) dagegen bereitet Schwierigkeiten bei der Deutung: Jesus lässt vom Himmel einen Tisch herabsenden, damit die Menschen zu essen haben. Die Ausleger streiten sich darum, ob es sich hier um eine Anspielung auf die wunderbare Brotvermehrung oder das letzte Abendmahl oder aber das Motiv vom Himmelsbrot, wie es in Ex 16, dem Manna- und Wachtelwunder, begegnet (vgl. Sure 5,112–116 mit Psalm 78,18–19.24; Joh 6,30–35), handeln könnte. In der typologischen Schriftauslegung der frühen Kirche jedenfalls wurden alle drei Ereignisse aufeinander bezogen.[15]

(5) Anfeindung und Rettung Jesu

Ein letzter Themenkomplex in Bezug auf Jesus im Islam betrifft dessen Lebensende und Wiederkunft. Der Koran weiß offensichtlich um die vom Neuen Testament berichtete Anfeindung und Verfolgung Jesu. Zur Erklärung für diese Tatsache bedient er sich des bereits aus der jüdisch-christlichen Tradition bekannten Topos vom Prophetenschicksal und sieht in all dem das Schicksal Muhammads selbst vorgezeichnet. Auf diesem Hintergrund der Verfolgung Muhammads ist auch das Schicksal Jesu nach dem Koran zu interpretieren. In Sure 4,157–158 wird das Geschehen um Jesu Lebensende wiedergegeben:

Sure 4,157–158

... und weil sie [die Leute des Buches, vgl. 4,153] sagten: »Wir haben Christus Jesus, den Sohn Marias, den Gesandten Gottes, getötet.« – Sie haben ihn aber nicht getötet, und sie haben ihn nicht gekreuzigt, sondern es erschien ihnen eine ihm ähnliche Gestalt. Diejenigen, die über ihn uneins sind, sind im Zweifel über ihn. Sie haben kein Wissen über ihn, außer dass sie Vermutungen folgen. Und sie haben ihn nicht mit Gewissheit getötet, sondern Gott hat ihn zu sich erhoben. Gott ist mächtig und weise.

Der Koran geht offensichtlich von dem Faktum aus, dass »die Leute der Schrift« – sind hier nur die Juden gemeint? – Jesus beseitigen wollten bzw. dass sie behaupteten, Jesus getötet zu haben. Dem Koran zufolge jedoch ist ihnen dies nicht gelungen, »sondern es erschien ihnen eine ihm ähnliche Gestalt« und »Gott hat ihn zu sich erhoben«.

Die islamischen und christlichen Auslegungen dieser Stelle sind zahllos und nicht auf einen Nenner zu bringen. Die Mehrheit der islamischen Koranexegeten jedenfalls nimmt an, dass zwar ein historisches Geschehen der Kreuzigung stattfand, dabei jedoch nicht Jesus gekreuzigt wurde, sondern jemand an seiner Stelle (z.B. Judas). Jesus dagegen sei durch unmittelbares Eingreifen Gottes vor diesem gewaltsamen Tod bewahrt und direkt in den Himmel erhoben worden. Nach islamischer Überzeugung ist Jesus also nicht gekreuzigt worden, weshalb es auch keinen die Sünden der Menschen hinwegnehmenden Opfertod Jesu geben kann – obgleich diese Thematik in der Koranstelle selbst gar nicht im Blick ist. Selbst wenn sich die koranische Aussage hier ursprünglich und in erster Linie nicht gegen christliche Glaubensüberzeugungen als vielmehr gegen (vermeintliche) jüdische Anmaßung richtet, sehen sowohl die islamische wie die christliche Theologie in diesem Punkt bis heute den zentralen Widerspruch beider Religionen. In der Tat lässt sich dieser Widerspruch nur schwerlich auflösen.

Die eigentliche Intention der Koranstelle zielt darauf ab, dass Gottes Propheten und Gesandte nicht zuschanden, sondern vor ihren Verfolgern durch Gottes unmittelbares Eingreifen gerettet werden: So erging es schon Noach, Abraham, Mose und eben auch Jesus – so wird es auch Muhammad ergehen.

(6) Wiederkunft Jesu in der islamischen Tradition

Mit diesen Aussagen ist die islamische Sicht Jesu jedoch noch nicht erschöpft: Die außerkoranische islamische Überlieferung nämlich enthält auch einige hundert Aussprüche und Erzählungen, die Jesus zugeschrieben werden und die das koranische Jesusbild inhaltlich ergänzen.[16] Dabei kann man zwei Textkorpora unterscheiden: Zum einen Überlieferungen in der Frömmigkeits- und asketisch-mystischen Literatur sowie in den sog. »Prophetenerzählungen«, in denen Jesus als moralisches Vorbild gezeichnet wird; zum anderen Überlieferungen in den verbindlichen Hadithsammlungen, in denen die eschatologische Rolle Jesu thematisiert wird. Nach dieser Tradition wird mit Berufung auf Sure 43,61 die Wiederkunft Jesu erwartet, welche das Gericht am Ende der Zeiten ankündigt:

> »Mit einer Lanze in der Hand wird er den einäugigen, lügnerischen Antichrist töten (von dem im Koran nicht die Rede ist). In Jerusalem wird Jesus am islamischen Morgengebet teilnehmen, ohne für sich die Rolle des Imams übernehmen zu wollen. Sodann wird Jesus die Schweine töten, die Kreuze zerbrechen, alle Synagogen und Kirchen zerstören und diejenigen Christen, die nicht (in rechter Weise) an ihn glauben, töten. Auch den falschen Messias wird Jesus töten, und es wird nur noch eine Religion geben: die des Islams. Jesus wird heiraten, Kinder zeugen und vierzig Jahre in Frieden und Gerechtigkeit regieren, die auch die Tierwelt miteinbezieht. ... Schließlich wird Jesus sterben und in Medina neben Muhammad feierlich bestattet werden.«[17]

In diesem Vorstellungskomplex zeigen sich erneut die spezifischen Kennzeichen der beiden Religionen und die Problematik des christlich-islamischen Verhältnisses: Einerseits greifen islamische Traditionen christliche Inhalte auf wie die messianische Erwartung der Wiederkunft Christi, seines endzeitlichen Kampfes gegen den Antichristen und seiner endzeitlichen Herrschaft; andererseits funktionieren sie dieses aufgenommene Material gegen das Christentum und die Christen um, indem Jesus als Zeuge gegen diese und für die alleinige Gültigkeit des Islam in Anspruch genommen wird. Allerdings sind diese Traditionen hinsichtlich ihrer Authentizität innerislamisch umstritten.[18]

Ist ein christlich-muslimischer Dialog über Jesus Christus möglich?

Dem Christentum ist die Sicht von Jesus als einem Propheten keineswegs fremd (vgl. z.B. Lk 24,13–35). Eine frühe, vorösterliche christologische Perspektive, die im Neuen Testament durchscheint, sah in Jesus den endzeitlichen Propheten und auch noch das Judenchristentum, das sich in bestimmten Gebieten des Vorderen Orients einige Jahrhunderte, wohl auch bis in die Zeit Muhammads hinein erhalten konnte, im Westen dagegen schnell vom Heidenchristentum verdrängt wurde, hatte eine stark prophetisch geprägte Christologie.

Die Begegnung und Auseinandersetzung mit dem Islam und seiner Sicht von Jesus kann der christlichen Theologie und dem christlichen Glauben helfen, diese fast verlorene prophetische Dimension der Christologie wieder zu entdecken und damit die christliche Glaubenserfahrung zu bereichern. Sie kann gerade heute vielen Christen einen neuen Zugang zur Person Jesu eröffnen, weil sie eine »Christologie von unten« ist, d.h. eine Christologie, die beim Menschen Jesus ansetzt. Umgekehrt kann das Verständnis Jesu als Propheten ein Ansatzpunkt für das christlich-muslimische Gespräch über Jesus sein.

Zugleich wird im Vergleich zur koranischen und islamischen Christologie der unaufgebbare spezifische Gehalt der nachösterlichen christlichen Christologie deutlich: Jesus Christus war nach christlichem Glauben zwar auch ein Prophet, aber er war doch mehr als ein Prophet, er war der Messias, der Christus[19] (vgl. z.B. Mk 8,27–29): In ihm begegnete den Menschen Gott selbst in einer unvergleichlichen Art und Weise, sodass die ersten Christen für ihn sog. Hoheitstitel verwendeten, die diese unmittelbare Gottesgegenwart in Person und Werk Jesu Christi zum Ausdruck bringen sollten. Jesus übermittelte eine frohe Botschaft, die Botschaft vom angebrochenen Reich Gottes – aber er selbst war und ist Teil dieser Botschaft, weil mit ihm die Gottesherrschaft angebrochen ist. Für den christlichen Glauben ist schließlich konstitutiv, dass Jesus Christus gekreuzigt, gestorben und begraben und am dritten Tage von den Toten auferweckt wurde. Er wird nach christlicher Überzeugung als Messias wiederkommen und nicht nur über die Christen, sondern über alle Menschen zu Gericht sitzen.

Zusammenfassend lässt sich also festhalten:

1. Der Koran zeichnet Jesus als einen Menschen, der jedoch – wie andere Propheten und Gesandte vor ihm und wie zuletzt Muhammad – eine besondere Auszeichnung und Aufgabe erhalten hat: Er war ein Diener Gottes, der den einen wahren Gott verkündete und eine Offenbarungsschrift, das Evangelium, als Rechtleitung gebracht hat. In diesem Sinne ist Jesus auch für die Muslime »ein Zeichen der Barmherzigkeit Gottes«.
2. Die Christen werden vom Koran aufgefordert, an die von Jesus verkündete Botschaft zu glauben und danach zu handeln. Sie begehen nach islamischer Überzeugung jedoch eine Übertretung und verstoßen gegen Jesu Intention, wenn sie ihn über das Menschliche hinausheben und Gott gleichstellen.
3. Der Koran versetzt alles, was er über und von Jesus bezeugt, in eine stärker theozentrische Perspektive: Nicht der Prophet und Gesandte steht eigentlich im Vordergrund, sondern allein Gott. Der Prophet ist lediglich Mittler, Vermittler einer Botschaft, das Sprachrohr, nicht aber die Botschaft selbst.
4. Einig sind sich Neues Testament und Koran darin, dass bestimmte Kreise aus dem damaligen Judentum Jesus beseitigen wollten. Dabei kommt es für die heutige Diskussion gerade im Dialog mit dem Judentum darauf an, zu erkennen, dass die eigentliche historische Schuld am Tode Jesu die römische Besatzungsmacht und einige jüdische Kreise, nicht aber das jüdische Volk als Ganzes trifft (vgl. Nostra aetate, 4).
5. Einig sind sich Neues Testament und Koran auch darin, dass das historische Ereignis einer Kreuzigung stattgefunden hat. Uneins sind sie sich dagegen in der Frage, wer gekreuzigt wurde: Für den christlichen Glauben gehört es zum unaufgebbaren Zentrum des Glaubens, dass Jesus Christus tatsächlich gekreuzigt worden ist und zwar zum Heil aller Menschen.
6. Einig sind sich Neues Testament und Koran wiederum darin, dass die Menschen letztlich keine Macht über Gottes geliebte Diener haben und Gott rettend eingreift.
7. Schließlich ist für den christlichen Glauben konstitutiv, dass Gottes rettendes Handeln darin besteht, dass er Jesus Christus bereits von den Toten auferweckt hat, der damit uns allen vorangegangen ist, während nach islamischer Überzeugung Jesus wie alle anderen Verstorbenen am Tag des Gerichts auferweckt werden wird.
8. Wenn auch Christen und Muslime die Wiederkunft und Herrschaft Jesu am Ende der Zeit erwarten, so haben die Christen doch die Hoffnung, dass sein Gericht über sie nicht so ausfällt, wie die islamische Tradition behauptet. Es geht nicht darum, wer am Ende als Sieger dasteht: Christen und Muslime bleiben vielmehr gemeinsam auf den Glauben und auf die Hoffnung angewiesen, dass Gottes Barmherzigkeit gegenüber allen Menschen am Ende größer sein wird als sein Zorn.

Weiterführende Literatur:

M. Bauschke, Jesus im Koran, Köln u.a. 2001.

H. Busse, Die theologischen Beziehungen des Islam zu Judentum und Christentum, Darmstadt 1988.

J. Guilka, Bibel und Koran. Was sie verbindet, was sie trennt, Freiburg/Basel/Wien 2004.

T. Khalidi, Der muslimische Jesus. Aussprüche Jesu in der arabischen Literatur, Düsseldorf 2002.

G. Risse, »Gott ist Christus, der Sohn der Maria«. Eine Studie zum Christusbild im Koran, Bonn 1989.

A. Schimmel, Jesus und Maria in der islamischen Mystik, München 1996.

H. Speyer, Die biblischen Erzählungen im Qoran, Hildesheim [3]1988.

J.-D. Thyen, Bibel und Koran. Eine Synopse gemeinsamer Überlieferungen, Köln u.a. 2000.

Fazit

1. Die zahlreichen biblischen Stoffe, die im Koran aufgenommen worden sind, haben hier ihre eigene theologische Prägung und zum Teil eine eigene Aussageabsicht erhalten. Dieses Faktum ist in der bisherigen jüdischen und christlichen Koranauslegung eher im Sinne einer Verfälschung biblischen Materials disqualifiziert worden.

2. Mit einer solchen rein traditionsgeschichtlichen Kritik jedoch wird man dem Charakter heiliger Schriften und dem Sinn religiöser Traditionsbildung nicht gerecht. Selbst innerhalb der Bibel, besonders im Verhältnis von Erstem und Zweitem Testament, kann man sehr häufig eine eigenständige Verarbeitung, eine »Relecture« vorgegebener Stoffe erleben. Dies ist insofern legitim, als die eigentliche Sinnspitze religiöser Texte weniger auf der historischen Ebene liegt als vielmehr auf der religiösen Deutung menschlicher Existenz und Erfahrungen. Der Koran könnte für Christen in diesem Sinne als ein erzählender Kommentar (Midrasch) zur biblischen und nachbiblischen Tradition verstanden werden.

3. Ziel einer interreligiösen Hermeneutik ist, diese zum Teil unterschiedlichen religiösen Sinnsysteme, wie sie uns in den Heiligen Schriften und Traditionen der Religionen begegnen, miteinander ins Gespräch zu bringen und dabei möglicherweise immer wieder neue Perspektiven auf das menschliche Leben im Horizont Gottes zu eröffnen.

8

GLAUBE UND GLAUBENSBEKENNTNIS BEI CHRISTEN UND MUSLIMEN

Kapitel 8 vergleicht die zentralen Glaubensinhalte von Christentum und Islam miteinander. Dabei fallen das gemeinsame Verständnis von Glauben als Vertrauen und Hingabe (8.1) an den einen Gott (8.2) auf, aber auch die unterschiedlichen Vorstellungen bezüglich des Verhältnisses von Gott und Jesus Christus (8.3). Der christliche Trinitätsglaube ist seit jeher mit vielen Missverständnissen seitens der Muslime, aber auch der Christen selbst behaftet, die es auszuräumen gilt, ohne dabei seinen Kerngehalt aufzugeben (8.4). Von zentraler Bedeutung ist das Heils- und Erlösungsverständnis, das christlich durch Person und Werk Jesu Christi gefüllt ist (8.5). In diesem Zusammenhang spielen auch die jeweiligen Glaubensgemeinschaften, Kirche und Umma, eine unentbehrliche Rolle als Traditionsvermittlerinnen (8.6). Schließlich hängen mit dem Heilsverständnis die eschatologischen Vorstellungen engstens zusammen, welche in Christentum und Islam große Parallelen aufweisen (8.7).

<table>
<tr><th colspan="2">Synopse der Glaubensbekenntnisse</th></tr>
<tr><th>Glaubensbekenntnis von Nizäa-Konstantinopel</th><th>Islamisches Glaubensbekenntnis (shahada)</th></tr>
<tr><td rowspan="3">»Wir glauben an den einen Gott,
den Vater, den Allmächtigen
der alles geschaffen hat, Himmel und Erde,
die sichtbare und die unsichtbare Welt.
Und an den einen Herrn Jesus Christus,
Gottes eingeborenen Sohn,
aus dem Vater geboren vor aller Zeit:
Gott von Gott, Licht vom Licht,
wahrer Gott vom wahren Gott,
gezeugt, nicht geschaffen,
eines Wesens mit dem Vater;
durch ihn ist alles geschaffen.
Für uns Menschen und zu unserem Heil
ist er vom Himmel gekommen,
hat Fleisch angenommen durch den Heiligen Geist
von der Jungfrau Maria und ist Mensch geworden.
Er wurde für uns gekreuzigt unter Pontius Pilatus,
hat gelitten und ist begraben worden,
ist am dritten Tage auferstanden nach der Schrift
und aufgefahren in den Himmel.
Er sitzt zur Rechten des Vaters
und wird wiederkommen in Herrlichkeit,
zu richten die Lebenden und die Toten;
seiner Herrschaft wird kein Ende sein.
Wir glauben an den Heiligen Geist,
der Herr ist und lebendig macht,
der aus dem Vater und dem Sohn hervorgeht,
der mit dem Vater und dem Sohn angebetet und verherrlicht wird,
der gesprochen hat durch die Propheten,
und die eine, heilige, katholische und apostolische Kirche.
Wir bekennen die eine Taufe zur Vergebung der Sünden.
Wir erwarten die Auferstehung der Toten
und das Leben der kommenden Welt.«</td><td>»Ich bezeuge:
Es gibt keinen Gott außer Gott und
Muhammad ist der Gesandte Gottes.«</td></tr>
<tr><th>Islamische Glaubensartikel (al-aqida)</th></tr>
<tr><td>Glaube an:
- Einheit und Einzigkeit Gottes (taukid)
- die Engel
- die von Gott geoffenbarten Schriften
- die Gesandten Gottes
- den Jüngsten Tag
- das Vorauswissen/die Allmacht Gottes</td></tr>
</table>

8.1 »Ich glaube ...« – ein Akt des Vertrauens und der Hingabe

Glaube ist der zentrale Begriff, mit dem die Beziehung des religiösen Menschen gegenüber Gott im Judentum, Christentum und Islam zum Ausdruck gebracht wird, weshalb man alle drei Religionen auch als »Glaubensreligionen« bezeichnen könnte. Das christliche Glaubensbekenntnis beginnt mit den Worten »Ich glaube«/»Wir glauben«, das islamische mit den Worten »Ich bezeuge«. Beide Male ist derselbe Akt gemeint, nämlich das Überzeugt-Sein von etwas, und zwar von der Zuverlässigkeit, Vertrauenswürdigkeit und Treue Gottes gegenüber den Menschen. Glaube im Sinne von *Vertrauen* ist damit die entsprechende Antwort des Menschen auf die von Gott zuerst erwiesene Treue und seine Offenbarung in der Geschichte.

Im Hebräischen wird sowohl die Treue wie das Vertrauen mit Worten der Wurzel *amn* wiedergegeben, wovon die bestätigende Formel »Amen« kommt, die auch das islamische Gebet beendet. Das im Islam verwendete Wort für Glauben *īmān* stammt von derselben semitischen Wurzel. Glaube ist nach dem Verständnis der drei abrahamitischen Religionen also nicht ein bloßes Meinen oder Vermuten, vielmehr ein Überzeugt-Sein, ja das Bezeugen einer Gotteserfahrung.

Damit ist Glaube mehr als ein Akt des Für-wahr-Haltens (Dass-Glaube), auch wenn diese kognitive Dimension immer auch einen konstitutiven Aspekt des Glaubens darstellt. Glaube ist vielmehr eine ganzheitliche Haltung, eine die ganze menschliche Person, also Herz, Wille und Verstand ergreifende Beziehung zu Gott (Du-Glaube). Man kann diese Haltung und Beziehung zu Gott auch mit dem Begriff der bedingungslosen *Hingabe* oder Ergebung ausdrücken, was die wörtliche Übersetzung von »Islam« ist. In diesem Sinne können sich durchaus auch Christen und Juden als »Muslime« verstehen, als sich Gott Hingebende, wie bereits Goethe sagte: »Wenn Islam Ergebung in Gottes Willen heißt, im Islam leben und sterben wir alle« (vgl. Kap. 3).

Inhaltlich jedoch gibt es nicht nur fundamentale Gemeinsamkeiten, sondern auch signifikante Unterschiede zwischen den Religionen, wie im weiteren Vergleich der jeweiligen Glaubensbekenntnisse deutlich wird.

8.2 »... an den einen Gott« – Wesen und Eigenschaften des einen Gottes

Judentum, Christentum und Islam sind ihrem Selbstverständnis nach monotheistische Religionen, d.h. sie verkünden die Existenz des einen wahren Gottes. Über die *Einzigkeit und Einheit Gottes* hinaus kennen und bekennen Juden, Christen und Muslime eine Vielzahl von Eigenschaften Gottes, die sowohl sein inneres Wesen (Wesenseigenschaften) als auch sein aus dem Wesen resultierendes Handeln am Menschen (Handlungseigenschaften) beschreiben. Auch wenn Gottes inneres Wesen letztlich dem Menschen verborgen bleibt, weil Gott der Transzendente, Absolute, ganz Andere, eben Geheimnis ist, haben die Menschen Gottes Gegenwart und Handeln, seine Immanenz, im Laufe der Geschichte erfahren, was sich in den Heiligen Schriften niedergeschlagen hat. Stellt man eine Liste der wichtigsten Eigenschaften Gottes nach biblischem Verständnis der Liste der sog. »99 schönsten Namen Gottes« nach islamischer Tradition gegenüber, so werden die fundamentalen Gemeinsamkeiten in der Sicht Gottes deutlich.

Diese schönsten Namen begegnen allesamt im Koran selbst, der dazu anregt, Gott mit diesen Namen im Gebet anzurufen:

»Gott gehören die schönsten Namen. So ruft Ihn damit an und lasst die stehen, die über seine Namen abwegig denken« (Sure 7,180; vgl. 17,110).[1]

Die Häufigkeit der Nennung der einzelnen Namen im Koran macht deutlich, dass zum einen die absolute *Allmacht* des Schöpfergottes, zum anderen seine unendliche *Barmherzigkeit* und Güte im Zentrum stehen – ganz in Übereinstimmung mit dem biblischen Gottesverständnis.

Neben der Einzigkeit und Einheit Gottes bekennen die Muslime, dass »Muhammad der Gesandte Gottes« ist. Im christlichen Credo sind im Vergleich dazu der Glaube an den dreieinigen Gott sowie weitere grundlegende Glaubensinhalte formuliert. Wenn auch nicht als Bestandteil des Glaubensbekenntnisses, so kennt natürlich auch der Islam weitere, fest zu glaubende Inhalte, die in den sog. Glaubensartikeln (*al-ʻaqīda*)[3] festgehalten sind: Glaube an die Existenz der Engel, an die Propheten und Gesandten im Laufe der Menschheitsgeschichte, an die Heiligen Schriften, die diese zum Teil den Völkern brachten, an die Auferstehung und das Gericht und schließlich an die Vorherbestimmung, die jedoch nicht als Fatalismus, sondern im Sinne der Allmacht Gottes verstanden werden muss, welche die Freiheit des Menschen nicht aufhebt.

Die 99 schönsten Namen Gottes nach islamischer Tradition (nach Tirmidhi)

Ägypten, nach einer älteren Vorlage, um 2000

Der, außer dem es keinen Gott gibt, der Erbarmer, der Barmherzige, der Herrscher, der Heilige, das Heil, der Treue, der Beschützer, der Mächtige, der Allmächtige, der Überragende, der Schöpfer, der Bildner, der Former, der Verzeiher, der Bezwinger, der Schenker, der Ernährer, der Öffner, der Allwissende, der Ergreifende, der Freigebige, der Erniedrigende, der Erhebende, der Ehrende, der Demütigende, der Hörende, der Sehende, der Befehlende, der Gerechte, der Gütige, der Kundige, der Sanftmütige, der Erhabene, der Nachsichtige, der Danknehmende, der Hohe, der Große, der Bewahrer, der Ernährer, der Abrechnende, der Große, der Edelmütige, der Beobachtende, der Erhörende, der Ausgedehnte, der Weise, der Liebende, der Ruhmreiche, der Aussendende, der Bezeugende, der Wahre, der Verlässliche, der Starke, der Feste, der Lehrer, der Lobenswerte, der Anrechner, der Anfangende, der Helfer, der Erwecker, der sterben lässt, der Lebendige, der Unveränderliche, der Wirkliche, der Berühmte, der Alleinige, der Ewige, der Mächtige, der Vermögende, der Vorwärtsschreitende, der Zurücksehende, der Erste, der Letzte, der Offenbare, der Verborgene, der Herrscher, der alles Überragende, der Tugendreiche, der zum Guten Führende, der Rächer, der Verzeihende, der Wohlwollende, der König der Könige, der Große und Edelmütige, der Gerechte, der Versammler, der Reiche, der Bereichernde, der Hindernde, der Schädliche, der Nützliche, das Licht, der Führer, der Erfinder, der Bleibende, der Beerbende, der Gerade, der Geduldige.[2]

8.3 Gott – »Vater«? Jesus Christus – »Sohn Gottes«? Maria – »Mutter Gottes«?

Wenn Christen im Credo Gott als den »Allmächtigen, den Schöpfer des Himmels und der Erde« bekennen, dann sprechen sie Eigenschaften an, die auch im Islam im Zentrum des Gottesverständnisses stehen. Gott als »Vater« anzusprechen fällt Muslimen dagegen schwer, und viele lehnen es explizit ab. Dahinter steht die durchaus ernst zu nehmende Sorge um ein anthropomorphes Gottesbild und ein biologisches (Miss-)Verständnis, vor allem wenn Jesus Christus außerdem als der »Sohn Gottes« bezeichnet und von Maria als der »Mutter Gottes« gesprochen wird. Mehrere Stellen des Korans lehnen diese Rede ab und beschuldigen die Christen der sog. »Beigesellung«:

»O ihr Leute des Buches, übertreibt nicht in eurer Religion und sagt über Gott nur die Wahrheit. Christus Jesus, der Sohn Marias, ist doch nur der Gesandte Gottes und sein Wort, das er zu Maria hinüberbrachte und ein Geist von Ihm. So glaubt an Gott und seine Gesandten und sagt nicht drei. Hört auf, das ist besser für euch. Gott ist doch ein einziger Gott. Gepriesen sei er und erhaben darüber, dass er ein Kind habe« (Sure 4,171).

Und in Sure 112 heißt es:

»Sprich, Gott ist einer.
Ein ewig Reiner.
Hat nicht gezeugt und Ihn gezeugt hat keiner.
Und nicht Ihm gleich ist einer.«[4]

Der Koran will hier ganz offensichtlich mythologische Vorstellungen abwehren, wonach Gott mit einer Göttin einen leiblichen Sohn gezeugt habe. Dieses physisch-biologische Verständnis stellt dem christlichen Glauben nach natürlich ein Missverständnis dar. Es ist aber auch nicht auszuschließen, dass es zur Zeit und in der Umgebung Muhammads derartige Vorstellungen unter bestimmten christlichen Gruppierungen gab. Wenn dies tatsächlich der Fall war, dann stellt die Kritik des Korans eine berechtigte Kritik dar, die aber eben konkrete heterodoxe christliche Glaubensrichtungen betrifft, nicht die »orthodoxe« christliche Lehre.

Im Dialog zwischen Christen und Muslimen müssen die Christen daher stets klarstellen, dass die Bezeichnung Gottes als »Vater« und Jesu Christi als »Sohn Gottes« im übertragenen, metaphorischen Sinn zu verstehen ist, so wie jedes menschliche Sprechen von Gott, jede Theologie und jedes Bekenntnis analog und metaphorisch zu verstehen ist. Das heißt, wir können über Gott auf Grund seiner Selbstoffenbarung bestimmte Aussagen machen, aber diese Aussagen sind grundsätzlich und unausweichlich unzulänglich, um Gottes Wesen gänzlich zu erfassen:

- *Analoge Gottesrede* heißt: Unsere auf Offenbarung gründenden Aussagen über Gott haben eine gewisse Ähnlichkeit mit der Wirklichkeit Gottes, aber die Unähnlichkeit ist stets größer.
- *Metaphorische Gottesrede* heißt: Wir können von Gott nur reden, indem wir Begriffe aus unserer Erfahrungswelt auf Gott und sein Verhältnis zu uns übertragen.

Die Begriffe »Vater« und »Sohn« in Bezug auf Gott und Jesus Christus sind solche analog-metaphorischen Begriffe. Sie sagen aus, dass Jesus Christus in einer ganz besonders engen, letztlich einzigartigen und unüberbietbaren Beziehung zu Gott steht, dass er ganz von Gottes Wirklichkeit durchdrungen ist: Er ist der »Gott entsprechende Mensch« (E. Jüngel). Indem wir Menschen durch Jesus in diese Beziehung zu Gott hineingenommen sind, sind wir »Söhne und Töchter«, also »Kinder Gottes« und ist Gott der »Vater aller Menschen«. Die »Väterlichkeit« Gottes steht hier für die liebende Zuwendung Gottes zu den Menschen und darf daher nicht patriarchalisch ausgelegt werden. Gott zeigt nämlich auch eine Vielzahl an weiblich-mütterlichen Eigenschaften. Hier gilt das eben Gesagte: Gott ist letztlich weder männlich noch weiblich, vielmehr übersteigt er geschlechtliche Kategorien.

Wenn auch die Muslime weiterhin Zurückhaltung gegenüber dieser Terminologie üben, so können sie doch Verständnis für die dahinter stehende Sache aufbringen, vor allem wenn ihnen bewusst wird, dass auch sie letztlich nur in Bildern von Gott sprechen können. Damit freilich ist der theologische Streit über das Wesen Jesu Christi und das, was die Christen Trinität nennen, noch nicht gelöst.

8.4 Trinität: Dreieinigkeit oder Dreigötterlehre?

Der zentrale Vorwurf des Islam gegen die (oder bestimmte) Christen lautet, sie hätten Gott jemanden beigesellt und damit den Monotheismus verraten, indem sie Jesus Christus und vielleicht auch noch seine Mutter Maria vergöttlichten:

> »Ungläubig sind diejenigen, die sagen: ›Gott ist der Dritte von dreien‹, wo es doch keinen Gott gibt außer einem einzigen Gott« (Sure 5, 73).[5]

Selbstkritisch müssen die Christinnen und Christen sich immer wieder hinterfragen und prüfen (lassen), ob sie mit ihren religiösen Vorstellungen und Praktiken die Botschaft von dem einen Gott bewahrt haben. Die theologische Schwierigkeit liegt darin, dass das christliche Dogma in einer Zeit und Sprache formuliert worden ist, die heutigen Menschen – nicht nur Andersgläubigen, sondern auch den Christen selbst – nur noch schwer zugänglich und verständlich ist. Philosophisch-theologische Fachbegriffe in Bezug auf die Trinität wie »Natur«, »Wesen«, »Person«, ganz zu schweigen von »Hypostasen«, »Hauchung«, »Zeugung« usw. führen ohne Erklärung und ohne Übersetzung in die moderne Erfahrungs- und Sprachwelt zwangsläufig zu Missverständnissen und theologisch mindestens fragwürdigen Vorstellungen.

Die Gefahr des Personbegriffs in Bezug auf die göttliche Trinität liegt darin, dass seine Bedeutung heute im Zuge des modernen Subjektdenkens mit Selbstständigkeit verbunden wird und man sich Trinität dann als drei individuelle, voneinander unabhängige Willens- und Aktzentren vorstellt. Nicht ganz unberechtigt hat deshalb der große katholische Theologe des 20. Jahrhunderts, Karl Rahner, vor einem »Kryptotritheismus«, d.h. vor einer verborgenen oder schleichenden Dreigötterlehre in der christlichen Theologie und Glaubenspraxis gewarnt.[6] Zum anderen steht von der Kunstgeschichte her eine Dreifaltigkeitsvorstellung im Hintergrund, die ebenfalls einem Dreigötterglauben Vorschub leistet: So zum Beispiel die berühmte Dreifaltigkeitsikone des Andrej Rubljow[7] aus dem 15. Jahrhundert. Sie stellt die drei himmlischen Gäste bei der Eiche von Mamre dar, die von Abraham gastfreundlich aufgenommen wurden und ihm Nachkommenschaft verhießen. In der christlichen Auslegung wurden diese Gäste als die drei göttlichen Personen gedeutet.

Demgegenüber muss die christliche Theologie sowohl in Predigt und Katechese wie im Dialog mit Juden und Muslimen klar machen, dass das Christentum eine monotheistische Religion ist, sein will und bleiben muss, will es sich auf Jesus Christus berufen. In diesem Sinne wäre es angemessener, heute davon zu sprechen, dass Gott *eine* Person ist, die sich dem Menschen in *zweifacher Weise zuwendet*: geschichtlich in Jesus Christus und universal im Heiligen Geist.[8] Jesus Christus und der Heilige Geist sind »die beiden Hände Gottes« (Irenäus von Lyon), mit denen er in der Geschichte an und in den Menschen zu deren Heil handelt.

Die christliche Theologie und Verkündigung muss zugleich verständlich machen, dass die Trinitätslehre ein durchaus legitimer, ja vielleicht theologisch notwendiger Versuch war und ist, das Verhältnis zwischen der historischen Person Jesus von Nazaret, Gott dem Schöpfer und dem universal wirkenden Geist Gottes, von dem auch das Erste Testament und der Koran reden, zu klären. Die ersten Christen haben Jesus von Nazaret als den Sohn Gottes, den Messias, den Herrn (Kyrios) erkannt und bekannt und mit weiteren aus der Zeit und Umwelt stammenden Hoheitstiteln angesprochen, weil sie spürten, dass Gott selbst in dieser Person, in seinem Leben, in seiner Botschaft und in seinem Handeln ganz und gar gegenwärtig und erfahrbar wurde. Am deutlichsten wird dies wohl am Messias-

oder Christustitel (»der Gesalbte«): Gesalbt wurden in der Frühzeit Israels Könige, Priester und Propheten, in der Zeit Jesu dagegen nur mehr die Kultgegenstände des Tempels.[9] In allen Fällen aber wurde durch den Vorgang der Salbung die heilige Gegenwart Gottes, die Geistmitteilung zum Ausdruck gebracht – so wie heute noch Christen zu bestimmten Anlässen wie Taufe, Firmung, Priester- und Bischofsweihe oder schwerer Krankheit gesalbt werden und dadurch den Geist Gottes sinnenhaft erfahren.

Indem die ersten Christen nun diesen Titel auf Jesus übertrugen, brachten sie die aus ihrer Begegnung mit Jesus erwachsene Erfahrung und Überzeugung zum Ausdruck, dass Gott in ihm gegenwärtig ist, Jesus ganz aus Gott heraus lebt. Nach Jesu Tod, vor allem aber nach seiner Auferstehung jedoch erlebten die Jünger, dass die Gegenwart Gottes und damit auch die Gegenwart Jesu Christi nicht aufhörte. Diese bleibende Gegenwart Gottes und Jesu Christi nannten sie »Heiligen Geist«. Die christliche Trinitätslehre versucht diese ursprüngliche Glaubenserfahrung in theologische Begrifflichkeit und Systematik zu bringen: die Transzendenz Gottes mit seiner Immanenz, d.h. seiner Gegenwart in der Welt und im Menschen zusammenzudenken – es ist der Versuch, »Offenbarung« zu denken und in Sprache zu bringen. Freilich ist dieser theologische Versuch ein Ergebnis jahrhundertelangen Glaubens, Denkens und auch kirchenpolitischen Ringens.[10] Diese geschichtliche Entwicklung zeigt, dass »auch andere Möglichkeiten für die asymptotische Aussage des Gemeinten bestanden hätten«.[11]

Nun besteht die Aufgabe darin, die von der Kirche überlieferte Sprachgestalt immer wieder neu in verständliche Sprache zu übersetzen. Ostkirchliche Theologen des Mittelalters, die im Dialog mit Muslimen standen, benutzten zum Beispiel das Bild von der Sonne, um ihnen den Sinn des christlichen Gottesglaubens deutlich zu machen: Sie verglichen Gott Vater, den Schöpfer, mit der am Himmel stehenden Sonne; die Sonne hat auf die Menschen zwei erfahrbare Auswirkungen, nämlich Licht, das mit Jesus Christus verglichen werden könnte, und Wärme, die mit dem Heiligen Geist verglichen werden könnte.[12] Beide Wirkweisen sind voneinander und von der Quelle zu unterscheiden und doch nichts anderes als die Quelle selbst. Genau dies will die traditionelle christliche Glaubensaussage vom »einen Gott in drei Personen« aussagen.

Der Theologe Georg Kraus versucht, den Trinitätsglauben mit folgender Kurzformel verständlich zu machen:

Interpersonale, existenzielle Kurzformel des Trinitätsglaubens	
Der Vater als Gott *über* mir	• Transzendenz Gottes als Schöpfer und Herr • Fürsorglichkeit Gottes als zärtlicher Abba
Der Sohn als Gott *neben* mir	• volles Menschsein des Sohnes Gottes in Jesus: Bruder neben den Menschen • bleibende Nähe des auferstandenen Jesus: hilfreich begleitender Bruder
Der Heilige Geist als Gott *in* mir	• Gegenwart Gottes in den Herzen der Menschen • Licht und Kraft Gottes im Inneren der Menschen
Aus: Georg Kraus, Gott als Wirklichkeit. Grundriss zur Dogmatik, Frankfurt 1994, 336.	

Judentum und Islam stehen als monotheistische Offenbarungsreligionen im Grunde vor demselben theologischen Problem, wie ein sich offenbarender und zugleich transzendenter Gott gedacht werden kann. Sie haben dabei nicht jene Schlussfolgerungen gezogen wie das Christentum, aber doch ähnliche Ansätze entwickelt. So ist es islamisches Dogma, dass der Koran als Wort Gottes präexistent ist, d.h. seit jeher bei Gott existierte (vgl. Johannesprolog). Weiterhin gilt im sunnitischen Islam die Überzeugung, dass der Koran seinem Inhalt nach ungeschaffen, seiner konkreten irdischen Form nach dagegen geschaffen ist – hier könnte man eine Analogie zur christologischen Zwei-Naturenlehre entdecken, wonach Jesus Christus ganz Mensch und zugleich voll göttlicher Natur gewesen ist. Zu beachten ist dagegen, dass die christliche Rede von den drei göttlichen »Personen« oder Seinsweisen nicht den »Namen« oder »Eigenschaften Gottes« im Islam (z.B. Allmacht, Barmherzigkeit etc.) entspricht: Diese Namen beschreiben das Wesen Gottes, das ja nach christlicher Überzeugung allen drei göttlichen »Personen« zu Eigen ist.[13]

Wichtig ist, dass Muslime (und Juden) zugestehen und akzeptieren lernen, dass die Christen sich als Monotheisten verstehen, wenn auch der christliche Monotheismus unbestreitbar anders geprägt ist. Während man im Falle des christlichen Glaubens eben von einem *trinitarischen Monotheismus* sprechen kann, könnte man im Falle von Judentum und Islam von einem *unitarischen Monotheismus* sprechen.[14] Christen dagegen sollten lernen und zugestehen, dass ein unitarischer Monotheismus keineswegs ein monolithisches, starres Gottesbild implizieren muss, wie dies christliche Theologie immer wieder behauptet[15]: Auch für Juden und Muslime ist Gott nicht ein einsamer Gott, der aus der Einsamkeit heraus Welt und Mensch als Gegenüber erschafft, vielmehr handelt er allein aus Liebe.

Juden, Christen und Muslime sollten die sich ihnen gleichermaßen stellenden theologischen Probleme künftig gemeinsam weiter reflektieren und sich dabei wechselseitig kritisch anfragen, aber auch durch die in ihren jeweiligen Traditionen enthaltenen Lösungsansätze bereichern. Sie sollten sich jedoch auch immer wieder bewusst machen und gegenseitig daran erinnern, dass alle theologische Begrifflichkeit das Geheimnis Gottes nicht erfassen kann und letztlich nur die Doxologie, d.h. der Lobpreis und die Anbetung Gottes, Berechtigung hat, die schließlich vor der unendlichen Größe und Erhabenheit Gottes verstummt (»negative oder apophatische Theologie«).

8.5 Gott will das Heil aller Menschen

Das Ringen um das richtige Verständnis Gottes resultiert letztlich aus den in der Geschichte gemachten Erfahrungen mit dem einen Gott. Christentum und Islam stimmen darin überein, dass die Offenbarungen Gottes im Laufe der Geschichte das Heil der Menschen zum Ziel haben (vgl. 1 Tim 2,4):

1. Wie in dem Abschnitt über das Sündenverständnis (Kap. 6.2) deutlich wurde, teilen beide Religionen die anthropologische Grunderfahrung der *Heilsbedürftigkeit des Menschen*: Sie sehen den Menschen in einer Situation der existenziellen Not, die sowohl seine physische als auch seelisch-geistige Dimension betrifft, und die sowohl aus der geschöpflichen Unvollkommenheit wie auch aus eigenem Versagen heraus resultiert. Es sind die Erfahrungen der Unfreiheit, der Angst, der Schuld, der Sünde, der gestörten Beziehungen, der Bedrohtheit des Lebens durch Krankheit, Feinde, Beziehungslosigkeit und Tod.
2. Beide Religionen teilen auch die anthropologische und theologische Einsicht in die existenzielle *Angewiesenheit des Menschen auf Gott*, um die Situation des Unheils zu beseitigen. Weil der eine Gott der allmächtige Schöpfer ist, kann auch nur er allein (*solus deus*) die Quelle jeden menschlichen Heils sein. Dies wird vor allem im Blick auf die Schuld- und Sündhaftigkeit des Menschen Gott gegenüber deutlich: Schuld und Sünde kann man sich nicht selbst vergeben, Vergebung muss einem vielmehr von Gott gewährt und zugesagt werden.
3. Gemeinsam ist beiden Religionen außerdem die religiöse Grunderfahrung, dass Gott in der Geschichte zum Heil des Menschen tatsächlich gehandelt hat und weiterhin handelt und zwar aus dem Motiv der *Barmherzigkeit und Gnade* heraus, d.h. ohne dass der Mensch einen Anspruch auf das Heil hätte (*sola gratia*). Vor diesem Hintergrund wird auch deutlich, dass es sich bei der koranischen Offenbarung keineswegs nur um eine Willensoffenbarung Gottes handelt, in der Gott dem Menschen sagt, was er von ihm erwartet: Indem Gott

sich auch im Koran als der Barmherzige, Gütige, Vergebende, aber auch als der Gerechte etc. vorstellt, der die Beziehung zu den Menschen und deren Heil will, handelt es sich auch in der koranischen Offenbarung grundlegend um eine Selbstkundgabe Gottes, auch wenn die Gewichtung sicherlich eine andere ist als im Falle der Selbstmitteilung Gottes in der Person (!) Jesu Christi. Der Wille Gottes ist von seinem Wesen aber letztlich nicht zu trennen: Er will das Heil des Menschen, *weil* er der Barmherzige ist und als solcher gibt er sich zu erkennen.

4. Der allgemeine Heilswille Gottes manifestiert sich nach christlicher und islamischer Sicht in dessen geschichtlicher Offenbarung, doch unterscheiden sich beide Religionen in der Auffassung der *Heilsvermittlung*: In christlicher Sicht ist Jesus Christus der unüberbietbare Heilsmittler: seine Botschaft, sein Wirken, sein Tod und schließlich seine Auferstehung sind Zeichen und Werkzeug des universalen Heils (*solus Christus*). In islamischer Sicht dagegen ist der Koran (in begrenzter Weise auch die Fürsprache des Propheten) Mittel des Heils.[16] Beide Traditionen bringen die *Wirkweise* dieser Heilsvermittlung mit zum Teil vergleichbaren (z.B. Rettung, Befreiung, Erwählung, Weisung, Vergebung), zum Teil auch sehr spezifischen (christlich: Sühne, Erlösung, Genugtuung, Rechtfertigung, Vergöttlichung[17]) Begriffen und Metaphern zum Ausdruck.[18] Vor allem die Begriffe Sühne, Sühneopfer und Genugtuung müssen an dieser Stelle erklärt und vor Missverständnissen geschützt werden: Christi Leiden und Tod dürfen nicht in dem Sinne verstanden werden, als müsste ein rachsüchtiger Gott durch ein Opfer besänftigt werden. Das Gegenteil ist der Fall: Gott selbst bietet im Tod Jesu Christi den Menschen seine bedingungslose Vergebung an.
5. Fragt man nach den das Heil betreffenden Grundaussagen dieser Begriffe und Bilder, so lassen sich aus christlicher Sicht zwei Wirkungen des göttlichen Heilshandelns am Menschen feststellen: Es ist zum einen die *Sündenvergebung* (worauf vor allem die reformatorische Theologie ihren Akzent setzt), zum anderen die *Erneuerung* des Menschen, d.h. die Befähigung zu einem Leben in Gerechtigkeit und Heiligkeit (katholische Schwerpunktsetzung). Die Sündenvergebung steht ohne Zweifel auch im Zentrum der koranischen Heilsbotschaft, hier allerdings eher als Möglichkeit, die die Umkehr und den Glauben des Menschen voraussetzt, während sie nach christlicher Überzeugung bereits Realität ist. Diese Realität aber muss sich der Mensch auch nach christlicher Sicht noch durch Umkehr und Glaube schenken lassen. Die entscheidende Frage, die in diesem Zusammenhang von christlicher Seite an den Islam zu stellen wäre, lautet dann, ob Umkehr und Glaube als eine Art »Vorleistung« des Menschen betrachtet werden. Wäre dies der Fall, könnte man im Falle des Islam sicher nicht vom Prinzip des »sola gratia« sprechen. Doch ist zu beden-

ken, dass auch die koranische Offenbarung, die als Rechtleitung zum Glauben ermahnt, als »vorgängige« Gnade Gottes zu verstehen ist. Nach dem Zeugnis des Korans hat der Mensch trotz erbrachter »Leistungen« durch das Erfüllen der Gebote keinen Anspruch auf göttliche Vergebung: »Und ohne die Huld Gottes gegen euch und seine Barmherzigkeit würde keiner von euch jemals geläutert sein« (Sure 24,21). Eine innere »Erneuerung« oder »Verwandlung« des Menschen spielt im islamischen Heilsverständnis wohl nicht jene Rolle wie im christlichen Bereich. Aber auch der Koran spricht von der Offenbarung als einer »Heilung für euer Inneres« (Sure 10,57; 17,82; 41,44), geht es doch letztlich um die Wiederherstellung der ursprünglichen, gottgewollten »Natur« des Menschen durch die ganzheitliche Ausrichtung auf den einen Gott.

6. *Ziel* des göttlichen Heilshandelns ist wiederum nach gemeinsamer Überzeugung beider Religionen die Wiederherstellung der schöpfungsgemäßen Beziehung zwischen Gott und Mensch, zwischen Mensch und Mitmensch, und damit die Wiederherstellung und Erfüllung der gottgewollten Bestimmung des Geschöpfes Mensch: Die durch Sünde gestörte Beziehung wird durch die Vergebung erneuert, und Gott weist durch die Offenbarung seines Willens dem Menschen den Weg zum Heil. Der christliche Glaube betont dabei besonders das Ziel der Gemeinschaft mit Gott und Jesus Christus, aber auch der Muslim sucht und erfährt in der Koranrezitation und im Gebet die personale Gegenwart Gottes und erhofft die ewige Nähe zu Gott im Paradies. Heil umfasst in beiden Religionen alle Dimensionen des Menschenseins, ist anfanghaft bereits verwirklicht und doch noch nicht vollendet, ist ganz eine Gabe Gottes, und doch ist der Mensch zur Mitwirkung berufen.
7. Aus dem Vorangegangenen wird deutlich, dass Offenbarung und Heil in christlicher und islamischer Sicht engstens zusammengehören und *theozentrisch* bestimmt sind: Gott ist nicht nur Quelle und Träger des Offenbarungs- und Heilsgeschehens, sondern auch Inhalt und Ziel. Im Christentum jedoch ist diese Theozentrik *trinitarisch* und *christologisch* geprägt: Offenbarung als Selbstkundgabe des dreieinigen Gottes, Christologie und Heil bilden hier eine unauflösliche Einheit, weil der sich in Jesus Christus mitteilende Gott das Heil selbst ist.[19] Jesu Christi universale Heilsbedeutung liegt in seiner Menschwerdung, seinem Leben und Wirken, schließlich in seinem Kreuzestod und seiner Auferweckung. An diesem Punkt wird der entscheidende Unterschied zum islamischen Offenbarungs- und Heilsverständnis deutlich: Während es bezüglich des Lebens und Wirkens Jesu von Nazaret noch durchaus Schnitt- und Berührungspunkte zwischen Christentum und Islam gibt (Jesus als Prophet und Wundertäter), geht das christliche Glaubenszeugnis von Jesus Christus inhaltlich weit darüber hinaus (vgl. Kap. 7.6).

8.6 Kirche und Umma als Glaubensvermittlerinnen

Die Kirche als »Gemeinschaft der Heiligen«

Es gäbe wohl keine Religion, gäbe es nicht Gemeinschaften von Menschen, die Träger und Vermittler von Traditionen sind. Glauben im Sinne eines persönlichen Aktes kann kein Kollektiv, sondern immer nur der Einzelne. Der Einzelne aber kann diesen Glauben in der Regel nur kennen lernen und leben in einer Gemeinschaft von Glaubenden.

Christen sind davon überzeugt, dass ihre Glaubensgemeinschaft, die sie »Kirche« (von griech. kyriaké = »dem Herrn gehörig«) nennen, wenn auch nicht unmittelbar von Jesus Christus selbst gegründet, so doch von ihm gestiftet worden ist: Durch seine Berufung der zwölf Apostel, welche die Gesamtheit der zwölf Stämme Israels abbilden sollten, und der Jüngerinnen und Jünger hat er eine Gemeinschaft um sich gesammelt, die nach seiner Auferstehung der Ausgangspunkt war für die Verkündigung der christlichen Botschaft. An Pfingsten, dem Fest der Geistmitteilung, feiert die Kirche ihren Gründungstag im engeren Sinne (vgl. Apg 2). Jesus Christus also ist der Lebensgrund der Kirche, er selbst ist in ihr durch seinen Geist gegenwärtig und wirksam, in ganz besonderer Weise aber in der *Verkündigung seines Wortes* und in der *Feier der Sakramente*. Durch das Sakrament der Taufe erhält der Mensch die Vergebung der Sünden und wird in die Gemeinschaft mit Jesus Christus und damit der Kirche eingegliedert (vgl. Röm 6,1–6): Kirche ist »Gemeinschaft der Getauften«. Im Sakrament der Eucharistie bzw. des Abendmahls erfährt die feiernde Kirche am dichtesten die unmittelbare Gegenwart Jesu Christi im Hören des göttlichen Wortes und in der Wandlung der Gaben von Brot und Wein. In diesem Sinne ist die Kirche »*Gemeinschaft des Heils*«, das ihr von Gott durch Jesus Christus geschenkt wurde. Kirche geschieht in den Grundvollzügen der Verkündigung des Wortes Gottes, der Liturgie (Feier des Wortes Gottes) und der Diakonie (praktischer Vollzug des Wortes Gottes).

Exkurs: Die Kirche auf der Suche nach der Einheit

Als Gemeinschaft von Menschen ist die Kirche geschichtlich, irdisch, partikular, sündig; als Kirche Christi jedoch versteht sie sich als übergeschichtlich, universal und heilig. Als solche gibt es eigentlich nur eine wahre Kirche Jesu Christi, wie sie im Apostolischen Glaubensbekenntnis von allen Christen bekannt wird, doch diese eine Kirche hat sich im Laufe der Geschichte nicht nur in legitimer Weise ausgefaltet und verwirklicht, sondern auch in sündiger Weise zersplittert und gespalten, wie bezeichnenderweise bereits der Koran wiederholt vermerkt und den Christen zum Vorwurf macht (vgl. Sure 4,157; 19,37; 21,91–93; 23,53). Mehrere große Richtungen sind auf diese Weise entstanden: die römisch-katholische Kirche, die orthodoxen und orientalischen Kirchen, die reformatorischen und anglikanischen Kirchen. Innerhalb dieser Richtungen gab es wiederum zahlreiche Spaltungen und Trennungen, sodass es heute über 340 christliche Kirchen weltweit gibt. Das Problem dabei ist nicht die Vielfalt, sondern dass viele dieser Kirchenspaltungen durch gegenseitige Exkommunikation entstanden sind und sich in der Vergangenheit jede Kirche als die einzig wahre Verwirklichung der einen Kirche Jesu Christi verstand. Die heute noch kirchentrennenden Unterschiede, die eine volle und sichtbare Einheit der Kirchen verhindern, liegen vor allem im Verständnis des kirchlichen Amtes sowie der Kirche selbst.

Erst Ende des 19. und Anfang des 20. Jahrhunderts begann die ökumenische Bewegung, die sich die Überwindung der gegenseitigen Verurteilungen und Spaltungen zum Ziel gesetzt hat. Tatsächlich sind seitdem, vor allem mit dem Eintritt der römisch-katholischen Kirche in die ökumenische Bewegung durch das Zweite Vatikanischen Konzil (1962–1965), große Fortschritte hinsichtlich der gegenseitigen Anerkennung sowie des gemeinsamen Glaubens, Betens und Handelns erzielt worden. Noch aber besteht der Skandal der Trennung, die besonders im getrennten Abendmahl deutlich wird, die nach dem Willen Jesu Christi nicht sein sollte (vgl. Joh 17,10) und die das Glaubenszeugnis der Christen schwächt. Dabei ist man sich in der ökumenischen Diskussion heute darin weitgehend einig, dass es nicht um die Wiederherstellung einer uniformen Einheit geht, vielmehr um eine pluriforme Einheit, um eine »Einheit in versöhnter Verschiedenheit«.

Die »Umma« als »beste Gemeinschaft«

Das islamische Pendant zur christlichen Kirche ist die »Umma« (Gemeinde): Sie bezeichnet das Gesamt, also die weltweite Gemeinschaft der gläubigen Muslime, obgleich das arabische Wort im Koran auch zur Bezeichnung anderer religiöser oder ethnischer Gruppen dient, zu denen Gott Propheten und Gesandte geschickt hat (vgl. Sure 16,36). Entscheidendes Kriterium dafür, wer zur islamischen Umma gehört, ist das zweigliedrige Glaubensbekenntnis: Die in der arabischen Welt zunächst ausschlaggebende Blutsverwandtschaft wurde im Islam allmählich durch den Glauben an den einen Gott und die Gesandtschaft Muhammads ersetzt.

Wie in Judentum und Christentum ist der Glaube auch im Islam ein personaler Akt, der vom Einzelnen vollzogen werden muss, doch hier wie dort können der Glaube und kann Gottesdienst eigentlich nur in der Gemeinschaft der Glaubenden verwirklicht werden: Sie ist die Vermittlerin des Glaubens von den Anfängen der

Offenbarung bis zur Gegenwart. Anders als die orthodoxe und katholische Kirche kennt der sunnitische Islam keine Hierarchie, auch keine Geistlichkeit innerhalb der Umma (Imame sind keine Priester), sehr wohl jedoch der schiitische Islam.

Muhammad selbst hat die islamische Gemeinde in Mekka gegründet und er stand ihr Zeit seines Lebens als religiöser und in Medina dann auch politischer Führer vor. Bald schon nach seinem Tod zerfiel die von ihm garantierte Einheit, und es traten nun auch im Islam jene Spaltungen auf, die der Koran bei Juden und Christen so heftig kritisierte: »Und seid nicht wie diejenigen, die sich gespalten haben und uneins geworden sind, nachdem die deutlichen Zeichen zu ihnen gekommen waren« (Sure 3,105). Anders als im Christentum sind die Spaltungen im Islam jedoch weniger aus Glaubensgründen als vielmehr aus politischen Gründen entstanden (Streit um die Nachfolge Muhammads). Dennoch haben sich daraus sehr unterschiedliche religiöse Richtungen entwickelt, die sich bis heute vielfach unversöhnlich gegenüber stehen (vgl. S. 288). Vielleicht könnten die Muslime in diesem Punkt von der ökumenischen Bewegung im Christentum lernen.

Dem Koran und dem Selbstverständnis des Islam nach ist die Umma eine »mittlere Gemeinschaft« (Sure 2,143), d.h. sie sieht sich als eine Art »goldenen Mittelweg« zwischen Christentum und Judentum; außerdem hat sie den Anspruch, »die beste Gemeinschaft« (Sure 3,110) unter den Menschen zu sein: Weil in ihr die Rechtleitung Gottes (Koran) unverfälscht bewahrt und traditionsgetreu (Sunna) ausgelegt wird, versteht sie sich als die Gemeinschaft auf dem Weg zum Heil, als die »Gemeinschaft, der Vergebung geschenkt wird, *inschā Allāh*«[20]. In diesem Sinne ist die islamische Umma – wie die Kirche – eine *eschatologische Gemeinschaft*, die jetzt schon einen Vorgeschmack auf das Paradies erhält.

Fazit

1. Glaube ist nach christlichem wie nach islamischem Verständnis sowohl ein individueller als auch gemeinschaftlicher Akt: Kirche und Umma sind Gemeinschaften von Glaubenden, die sich in ihrer Gründung letztlich auf Gott zurückführen und in denen die Gläubigen Gottes Gegenwart und damit auch Orientierung und Heil erfahren.
2. Beide Religionen mussten in der Geschichte Streit und Spaltungen innerhalb ihrer Glaubensgemeinschaften erfahren, was ihre Glaubwürdigkeit und ihr Zeugnis, von Gottes Geist erfüllt zu sein, nach außen und innen schwächt. Dieses Fak-

tum einzugestehen, kann Christen und Muslime, Kirche und Umma davor bewahren, sich triumphalistisch über den Anderen zu erheben. Beide Religionen müssen auch lernen, die Vielfalt im jeweils eigenen Bereich wie auch außerhalb als Bereicherung anzuerkennen.

3. Kirche und Umma sind herausgefordert, sich nicht als Konkurrenten, sondern gemeinsam als »Kinder Gottes« zu sehen, die zum Heil der Menschen wirken sollen.

Weiterführende Literatur:

R. Leuze, Christentum und Islam, Tübingen 1994.
C.W. Troll, Muslime fragen, Christen antworten, Kevelaer 2003.
H. Zirker, Islam. Theologische und gesellschaftliche Herausforderungen, Düsseldorf 1993.

8.7 Die »letzten Dinge«: Auferstehung, Gericht und ewiges Leben

Zu den grundlegenden Glaubensinhalten von Christentum und Islam gehören schließlich die Erwartung der Auferstehung, des Jüngsten Gerichts und des ewigen Lebens.

Der individuelle Tod als Ende der Entscheidungsfreiheit und als Übergang zum Ewigen Leben

Die mit der frühjüdischen Apokalyptik verbundene Auferstehungshoffnung, die auch im Zentrum der christlichen und islamischen Botschaft steht, nimmt dem individuellen Tod die Endgültigkeit und gibt ihm den Charakter des Übergangs vom diesseitigen zum jenseitigen Leben. Während in den frühen Teilen und Schichten des Ersten Testaments nach dem Tod eine schattenhafte Weiterexistenz in der Scheol (Machtbereich des Todes unter der Erde) erwartet wurde, in der die Beziehung zu Gott letztlich beendet war (vgl. Hiob 14,1–14; Koh 9,5f.), begegnet in den späten Teilen bereits der Gedanke einer Auferstehung, die den Tod überwindet (vgl. Ps 88,12; Weish 4,7; 2 Makk 12,43ff.; Dan 12,2). Der Tod selbst wurde später als Folge des Sündenfalls, d.h. als Sündenstrafe gedeutet (vgl. Weish 2,23f.;

1,13–16; Sir 25,24). Diese Sicht wurde im Zweiten Testament (vgl. Röm 6,23; 5,12) wie in der christlichen Tradition aufgegriffen und spielte vor allem in der Erbsündenlehre Augustins eine bedeutende Rolle. Der Islam dagegen kennt eine derartige Vorstellung nicht. Der Tod ist hier keine Sündenstrafe, sondern das von Gott seit jeher vorgesehene biologische Ende des irdischen Lebens (vgl. Sure 21,34f.) – so sieht es auch die moderne christliche Theologie.

Was aber geschieht im oder nach dem Tod? Die Beantwortung dieser Frage hängt engstens von dem jeweils zugrunde liegenden Menschenbild ab. Das biblische Menschenbild ist grundsätzlich dadurch gekennzeichnet, dass es zwar verschiedene Aspekte des Menschen (Leib, Geist, Seele, Herz) unterscheidet, letztlich im Menschen aber eine Einheit sieht. Eine solche Sicht des Menschen würde eher die Vorstellung nach sich ziehen, dass mit dem Tod der ganze Mensch stirbt und am Jüngsten Tag der ganze Mensch durch Gott neu geschaffen wird. Diese Auffassung wurde im 20. Jahrhundert von einigen christlichen, vor allem evangelischen Theologen in Form der sog. »Ganztodtheorie« vertreten (z.B. P. Althaus, K. Barth, H. Thielicke). Parallel mit dem Aufkommen des Auferstehungsglaubens ist durch hellenistischen Einfluss im Frühjudentum aber auch die Vorstellung von einer unsterblichen Seele aufgekommen, die sich dann auch in der christlichen Tradition durchgesetzt hat. Der Tod ist demnach der Augenblick der Trennung von sterblichem Leib und unsterblicher Seele, die freilich weiterhin auf den Leib, den Auferstehungsleib, hingeordnet bleibt und insofern doch auch irgendwie vom Tod betroffen ist.

Ganz ähnliche Vorstellungen begegnen im Islam. Wie in der Bibel so wird auch im Koran – dem semitischen Denken gemäß – ein ganzheitliches Menschenbild vertreten. Wie im hellenistisch geprägten Frühjudentum und im Christentum, so übernimmt auch die islamische Tradition und Theologie durch hellenistische Einflüsse die Vorstellung von einer unsterblichen Seele. Alle drei Religionen schließlich sehen im Tod das definitive Ende der freien Entscheidung des Menschen, seiner existenziellen Grundentscheidung für oder gegen Gott.

Das individuelle oder persönliche Gericht im Zwischenzustand

Die christliche Tradition unterscheidet zwischen dem individuellen Gericht im oder unmittelbar nach dem Tod und dem allgemeinen universalen Gericht am Jüngsten Tag, dem Endgericht. Das individuelle Gericht entscheidet bereits über das endgültige Heil oder Unheil des Einzelnen und bezieht sich auf die vom Leib getrennte Seele, die eine vorläufige Belohnung oder Bestrafung erfährt. »Eine sofortige Belohnung nach dem Tod nimmt man zunächst für die Märtyrer an«[21], dann auch für die Patriarchen, Propheten und alle Heiligen. Das individuelle Gericht setzt die im Christentum nicht unumstrittene Vorstellung eines sog. *Zwischenzustandes* voraus, also eine Existenzweise der Seele zwischen dem individuellen Tod und der allgemeinen Auferweckung am Jüngsten Tag. Der Zwischenzustand ist also eine Art Wartestand, in dem bereits die Gerechten von den Verdammten geschieden werden, bevor sie im Jüngsten Gericht endgültig in den »Himmel« oder in die »Hölle« kommen.

Daneben gibt es — allerdings nur in der katholischen Tradition — die Vorstellung eines *Fegefeuers*, also eines jenseitigen Läuterungsortes oder -zustandes (Purgatorium) für die Seele der Gläubigen, die gesündigt haben. Allein der Begriff »Fegefeuer« führt bis heute zu zahlreichen Missverständnissen und fragwürdigen Vorstellungen, vor allem dann, wenn Spekulationen über das Wie und Wo dieses Läuterungsvorgangs angestellt werden. Die traditionellen mittelalterlichen Vorstellungen (vgl. z.B. Dante) diesbezüglich sind jedoch an das damalige Weltbild gebunden und daher im übertragenen Sinn zu verstehen. Hat man damals das »Läuterungsfeuer« mehrheitlich im materiell-physischen Sinn und als zeitliche Sündenstrafe verstanden, so interpretieren es moderne Theologen als einen geistig-seelischen und schmerzlichen Reinigungs- und Reifungsprozess[22]: Dieser bereitet für die Begegnung und die ewige Gemeinschaft mit Gott vor und ist damit Teil der durch Gottes Gnade und Güte bewirkten Vollendung des Menschen.

Auch die islamische Tradition geht davon aus, dass sich im Augenblick des Todes die Geistseele vom Körper trennt. Das »Islamische Totenbuch«, eine Sammlung von Überlieferungen zum Thema Eschatologie, beschreibt den Vorgang im Detail.[23] Im weiteren Geschehen, das an das individuelle Gericht im Zwischenzustand der christlichen Vorstellung erinnert, spielen die beiden Todesengel Munkar und Nakīr eine wichtige Rolle, indem sie den Toten nach seinem Glauben befragen:

»›Wer ist dein Herr und wer dein Prophet, und was ist deine Religion?‹ Wenn er zu den zur Seligkeit Bestimmten gehört, antwortet er: ›Gott ist mein Herr, Mohammed, der Gottgesandte, mein Prophet, und der Islam ist meine Religion.‹ Und sie sprechen dann zu ihm: ›Schlafe sanft, wie der Bräutigam schläft!‹ Dann öffnen sie an der Seite seines Hauptes ein Fenster, und durch dieses sieht er auf den ihm bestimmten Ort und Sitz im Paradies. Es steigen dann die Engel mit der Seele zum Himmel empor und setzen sie auf einen an dem oberen Thron Gottes aufgehängten Leuchter.‹«[24]

Wer dagegen auf die gestellten Fragen nicht wahrheitsgemäß antworten kann, wird bereits im Grab gepeinigt werden. Es folgt ein Wartezustand, der wie eine Art Schlaf verstanden werden kann und der bis zum Jüngsten Tag dauert.

Die Geschehnisse des Jüngsten Tages

Der christliche Glaube war von seinen ersten Anfängen aufs Engste mit der Erwartung des baldigen Wiederkommens des erhöhten Christus am Jüngsten Tag (Parusie) verbunden. An diesem Tag findet nach christlicher Überzeugung nicht nur die allgemeine Auferstehung der Toten statt, sondern auch das *allgemeine Weltgericht*, bei dem sich die weitere Existenzweise der einzelnen Menschen entscheidet. Die eschatologischen Reden der synoptischen Evangelien haben die Ereignisse der Endzeit vorausgesagt und beschrieben (vgl. Mt 24,1–42; Mk 13,1–37; Lk 21,5–36), dessen Zentrum das Kommen des »Menschensohnes« ist. Kennzeichen dieses Tages werden demnach Kriege, Erdbeben und Hungersnöte, Christenverfolgungen, Verrat und Totschlag sowie das Auftreten des Antichristen sein.

Im Zentrum der christlichen Eschatologie, ja nach Paulus sogar des ganzen christlichen Glaubens (1 Kor 15,12–14), steht die Hoffnung auf die *leibliche Auferstehung*. Zwischen dem irdischen Leib und dem Auferstehungsleib besteht zwar eine gewisse Kontinuität, doch sind diese nicht identisch. Die Auferstehungswelt ist somit nicht einfach eine Fortsetzung der irdischen Welt – sie ist eine radikale »Neuschöpfung«. Auferstehung des Fleisches heißt, dass »wir einmal bei Gott mit unserer ganzen Lebensgeschichte ankommen werden«[25]. Gott wird im allgemeinen Weltgericht sein abschließendes Urteil über diese Lebensgeschichte des Einzelnen abgeben und damit über dessen endgültiges Heil oder Unheil entscheiden. Die Ankündigung des Gerichts ist fundamentaler Bestandteil der jesuanischen Botschaft, sie ist Teil seiner Umkehrpredigt und seiner Verkündigung des Gottesreiches, damit aber auch Teil der umfassenderen Heilsankündigung der frohen Botschaft (vgl. Mt 25,31–46).

Wie sehr der Islam zur abrahamitischen Familie der Religionen gehört, wird deutlich auch im Bereich der eschatologischen Vorstellungen: Die Ankündigung des Jüngsten Tages mit seinen schrecklichen kosmischen Ereignissen, der Auferstehung der Toten und dem Gericht vor Gott war eines der Grundmotive der frühesten koranischen Verkündigung. Die Parallelen zur jüdisch-christlichen Apokalyptik werden in der unmittelbaren Synopse von Neuem Testament, Koran und islamischer Tradition deutlich:

Markus 13,17.24–27	Sure 81,1–14	Islamisches Totenbuch
»Weh aber den Frauen, die in jenen Tagen schwanger sind oder ein Kind stillen. ... Aber in jenen Tagen, nach der großen Not, wird sich die Sonne verfinstern, und der Mond wird nicht mehr scheinen; die Sterne werden vom Himmel fallen, und die Kräfte des Himmels werden erschüttert werden. Dann wird man den Menschensohn mit großer Macht und Herrlichkeit auf den Wolken kommen sehen. Und er wird die Engel aussenden und die von ihm Auserwählten aus allen vier Windrichtungen zusammenführen, vom Ende der Erde bis zum Ende des Himmels.«	»Wenn die Sonne (von einer Hülle) umwunden wird, und wenn die Sterne herabstürzen, und wenn die Berge versetzt werden, und wenn die im zehnten Monat stehenden Kamelstuten vernachlässigt werden, und wenn die wilden Tiere versammelt werden, und wenn die Meere angefüllt werden, und wenn die Seelen zu ihren Partnern gesellt werden, und wenn das Mädchen, das verscharrt wurde, gefragt wird, wegen welcher Sünde es denn getötet wurde, und wenn die Blätter ausgebreitet werden, und wenn der Himmel (wie ein Fell) abgezogen wird, und wenn die Hölle angefacht wird, und wenn das Paradies herangebracht wird, dann wird jeder erfahren, was er vorgebracht hat.«	»Dann ertönt das Blasen des Schreckens, und dieser ergreift mächtig die Bewohner der Himmel und Erden, ausgenommen nur diejenigen, die Gott verschonen will. Erschüttert bewegen sich die Berge und wankt der Himmel, und heftig zittert die Erde wie ein Schiff auf einem sturmbewegten Wasser. Die Schwangeren verlieren ihre Leibesfrucht, und ihre Brüste versiegen. Die Kinder werden zu Greisen, und die Satane fliehen. Schon vorher sind die Sterne über ihnen zerflattert und die Sonne und der Mond verdunkelt. Die Himmel sind einer nach dem anderen von ihrer Stelle fortgerückt. Die Toten verbleiben in einem Zustand der Stumpfheit. So lautet das Koran-Wort: ›Die Erschütterung in der letzten Stunde wird etwas Schreckliches sein.‹ «[26]

So schrecklich diese Schilderungen des Jüngsten Tages in biblischer und islamischer Tradition erscheinen mögen, sie haben »nicht den Zweck, die Wirklichkeit sozusagen sachgetreu wiederzugeben bzw. die Zukunft in den Einzelheiten genau vorauszusagen. Sie sind entworfen und formuliert mit der Absicht, die Hörer zu erschüttern«[27] und sie zur Umkehr zu bewegen. Durch einen Posaunenstoß des Engels Isrāfīl werden die Toten nach islamischer Tradition auferweckt. Es folgt die Rechenschaftsablage des Einzelnen vor Gott, wobei ein Buch für jeden Menschen Zeugnis über alle seine Äußerungen, Handlungen und Unterlassungen geben wird (vgl. Sure 17,13–14). Nach islamischer Tradition werden die Menschen bezüglich dieser Rechenschaftsablage in drei Klassen geteilt:

»Die erste wird zur Rechenschaft gezogen und dann in die Verdammnis gestoßen. Dies sind die Ungläubigen. Die zweite Klasse wird zur leichteren Rechenschaft gezogen. Das sind die Gottesfürchtigen. Die dritte wird zu einer strengeren und genaueren Rechenschaft gezogen und wird dann nach erlittener Strafe selig. Dies sind die Ungehorsamen unter den Muslimen.«[28]

Es gibt also im Islam genauso wie in Judentum und Christentum ein Gericht nach den Werken (vgl. z.B. Mt 25,31–46), und doch ist für alle diese Religionen letztlich der Glaube das einzige heilsentscheidende Kriterium. So heißt es in der islamischen Überlieferung, dass die Schriftstücke mit den aufgezeichneten Taten des Einzelnen auf eine Schale einer großen Waage gelegt werden:

»Dann wird für ihn ein Blättchen so groß wie der Kopf einer Ameise herausgezogen, auf welchem das Glaubensbekenntnis steht: *Es gibt keinen Gott außer Gott, und Mohammed ist sein Gesandter*. Dieses Blättchen wird auf die andere Schale gelegt. Hierdurch gewinnt sie das Übergewicht über alle Sünden.«[29]

Nach dieser Rechenschaftsablage müssen die Menschen über eine Brücke gehen, die über das Höllenfeuer führt: Nur die Gläubigen werden diese Brücke ohne Probleme überqueren können und so ins Paradies eintreten, während die Ungläubigen ins ewige Höllenfeuer stürzen werden. Die Muslime hoffen in der Situation des Gerichts auf die Fürsprache des Propheten Muhammad bei Gott, so wie die Christen auf die Fürsprache Jesu Christi, orthodoxe, orientalische und katholische Christen darüber hinaus auf die Fürsprache Mariens und aller Heiligen vertrauen.

Himmel und Hölle

Der traditionelle Vorstellungskomplex um Himmel und Hölle ist wohl der theologisch problematischste in der christlichen Eschatologie: Zum einen nämlich gibt es keine eindeutigen Aussagen dazu in der Bibel, weil hier unterschiedlichste Traditionslinien zusammenlaufen, zum anderen bleibt eine Spannung zwischen der Aussage von einer ewigen Strafe und der Überzeugung vom universalen Heilswillen Gottes. Gerechtigkeit und Barmherzigkeit als zwei Eigenschaften Gottes spiegeln sich in dieser Spannung wider. Eine weitere Schwierigkeit kommt durch die Frage der Auslegung der Schriftaussagen hinzu: Während die plastischen Schilderungen des Paradieses einerseits und des Höllenfeuers andererseits von den einen realistisch gedeutet wurden, wollen sie andere metaphorisch verstehen. Dieselben theologischen und hermeneutischen Probleme begegnen uns auch im Islam. In der heutigen christlichen Theologie ist man sich weitgehend darin einig, dass die Schilderungen über Hölle und Himmel in Bibel und Tradition keine wörtlich zu verstehenden Beschreibungen jenseitiger Ereignisse sind. Sie sind vielmehr zeitbedingte Bilder, welche die theologische Überzeugung zum Ausdruck bringen wollen, dass Gott niemanden zur Gemeinschaft mit ihm zwingt, dass die freie, im Leben getroffene Grundentscheidung jedes Einzelnen respektiert wird. Dies schließt »die Möglichkeit eines heilenden Einwirkens Gottes auf die menschliche Freiheit ohne sie zu zerstören« nicht aus[30] – will Gott doch das Heil aller Menschen (vgl. 1 Tim 2,4).

Wäre also die Hölle als *Möglichkeit der selbstgewählten Gottesferne* und damit der schuldhaften Selbstverfehlung zu verstehen, so steht Himmel oder Paradies für die *Vollendung* des einzelnen Menschen wie der gesamten Schöpfung sowie für die ewige Gemeinschaft mit Gott und allen Vollendeten, ja der ganzen Schöpfung. Hölle heißt: Gottverlassenheit; Himmel heißt: Gemeinschaft mit Gott und allen Erlösten. Doch selbst »im Himmel« wird die Grenze zwischen Schöpfer und Geschöpf, wird das Geheimnis Gottes nicht aufgehoben: »Das Eintauchen in Gottes Gegenwart, das Erfülltsein von Gottes Liebe wird seine Unbegreiflichkeit nicht aufheben, da Gott gerade in seiner Göttlichkeit nicht geschaut oder begriffen werden kann.«[31]

Ähnlich realistisch und plastisch wie in der biblisch-christlichen Tradition werden in Koran und islamischer Tradition die Geschehnisse in Himmel und Hölle dargestellt. Kontrastreich schildert der Koran die Qualen der Hölle, welche die Ungläubigen erleiden werden, und die sinnlichen Freuden des Paradieses für die Gläubigen (vgl. z.B. Sure 56,10–56). Die christliche Apologetik seit dem Mittelalter hat diese Sinnlichkeit der islamischen Eschatologie mit moralischer Empörung und apologetischer Absicht kritisiert und verworfen. Dabei hat sie bewusst oder unbewusst übersehen, dass es auch in der islamischen Koranauslegung und Theologie Vertreter gab, die diese Schilderungen nicht realistisch deuteten, sondern als didaktisch eingesetzte Bilder für eine ganz andere Wirklichkeit. Zum anderen sieht auch die große Mehrheit der islamischen Theologen in der Anschauung Gottes (*visio beatifica*) die höchste Glückseligkeit für den einzelnen Menschen (vgl. Sure 9,72). Beide Religionen haben letztlich auch die Grundüberzeugung gemeinsam, dass es allein in Gottes Macht und Willen liegt, ob die Hölle eine ewige Strafe für bestimmte Menschen ist oder ob am Ende doch alles und jeder zu Gott zurückkehren wird. Letzteres ist vor allem eine Überzeugung, die in der Mystik beider Religionen begegnet, die Gottes Liebe für zu groß hält, als dass sie nicht am Ende alles in diese unendliche Liebe einschließen wird. Annemarie Schimmel gibt dazu folgende Erzählung wieder[32]:

> Über die islamische Mystikerin Rabi'a (8. Jh.) wird berichtet, dass sie einst in den Straßen von Basra mit einem Eimer Wasser und einer Fackel unterwegs war. Gefragt, was dies bedeute, antwortete sie: »Ich will Wasser in die Hölle gießen und Feuer ans Paradies legen, damit diese beiden Schleier verschwinden und niemand mehr Gott aus Furcht vor der Hölle oder in der Hoffnung aufs Paradies anbete, sondern nur noch um Seiner ewigen Schönheit willen.«

Weiterführende Literatur:

H. Hübsch, Paradies und Hölle. Jenseitsvorstellungen im Islam, Düsseldorf 2003.

Das Islamische Totenbuch. Jenseitsvorstellungen im Islam. Nach der Dresdener und Leipziger Handschrift, neu hg. von H. Werner, Bergisch Gladbach 2002.

Fazit

1. Judentum, Christentum und Islam sind von ihrem Wesen her »Glaubensreligionen«, d.h. es steht eine Beziehung zwischen einem personalen Gott und den Menschen am Anfang und im Zentrum ihrer Geschichte: Glaube ist ein Akt des absoluten Vertrauens, der bedingungslosen Hingabe an den personalen Gott.
2. Dieser personale Gott hat sich in der Geschichte dieser Religionen als der eine und einzige Gott erwiesen, als der allmächtige und treue, gerechte und barmherzige, verborgene und offenbare Schöpfergott.
3. Christen haben diesen einen Gott durch Jesus Christus kennen gelernt: In ihm ist ihnen dieser Gott selbst begegnet, er war so von Gott gänzlich durchdrungen, dass sie ihn als den »Sohn Gottes« und Messias bekennen. Sie erfahren auch weiterhin die heilende Nähe und Gegenwart Gottes durch Jesus Christus, was sie »Heiliger Geist« nennen.
4. Christen beten deshalb nicht drei Götter an, sondern einen Gott, der in Jesus Christus und dem Heiligen Geist gleichsam mit »zwei Händen« (Irenäus v. Lyon) in der Welt und an den Menschen zu deren Heil gehandelt hat und handelt.
5. Auch der Islam weiß um die Heilsbedürftigkeit des Menschen und die Heilsabsicht Gottes: Für ihn ist die Gnade Gottes in der Offenbarung des Korans erfahrbar geworden, die ihm den rechten Weg zu Gott weist.
6. In der Gemeinschaft der Glaubenden, Kirche und Umma, hoffen Christen und Muslime auf die Auferstehung von den Toten, auf die Vergebung der Sünden und das ewige Leben in Gemeinschaft mit Gott.

9

ETHISCHE GRUNDWERTE UND RELIGIÖSE PRAXIS VON CHRISTEN UND MUSLIMEN

Nachdem Kapitel 8 die Glaubensinhalte von Christentum und Islam reflektiert und sowohl grundlegende Gemeinsamkeiten wie auch zentrale, letztlich trennende Unterschiede aufgezeigt hat, befasst sich das folgende Kapitel mit der allgemeinen Ethik und der damit verbundenen religiösen Praxis von Christen und Muslimen. Zunächst geht es um den engen Zusammenhang von Glauben und Leben bzw. Handeln (9.1), was an einer biblisch-koranischen Synopse der beiden Tafeln des Dekalogs dargestellt werden soll: Anhand der ersten Tafel wird der Bezug zu Gott aufgezeigt (9.2), anhand der zweiten Tafel die Grundwerte »Leben«, »Ehe und Familie«, »Eigentum« und »Wahrheit« bzw. »Wahrhaftigkeit« (9.3). Es folgt ein Vergleich von vier islamischen »Säulen« mit religiösen Vollzügen im Christentum, nämlich Gebet und Gottesdienst (9.4), Fasten und Feiern (9.5), soziale Gerechtigkeit, Solidarität und Almosen (9.6) sowie Wallfahrt (9.7).

9.1 Der innere Zusammenhang von Glauben und Handeln

Wer Christentum und Islam eingehender kennen lernt, wird bald zur Einsicht gelangen, dass Glaube und Lebenspraxis jeweils eng miteinander verbunden sind. In beiden Religionen sind Dogmatik und Ethik gleichsam zwei Seiten einer Medaille. Es wäre verfehlt, der einen Religion eine kasuistische Gesetzesethik ohne Bezug zum Glauben zu unterstellen. Denn zwischen beiden Größen, Glaube und Handeln, steht die menschliche Person mit ihrem freien Entscheidungsvermögen, aber auch mit ihrer Anfälligkeit für Schwäche, Fehler und Sünde. Beide Religionen vertreten hohe Werte wie den Schutz des Lebens, der Familie, des Eigentums und die Verpflichtung zur Wahrhaftigkeit. Doch werden diese niemals als absolute Werte begriffen, unabhängig von situativen Umständen. Der einzige Wert, in dem sich Christentum wie Islam verankert wissen und der absolut gilt, ist Gott selbst.

Das Handeln der Christen nimmt Maß an der Gestalt Jesu Christi, an seinem in Gott verankerten wie an den Menschen ausgerichteten Handeln der Gerechtigkeit und des umfassenden Friedens. Kraft und Motivation schöpfte Jesus aus seinem Vertrauen auf Gott. Er selbst kann als Verkörperung der beiden Hauptgebote von Juden und Christen gelten, nämlich der Gottes- und Nächstenliebe. Auch der Völkerapostel Paulus wusste um die innige Verbindung von Glaube und Lebenspraxis. Für ihn musste der Glaube in konkreten Taten der Liebe wirksam werden (vgl. Gal 5,6) und sich in entsprechenden Grundhaltungen ausformen: »Die Frucht des Geistes aber ist Liebe, Freude, Friede, Langmut, Freundlichkeit, Güte, Treue, Sanftmut und Selbstbeherrschung« (Gal 5,22f.).

Zu Unrecht wurde und wird zum Teil bis heute noch von christlicher Seite dem Islam – ähnlich wie dem Judentum – der Vorwurf einer veräußerlichten »Gesetzesreligion« gemacht, welche bloß die Erfüllung von Riten nach vorgeschriebenen Gesetzen verlange. Dabei wird völlig übersehen, wie sehr das Handeln und die religiöse Praxis aus dem Gottesglauben bzw. aus der Unterwerfung unter Gottes Willen erwächst.[1] Aus dem zentralen Gottesgehorsam geht mit Selbstverständlichkeit die Verpflichtung zur Nächstenliebe hervor: zum Vollbringen des Guten und Meiden des Bösen (vgl. Sure 1,6), zu Solidarität und Gerechtigkeit, zur Hilfe gegenüber den Bedürftigen und der Gemeinschaft überhaupt.

Im Folgenden soll der Dekalog des Ersten Testaments mit entsprechenden Aussagen des Korans synoptisch gelesen und erläutert werden (vgl. Synopse im Anhang, S. 289–292).

9.2 Die erste Tafel des Dekalogs: Verpflichtung auf den einen Gott

Exodus 20,2.3	Sure 17,22
Ich bin Jahwe, dein Gott, der dich aus Ägypten geführt hat; aus dem Sklavenhaus. Du sollst neben mir keine anderen Götter haben.	Setze Gott keinen anderen Gott zur Seite, sonst wirst du dasitzen, gescholten und im Stich gelassen.

Bereits im Zusammenhang mit der Erörterung des Glaubensbekenntnisses in Christentum und Islam (vgl. Kap. 8) wurde deutlich, dass gerade im ersten Gebot des Dekalogs sich alle drei »abrahamitischen« Religionen einig sind. Das Bekenntnis zur Einheit und Einzigkeit Gottes ist das Fundament dieser drei Religionen. Auch wenn das christliche Bekenntnis zu dem einen Gott sich aufgrund des Inkarnationsglaubens anders artikuliert und Gott als eine in sich differenzierte Einheit sieht, so verstehen sich doch auch die Christen als Monotheisten und möchten als solche verstanden und gewürdigt werden. Auch sie sehen – wie die Muslime – eine kapitale Sünde des Menschen darin, Gott etwas Geschaffenes an die Seite zu stellen und anzubeten oder gar sich selbst zum Gott zu erheben. Das Bekenntnis zu dem einen Gott bildet die Basis für die Begründung und Einhaltung aller weiteren Weisungen und Gebote Gottes. Aus den biblischen Texten geht überdies hervor, wie sehr die Gebote in Gottes zuvorkommender Befreiungstat gründen. Die rettende Tat der Herausführung aus ägyptischer Sklaverei ist Ursprung für die Verpflichtungen, die das Volk Israel im Dekalog – den »Zehn Worten Jahwes« – eingeht. Leider wird dieser Kontext in den kirchlichen Fassungen des Dekalogs meist weggelassen, wodurch der befreiende Charakter der Gebote nicht mehr deutlich wird. Auch für den Koran und die islamische Auslegung und Anwendung wäre dieser Hintergrund wichtig.

Exodus 20,4	Sure 17,23
Du sollst dir kein Gottesbild machen und keine Darstellung von irgend etwas am Himmel droben, auf der Erde unten oder im Wasser unter der Erde.	Und dein Herr hat bestimmt, dass ihr nur Ihm allein dienen sollt ...

Das Gebot des biblischen Dekalogs, sich von Gott kein Bild zu machen, ist im Koran selbst noch nicht explizit enthalten, wohl aber in der späteren islamischen Tradition. Die Muslime haben sich – ähnlich wie die Juden – an dieses Gebot in Vergangenheit und Gegenwart weitgehend gehalten, während die Christen sehr bald geschöpfliche Darstellungen und selbst Darstellungen Gottes zuließen mit der Begründung, dass Gott Mensch geworden ist. Deshalb haben sie dieses Gebot in ihrer Zählung des Dekalogs nicht aufgenommen. Zugleich kam es sowohl in der byzantinischen Kirche des Mittelalters wie später im reformatorischen Christentum der Westkirche zu Bilderstreitigkeiten bis hin zu Bilderstürmen. Einig aber sind sich Juden, Christen und Muslime darin, dass keine Darstellung Gottes, sei sie figürlich, bildlich oder auch nur gedanklich, Gott wirklich abbilden kann: Gott ist und bleibt Geheimnis trotz seiner Offenbarung. »Wenn du Gott begriffen hast, ist es nicht Gott«, sagt Augustinus. Einig sind sie sich ferner darin, dass keine Darstellung anstelle Gottes selbst angebetet werden darf: Wenn Christen wie etwa die orthodoxen Christen Ikonen verehren, so gilt die Verehrung nicht den Bildern selbst. Die Ikone ist kein Idol, sondern ein Symbol für die Gegenwart Gottes.

Exodus 20,7	**Sure 7,180**
Du sollst den Namen des Herrn, deines Gottes, nicht missbrauchen; denn der Herr lässt den nicht ungestraft, der seinen Namen missbraucht.	Gott gehören die schönsten Namen. So ruft Ihn damit an und lasst die stehen, die über seine Namen abwegig denken. Ihnen wird vergolten für das, was sie taten.

Das Gebot des biblischen Dekalogs, den Namen Gottes nicht (magisch) zu missbrauchen, ist im Koran im Zusammenhang mit den schönsten Namen Gottes enthalten, mit denen Gott angerufen werden soll. Sure 2,224 gebietet außerdem, nicht leichtfertig beim Namen Gottes zu schwören oder Eide abzulegen. Juden, Christen wie Muslime müssen sich fragen lassen, ob sie nicht immer wieder gegen dieses Gebot leichtfertig verstoßen, vor allem dann, wenn sie Gottes Namen für politische Zwecke oder andere, ganz irdische Dinge in Anspruch nehmen und damit missbrauchen. »Gott will es!« oder »Allahu akbar!« (»Gott ist der Größte«) werden dann schnell zu Parolen, die eher vordergründigen menschlichen Zielen als dem Willen Gottes entsprechen.

Exodus 20,8–10
Gedenke des Sabbats: Halte ihn heilig! Sechs Tage darfst du schaffen und jede Arbeit tun. Der siebte Tag ist ein Ruhetag, dem Herrn, deinem Gott, geweiht.

Das letzte Gebot der »ersten Tafel«, welche die Beziehung zwischen Menschen und Gott regelt, ist im Koran nicht enthalten, nämlich die Sabbatheiligung als Erinnerung an das Ausruhen Gottes nach vollbrachter Schöpfung (Ex 20,11; vgl. dagegen Sure 50,38) sowie als Erinnerung an die Befreiung aus Ägypten (Dtn 5,15). Im Christentum wurde das Sabbatgebot zur Sonntagsheiligung als Feier der Auferstehung Christi. Der Islam kennt im Vergleich dazu ursprünglich keinen Ruhetag. Herausgehoben ist in der islamischen Woche jedoch der Freitagnachmittag, an dem das Pflichtgebet zumindest der Männer in der Moschee stattfinden muss. Doch schreibt der Koran vor, während des Freitagsgebetes die Kaufgeschäfte ruhen zu lassen (vgl. Sure 62,9). Heute sind in manchen islamischen Ländern freitags Geschäfte und Büros geschlossen.

9.3 Die zweite Tafel des Dekalogs: Der Schutz des menschlichen Lebens

Die Grundwerte Leben, Ehe und Familie, Eigentum und Wahrheit bzw. Wahrhaftigkeit sind in der sogenannten »zweiten Tafel« des Dekalogs festgehalten, der hier wiederum Verse aus Sure 17 zur Seite gestellt werden. Da diese Grundwerte in allen großen Religionen vertreten werden, hat sie Hans Küng zum Fundament eines universal geltenden »Weltethos« erklärt.[2] In der Tat sind hier weitgehende inhaltliche Übereinstimmungen im Grundsätzlichen, jedoch auch Differenzen im Detail festzustellen.

Respekt vor den Eltern	
Exodus 20,12	**Sure 17,23–24**
Ehre deinen Vater und deine Mutter, damit du lange lebst in dem Land, das der Herr, dein Gott, dir gibt.	... und dass man die Eltern gut behandeln soll. Wenn eines von ihnen [Vater oder Mutter] oder beide bei dir ein hohes Alter erreichen, so sag nicht zu ihnen: › Pfui!‹ und fahre sie nicht an, sondern sprich zu ihnen ehrerbietige Worte. Und senke für sie aus Barmherzigkeit den Flügel der Untergebenheit und sag: »Mein Herr, erbarm dich ihrer, wie sie mich aufgezogen haben, als ich klein war.«

Eigentlich gehört das fünfte (in Kath. und Luth. Zählung das vierte) Gebot des Dekalogs, die Eltern zu ehren, noch zur ersten Tafel, »weil Gott bei der Zeugung eines Kindes beteiligt ist«[3]. Mit diesem Gebot, das die inhaltliche Klammer zwischen den beiden Tafeln bildet, ist die Verheißung verbunden, dass man selbst lange und gut leben wird, wenn man Vater und Mutter wertschätzt und sie im Alter versorgt. Auch Sure 17 gibt eine Begründung für das Gebot an: So wie die Eltern das Leben der Kinder geboren, ernährt und beschützt haben, sollen die erwachsen gewordenen Kinder die greisen Eltern ehren und versorgen. Güte und Dankbarkeit also sollen das Verhalten gegenüber den Eltern und Alten prägen.

War dieses ethische Gebot in traditionellen Gesellschaften, in denen es keine staatliche Altersvorsorge gegeben hat, eine Frage des Überlebens, so stellt sich auch heute die Frage nach der Generationengerechtigkeit, dem sog. Generationenvertrag. In hoch industrialisierten Gesellschaften, in denen sich die Alterspyramide zunehmend auf den Kopf stellt, eröffnen sich ganz neue Probleme und Aufgaben für die Ethik der Religionen.

Unantastbarkeit des Lebens	
Exodus 20,13	**Sure 17,31.33**
Du sollst nicht morden.	Und tötet nicht eure Kinder aus Furcht vor Verarmung. Ihnen und euch bescheren Wir doch den Lebensunterhalt. Sie töten ist eine große Sünde. ... Und tötet nicht den Menschen, den Gott für unantastbar erklärt hat, es sei denn bei vorliegender Berechtigung. Wird jemand ungerechterweise getötet, so geben Wir seinem nächsten Verwandten Vollmacht (ihn zu rächen). Nur soll er nicht maßlos im Töten sein [und sich mit der Talio begnügen]; siehe, er wird Beistand finden.

Eines der zentralsten und schwierigsten ethischen Konfliktfelder ist das Tötungs- bzw. Mordverbot: Bibel und Koran und damit Judentum, Christentum und Islam sind sich in dem Grundsatz einig, dass jegliches Leben von Gott kommt und daher allein in Gottes Macht steht. Das menschliche Leben hat dabei besonderen Rang, ist der Mensch doch nach biblischem Verständnis »Gottes Ebenbild«, nach islamischem Verständnis »Stellvertreter Gottes auf Erden« (vgl. Kap. 7.1). Aus dieser einzigartigen Würde des Menschen resultiert die prinzipielle Unantastbarkeit menschlichen Lebens.

Der Koran verbietet ausdrücklich das Töten von Kindern, wie dies in der vorislamischen arabischen Gesellschaft aus Angst vor Verarmung der Fall war. Von diesem Grundsatz des Lebensschutzes jedoch scheinen alle Religionen auch Ausnahmen zu machen: So kennt das Erste Testament die Todesstrafe für bestimmte Verbrechen wie Totschlag (vgl. Lev 24,17) oder sogar für das Schlagen oder Verfluchen der Eltern (vgl. Ex 21,15.17). Auch das Töten im Krieg ist erlaubt (vgl. Kap. 10). Verboten ist nach biblischer Tradition also lediglich das »ungesetzliche Töten«. Erst das moderne Menschenrechtsdenken hat hier ein Umdenken in Judentum und Christentum zur Folge gehabt. Auch der Koran erlaubt das Töten von Menschen in bestimmten, allerdings nur von Gott erlaubten Fällen. Sure 5 greift dabei das aus der hebräischen Bibel bekannte Talionsrecht auf, wonach Vergeltung nach dem Prinzip »Auge um Auge, Zahn um Zahn« erlaubt ist:

»Die Vergeltung für die, die gegen Gott und seinen Gesandten Krieg führen und auf der Erde umherreisen, um Unheil zu stiften, soll dies sein, dass sie getötet oder gekreuzigt werden, oder dass ihnen Hände und Füße wechselseitig abgehackt werden, oder dass sie aus dem Land verbannt werden. Das ist für sie eine Schande im Diesseits, und im Jenseits ist für sie eine gewaltige Pein bestimmt« (Sure 5,33).

So barbarisch dieses Prinzip dem modernen, aufgeklärten Betrachter heute vorkommen mag, für die damalige Zeit, in der es keinen Rechtsstaat im heutigen Sinne gab, bedeutete es einen Fortschritt in der Rechtsgeschichte: Erstens galt dieses Prinzip ohne Ansehen der Person (Gleichheitsgrundsatz), zweitens wird die Vergeltung und damit die Spirale der Gewalt begrenzt und an bestimmte Bedingungen geknüpft.

Jesus Christus allerdings hat dieses Prinzip der Vergeltung oder Ahndung ersetzt, indem er zur im Judentum keineswegs unbekannten Feindesliebe (besser: »Ent-feindungsliebe«) aufrief und sie selbst praktizierte (z.B. Mt 5,44; Lk 6,27). Der Koran kennt als Ergänzung zum Talionsrecht auch dieses ethische Gebot:

»Eine böse Tat soll mit etwas gleich Bösem vergolten werden. Wer aber verzeiht und Besserung schafft, dessen Lohn obliegt Gott« (Sure 42,40).

Und an anderer Stelle heißt es:

»Nicht gleich sind die gute und die schlechte Tat. Wehre ab mit einer Tat, die besser ist, da wird der, zwischen dem und dir eine Feindschaft besteht, so, als wäre er ein warmherziger Freund« (Sure 41,34).

Viele politische und religiöse Konflikte könnten zumindest entspannt und entschärft werden, wenn sich die Gläubigen der »abrahamitischen« Religionen öfter von diesem Prinzip der Vergebung und Versöhnung statt vom Prinzip der Vergeltung leiten lassen würden.

Respekt vor Ehe und Familie	
Exodus 20,14.17	**Sure 17,32**
Du sollst nicht die Ehe brechen. Du sollst nicht nach der Frau deines Nächsten verlangen.	Und nähert euch nicht der Unzucht. Sie ist etwas Schändliches, und sie ist ein übler Weg.

Einig sind sich Judentum, Christentum und Islam in der Verurteilung von Unzucht und Ehebruch, auch wenn die Ehe jeweils einen unterschiedlichen theologischen Stellenwert einnimmt. Während nach evangelischem Verständnis die Ehe »ein weltlich Ding« ist, gleichwohl aber unter Gottes Segen steht, ist die Ehe nach katholischem Verständnis ein Vertrag und zugleich ein Sakrament, das heißt, ein Sinnbild für die ewig treue Beziehung zwischen Gott und dem Menschen, daher unauflöslich (vgl. Mt 19,3–9 par.). Im Islam gehört die Ehe zwar auch zur natürlichen Schöpfungsordnung, doch ist sie in erster Linie ein zivilrechtlicher Vertrag, der nach dem klassischen Recht vom Mann jederzeit und grundlos aufgelöst werden kann. Auch die durch den Koran erlaubte Polygynie, d.h. ein muslimischer Mann darf prinzipiell bis zu vier Frauen heiraten, widerspricht klar dem christlichen Verständnis von Partnerschaft und Ehe. In diesem Punkt sind jedoch Annäherungen zu beobachten: Selbst konservativ-traditionalistisch eingestellte islamische Theologen sehen in der Monogamie den Schöpfungswillen Gottes gegeben. Sie berufen sich dabei auf den Koran, der die Möglichkeit der Polygynie an die (praktisch fast unmöglich einzulösende) Bedingung knüpft, dass der Mann alle seine Frauen in allen Belangen gleich zu behandeln hat:

»Und wenn ihr fürchtet, gegenüber den Waisen nicht gerecht zu sein, dann heiratet, was euch an Frauen beliebt, zwei, drei oder vier. Wenn ihr aber fürchtet, (sie) nicht gleich zu behandeln, dann nur eine, oder was eure rechte Hand (an Sklavinnen) besitzt. Das bewirkt es eher, dass ihr euch vor Ungerechtigkeit bewahrt« (Sure 4,3).

Viele muslimische Theologen heute interpretieren das Kriterium der Gerechtigkeit gegenüber den Frauen als stille Option des Korans für die Einehe, wobei sie sich auf eine Referenzstelle im Koran berufen, wo es heißt: »Und ihr werdet es nicht schaffen, die Frauen gleich zu behandeln, ihr mögt euch noch so sehr bemühen« (Sure 4,129).

Liebe und Sexualität zwischen Mann und Frau werden im Koran wie in der Bibel positiv und als »Zeichen« gewertet, die auf Gottes gute Schöpfungsordnung verweisen und die ihren Platz in der legitimen Ehe haben. Ziel dieser Bestimmungen ist der Schutz der Partner wie auch der Familie. Prostitution (vgl. Sure 24,33), Ehebruch (vgl. Sure 16,72) und Unzucht (vgl. Sure 17,32) sind nach koranischer wie biblischer (vgl. Mt 5,27f.) Sicht Vergehen gegen die Schöpfungsordnung.

Nicht akzeptabel jedoch ist für unser heutiges Verständnis von Menschenrechten die in islamischen Gesellschaften immer noch praktizierte strafrechtliche Verfolgung derartiger Vergehen, die nach der klassischen Scharia mit Körperstrafen bis hin zur Steinigung belegt werden können.

Schutz des Eigentums	
Exodus 20,15.17	**Sure 17,34**
Du sollst nicht stehlen. Du sollst nicht nach dem Haus deines Nächsten verlangen ... oder nach irgend etwas, das deinem Nächsten gehört.	Und nähert euch nicht dem Vermögen des Waisenkindes an, es sei denn auf die beste Art, bis es seine Vollkraft erreicht hat.

Zu den grundlegenden Prinzipien eines friedlichen und gedeihlichen Zusammenlebens gehört das Verbot des Begehrens und Stehlens von fremdem Gut, um die materielle Existenzgrundlage der Menschen zu sichern. Der Koran formuliert dieses Verbot explizit in Sure 60,12. In Sure 17,34 und 6,152 ist speziell jenes Verbot enthalten, das Vermögen der Waisen anzutasten, bis sie selbst darüber verfügen dürfen. Außerdem gebietet der Koran in den jeweils folgenden Versen, im geschäftlichen Bereich nicht zu betrügen, sondern Gerechtigkeit walten zu lassen. Auch Zinswucher ist verboten, weil er lebenszerstörend ist (vgl. Sure 2,278f.). Hier zeigt sich erneut die sozialethische Botschaft des Korans (vgl. Kap. 9.6), die zugleich Kritik an bestehenden Missständen und Verhaltensweisen in der arabischen Gesellschaft übt. Muhammad und der Koran stehen damit in guter biblisch-prophetischer Tradition (vgl. Amos, Hosea, Jesus). Wie aktuell diese prophetische Botschaft heute noch ist, zeigen die ungerechten Weltwirtschaftsstrukturen, die andere Menschen häufig auf sehr subtile Weise ausbeuten und ihre Lebensgrundlagen zerstören.

Verpflichtung zur Wahrhaftigkeit	
Exodus 20,16	**Sure 17,36**
Du sollst nicht falsch gegen deinen Nächsten aussagen.	Und verfolge nicht das, wovon du kein Wissen hast. Über Gehör, Augenlicht und Herz, über all das wird Rechenschaft gefordert.

Der Erfahrungsschatz der Menschheit lehrt, dass ein Zusammenleben nicht möglich ist, ohne dass sich die Menschen an die Wahrheit halten und – vor allem vor Gericht – die Wahrheit über andere Menschen sagen: »Sprecht zutreffende Worte«, fordert Sure 33,70 die Menschen auf. Denn Heuchelei, üble Nachrede und Verleumdungen sind verderblich und können wie Diebstahl Lebensgrundlagen und damit Leben selbst zerstören (vgl. Sure 24,19).

Weiterführende Literatur:

P. Antes u.a., Der Islam. Religion – Ethik – Politik, Stuttgart u.a. 1991.

H. Deuser, Die Zehn Gebote. Kleine Einführung in die theologische Ethik, Stuttgart 2002.

H. Küng/K.-J. Kuschel (Hg.), Weltfrieden durch Religionsfrieden. Antworten aus den Weltreligionen, München/Zürich 1993.

H. G. Pöhlmann/M. Stern, Die Zehn Gebote im jüdisch-christlichen Dialog. Ihr Sinn und ihre Bedeutung heute. Eine kleine Ethik, Frankfurt/M. 2000.

Fazit

1. Die Ethik der abrahamitischen Religionen basiert auf den von Gott gegebenen Grundwerten und damit verbundenen Geboten in Bibel und Koran. Inhaltlich liegt das Zentrum dieser Gebote auf dem Monotheismus, des Angelpunktes auch für die Ethik. Hier zeigt sich die enge Verbindung von Glaube und Leben, von Dogmatik und Ethik. Erste und zweite Tafel des Dekalogs sind gleichsam zwei Seiten ein und derselben Medaille.

2. Der Glaube an den einen Gott ist für die prophetischen Religionen Grundlage und Garantie für ein gedeihliches Zusammenleben der Menschen. Eine Synopse vergleichbarer Texte aus Bibel und Koran hat aufgezeigt, wie viele Werte und Normen die drei Religionen gemeinsam bejahen und wo es Unterschiede gibt. Der Schutz des menschlichen Lebens, der Familie, des Eigentums und der Wahrheit bilden das Fundament eines gemeinsamen Ethos. Von dieser Basis aus können und müssen Juden, Christen und Muslime über die ethischen Konfliktfelder des Lebens (Krieg, Todesstrafe, Abtreibung, Bioethik, Sterbehilfe) in einen Dialog treten (vgl. Kap. 10).

9.4 Gebet und Gottesdienst

Beten gehört zu den wesentlichen religiösen Vollzügen im Leben glaubender Menschen: »Wenn der Mensch bei Gott ist in Ehrfurcht und Liebe, dann betet er.«[4] Praktizierende Musliminnen und Muslime, Jüdinnen und Juden, Christinnen und Christen öffnen im Gebet ihr Herz für Gott. Das Gebet stellt für sie eine unversiegbare Quelle des Lebens und Glaubens dar. Im Gebet, sei es in Form von Lob, Dank, Klage oder Bitte, richten sie ihr ganzes Sein auf das eine wahre Zentrum aus, antworten sie auf die in Offenbarung und Geschichte erfahrene Anrede und Anwesenheit Gottes.

Das Gebet im Judentum

»Höre Jissrael:
ER unser Gott, Er Einer!
Liebe denn
IHN deinen Gott
mit all deinem Herzen, mit all deiner Seele, mit all deiner Macht.
Es seien diese Reden, die ich heuttags dir gebiete, auf deinem Herzen,
einschärfe sie deinen Söhnen,
rede davon,
wann du sitzest in deinem Haus und wann du gehst auf den Weg,
wann du dich legst und wann du dich erhebst ...«
(Dtn 6,4–9).[5]

Das »Schᵉma Israel« (»Höre Israel«) ist gleichsam das Glaubensbekenntnis des Judentums, das im täglichen Morgen- und Abendgebet von weiteren Tora-Gedenktexten (Dtn 11,13–21 und Num 15,37–41) ergänzt und von Benediktionen (Segensformeln) umrahmt wird. Es wird »als Losung des ethischen Monotheismus und als Erklärung von Israels Treue zu Gott verstanden«[6]. Abends, morgens und mittags wird außerdem das »Achtzehngebet«, eine Reihe von Benediktionen, gesprochen: Im ersten Teil wird Gott gepriesen, im zweiten Teil werden Alltagsanliegen vor Gott gebracht, im dritten Teil die Themen Kult, Danksagung und Frieden über Israel aufgegriffen.

Das Gebet der Christen: Durch Jesus Christus im Heiligen Geist zu Gott, dem Vater

Für Christen ist das Gebet Jesu, das Vaterunser, das Grundgebet (Mt 6,9–13 par.). Vergleicht man Struktur und Inhalt des Gebets mit der jüdischen Gebetstradition, so werden Parallelen zum synagogalen Qaddisch- sowie zum Achtzehngebet deutlich:

Vater unser im Himmel,
geheiligt werde dein Name.
Dein Reich komme.
Dein Wille geschehe, wie im Himmel so auf Erden.
Unser tägliches Brot gib uns heute.
Und vergib uns unsere Schuld,
wie auch wir vergeben unsern Schuldigern.
Und führe uns nicht in Versuchung,
sondern erlöse uns von dem Bösen.

Das Gebet ist sowohl ein Lobpreis Gottes als auch ein Bittgebet: Nachdem der Name Gottes geheiligt wird, schließt sich die Bitte um das, genauer gesagt, die Überzeugung vom Kommen des Reiches Gottes an, womit gemeint ist, dass Gottes Herrschaft in dieser Welt durch Gerechtigkeit, Friede und Liebe anbricht. Konkret wird Gottes Macht dadurch, dass den Menschen das zum Leben Notwendige (das tägliche Brot) gegeben, die Schuld verziehen und die Befreiung vom Bösen geschenkt wird. Sich dem Willen Gottes, des »Vaters«, hinzugeben scheint für Jesus selbst das theologische Zentrum seines Lebens und damit auch dieses Gebets gewesen zu sein – jene Grundhaltung, die auch die Muslime praktizieren.

Die Anrede Gottes als »Vater« schafft einen Vertrauensraum und ist im übertragenen Sinn zu verstehen: »Auch diese Anrufung Gottes ist nichts mehr als ein hilfloser Versuch, den Unbegreiflichen zu uns herabzuziehen und ihn für den täglichen Hausgebrauch begreiflich und ansprechend zu machen.«[7] Auf diese Weise erneuert und verlebendigt das Sprechen des »Vaterunser« die Beziehung des Menschen zu Gott. Es führt in die Nähe Gottes, wie sie Jesus und seine Jüngerinnen und Jünger erfahren haben. Es entlässt in die Freiheit der »Kinder Gottes«, insofern innerweltliche Götzen und Autoritäten entthront und der wahre Gott anerkannt und ins Zentrum gestellt wird. Mit allen Sorgen können sich die Glaubenden Gott anvertrauen; selbst wenn ihr Gebet nicht mehr als ein Stammeln ist, dürfen sie die Gewissheit haben, dass Gottes Geist sich ihrer Schwachheit annimmt und sie vertritt mit Seufzen (vgl. Röm 8,26).

Neben dem persönlichen Gebet gibt es im Christentum das *liturgische Beten* in der Glaubensgemeinschaft: Dabei gibt es verschiedene Formen des Wortgottesdienstes wie z.B. die Tagzeitenliturgie, Andachten, Wortgottesfeiern oder Predigtgottesdienste. »Quelle und Höhepunkt« des christlichen und kirchlichen Lebens jedoch ist die *Feier der Eucharistie* (vgl. Lumen gentium, 11), der im katholischen und orthodoxen Christentum allein ordinierte Priester vorstehen dürfen: Eucharistie ist dem Wortsinn nach »Danksagung«, aber auch Lobpreis Gottes für seine erwiesenen Heilstaten in der Geschichte; sie ist Erinnerung und Vergegenwärtigung des Kreuzestodes und der Auferstehung Jesu Christi. In der Feier der Eucharistie und durch den Empfang der geweihten Gaben von Brot und Wein erfahren die Christen am intensivsten die Gemeinschaft mit Gott durch Jesus Christus im Heiligen Geist sowie die Gemeinschaft der Kirche. Christus ist für die Christen also der Mittler zu Gott, dem Vater, und es ist der Geist Gottes selbst, der in uns und mit uns betet. So heißt es im Hochgebet der Eucharistiefeier: »Durch ihn und mit ihm und in ihm ist dir, Gott, allmächtiger Vater, in der Einheit des Heiligen Geistes alle Herrlichkeit und Ehre jetzt und in Ewigkeit. Amen.«

Das muslimische Gebet: Theozentrisches Beten

Musliminnen und Muslime gedenken im Gebet des einen, einzigen Gottes, des Schöpfers und Erhalters des Lebens: »So diene Mir und verrichte das Gebet zu meinem Gedächtnis« (Sure 20,14), fordert Gott den Menschen auf. Das Gebet ist auch nach islamischer Überzeugung die Antwort des gläubigen Menschen auf Gottes Anrede in der Offenbarung und somit die Hinwendung zu Gott, es ist Gottesdienst (*'ibāda*) im eigentlichen Sinn des Wortes. Im Koran, der wiederholt zum Verrichten des Gebetes auffordert, heißt es:

> »Und wenn ihr das Gebet beendet habt, dann gedenket Gottes im Stehen und Sitzen und auf euren Seiten liegend. Und wenn ihr Ruhe habt, dann verrichtet das Gebet. Das Gebet ist für die Gläubigen eine für bestimmte Zeiten festgesetzte Vorschrift« (Sure 4,103).

Diese festgesetzten Zeiten für das fünfmal am Tag zu verrichtende Pflichtgebet (*salāt*) sind:

1. zwischen Beginn der Morgendämmerung und Sonnenaufgang (Morgengebet),
2. zur Mittagszeit, aber nicht zum Höchststand der Sonne (Mittagsgebet),
3. am Nachmittag, zwischen Mittagsgebet und Sonnenuntergang (Nachmittagsgebet),
4. zwischen Sonnenuntergang und dem Ende der Dämmerung (Abendgebet),
5. nach Ende der Dämmerung (Nachtgebet).

Die Gebetszeiten sind abhängig vom jeweiligen Sonnenstand und verschieben sich folglich täglich um einige Minuten. Der gesamte Tagesablauf eines gläubigen Muslim wird durch das Pflichtgebet – ganz ähnlich wie beim kirchlichen Stundengebet – strukturiert. Wer sein Gebet innerhalb der vorgeschriebenen Zei-

(1) Sura Al-Fātiḥa (Die Eröffnende)

(Offenbart zu Makka)

7 Ayāt

Im Namen Allāhs, des Allerbarmers,
des Barmherzigen!(1)
Alles Lob gebührt Allāh,
dem Herrn der Welten(2),
dem Allerbarmer, dem Barmherzigen(3),
dem Herrscher am Tage des Gerichts!(4)
Dir (allein) dienen wir, und Dich (allein)
bitten wir um Hilfe(5)
Führe uns den geraden Weg(6),
den Weg derer, denen Du Gnade
erwiesen hast, nicht (den Weg) derer, die
(Deinen) Zorn erregt haben, und nicht
(den Weg) der Irregehenden(7)

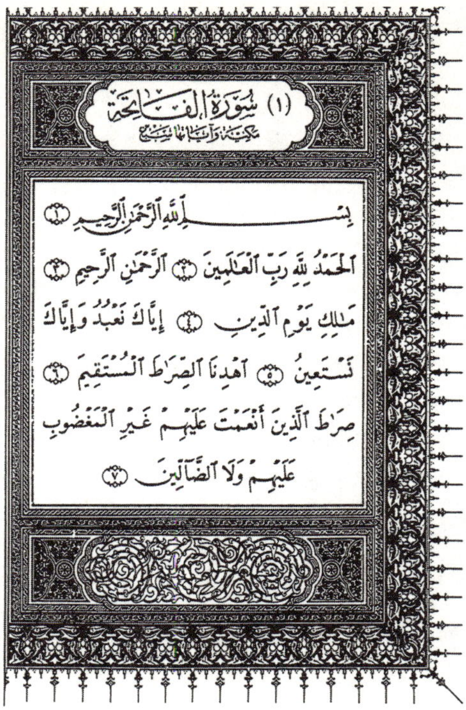

سورة الفاتحة (١)
مكية وآياتها سبع

بسم الله الرحمن الرحيم (١)
الحمد لله رب العالمين (٢) الرحمن الرحيم (٣)
ملك يوم الدين (٤) إياك نعبد وإياك
نستعين (٥) اهدنا الصراط المستقيم (٦)
صراط الذين أنعمت عليهم غير المغضوب
عليهم ولا الضالين (٧)

Die erste Sure: Al-Fatiha – Die Eröffnende.
Aus: Rassoul, Muhammad Ahmad: Al-Qur'an Karim und seine ungefähre Bedeutung in deutscher Sprache (Islamische Bibliothek), Köln 1986.

ten aus unvermeidlichen Gründen (z.B. Arbeit, Reise, Krankheit) nicht einhalten kann, sollte die versäumte Einheit zum nächstmöglichen Zeitpunkt nachholen.

Ähnlich wie für christliche Ordensleute ist für den gläubigen Muslim im Grunde das ganze Leben Anbetung Gottes und Gottesdienst. Stets will er in all seinem Handeln Gottes Willen erfüllen. Das islamische Gebet ist somit eine Verdichtung und Versprachlichung des gottausgerichteten Lebens. Es ist eine individuelle Pflicht des Muslim (etwa ab dem 7. Lebensjahr), zugleich aber ein zutiefst gemeinschaftliches Geschehen, das die Zusammengehörigkeit unter den Muslimen weltweit zum Ausdruck bringt und die Solidarität untereinander stärkt, ja die islamische Glaubensgemeinschaft konstituiert sich geradezu durch das gemeinsame Gebet. Der Muslim darf das Pflichtgebet, außer am Freitag Nachmittag und an den Festtagen (für Männer[8]), zwar prinzipiell auch individuell vollziehen, das Gebet in der Gemeinschaft jedoch, angeführt vom Vorbeter (Imam), zählt nach Aussagen der Prophetentradition ungleich mehr. So fordert der Muezzin vom Minarett aus die Gläubigen eines Viertels mit folgendem Ruf zum gemeinschaftlichen Gebet auf:

»Gott ist der Allergrößte, Gott ist der Allergrößte. (2×)
Ich bezeuge, dass es keinen Gott außer Gott gibt. (2×)
Ich bezeuge, dass Muhammad der Gesandte Gottes ist. (2×)
Kommt her zum Gebet. (2×)
Kommt her zum Heil. (2×)
(beim Ruf zum Morgengebet wird hier noch zweimal eingefügt:
Gebet ist besser als Schlaf.)
Gott ist der Allergrößte, Gott ist der Allergrößte.
Es gibt keinen Gott außer Gott!«

Bevor der Muslim jedoch mit dem Gebet beginnt, vollzieht er rituelle Waschungen und formuliert davor die Absicht, sich zu reinigen: An den in den Moscheevorhöfen befindlichen Brunnen oder im Vorgebäude untergebrachten Waschanlagen wäscht sich der Muslim vor jedem Gebet Hände, Unterarme und Füße sowie die Sinnesorgane nach einem festgelegten Ritual, um so im Zustand kultischer Reinheit vor Gott hintreten zu können (vgl. Sure 5,6). Die äußerliche, körperliche Reinigung symbolisiert dabei die innere, geistig-seelische Reinigung und Vorbereitung, die Umkehr und die Hinwendung zu Gott. Am ehesten ist dieser Ritus mit dem Sich-Bekreuzigen katholischer Christen mit Weihwasser beim Eintritt in die Kirche vergleichbar, was an die »Abwaschung der Sünden« durch die Taufe erinnert. Ähnlich heißt es in einem Hadith:

»Wenn der muslimische Diener (Gottes) sich bei der Waschung das Gesicht wäscht, entfernt sich von seinem Gesicht mit dem Wasser bzw. mit dem letzten Wassertropfen jede Sünde, die er mit den Augen begangen hat. Und wenn er seine Hände wäscht, entfernt sich von seinen Händen mit dem Wasser bzw. mit dem letzten Wassertropfen jede Sünde, die er mit den Händen gewalttätig verübt hat. Und wenn er sich die Füße wäscht, so entfernt sich von seinen Füßen mit dem Wasser bzw. mit dem letzten Wassertropfen jede Sünde, zu der er mit seinen Füßen gelaufen ist. So kommt er aus der Waschung rein von der Schuld heraus.«[9]

Am Ende der Waschung kann der Muslim sprechen:

»Gott, mach mich zu einem der Reumütigen
und mach mich zu einem sich Reinigenden!«

Das islamische Pflichtgebet ist ein stark leibbetonter und ritualisierter Vollzug, in dem die jeweiligen Gebetshaltungen den Inhalt der Gebete leibhaft-symbolisch zum Ausdruck bringen (s. Anhang, S. 295f.). Das Morgengebet besteht aus zwei aufeinander folgenden Gebetseinheiten, das Mittags-, Nachmittags- und Nachtgebet aus vier und das Abendgebet aus drei Einheiten.

Der Inhalt des Pflichtgebets ist überwiegend Anbetung, Lobpreis und Dank. Nach dem Pflichtgebet kann der Muslim jedoch noch ein individuelles, frei formuliertes Gebet (*du'ā*) sprechen, das oft ein Bittgebet ist. Darüber hinaus gibt es besonders in der mystischen Richtung des Islam das kontemplative Gebet, das Gottesgedenken (*dhīkr*), das in der wiederholten Aufzählung beliebter Formeln wie »*allāhu akbar*« (»Gott ist stets größer«), »*al-hamdu lillāh*« (»Lob/Dank sei Gott«), der »*Bismillāh*« (»Im Namen Gottes, des barmherzigen Erbarmers«) oder der göttlichen Namen mittels der Gebetskette besteht: »Indem der Mystiker sich auf einen spezifischen Namen besinnt und ihn immer wieder spricht, fühlt er sich zunehmend erfüllt von der göttlichen Präsenz, bis er schließlich – im Idealfall – ganz in Gott aufzugehen meint.«[10]

Weiterführende Literatur:

A.Th. Khoury, Gebete des Islam, Mainz 1981.
A. de Mello, Von Gott berührt. Die Kraft des Gebetes, Freiburg i. Br. 1992.
K. Rahner, Von der Not und dem Segen des Gebetes, Freiburg i. Br. 1991.
A. Schimmel, Dein Wille geschehe. Die schönsten islamischen Gebete, Bonndorf 1992.

Können Juden, Christen und Muslime gemeinsam beten?

Diese letzten Ausführungen führen zu der Frage hin, ob und wie Juden, Christen und Muslime auch gemeinsam beten können. Wenn das Gebet das spirituelle Zentrum des jeweiligen Glaubens ist, dann gehört neben dem theologischen Austausch und dem gemeinsamen Handeln auch diese spirituelle Ebene mit zum Dialog der Religionen, d.h. das wechselseitige Teilhabenlassen an der je eigenen religiösen Erfahrung, am geistlichen Leben. Zu vielerlei Anlässen wie Friedensgebeten, Schulfeiern oder familiären Festen kann die Frage nach der konkreten Gestaltung eines gemeinsamen Gebetes auftauchen.

Die Vertreter der Religionen sind sich in der Regel darin einig, dass es bei solchen Gebeten weder um eine oberflächliche Vermischung oder gar Reduktion der Glaubensinhalte auf einen kleinsten gemeinsamen Nenner noch um die Missionierung des Anderen gehen darf. Um diese Gefahren zu vermeiden, hat sich in den letzten Jahren die Unterscheidung zwischen interreligiösem und multireligiösem Gebet für sinnvoll und hilfreich erwiesen. Demnach ist unter einem *interreligiösen* Gebet ein von Angehörigen verschiedener Religionen gemeinsam formuliertes und gesprochenes Gebet zu verstehen, während bei einem *multireligiösen Gebet* die Angehörigen der Religionen jeweils ihr eigenes Gebet verrichten und die anderen andächtig zugegen sind.[11] Allein letztere Form, also das multireligiöse Gebet, kann die Gefahren des Synkretismus und Reduktionismus vermeiden, sodass, zumindest bei öffentlichen Veranstaltungen, von interreligiösen Gebetstreffen eher abzuraten ist (vgl. Hinweise im Anhang, S. 297f.).

Werden die theologischen Unterscheidungen zwischen interreligiösem und multireligiösem Gebet nach außen hin transparent gemacht und die im Anhang zu findenden praktischen Hinweise und Regeln zur konkreten Planung und Gestaltung beachtet, dann kann das Zusammensein, um zu beten, zu einem beeindruckenden religiösen Erlebnis werden. Es kann nicht nur das gegenseitige Verständnis und Vertrauen vertiefen, sondern letztlich auch den eigenen Glauben und damit Gott bewusster erfahren lassen. Der christlich-muslimische Dialog wie jeder interreligiöse Dialog bleibt unvollständig, wenn er nicht immer wieder auch zu dieser Form von Begegnung hinführt. Denn gemeinsam vor dem einen Gott zu stehen und zu beten lässt trotz aller bestehenden und bleibenden Unterschiede in religiöser Lehre und Praxis alle Beteiligten sich als Geschöpfe des einen, gütigen und barmherzigen Gottes erfahren, der stets größer ist als all unser Verstehen und Gestammel: *allāhu akbar – deus semper maior*!

Weiterführende Literatur:

Christen und Muslime nebeneinander vor dem einen Gott. Zur Frage des gemeinsamen Betens. Eine Orientierungshilfe, hg. von der Evangelischen Kirche im Rheinland, Düsseldorf 1998.

Leitlinien für multireligiöse Feiern von Christen, Juden und Muslimen. Eine Handreichung der deutschen Bischöfe (Arbeitshilfen 170), Bonn 2003.

9.5 Fasten und Feste

Der Verzicht auf Nahrungsaufnahme oder zumindest auf bestimmte Speisen und Getränke für eine bestimmte Zeit hat in vielen Religionen große spirituelle Bedeutung und steht mit der Praxis des Gebets in engster Verbindung. Während Christen die Fastenzeit als Vorbereitung auf ihre zentralen religiösen Feste gestalten, begehen die Muslime den Fastenmonat Ramadan, den sie mit dem Fest des Fastenbrechens beenden. Für beide hat Fasten keinen bloß äußerlichen Sinn, etwa einfach als einzuhaltendes Gebot oder gar als diätetisches Mittel. Fasten hat in beiden Religionen die Bedeutung der Umkehr, der Besinnung, der Reinigung und des Dankes, insgesamt also der Stärkung der Beziehung zu Gott. Neben dieser spirituellen Dimension enthält das Gebot des Fastens auch den sozialen Aspekt der Gemeinschaftsstärkung sowie der Solidarität, d.h. des Teilens mit den Bedürftigen. Dieses allgemeine Grundverständnis des Fastens artikuliert sich aber in zwei unterschiedlichen religiösen Traditionen:

Fasten im Christentum

Der christliche Glaube lenkt in der Fastenzeit den Blick auf Jesus, der nach den Synoptikern selbst gefastet hat (vgl. Mt 4,1–11 par.). Vor seinem öffentlichen Auftreten hat er sich in die Wüste zurückgezogen, um Gott zu begegnen und sich auf seine Sendung vorzubereiten – und dies vierzig Tage lang – also eine lange Zeit, in der die vierzigjährige Wüstenwanderung des Volks Israel nachklingt.

Die frühen Christen übernahmen die jüdische Praxis, zweimal wöchentlich zu fasten, wählten jedoch statt der jüdischen Fasttage den Mittwoch und Freitag als Erinnerung an die Passion Jesu (Gefangennahme und Kreuzestod). Aus der katechumenalen Fastenpraxis als Vorbereitung auf die Taufe entstand etwa ab dem vierten Jahrhundert die vierzigtägige österliche Fastenzeit für alle Christen, die mit dem Aschermittwoch beginnt und mit der Ostervigil endet (die Sonntage werden nicht als Fasttage gezählt). Später entstanden noch weitere Fastenzeiten als Vorbereitung auf religiöse Hochfeste. In der katholischen Kirche zählen heute – außer in den Klöstern – nur noch der Aschermittwoch und der Karfreitag zu den verpflichtenden Fast- und Abstinenztagen (einmalige Sättigung) sowie alle Freitage des Jahres als Abstinenztage (Fleischverzicht), während die Ostkirchen noch weitere Fastenzeiten und Fasttage begehen. Die Reformatoren haben die Fastenpraxis nicht völlig abgelehnt, jedoch vor falschen Motiven (äußerliche Pflichterfüllung, Verdienstlichkeit etc.) gewarnt.

Die österliche Buß- und Fastenzeit beginnt in der katholischen Kirche am *Aschermittwoch* mit einem feierlichen Gottesdienst, in dessen Zentrum das Evangelium von den drei guten Werken »Beten, Fasten und Almosen« (Mt 6,1–6.16–18) steht. Damit wird deutlich, wie sehr diese drei religiösen Vollzüge innerlich zusammengehören – wiederum eine Einsicht und Praxis, die mit Judentum und Islam verbindet.

Der wichtigste Fasttag für die Christen ist der *Karfreitag*, an dem des Leidens und Todes Jesu Christi am Kreuz gedacht wird. In der Osternacht ertönt dann der Jubel über Gottes Sieg über Leiden und Tod durch die Auferweckung Jesu. Das Fasten wird beendet – »gebrochen«, denn: »Christus ist erstanden.« Die österliche Festzeit dauert dann 50 Tage, bis zum Pfingstfest.

Fasten im Islam

Musliminnen und Muslime fasten im Monat *Ramadan*, indem sie sich während des Tages (vom Aufgang bis zum Untergang der Sonne) von Speise und Trank, Rauchen und Geschlechtsverkehr enthalten. Denn in diesem Monat wurde der Koran durch den Engel Gabriel zu Muhammad herabgesandt:

»Der Monat Ramadan ist es, in dem der Koran herabgesandt wurde als Rechtleitung für die Menschen und als deutliches Zeichen der Rechtleitung und der Unterscheidungsnorm. Wer nun von euch in dem Monat anwesend ist, der soll in ihm fasten« (Sure 2,185).

»Die Nacht der Bestimmung ist besser als tausend Monate. Die Engel und der Geist kommen in ihr mit der Erlaubnis ihres Herrn herab mit jedem Anliegen. Voller Frieden ist sie bis zum Aufgang der Morgenröte« (Sure 97,3–5).

In der prophetischen Überlieferung heißt es:
»Wenn der Monat Ramadan beginnt, werden die Tore des Himmels geöffnet und die Tore der Hölle verschlossen, und die Teufel werden in Ketten gelegt.«[12]

Der Ramadan ist für die Muslime also eine gesegnete, gnadenvolle Zeit: Es ist eine Zeit des intensivierten Betens, und es ist Brauch, jede Nacht des Ramadan ein Dreißigstel des Korans zu rezitieren; es ist außerdem eine Zeit der Versöhnung mit dem Nächsten und der Einübung in die Tugend der Nächstenliebe, denn das durch das Fasten Gesparte soll den Bedürftigen zukommen. Ein Ausspruch des Propheten macht deutlich, dass der Lohn für die Fastenden groß sein wird:

»Wenn jemand im Ramadan eine Pflicht erfüllt, gleicht dies siebzig in anderen Monaten erfüllten Pflichten. Er ist der Monat der Geduld, und der Lohn der Geduld ist das Paradies. Er ist der Monat der Versöhnung, er ist der Monat, in dem der Lebensunterhalt des Gläubigen sich mehrt. Er ist der Monat, dessen Beginn Barmherzigkeit, dessen Mitte Vergebung und dessen Ende Befreiung von (Höllen-) Feuer ist.«[13]

Die Fastenpflicht gilt jedoch nicht für ältere und kranke Menschen, auch nicht für schwangere, stillende oder menstruierende Frauen; Kinder werden schrittweise eingeführt. Das Entscheidende ist nicht die äußerliche Pflichterfüllung, sondern das vertiefte Sich-Ausrichten auf Gott und den Nächsten.

Das tägliche Fasten wird nach dem Sonnenuntergang mit dem Mahl des Fastenbrechens, dem *Iftār*, beendet, das bestimmte Fastenspeisen (besonders Süßspeisen) kennt und zu dem man Einladungen ausspricht und annimmt. Die Moscheen werden im Ramadan festlich geschmückt und viele Lampen angezündet. Für Sunniten und Schiiten fallen mehrere wichtige Gedenktage in diesen Monat. Der bedeutendste Tag aber ist der 27. Ramadan, denn an diesem Tag erhielt Muhammad die erste Offenbarung, in dieser »Nacht der Bestimmung« wurde der Koran herabgesandt. Der Fastenmonat endet schließlich mit dem großen *Fest des Fastenbrechens*, bei den türkischen Muslimen auch Zuckerfest genannt: Es ist eines der beiden »kanonischen« Feste im Islam und wird zwei Tage lang mit großer Freude und in der Gemeinschaft der Familie, der Freunde und der Gemeinde gefeiert und man beschenkt sich. Zu diesem Anlass bietet es sich an, dass Christen ihren muslimischen Nachbarn Glück- und Segenswünsche überbringen, wie dies seit vielen Jahren beispielsweise die Vorsitzenden der beiden großen Kirchen in Deutschland tun. Nicht selten werden Christen auch zum Iftaressen im Ramadan eingeladen, während sie umgekehrt Muslime etwa zu einer Adventsfeier einladen können. So bilden die religiösen Feste willkommene Orte interreligiösen Lernens.[14]

Fazit

1. Fasten ist ein ganzheitlicher, Leib, Seele und Geist betreffender Erneuerungsvorgang. Christen und Muslime fasten, um sich Gott und den Mitmenschen neu zu öffnen; sie verzichten für eine bestimmte Zeit, um ihrem Leben mehr Tiefe und Gehalt zu geben, um Gott zu danken und um mit bedürftigen und hungernden Menschen zu teilen.
2. Allerdings gibt es bezüglich der Fastenpraxis bedeutende Unterschiede: Während im Islam in der Fastenzeit am Tage völlig auf Nahrungsaufnahme verzichtet und am Abend »normal« gegessen und getrunken wird, besteht das christliche Fasten in der einmaligen Sättigung sowie im Verzicht auf bestimmte Speisen und Getränke. Die von einer großen Mehrheit der Muslime eingehaltene Fastenpraxis jedoch könnte vielen Christinnen und Christen heute als Vorbild dienen, die zumindest in Teilen der Christenheit weitgehend verschwundene Fastenpraxis wieder zu entdecken.
3. Auch hinsichtlich des Inhalts gibt es einen bedeutenden Unterschied: Während die christliche Fastenzeit auf das Gedenken des Heilswerkes Jesu Christi fokussiert ist, gedenken die Muslime der Herabkunft von Gottes Wort im Koran.
4. In beiden Religionen aber kommt Gottes Gnade dem umkehrbereiten, fastenden Menschen zuvor und wird in fröhlichen Festen am Ende der Fastenzeit gefeiert.

9.6 Soziale Gerechtigkeit, Solidarität und Almosen

Zu den tiefer liegenden Entsprechungen zwischen Islam und Christentum gehört die Einstellung zu den materiellen Gütern. Nach Papst Johannes Paul II. kämpfen beide Religionen gegen den Materialismus an und treten ein für soziale Gerechtigkeit und Solidarität unter den Menschen, besonders mit den Benachteiligten. Beide Religionen schützen zwar das ehrlich erworbene Privateigentum, verweisen aber auch auf die Sozialpflichtigkeit des Eigentums. Vermögen und Einkommen gelten als Berechnungsgrundlagen für die islamischen Sozialabgaben (*zakāt*) und in einigen Ländern (Deutschland, Schweiz) für die Kirchensteuer.

Almosen im christlichen Verständnis

Das Christentum kennt »Almosen«, eine Bezeichnung, die sich im Laufe veränderter wirtschaftlicher Bedingungen gewandelt hat:

»Wenn du Almosen gibst, lass es also nicht vor dir herposaunen, wie es die Heuchler in den Synagogen und auf den Gassen tun, um von den Leuten gelobt zu werden. Amen, das sage ich euch: Sie haben ihren Lohn bereits erhalten. Wenn du Almosen gibst, soll deine linke Hand nicht wissen, was deine rechte tut. Dein Almosen soll verborgen bleiben, und dein Vater, der auch das Verborgene sieht, wird es dir vergelten« (Mt 6,2–4).

Dieses Evangelium wird jedes Jahr im Gottesdienst am Aschermittwoch vorgetragen. Es leitet die Fastenzeit ein und erinnert die Gläubigen an die drei guten Werke Almosen, Gebet und Fasten, welche die österliche Bußzeit prägen sollen. Mit Blick auf die Eine Welt soll Verzicht geleistet werden. Außerdem gibt es eine ganze Reihe Worte Jesu und der jungen christlichen Gemeinde, welche die innere Freiheit gegenüber materiellen Werten betonen:

»Sammelt euch nicht Schätze hier auf Erden, wo Motte und Wurm sie zerstören und wo Diebe einbrechen und sie stehlen, sondern sammelt euch Schätze im Himmel, wo weder Motte noch Wurm sie zerstören und keine Diebe einbrechen und sie stehlen. Denn wo dein Schatz ist, da ist auch dein Herz« (Mt 6,19–21).

Jesus macht wiederholt auf die Gefahr des Reichtums aufmerksam. Für die engere Nachfolge sagt er gar zum reichen Jüngling:

»Verkauf alles, was du hast, verteil das Geld an die Armen, und du wirst einen bleibenden Schatz im Himmel haben; dann komm und folge mir nach!« (Lk 18,22).

Dieses Wort hat Franz von Assisi wörtlich befolgt und auf sein ganzes Erbe verzichtet, das ihm der reiche Kaufmannsvater zugedacht hatte. Es ist auch diese Bibelstelle, auf die sich Ordensleute berufen, wenn sie das Armutsgelübde ablegen.

Die christliche Begründung für die genannte Einstellung zu den Gütern setzt u.a. in der Schöpfungsgeschichte an, wo Gott den Menschen die Erde mit allem Reichtum anvertraut hat, damit er sie bebaue und hüte (Gen 2,15): Der Mensch ist lediglich Sachwalter Gottes; Eigentümer ist und bleibt letztlich der Schöpfer, Gott selbst. Die kirchliche Soziallehre hat überdies die soziale Dimension christlichen Glaubens (Gerechtigkeit) weiterentwickelt und die neuen globalökonomischen Verhältnisse berücksichtigt, indem sie neben dem Prinzip der Solidarität auch das Prinzip der Subsidiarität (»Hilfe zur Selbsthilfe«) und der Nachhaltigkeit betont. Kennzeichen christlicher Solidarität und Nächstenliebe ist die universale Geltung, d.h. diese erstrecken sich nicht nur auf die eigenen Glaubensgeschwister, sondern auf alle Menschen ohne Ansehen der Person.

Soziale Gerechtigkeit nach islamischem Verständnis: Armensteuer und Almosen

Der Islam kennt als vierte religiös-ethische Grundpflicht die »Armensteuer«, auch »gesetzliche Abgabe« genannt (*zakāt*), weil sie im Idealfall vom Staat eingefordert und an die Bedürftigen verteilt wird (Fürsorgesystem). Die Höhe der Abgabe variiert je nach Umständen, aber als Grundregel gilt, dass jeder volljährige und gesunde Muslim etwa 2,5 % seines Vermögens und seines Einkommens aus Handel und Arbeit und zwischen 5 und 10 % des Gewinns aus Ernte und Viehbesitz zahlen soll. Der Koran gibt relativ klare Angaben darüber, für wen die Abgabe bestimmt ist:

> »Die Almosen sind bestimmt für die Armen, die Bedürftigen, die, die damit befasst sind, die, deren Herzen vertraut gemacht werden sollen, die Gefangenen, die Verschuldeten, für den Einsatz auf dem Weg Gottes und für den Reisenden. Es ist eine Rechtspflicht von seiten Gottes. Und Gott weiß Bescheid und ist weise« (Sure 9,60).

Die Abgaben sollen also verwendet werden »für Arme und Bedürftige, für Menschen in sozialen Diensten, für Menschen, die für den Islam gewonnen werden oder beim Religionswechsel zum Islam mit Lebensbedrohung und Armut zu rechnen haben, für Menschen auf ›dem Weg Gottes‹, die sich für den Unterricht im Glauben und seine Ausbreitung oder seine Verteidigung zur Verfügung stellen und deshalb keinen anderen Verdienst haben, für Reisende, die in Not geraten sind«[15]. In den Aussagen kommt zum Ausdruck, wie sehr Gottes Souveränität das sozialethische und -rechtliche Denken des Islam prägt: Alles Geschaffene liegt letztlich in seiner Macht. Die Güter der Welt sind sein Eigentum, der Mensch hat sie lediglich als Leihgabe von ihm erhalten und ist für sie, vor allem aber für seine bedürftigen Mitgeschöpfe verantwortlich. So enthält die Pflichtabgabe drei Sinndimensionen: a) Der Gläubige soll sich Gott gegenüber als dankbar erweisen für dessen Wohltaten; b) er soll sich in den Dienst der sozialen Gerechtigkeit und der

Solidarität mit den Schwachen und Bedürftigen stellen und c) dadurch sein Herz von Habgier reinigen.

Neben der obligatorischen Sozialabgabe kennt der Islam außerdem die freiwillige Unterstützung der Armen: Das Almosengeben vor allem in der Zeit des Ramadan gilt als verdienstliches Werk. Über die konkrete Hilfe für die Bedürftigen hinaus erkennen Muslime heute angesichts der sozialen Missstände in vielen ihrer Länder, dass auch die Wurzeln der Armut und der Not wie zum Beispiel Analphabetentum, Korruption usw. bekämpft und strukturelle Veränderungen erreicht werden müssen. Allerdings bezieht sich die Solidarität und Nächstenliebe im Islam traditionell in erster Linie auf die eigenen Glaubensschwestern und -brüder, erst in zweiter Linie auf Angehörige der Schriftreligionen und eigentlich gar nicht auf die Ungläubigen.[16] Hier würde sich ein wichtiger Unterschied zur uneingeschränkten Nächstenliebe nach Jesu Gebot ergeben, doch für nicht wenige Muslime gelten die genannten Abstufungen für ihr praktisches Handeln nicht.

Weiterführende Literatur:

U.H. Körtner, Evangelische Sozialethik, Göttingen 1999.

R. Marx/H. Wulsdorf, Christliche Sozialethik. Konturen – Prinzipien – Handlungsfelder, Paderborn 2002.

V. Nienhaus/H. Vöcking, Das islamische Steuerwesen, Frankfurt/M. 1982.

Fazit

1. Solidarität mit den Armen, Bedürftigen, in Not Geratenen ist eine der zentralen ethischen Verpflichtungen in den prophetischen Religionen, die in der monotheistischen Botschaft selbst ihre tiefste Begründung hat: Als Geschöpfe des einen Gottes sind die Menschen wie Geschwister füreinander verantwortlich und aufgefordert, so aneinander zu handeln, wie der barmherzige und gütige Gott selbst an seinen geliebten Geschöpfen gehandelt hat und handelt.
2. So kann im christlichen Gottesdienst nicht das Brot gebrochen und Gott Dank gesagt werden, ohne zugleich für die hungernden und dürstenden, die Not leidenden Menschen einzutreten. Und zum Muslimsein, zur Feier des Ramadan oder des Opferfestes gehört wesentlich hinzu, die Gaben Gottes mit den Armen zu teilen.
3. Es genügt jedoch nicht, dass die Reichen immer nur etwas von ihrem Überfluss an die Armen abgeben, vielmehr müssen ungerechte Strukturen verändert werden, damit alle Menschen Chancen haben, ein menschenwürdiges Leben zu führen. Hier liegen wichtige Aufgaben und Ziele für die Zusammenarbeit von Christen und Muslimen.

9.7 Wallfahrten als Sinnbild für den Pilgerstand menschlicher Existenz

Zu den wichtigsten religiösen Symbolhandlungen gehört die weit verbreitete Praxis der Wall- oder Pilgerfahrt, die folgende vier Elemente enthält:

1. Aufbruch aus der vertrauten Umgebung,
2. Durchschreiten einer fremden Umgebung,
3. Ankunft und Verweilen am heiligen Ort,
4. Rückkehr zur vertrauten Umgebung, aber in innerlicher Veränderung.

U. Tworuschka charakterisiert die Pilgerfahrt, die »Reise zu Gott« folgendermaßen:

»Bei der von Einzelnen, meist aber gruppenweise unternommenen Reise kommen sowohl der geographischen als auch der zeitlichen Distanz zwischen Wohn- und Kultort eine erhebliche Bedeutung zu. Alltäglichkeit, Routine und Pflicht hier – Außeralltägliches, Außerordentliches dort, gekennzeichnet durch Festlichkeit, Freude, Verschwendung, Freiwilligkeit. – Hinfahrt (meist ernst) – Gipfelpunkt (mit den Komplementärerfahrungen: Schweigen – Lärm, Ernst – Fröhlichkeit, Unterwerfung – Befreiung) sowie schließlich Rückkehr (meist fröhlich), sind die hauptsächlichen Phasen.«[17] Sprache (Gebet, Gesang, aber auch Schweigen), Kleidung (Pilgergewand) und Ritual (Prozessionen, Berühren von Kultgegenständen) bilden dabei ein den gesamten Menschen anrührendes Gesamtkunstwerk, das in ihm Erfahrungen des Überschreitens, des Transzendierens auslösen kann. Damit wird die einzelne Wallfahrt zum Symbol für den Glaubensweg und für das Leben überhaupt: Glauben heißt sich immer wieder aufmachen zu neuen, unbekannten Ufern, heißt Aufbrechen und Verlassen, heißt Sehnsucht, Suchen und Finden, solange das irdische Leben währt.

Im Judentum sind drei der wichtigsten Feste ursprünglich Wallfahrts- und Erntefeste, die in Jerusalem begangen wurden, so lange der Tempel stand: *Pesach* (Erinnerung an den Exodus), *Schawuot* (Wochenfest) und *Sukkot* (Laubhüttenfest): »Dreimal im Jahr sollen alle deine Männer vor dem Herrn erscheinen« (Ex 23,17). Wallfahrt ist also Begegnung mit Gott. Im Christentum gibt es seit dem zweiten Jahrhundert Wallfahrten zu den heiligen Stätten Palästinas (vor allem Jerusalem), zu Apostel- und Heiligengräbern (z.B. Rom), später dann auch zu Marienheiligtümern (z.B. Lourdes). Der Weg zum Wallfahrtsort wird oft singend und betend beschritten. Basierend auf biblischen Aussagen wie »wir sind unterwegs zum neuen Jerusalem« (vgl. Offb 21,2) bezeichnet das Zweite Vatikanische Konzil die Kirche insgesamt als »wanderndes Gottesvolk«.

Die »fünfte Säule« des religiösen Lebens der Muslime ist die Pilger- oder Wallfahrt (*hadsch*) nach Mekka, dem Ursprungsort und damit der heiligsten Stadt des Islam. Sofern es dem gläubigen Muslim organisatorisch, finanziell und gesundheitlich möglich ist, sollte er (zumindest einmal im Leben) die große Gemeinschaftswallfahrt vollziehen. Diese beginnt jeweils am ersten Tag des zwölften Monats. Im Zentrum steht dabei die Kaaba in Mekka, die nach der islamischen Überlieferung von Adam erbaut und von Abraham und seinem Sohn Ismael wiedererrichtet wurde.

Der gläubige Muslim bereitet sich ernsthaft auf die Wallfahrt nach Mekka vor: Noch vor dem Aufbruch zur Reise bereut er seine Sünden und nimmt sich vor, künftig sowohl ein gottgefälliges Leben zu führen als auch sich gegenüber den Mitmenschen einwandfrei zu verhalten. Die Wallfahrt selbst, ohne Hin- und Rückreise, dauert 10–13 Tage und besteht aus genau festgelegten Abfolgen von heiligen Riten und Gebeten, die, wenn auch »aus teilweise disparaten Einzelelementen zusammengesetzt«[18], ein »heiliges Spiel« bilden:

Nach einer meist langen Reise, die in der Regel über Medina und den Besuch des dortigen Prophetengrabes führt, treten die Pilger in den Weihezustand ein, indem sie die rituellen Waschungen vollziehen und sich in zwei ungenähte weiße Tücher hüllen, von denen eines um die Hüften, das andere um die Schultern geschlungen wird. Diese für alle Pilger verpflichtende Kleidung nivelliert bewusst nicht nur alle äußeren Unterschiede wie kulturelle, ethnische oder soziale Herkunft: Diese Gewänder werden die Gläubigen wieder als Verstorbene tragen.

Im Mittelpunkt der nun folgenden Rituale steht das gegen den Uhrzeigersinn gerichtete siebenmalige[19] Umschreiten der Kaaba, einem würfelförmigen Gebäude mit etwa 11–13 Metern Kantenlänge, das mit schwarzem Brokattuch umhüllt ist und im Zentrum der großen Moschee von Mekka steht. In der südöstlichen Ecke dieses bereits aus vorislamischer Zeit stammenden Heiligtums ist ein schwarzer Stein, ein Meteorit, eingelassen, der von den Pilgern berührt oder sogar geküsst wird. Bei der Umkreisung werden Gebete gesprochen und bereits vorher formuliert der Pilger die Absicht: »O Gott, ich habe vor, dein heiliges Haus zu umschreiten. Mach diese Aufgabe leicht für mich und nimm meine Absicht, sie in sieben Rundgängen zu erfüllen, entgegen, die Gott dem Erhabenen gehören«.[20]

Diese Absichtsformulierungen zeigen, dass es bei der Umschreitung der Kaaba nicht um ein leeres Ritual, um das bloße Ausführen kultischer Vorschriften geht, vielmehr ist die innere Einstellung, die ganzheitliche Hingabe des Menschen an Gott, entscheidend, die sich in äußeren Bewegungen und Handlungen ausdrückt. Ein weiteres wichtiges Ritual neben der Umkreisung der Kaaba ist die wiederum siebenmalige Laufprozession zwischen den beiden Hügeln as-Safa und al-Marwa (vgl. Sure 2,158), ebenfalls heilige Stätten der vorislamischen arabischen Religion, im Islam jedoch mit der Gestalt Abrahams und seiner Frau Hagar in Verbindung gebracht: Hagar soll nach ihrer Verstoßung durch Abraham verzweifelt nach Wasser für sich und Ismael zwischen diesen beiden Hügeln gesucht haben.

Am 8. Tag des Wallfahrtsmonats versammeln sich die Pilger in Mina und gehen dann gemeinsam zum etwa 25 km östlich von Mekka liegenden Berg Arafat (Berg der Barmherzigkeit), wo sie den folgenden Tag von Mittag bis Sonnenuntergang mit Gebet und Stehen verbringen – der Höhepunkt der gesamten Wallfahrt. Auf diesem Berg soll der Prophet Muhammad seine Abschiedspredigt gehalten haben. Mit dem wiederholten Ruf *»Dir zu Diensten, Herr, stehe ich bereit!«* drücken die muslimischen Pilger ihre Ergebenheit Gott gegenüber aus. Nach dem Sonnenuntergang brechen sie wieder auf und verweilen bis in die Morgendämmerung des 10. Tages in Muzdalifa, wo sie ein vielfaches der Zahl Sieben an Steinchen sammeln, um damit am folgenden Tag in Mina symbolisch den Satan zu steinigen.

Am selben Tag findet in Mina das große *Opferfest* statt, neben dem Fest des Fastenbrechens im Ramadan das zweite der beiden großen kanonischen Feste des Islam, das mit einem gemeinsamen Festessen und dem Teilen mit den Armen und Bedürftigen verbunden ist. Die Schlachtung eines Schafes oder einer Ziege erinnert an das Opfer, das Abraham anstelle seines Sohnes Gott darbrachte (vgl. Kap. 7.3). Nach einer Rasur der Kopfhaare bei den Männern und einer Waschung kehren die Pilger mit neuer Kleidung nach Mekka zurück, wo sie nochmals die Kaaba siebenmal umrunden, noch einmal die Prozession zwischen as-Safa und al-Marwa wiederholen und schließlich ein letztes Mal die Kaaba umkreisen.

Diese Aneinanderreihung und Wiederholung von Riten und Gebeten mag Außenstehenden befremdlich vorkommen, doch sie wird verständlich, wenn man erkennt, dass hier, wie bei allem in der islamischen Religion, die konsequent monotheistische Weltsicht zum Ausdruck gebracht wird: Gott ist das Zentrum der Welt, die ganze Schöpfung kreist um ihn – und mit der Schöpfung der pilgernde Mensch. Zugleich wird an der Wallfahrt die soziale Dimension der islamischen Religion deutlich: Wie kaum eine andere religiöse Handlung lässt sie den Gläubigen die weltumspannende, völkerübergreifende Gemeinschaft und Solidarität aller Muslime spüren. Zu Hause angekommen wird dem Pilger ein großes Fest bereitet, sein Rang und Ansehen in Familie und Gemeinde ist gestiegen, was mit dem Ehrentitel »Hadschi« zum Ausdruck gebracht wird.

Fazit

1. Christen wie Muslime kennen und praktizieren die Pilgerfahrt zu heiligen Orten ihrer Religion, obgleich es für die Christen keine religiöse Grundpflicht ist wie für die Muslime.
2. Durch innere Vorbereitung auf die Reise, Gebete und Riten vor Ort, durchbrechen sie den Alltag, intensivieren sie ihre Beziehung zu Gott sowie zur Gemeinschaft ihrer Glaubensgeschwister. An den Pilgerorten spüren sie den Anfängen ihres Glaubens nach, erfahren sich als Teil einer Zeit und Raum überschreitenden Wirklichkeit und erhoffen sich Gottes Segen.
3. Mit den Elementen Aufbruch, Reise, Ankunft, Heimkehr bildet die Wallfahrt die religiöse Wirklichkeit des Menschen ab: Er ist ein Pilger auf Erden, der auf dem Weg zu Gott ist und hofft, dereinst zum Ziel zu gelangen.

Weiterführende Literatur:

S. Faroqhi, Herrscher über Mekka. Die Geschichte der Pilgerfahrt, Düsseldorf/Zürich 2000.

A. Grünert, Himmlische Geschenke. Feste und Feiern im Islam, Freiburg/Basel/Wien 2003.

R. Kirste/H. Schultze/U. Tworuschka, Die Feste der Religionen. Ein interreligiöser Kalender mit einer synoptischen Übersicht, Gütersloh 1995.

A. Schimmel, Das islamische Jahr. Zeiten und Feste, München 2001.

U. Tworuschka, Heilige Wege. Die Reise zu Gott in den Religionen, Frankfurt/M. 2001.

G. Wagemann, Feste der Religionen – Begegnung der Kulturen, München ^{2}2002.

10

ETHISCHE UND RECHTLICHE KONFLIKTFELDER

Es ist nicht wegzudiskutieren, dass es im alltäglichen Miteinander (häufig ist es leider nur ein Nebeneinander) von Christen und Muslimen Spannungen und Konflikte gibt, die auch auf religiöse und kulturelle Unterschiede zurückgehen oder darauf zurückgeführt werden. Kapitel 10 thematisiert einige dieser möglichen Konfliktfelder vor allem im Bereich der Ethik und des Rechts und will Möglichkeiten der Verständigung aufzeigen. In diesem Zusammenhang ist in einem ersten Schritt auf die meist missverstandene Bedeutung der »Scharia« im Islam einzugehen (10.1). In einem zweiten Schritt muss die Problematik der Menschrechte angesprochen werden, die sich vor allem an der Frage nach der Stellung der Frau sowie der Religionsfreiheit konkretisiert (10.2). Auch die Frage nach der Anwendung und Legitimation von Gewalt und Krieg in den Religionen kann und darf nicht ausgespart bleiben (10.3). Dann kommen speziell für die Schule relevante Fragen zur Sprache: die differenten Erziehungsstile mit unterschiedlichen Geschlechterrollen und Einstellungen zur Sexualität (10.4) sowie der Streit um das Kopftuch (10.5). Viele der angesprochenen Problemfelder laufen wie in einem Brennglas in der Frage nach dem Verhältnis der Religion(en) zur säkularen und pluralen Ordnung moderner Staaten und Gesellschaften zusammen (10.6).

10.1 Die Scharia als Grundlage für religiöse Praxis, Ethik und Recht

Scharia als Lebensordnung

Der tiefere Sinngehalt des Islam besteht darin, den Willen Gottes zu erfüllen und sich seiner göttlichen Weisung zu überantworten. Ein Muslim, eine Muslima ist, wer in seinem Leben ganz auf Gott setzt und sich seinem Willen unterordnet. Nicht jedoch das äußerliche und formale Erfüllen einzelner Gesetze ist entscheidend, sondern die Erfüllung der göttlichen Weisung, welche Ausdruck der Weisheit, Güte und Barmherzigkeit Gottes ist. Das Gesamt der göttlichen Weisung als Lebensordnung im Islam ist die »Scharia« im weiteren Sinne.

Ähnlich wie der Dekalog als Wort des Lebens zu verstehen ist, das die Beziehung zu Gott und das einvernehmliche Miteinander regelt, so soll die Scharia nicht als Bürde verstanden werden, welche die Menschen niederdrückt, sondern vielmehr als Hilfe für das Gelingen des individuellen und gemeinschaftlichen Lebens. Etymologisch bedeutet der Begriff »Scharia« den »Weg zur Tränke«. »Scharia« ist im religiösen Kontext folglich der von Gott bestimmte und als Weisung den Menschen angebotene Weg zum Leben – vergleichbar der »Halacha« im Judentum, welche auf der schriftlichen und mündlichen Tora beruht.

Die Scharia basiert im Wesentlichen auf zwei Quellen: Zum einen auf dem *Koran*, der aber überraschend wenig konkrete rechtliche Regelungen oder gesetzliche Bestimmungen enthält; die wenigen stammen aus der medinensischen Zeit, als der Islam vor der Aufgabe stand, ein politisches Gemeinwesen aufzubauen. Zum anderen fußt die Scharia auf der *Sunna*: Die Sunna ist die Prophetentradition und enthält überlieferte Aussagen und Taten Muhammads (sog. *Hadithe*[1]). Im Sinn eines Modells gilt es Muhammad als Propheten nachzuahmen, ist er doch »ein schönes Vorbild« (Sure 33,21). Sein Weg ist letztlich der Weg Gottes, was die häufige Aufforderung des Korans verständlich macht: »Gehorchet Gott und dem Gesandten« (z.B. Sure 3,32).

Der Begriff Scharia bezieht sich somit nicht allein auf das islamische Recht, erst recht nicht nur auf das Strafrecht, sondern ist Oberbegriff für den von Gott bestimmten Weg, der die gesamte religiöse Praxis, die religiöse Erziehung, die Ethik und das Recht umfasst.

Die von Gott gesetzte Ordnung

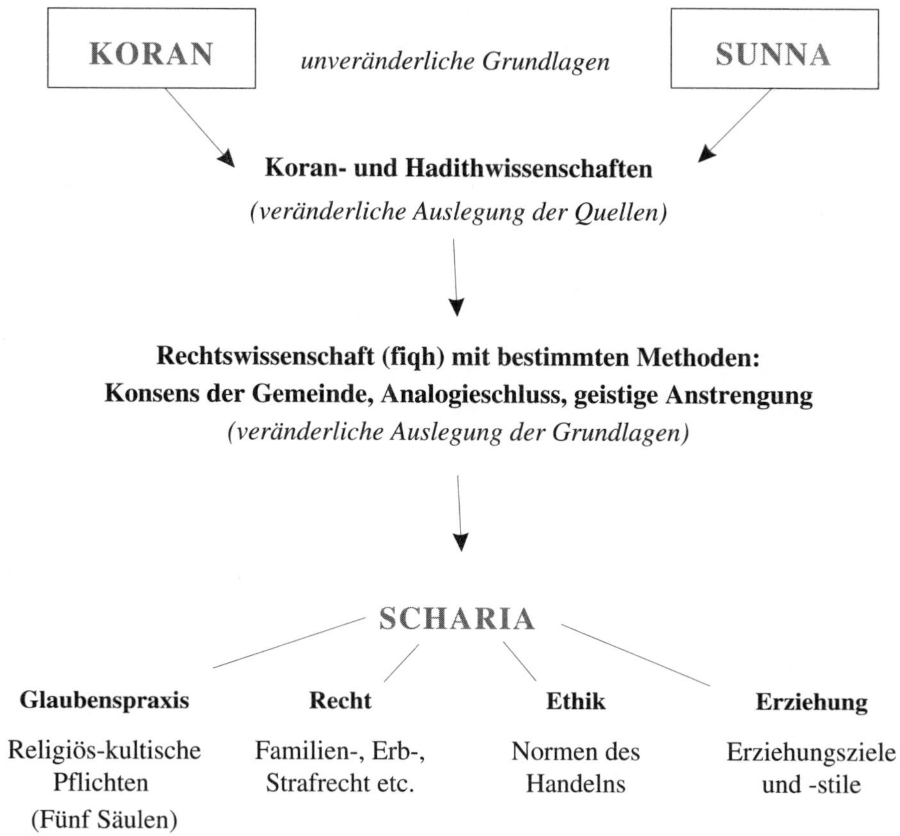

Das islamische Rechtssystem

Scharia im engeren Sinn bezeichnet das islamische Rechtssystem, wie es sich auf der Basis von Koran und Sunna im Laufe der ersten Jahrhunderte entwickelt hat (*fiqh*). Betrachtet man sich die Entwicklung und Ausgestaltung, so wird die grundsätzliche Pluralität und Flexibilität des islamischen Rechts deutlich, welche besonders durch die verschiedenen Methoden der Rechtsfindung bedingt sind. Der Koran enthält einerseits sehr klare, eindeutige rechtliche Bestimmungen, andererseits viele unklare oder mehrdeutige Anordnungen, die auslegungsbedürftig sind. Die Sunna dagegen enthält zwar eine Vielzahl klarer Regelungen, jedoch ist bei vielen Überlieferungen die Echtheit zweifelhaft oder nicht allgemein anerkannt. Vieles ist durch diese beiden Quellen noch nicht geregelt.

Wer entscheidet nun über die richtige Interpretation des Rechts? In den ersten Jahrzehnten waren es die Kalifen, die für rechtliche Probleme zuständig waren. Ab Mitte des 8. Jahrhunderts entwickelten sich mehrere Rechtsschulen, die sich hinsichtlich ihrer Methoden der Rechtsfindung unterscheiden, die als »sekundäre« oder»immaterielle Rechtsquellen« bezeichnet werden können[2]:

- Dazu gehört in erster Linie der Konsens der Rechtsgelehrten *(idschmā')*, nach manchen Rechtsschulen auch der Analogieschluss *(qiyās)*, der in einem bestimmten, durch die primären Quellen nicht explizit geregelten Fall nach ähnlichen Fällen sucht, die durch die primären Quellen abgedeckt sind; diese Regelung wird dann auf den analogen Fall übertragen. Leitend ist dabei die Frage nach der Begründung der in den Quellen vertretenen Regelung.
- Neben Konsens und Analogieschluss dient die eigene Urteilsfindung (*ra'y*), also der »gesunde Menschenverstand«, als sekundäre Rechtsquelle in der relativ liberalen Rechtsschule der *Hanafiten*, die vor allem in der Türkei, auf dem Balkan, in Syrien, im Libanon, in Indien und Zentralasien vorherrscht.
- Die Schule der *Malikiten*, die hauptsächlich in Nordafrika und Schwarzafrika verbreitet ist, stützt sich demgegenüber neben Koran und Sunna stärker auf das vorherrschende Gewohnheitsrecht der Stadt Medina.
- Die Schule der *Hanbaliten* verurteilt das eigene Urteil als Willkürakt und lässt allein den Wortlaut von Koran und Tradition als Quellen der Rechtsfindung gelten, sodass sich hier kaum Spielräume der Auslegung und Weiterentwicklung ergeben. Die hanbalitische Schultradition ist in Form der im 18. Jahrhundert entstandenen wahhabitischen Restaurationsbewegung in Saudi-Arabien vertreten und dort sogar zur Staatsdoktrin geworden.
- Die Rechtsschule der *Schafiiten* schließlich versucht eine Art Mittelweg zwischen der streng traditionalistisch ausgerichteten hanbalitischen und zum Teil auch malikitischen Richtung einerseits und der eher flexiblen hanafitischen Richtung andererseits, in dem sie das eigene Urteil ablehnt und die Bedeutung der Übereinstimmung der islamischen Rechtsgelehrten in einer Rechtsfrage unterstreicht (heute vor allem in Teilen Afrikas, Jemen, Philippinen, Malaysia und Indonesien).
- Der *schiitische Islam* hat demgegenüber eigene Rechtsschulen entwickelt.

Trotz der prinzipiellen Vielfalt und Flexibilität des islamischen Rechtssystems hat sich ab dem 10./11. Jahrhundert in weiten Teilen der islamischen Rechtswissenschaft (*fiqh*) die Überzeugung durchgesetzt, dass nun das »Tor des eigenständigen Bemühens« (*idschtihād*) geschlossen und nur noch auf die Rechtstraditionen der ersten Jahrhunderte zurückzugreifen sei (*taqlīd*). Dies führte im Grunde zu einem »Einfrieren« der Scharia auf den Status quo. Fundamentalistische Strömungen im heutigen Islam wollen diesen Stand der Scharia wieder als staatliches Gesetz einführen; islamistische Regime wie in Saudi-Arabien, im Sudan oder in Teilen Nigerias wenden die klassische Scharia an, vielfach jedoch wesentlich rigoristischer als während des Mittelalters. Erst im 19. Jahrhundert setzten sich moderne islamische Rechtsgelehrte im Zuge der Reformbewegung über den mittelalterlichen Konsens und letztlich auch über die klassischen Rechtsschulen hinweg und betreiben die Weiterentwicklung der Scharia. Die Wiedereröffnung des Tores des eigenen Bemühens (*idschtihād*) in der Rechtsfindung ermöglicht so eine Anpassung der Scharia an die jeweiligen sozio-kulturellen Gegebenheiten und modernen Bedingungen, doch ist noch nicht abzusehen, ob und wann sich diese Sicht und Praxis in der islamischen Welt mehrheitlich durchsetzen wird.

Weiterführende Literatur:

P. Antes u.a., Der Islam. Religion – Ethik – Politik, Stuttgart u.a. 1991.

A. Th. Khoury/P. Heine/J. Oebbecke, Handbuch Recht und Kultur des Islams in der deutschen Gesellschaft, Gütersloh 2000.

T. Nagel, Das islamische Recht. Eine Einführung, Westhofen 2001.

Fazit

1. Die Scharia ist ihrem ursprünglichen Sinn nach nicht jenes Schreckenssystem, zu dem es seitens islamischer Fundamentalisten oft gemacht und als das es infolgedessen seitens westlicher Medien dargestellt wird. Die Scharia ist für Muslime vielmehr der von Gott vorgezeichnete Weg, der den Menschen zum Wohl und zum Heil führen will. Einen solchen Weg bieten auch Judentum und Christentum an.

2. Dieser von Gott vorgezeichnete Weg bedurfte und bedarf immer der menschlichen Auslegung und Anpassung an die konkreten geschichtlichen Umstände. Wo diese Notwendigkeit nicht mehr gesehen oder zugelassen ist, wird die Scharia zu einem gängelndem Instrument in den Händen bestimmter (machtpolitischer) Interessen.

3. Die klassische Scharia widerspricht vor allem im Bereich des Strafrechts, aber auch in Teilen des Ehe-, Familien- und Erbrechts dem heutigen Verständnis von Würde und Gleichberechtigung aller Menschen und muss daran angepasst werden.

4. Gerade die prophetischen Religionen – Judentum, Christentum, Islam – müssen sich immer wieder kritisch fragen und befragen lassen, inwieweit sie dem einzelnen Menschen jene Freiheit und Verantwortung zugestehen, die Gott ihm selbst in der Schöpfung eröffnet hat.

10.2 Vor der gemeinsamen Herausforderung der Menschenrechte

Nicht selten berichten Rundfunk, Fernsehen, Zeitungen und Zeitschriften über Menschenrechtsverletzungen in islamisch geprägten Ländern. Weniger häufig dagegen kommen die sozialen, politischen und religiösen Hintergründe, Ursachen und Zusammenhänge dieser Vorkommnisse ans Licht. Ein selbstkritischer Blick der Christen in ihre Geschichte und Gegenwart jedoch könnte davor bewahren, nur auf die anderen zu zeigen: Biblische Worte über die Unterordnung der Frau unter das Haupt des Mannes (Gen 3,16; Eph 5,22f.) haben ihre Spuren auch im Christentum bis weit ins 20. Jahrhundert hinterlassen; die Katechismen mit ihren Aussagen gegen Juden und Muslime verfehlten ihre Wirkungen nicht; Kreuzzüge, Inquisition und anderes mehr gehört zur Geschichte des Christentums, was Papst Johannes Paul II. im Heiligen Jahr 2000 zu einem umfassenden Schuldbekenntnis veranlasste. Kein Zweifel also, die Menschenrechte stellen für beide Religionen eine große Herausforderung dar. Sie bieten ein Konfliktfeld für das christlich-islamische Gespräch und sind doch die Grundlage für ein freiheitliches menschenwürdiges Zusammenleben in Gerechtigkeit und Frieden.

Christliche Theologie und westliche Philosophie und Rechtswissenschaft sind sich heute weitgehend darin einig, dass die modernen Menschenrechte, wie sie in der UN-Charta der Menschenrechte 1948 formuliert sind, zum einen Grundlagen der jüdisch-christlichen Religion und Kulturtradition (Personbegriff etc.), zum zweiten Traditionen des griechisch-römischen Erbes und drittens schließlich der europäischen Aufklärung zu verdanken sind.[3]

Ähnlich wie viele Religionen erheben die Menschenrechte einen Universalanspruch und stellen somit eine ernste Anfrage an die Religionen, Völker und Kulturen dar. Die zentrale Frage scheint dabei zu sein, ob zwischen den modernen Menschenrechten und der abendländischen Kultur lediglich ein Entdeckungs- oder darüber hinaus auch ein exklusives Begründungsverhältnis besteht. Anders formuliert: Lassen sich die Menschenrechte einzig und allein auf der Basis der jüdisch-christlichen, griechisch-römischen und europäisch-abendländischen Kultur begründen, oder können andere Kulturen, Religionen und Weltanschauungen mit Bezug auf ihre je eigenen Quellen und Traditionen die Menschenrechte ebenso verbindlich begründen?

Von der Beantwortung dieser Frage wird letztlich abhängen, ob es gelingt, dem universalen Anspruch der Menschenrechte auch zur universalen Anerkennung und Durchsetzung zu verhelfen. Von der Anerkennung und Durchsetzung der Menschenrechte weltweit wird schließlich auch abhängen, ob nicht nur Christen und Muslime, sondern sämtliche Religionen, Kulturen und Völker sich im

Modus der Konfrontation oder gar des Kampfes, oder aber im Modus des friedlichen und konstruktiven Zusammenlebens trotz aller Spannungen und Rivalitäten begegnen.

Zwei Brennpunkte in der Diskussion um die Menschenrechte müssen dabei gerade im Kontext des christlich-muslimischen Dialogs thematisiert werden: Die Frage nach der Würde aller Menschen, aus der die Gleichberechtigung aller Menschen resultiert, sowie die Frage nach den Freiheitsrechten des Einzelnen. Im Blick auf den Islam geht es zugespitzt um die Gleichberechtigung der Frau und die Gewährung der Religionsfreiheit.

Gleiche Würde und gleiche Rechte für alle Menschen

Bereits im Zusammenhang mit der Darstellung der islamischen Anthropologie im Vergleich zum biblischen Menschenbild wurde darauf hingewiesen, dass ein breiter Strom der modernen islamischen Theologie mit Bezug auf Sure 2,30 in jedem Menschen einen Stellvertreter Gottes auf Erden sieht und in dieser von Gott verliehenen Sonderstellung des Menschen innerhalb der Schöpfung die unveräußerliche gleiche Würde aller Menschen erkennt (vgl. Kap. 6.1). So beruft sich auch die Allgemeine Islamische Menschenrechtserklärung des Islamrates für Europa von 1981 in der Präambel auf eben jene Stellvertretung Gottes durch den Menschen.[4] Wenn diese wie auch vergleichbare islamische Menschenrechtserklärungen bislang bloße Absichtserklärungen blieben und nirgendwo rechtlich verbindlich wurden[5], so ist doch festzuhalten und zu begrüßen, dass es dem Islam offensichtlich möglich ist, auf der Basis seiner eigenen religiösen Quellen (Koran und Sunna) die unbedingte und unverlierbare, weil von Gott allen Menschen verliehene Würde theologisch zu begründen. Damit ist für die Diskussion um die Menschenrechte viel gewonnen, für deren Realisierung aber nur ein erster Schritt getan.

Die entscheidende Aufgabe besteht darin, die Konsequenz aus dieser Anerkennung der gleichen Würde aller Menschen zu ziehen, nämlich die aus der Menschenwürde abgeleiteten Menschenrechte anzuerkennen und rechtsverbindlich durchzusetzen. Sowohl die traditionelle islamische Theologie und Rechtswissenschaft wie auch ein nicht unerheblicher Teil gegenwärtiger islamischer Theologen und Juristen scheinen eben diesen Schritt (noch) nicht zu vollziehen: Gleiche Würde aller Menschen vor Gott bedeutet für sie keineswegs zwangsläufig gleiche Rechte für Mann und Frau, für Muslime und Nichtmuslime. Die biologische Ungleichheit von Mann und Frau wird als Begründung dafür herangezogen, dass die Geschlechter unterschiedliche von Gott gewollte und in der Schöpfung angelegte Rollen und Aufgaben und damit auch unterschiedliche Rechte und Pflichten besitzen.

Diese Position scheint die »Kairoer Erklärung der Menschenrechte im Islam« der Organisation der Islamischen Konferenz (mehr als 50 Mitgliedstaaten) von 1990 in Art. 6 ebenfalls zu vertreten: »Die Frau ist dem Mann an Würde gleich, sie hat Rechte und auch Pflichten«. Worin diese Rechte und Pflichten genau bestehen, wird nirgendwo gesagt. Nach dem traditionellen islamischen Recht gibt es eine Reihe von Ungleichbehandlungen von Mann und Frau, vor allem im Erb-, Ehe-, Scheidungs- und Sorgerecht. Diese rechtliche Ungleichbehandlung, die aus der Sicht des modernen Menschenrechtsverständnisses eine Diskriminierung der Frau darstellt, wird durch kulturelle Traditionen und gesellschaftliche Strukturen des Patriarchalismus noch verstärkt.

Dabei ist unbestritten, dass der Islam die Sicht und Stellung der Frau gemessen an den vorislamischen Kulturen und Gesellschaften des 7. Jahrhunderts deutlich verbessert hat: Die Frau wurde durch das islamische Recht erstmals Rechtssubjekt, d.h. zur Trägerin eigener garantierter und einklagbarer Rechte. Eine kritische Besinnung auf die eigene Geschichte der Sicht und Stellung der Frau kann, wie erwähnt, die Christen und die westliche Zivilisation heute davor bewahren, selbstgerecht und überheblich gegenüber den Muslimen aufzutreten. Es gibt gegenwärtig auch in zahlreichen islamischen Ländern emanzipatorische Reformbestrebungen, die deutlich machen, dass viele muslimische Frauen einen eigenen, nicht vom Westen vorgezeichneten Weg der Emanzipation gehen wollen und auch gehen.

Religionsfreiheit als Testfall für die Menschenrechte

Ähnlich problematisch wie die Frage der Gleichberechtigung von Mann und Frau ist das Verständnis der Religionsfreiheit im Islam. Religionsfreiheit bezieht sich nach dem klassischen islamischen Recht lediglich auf das Recht von Nichtmuslimen, zum Islam zu konvertieren sowie auf das Recht der sog. Schriftbesitzer (Juden und Christen), ihren Glauben zu behalten und innerhalb bestimmter Grenzen auszuüben. Religionsfreiheit geht nach diesem klassischen Verständnis jedoch nicht so weit, vom Islam zu einer anderen Religion konvertieren zu dürfen oder einer polytheistischen Religion anzugehören oder gar frei von einem religiösen Bekenntnis zu sein. Offensichtlich besteht hier ein Widerspruch zum modernen Verständnis von positiver und negativer Religionsfreiheit.

Dass auch im modernen islamischen Rechtsdenken dieses neuzeitliche Verständnis von Freiheit nicht auf breiter Basis eingeholt ist, zeigen die folgenden islamischen Menschenrechtserklärungen: In Art. 2 proklamiert die Allgemeine Islamische Menschenrechtserklärung des Islamrats für Europa (1981) zwar das Recht auf Freiheit als dem Menschen angeborenes, heiliges und unveräußerliches Recht, formuliert dann jedoch, dass die zum Schutz der individuellen Freiheit erforderlichen Garantien »durch die Scharia und die durch sie zugestandenen Verfahrensweisen« eingeschränkt oder begrenzt werden dürfen. Auch das Recht auf Gedanken-, Glaubens- und Redefreiheit wird lediglich »innerhalb der allgemeinen Grenzen, die die Scharia vorschreibt«, gewährt (Art. 12). Nicht erlaubt ist demnach, was eine »Schwächung der Umma«, also der islamischen Glaubensgemeinschaft bewirkt. Unmissverständlich und ohne Einschränkung ist in Art. 13 allerdings das Recht auf religiöse Freiheit verbürgt: »Jeder hat die Freiheit des Glaubens und der Religionsausübung entsprechend seinem Glauben: ›Ihr habt eure Religion und ich meine Religion‹« (Sure 109,6).

Art. 10 der Kairoer Menschenrechtserklärung verteidigt ebenfalls in überraschend klarer Weise das Verbot, »irgendeine Art von Druck auf einen Menschen auszuüben oder seine Armut oder Unwissenheit auszunutzen, um ihn zu einer anderen Religion oder zum Atheismus zu bekehren«. Eine klare Aussage zum Recht auf Abwendung vom Islam ist hier jedoch nicht zu finden. Anders dagegen die Grundsatzerklärung des Zentralrates der Muslime in Deutschland aus dem Jahr 2002, die das Recht akzeptiert, »die Religion zu wechseln, eine andere oder gar keine Religion zu haben. Der Koran untersagt jede Gewaltausübung und jeden Zwang in Angelegenheiten des Glaubens« (Art. 1).

Ohne Zweifel besteht in den Fragen der Religionsfreiheit noch großer Diskussions- und Reflexionsbedarf. Zugleich ist zu beachten, dass in der islamischen Welt seit einigen Jahrzehnten ein Reformprozess im Gange ist, den moderne und liberale islamische Theologen und Rechtsgelehrte wie der Tunesier Mohammed Talbi[6], der Sudanese Abdullahi An-Na'im oder der Marokkaner Elhadi Essabah[7] vorantreiben. Dabei steht der vielzitierte Koranvers: »Es gibt keinen Zwang in der Religion« (Sure 2,256) im Zentrum der exegetischen und systematischen Bemühungen, die Religionsfreiheit koranisch zu begründen.[8]

Diese Reformbestrebungen sind durch die zunehmende Fundamentalisierung in Teilen der islamischen Welt in den letzten zwei Jahrzehnten an den Rand gedrückt worden. Aber auch in diesem Punkt dürfte es hilfreich sein, selbstkritisch die eigene christliche Geschichte zu bedenken: So hat die römisch-katholische Kirche erst 1965 mit der Konzilserklärung über die Religionsfreiheit (»Dignitatis humanae«) dieses Menschenrecht offiziell anerkannt. Und immer noch gibt es Teile der christlichen Welt, wie einige fundamentalistische Strömungen oder auch einige orthodoxe Nationalkirchen des ehemaligen Ostblocks, die sich mit der Anerkennung der Religionsfreiheit und anderen Menschenrechten ähnlich schwer tun wie die islamische Welt. Immer noch und immer wieder gibt es schließlich auch Menschenrechtsverletzungen in westlichen und demokratischen Staaten. Dies zeigt, dass Menschenwürde und Menschenrechte stets neu zu erringen sind. Christen und Muslime sind aufgerufen, sich gemeinsam dieser Aufgabe zu stellen und Anwälte des Menschen zu sein.

Fazit

1. Die von den Vereinten Nationen 1948 promulgierten Menschenrechte beanspruchen kultur- und völkerübergreifende Geltung. Die einzelnen Religionen der Welt haben zu diesem universalen Ethos durch ihre jahrhunderte- und jahrtausendelang erprobten Traditionen beigetragen.
2. Gerade die abrahamitischen Religionen versuchen, die säkular formulierten Menschenrechte auf der Basis ihrer jeweiligen heiligen Quellen auch religiös zu begründen. Zugleich mussten sie sich hinsichtlich der Gewährung besonders der Freiheitsrechte einem Lernprozess unterziehen, der noch keineswegs abgeschlossen ist.
3. Die islamische Welt scheint aufgrund geistes- und kulturgeschichtlicher Umstände sowie soziopolitischer Faktoren besonders im Bereich der Religionsfreiheit sowie der Gleichberechtigung von Mann und Frau, von Muslimen und Nichtmuslimen mehr Zeit bei der reflektierenden Aneignung und der Durchsetzung zu benötigen. Entscheidend ist bei diesem Prozess weniger, was die religiösen Quellen an Normen vorgeben, als vielmehr wie diese interpretiert werden.

Weiterführende Literatur:

F. Mernissi, Die vergessene Macht. Frauen im Wandel der islamischen Welt, Frankfurt/M. 1997.

A. Schimmel, Meine Seele ist eine Frau. Das Weibliche im Islam, München 1995.

C. Schirrmacher/U. Spulex-Stegemann, Frauen und die Scharia. Die Menschenrechte im Islam, München 2004.

J. Schwartländer (Hg.), Freiheit der Religion. Christentum und Islam unter dem Anspruch der Menschenrechte, Mainz 1993.

J. Schwartländer/H. Bielefeldt, Christen und Muslime vor der Herausforderung der Menschenrechte, Bonn 1996.

W. Walther, Die Frau im Islam, Leipzig [3]1997.

10.3 Gewaltpotenzial und Friedensauftrag

Ein weiteres ethisches Konfliktfeld – sowohl für den Islam als auch für das Christentum – stellen die Fragen im Zusammenhang mit Krieg und Frieden, grundlegender noch das Problem der Gewalt überhaupt, dar. Dieses Konfliktfeld hat durch religiös legitimierte Selbstmordattentate und Terroranschläge sowie die kriegerischen Auseinandersetzungen in Afghanistan und Irak nach dem 11. September 2001 an Brisanz gewonnen. Aus geschichtlicher wie ethischer Perspektive sind diese Fragen differenziert wahrzunehmen, allein schon deshalb, weil verschiedene Begriffe zu klären und unterschiedliche Formen und Motive der Gewaltanwendung zu berücksichtigen sind.

Ein erster Blick auf die religiösen Quellen Bibel und Koran zeigt jedenfalls eine erschreckende Fülle von nicht nur Gewalt beschreibenden, sondern auch Gewalt legitimierenden Texten. Ebenso sehr offenbart das Studium der Geschichte der abrahamitischen Religionen und ihrer Beziehungen zueinander, wie sehr das Gewaltpotenzial auch realisiert wurde bis hin zu Eroberungs- und Vernichtungskriegen. – Angesichts dieser nachdenklich stimmenden Tatsachen gilt es jedoch ebenso zu beachten, dass dieselben Religionen ein großes Friedens- und Versöhnungspotenzial aufweisen. Seine Wirkung mag zwar weniger offensichtlich sein, aber es gibt sie unbestreitbar.

Krieg und Frieden in der hebräischen Bibel und im Judentum

Die Themen Gewalt und Versöhnung, Krieg und Frieden durchziehen die gesamte Bibel von den ersten bis zu den letzten Seiten – als Buch des Lebens, des Niederschlags menschheitsgeschichtlicher Erfahrungen und Reflexionen ist dies allzu verständlich. Schon in der Frühzeit Israels begegnet die Vorstellung von den »Jahwe-Kriegen«: Jahwe selbst kämpft für das unterlegene Volk, beginnend mit der Errettung am Schilfmeer (Ex 13,17ff.) und den Kämpfen bei der Landnahme (Jos 6;10;11). Zusammengefasst werden diese Rettungserfahrungen des Volkes Israel in dem der Theologie heute große Probleme bereitenden hymnischen Bekenntnis des Mose: »Der Herr ist ein Krieger, Jahwe ist sein Name« (Ex 15,3).

In der Zeit der Könige geht Israel zu Eroberungskriegen über, die nun nicht mehr direkt von Jahwe, aber doch mit seiner Hilfe geführt werden. Nachbarvölker werden »unterworfen und in das davidisch-salomonische Reich eingegliedert. Die Israeliten gingen dabei mit den Besiegten nicht weniger grausam um als andere

Völker (z.B. 2 Sam 8,2)«[9]. Erst nach den leidvollen Niederlagen gegen die übermächtigen Assyrer (8. Jh.) und Babylonier (6. Jh.) wuchs in Israel die Sehnsucht nach Frieden und Freiheit (z.B. Ps 72,1–7; 1 Chr 22,6–9; Jes 2,2–4; Mi 4,1–4). Noch mehrmals in der langen Geschichte des Volkes Israel stellte sich die Problematik der Kriegsführung, so durch den Aufstand der Makkabäer und die anschließende Gewaltherrschaft der Hasmonäer im ersten Jahrhundert v. Chr., in den Aufständen gegen die Römer im ersten bis zweiten Jahrhundert n. Chr. und zuletzt in den Kriegen des Staates Israel ab 1948.

Zugleich hat das Volk Israel mit dem Begriff »Schalom« ein wichtiges Gegengewicht zur Kriegsideologie geschaffen und zumindest den monotheistischen Religionen semitischen Ursprungs weiter vermittelt. »Schalom« ist dabei nicht nur das Gegenteil oder die Abwesenheit von Krieg und Gewalt, sondern ein Zustand umfassenden Wohlergehens für den Einzelnen, die Gemeinschaft, die gesamte Schöpfung – ein Zustand, der von den Menschen befördert werden kann und soll und doch im messianischen Zeitalter von Gott kommen wird.

Krieg und Frieden im Neuen Testament und im Christentum

Obwohl das Neue oder Zweite Testament auf der Basis der jüdischen Bibel steht, ist es stärker von der bedingungslosen Friedensbotschaft Jesu geprägt. Zentral und grundlegend dafür, und damit für eine christliche Friedensethik, ist die Aufforderung Jesu in der Bergpredigt zu absolutem Gewaltverzicht und sein Gebot der »Entfeindungsliebe« (Pinchas Lapide), indem er das Tötungsverbot des Dekalogs ernst nimmt und radikalisiert:

> »Ich aber sage euch: Leistet dem, der euch etwas Böses antut, keinen Widerstand, sondern wenn dich einer auf die rechte Wange schlägt, dann halt ihm auch die andere hin. Und wenn dich einer vor Gericht bringen will, um dir das Hemd wegzunehmen, dann lass ihm auch den Mantel. Und wenn dich einer zwingen will, eine Meile mit ihm zu gehen, dann geh zwei mit ihm.« (Mt 5,39–41; vgl. 26,52–54)

Bei Paulus ist Frieden »nicht primär Aufgabe des Menschen, sondern Gabe Gottes und Christi«[10]:

> »Vergeltet niemand Böses mit Bösem! Seid allen Menschen gegenüber auf Gutes bedacht! Soweit es euch möglich ist, haltet mit allen Menschen Frieden! Rächt euch nicht selber, liebe Brüder, sondern lasst Raum für den Zorn (Gottes); denn in der Schrift steht: Mein ist die Rache, ich werde vergelten, spricht der Herr. Vielmehr: Wenn dein Feind Hunger hat, gib ihm zu essen, wenn er Durst hat, gib ihm zu trinken; tust du das, dann sammelst du glühende Kohlen auf sein Haupt. Lass dich nicht vom Bösen besiegen, sondern besiege das Böse durch das Gute!« (Röm 12,17–21).

Durch Christus und besonders seinen Tod ist ein Zustand umfassenden Friedens und der Versöhnung zwischen Gott und Mensch, und damit auch zwischen den Menschen hergestellt worden. Wenn auch diese Friedensethik das Christentum der ersten drei Jahrhunderte geprägt hat, so erlaubt die Geschichte der Kirche ab dem 4. Jahrhundert bis ins 20. Jahrhundert hinein keineswegs, sich in dieser Frage über andere Religionen und Kulturen zu erheben: Sobald nämlich das Christentum Staatsreligion im Römischen Reich wurde und sich mit politischer Macht vermischte, hat es die Botschaft Jesu vom Gewaltverzicht allzu oft vergessen oder als Utopie verworfen und den Zwängen der noch nicht vollendeten Welt geopfert.

Die westkirchliche Theologie und Tradition hat die ethische Frage nach der Erlaubtheit des Krieges seit Augustinus in der Lehre vom »gerechten Krieg« behandelt. Diese Lehre hat folgende Kriterien für eine moralisch gerechtfertigte Kriegshandlung im Verteidigungsfall formuliert, die *alle zusammen* erfüllt sein müssen:

1. Schwerwiegender gegnerischer Angriff auf lebenswichtige Güter (gerechter Grund).
2. Dieser Angriff muss ungerechtfertigt (also z.B. nicht provoziert) sein.
3. Die Abwehr dieses Angriffs muss unmittelbar (darf nicht präventiv) sein.
4. Die zuständige rechtmäßige staatliche Autorität muss den Krieg erklären.
5. Es muss ein reiner Verteidigungskrieg sein (rechte Absicht).
6. Es muss die begründete Aussicht auf Erfolg bestehen.
7. Alle friedlichen Mittel der Konfliktlösung müssen vorher ausgeschöpft werden (Krieg nur als »ultima ratio«).
8. Prinzip der Verhältnismäßigkeit, d.h. die zu schützenden Güter und Werte müssen größer sein als das voraussichtlich entstehende Übel.
9. Sittlich verwerfliche Mittel dürfen nicht eingesetzt werden (z.B. Tötung von Zivilisten, Verwundeten, Gefangenen).

Angesichts der Erfahrungen des totalen Krieges und der heute möglichen und verbreiteten atomaren, chemischen und biologischen Massenvernichtungswaffen kann ernsthaft bezweifelt werden, ob besonders die Bedingungen 8 und 9 dieses Katalogs noch erfüllbar sind, es somit also überhaupt noch gerechtfertigte Kriege geben kann. Auch wenn Fälle denkbar sind, in denen ein von der Staatengemeinschaft (UNO) legitimierter Krieg als »ultima ratio« gerechtfertigt scheint, um ein noch größeres Übel zu verhindern, hat die christliche Friedensethik der letzten Jahrzehnte ihren Schwerpunkt auf die Schaffung eines »gerechten Friedens« gelegt. Grundlage dafür ist die Erkenntnis, dass allein Gerechtigkeit und Solidarität die Bedingungen für einen Frieden schaffen können:

»Das Leitbild des gerechten Friedens beruht auf einer letzten Endes ganz einfachen Einsicht: eine Welt, in der den meisten Menschen vorenthalten wird, was ein menschenwürdiges Leben ausmacht, ist nicht zukunftsfähig. Sie steckt auch dann voller Gewalt, wenn es keinen Krieg gibt. Verhältnisse fortdauernder schwerer Ungerechtigkeit sind in sich gewaltgeladen und gewaltträchtig. Daraus folgt positiv: ›Gerechtigkeit schafft Frieden‹«[11].

Die Kirche selbst will und soll dabei heute und in Zukunft Zeichen und Werkzeug des Friedens, der Versöhnung und der Gerechtigkeit sein, wohl wissend, dass Gott allein den endgültigen und vollen Frieden im Sinn umfassenden Heils schaffen kann und wird.

Krieg und Frieden im Koran und in islamischer Tradition

Viel stärker als andere Religionen wird gegenwärtig der Islam mit Aggression, Gewalt und Krieg in Verbindung gebracht. Umfrageergebnisse der letzten Jahre zeigen, dass der Islam primär mit diesen Themen assoziiert wird. Ein Grund dafür sind die unübersehbaren Gewaltphänomene in Teilen der islamischen Welt. Um den islamischen Fundamentalismus und den religiös verbrämten Terrorismus erklären zu können, sind geschichtliche und soziale Ursachen ebenso zu sehen wie politische, ökonomische und religiöse.

Im Koran wie in der Sunna gibt es eine Vielzahl Gewalt legitimierender Aussagen. Dies unterscheidet den Islam allerdings nicht vom Ersten Testament, das für Juden wie für Christen bis heute die normative Heilige Schrift ist; ja beim Vergleich der Aussagen und Begriffe wird deutlich, dass der Islam auch hier wie in vielen anderen Themenbereichen ganz im Erbe der jüdisch-christlichen Tradition steht. Am deutlichsten wird dies am Begriff des »Heiligen Krieges«, dessen Vorstellung der Islam vom Ersten Testament und von der Antike übernommen hat. Muslime verweisen stets darauf, dass der arabische Begriff *dschihād* eigentlich nicht »heiliger Krieg« bedeutet. Etymologisch liegt dem Begriff *dschihād* ein Verbum mit der Bedeutung, »sich anstrengen«, »sich abmühen«, »sich heftig für eine gerechte Sache einsetzen« zugrunde.

Dieser Begriff ist in der islamischen Theologie, vor allem in der mystischen Tradition, auch im spirituellen und religiösen Sinn gedeutet worden: *dschihād* ist demnach »das Sich-Anstrengen« auf dem Weg zu Gott (z.B. durch intensiviertes Gebet, Gottesgedenken) – für die Mystiker ist dies der »Große dschihād«. *Dschihād* ist außerdem die friedliche Mission sowie das Sich-Einsetzen für Arme, Bedürftige, für wirtschaftliche Entwicklung, also das sozial-caritative und sozial-politische Engagement. Diese Interpretation von *dschihād* wird heute tatsächlich von vielen Muslimen bevorzugt. Andererseits lässt sich nicht leugnen, dass es im

Islam neben diesen Formen von *dschihād* eine andere Dimension gegeben hat und gibt, nämlich im Sinne des bewaffneten Kampfes und der kriegerischen Auseinandersetzung »auf dem Wege Gottes«.

Wichtig ist dabei die Unterscheidung von mekkanischer und medinischer Zeit, weil sich die Situation für Muhammad und die Muslime nach der Auswanderung von Mekka nach Medina verändert hatte.[12] In der *mekkanischen* Phase der Anfänge des Islam, also zwischen 610–622, fassten die Mekkaner die neue Botschaft Muhammads als Bedrohung auf und reagierten aggressiv darauf, ja trachteten Muhammad sogar nach dem Leben. Muhammad wurde in dieser Phase die Weisung Gottes gegeben, mit Geduld, Nachsicht und Gewaltlosigkeit auf alle Ungerechtigkeiten und Nachstellungen zu reagieren. Die muslimische Gemeinde war noch zu klein und politisch-militärisch zu schwach, um sich erfolgreich zur Wehr setzen zu können. Deshalb steht der Aufruf zum Frieden im Vordergrund.

In der *medinischen* Zeit dagegen wird den Muslimen der bewaffnete Kampf gegen die heidnischen Mekkaner und gegen alle Widersacher des Islam erlaubt:

»Erlaubnis (zum Kampf) ist denen gegeben, die bekämpft werden, weil ihnen ja Unrecht getan wurde – und Gott hat gewiss die Macht, sie zu unterstützen –, (ihnen,) die zu Unrecht aus ihren Wohnstätten vertrieben wurden, nur weil sie sagen: Unser Herr ist Gott. Und hätte Gott nicht die einen Menschen durch die anderen abgewehrt, so wären gewiss Mönchsklausen, Kirchen, Gebetsstätten und Moscheen zerstört worden, in denen des Namens Gottes viel gedacht wird. – Und Gott wird bestimmt die unterstützen, die Ihn unterstützen. Gott ist stark und mächtig« (Sure 22,39f.).

Die Erlaubnis zum Kampf ist hier offensichtlich an die Bedingung gebunden, dass die Muslime zuvor angegriffen oder vertrieben worden sind. Moderne islamische Theologen schließen daraus, dass der Koran lediglich den Verteidigungskrieg erlaubt. Diese Auffassung wird durch folgende Verse unterstützt:

»Und kämpft auf dem Weg Gottes gegen diejenigen, die gegen euch kämpfen, und begeht keine Übertretungen. Gott liebt die nicht, die Übertretungen begehen. Und tötet sie, wo immer ihr sie trefft, und vertreibt sie, von wo sie euch vertrieben haben. Denn Verführen [zum Unglauben] ist schlimmer als Töten. Kämpft nicht gegen sie bei der heiligen Moschee, bis sie dort gegen euch kämpfen, wenn sie gegen euch kämpfen, dann tötet sie. So ist die Vergeltung für die Ungläubigen. Wenn sie aufhören, so ist Gott voller Vergebung und barmherzig. Kämpft gegen sie, bis es keine Verführung mehr gibt und bis die Religion nur noch Gott gehört. Wenn sie aufhören, dann darf es keine Übertretung geben, es sei denn gegen die, die Unrecht tun« (Sure 2,190–193).

Krieg ist folglich an die Bedingung des Verteidigungsfalls, der Selbstverteidigung geknüpft, was auch völkerrechtlich gedeckt wäre. Der Kampf ist deshalb möglichst bald zu beenden, sobald der Aggressor einlenkt: »Und wenn sie [die Feinde] sich dem Frieden zuneigen, dann neige auch du dich ihm zu« (Sure 8,61).

Der Koran enthält also nicht nur Gewalt legitimierende, sondern auch Gewalt einschränkende Aussagen, die teilweise erste Ansätze völkerrechtlicher Grundsätze aufweisen. Allerdings darf nicht verschwiegen werden, dass die Kriege der muslimischen Araber nach 632 über die arabische Halbinsel hinaus (vgl. Karte 1, S. 15) keine Verteidigungskriege, sondern eindeutig Eroberungszüge waren. Ein dauerhafter globaler Friedenszustand, glaubte man, ist erst dann erreicht, wenn die gesamte Welt unter islamischer Herrschaft ist, eine Vorstellung, die der einer »pax romana« oder einer – gegenwärtig offensichtlich angestrebten – »pax americana« vergleichbar ist.

Obwohl dieses Faktum stets auf dem Hintergrund der damaligen Rechtsauffassung und Praxis zu bewerten ist, so ist heute eine kritische und selbstkritische Aufarbeitung dieser Tradition im Islam gefordert und notwendig. Nur wenn die Mehrheit der islamischen Theologen und Rechtsgelehrten sich von dieser Tradition verabschiedet, kann die Versuchung eingedämmt werden, sich weiterhin auf sie zu berufen. Erleichtern könnte diesen Prozess die Tatsache, dass es im Koran durchaus auch friedensethische Ansätze gibt, die – wie das jesuanische Gebot der Feindesliebe – auf die Durchbrechung der Spirale von Rache und Gewalt zielt:

> »Nicht gleich sind die gute und die schlechte Tat. Wehre mit einer Tat, die besser ist, da wird der, zwischen dem und dir eine Feindschaft besteht, so, als wäre er ein warmherziger Freund« (Sure 41, 34).

Fazit

1. Gewalt und Krieg, Versöhnung und Frieden sind Grundthemen der menschlichen Existenz und werden in den Heiligen Schriften und religiösen Quellen der Menschheit thematisiert.
2. Judentum, Christentum und Islam stehen gleichermaßen vor dem Problem, dass ihre religiösen und normativen Texte gewaltlegitimierende Aussagen enthalten, die in der Geschichte – und zum Teil bis in die Gegenwart – auch tatsächlich in Anspruch genommen worden sind.
3. Nur eine selbstkritische Besinnung auf diese Wirkungsgeschichte sowie eine ideologiekritische Auslegung der Quellen kann einen solchen Missbrauch der Religion verhindern. Unterstützt wird dieses Bemühen durch die Tatsache, dass alle Heiligen Schriften auch friedensfördernde und versöhnungsstiftende Impulse enthalten.

Weiterführende Literatur:

Die deutschen Bischöfe, Gerechter Friede (Die deutschen Bischöfe 66), Bonn 2000.

W. Homolka/A. H. Friedlander, Von der Sintflut ins Paradies. Der Friede als Schlüsselbegriff jüdischer Theologie, Darmstadt 1993.

A. Th. Khoury/P. Hünermann (Hg.), Friede – was ist das? Die Antwort der Weltreligionen, Freiburg i. Br. 1984.

A. Noth, Heiliger Krieg und heiliger Kampf in Islam und Christentum, Bonn 1966.

Schritte auf dem Weg des Friedens. Orientierungspunkte für Friedensethik und Friedenspolitik. Ein Beitrag des Rates der Evangelischen Kirche in Deutschland (EKD-Texte 48), Hannover 1994.

10.4 Differente Erziehungsstile und Geschlechterrollen

In vielen Schulen Europas gibt es mittlerweile eine beachtliche Gruppe muslimischer Kinder und Jugendlicher, in den Großstädten eine größere als in ländlichen Regionen. Die Erziehungsverantwortlichen sehen sich neuen, herausfordernden Situationen gegenüber. Im Großen und Ganzen darf festgestellt werden, dass sich die Kinder von Zuwanderern in den Schulen mehrheitlich zurechtfinden und von ihren Mitschülerinnen und Mitschülern akzeptiert werden. Ähnliches gilt für die Jugendlichen in beruflichen Ausbildungsstätten, an höheren Schulen und im Berufsleben überhaupt.

Dennoch kommt es im schulischen und öffentlichen Leben auch zu Konflikten zwischen Angehörigen der Mehrheitsgesellschaft und Angehörigen der zweiten und dritten Immigrantengeneration. Nicht selten entzünden sich diese Konflikte an sichtbaren und spürbaren Differenzen in Bezug auf die Erziehung und die Geschlechterrollen: Da muss eine Lehrperson beispielsweise zur Kenntnis nehmen, dass die muslimischen Mädchen den koedukativen Turn- und Schwimmunterricht verweigern und damit ein Aufsichtsproblem in den betreffenden Stunden schaffen. Oder: Eine Lehrerin erfährt Widerstand oder gar persönliche Beleidigung seitens eines muslimischen Jungen, wenn sie ihm Anweisungen gibt. Oder: Islamische Mädchen dürfen auf Weisung ihrer Eltern nicht an einer zweitägigen Schulexkursion teilnehmen. Ein anderes Mal gibt es Probleme beim Sexualkundeunterricht.

Nicht selten kommt es in solchen und ähnlichen Situationen zu Irritationen und Unsicherheiten auf Seiten der Lehrerschaft wie der Eltern, während die Kinder als Prellböcke der unterschiedlichen Erziehungsvorstellungen fungieren. Jetzt gilt es in verschiedener Hinsicht, bisherige Konzepte zu überprüfen und manches neu auszuhandeln. Um diese verschiedenen Konflikte lösen zu können, müssen einige grundsätzliche Auffassungen erörtert werden, die für die Erziehung, insbesondere die geschlechtliche Erziehung, von Bedeutung sind.

Grundlagen der Erziehung im christlich-islamischen Vergleich

Religiös gesehen besitzen Mann und Frau auch nach islamischer Sicht dieselbe Würde, beide sind Stellvertreter Gottes auf Erden (vgl. Kap. 6.1). Die biologische Differenzierung von Mann und Frau begründet nach traditioneller islamischer Auffassung auch Unterschiede in den Geschlechterrollen und folglich für die Erziehung: Während der Mann traditionell für die Außenbereiche (Beruf, Verhandlungen) zuständig ist, kommen der Frau die Aufgaben im Innenbereich (Haushalt und Kindererziehung) zu. Diese klare Rollenaufteilung spiegelt sich in den geschlechtsspezifischen Erziehungsidealen wider: »Für Mädchen gilt als Vorbild das Ideal der Mutter, die gehorsam, arbeitsam, ehrenhaft ist und die Familie und die Kinder liebevoll umsorgt. Für den Jungen stehen an erster Stelle Stärke und Männlichkeit, mit denen er die Werte der Nation und der Familie zu schützen hat.«[13]

Dies alles war freilich bis vor ein bis zwei Generationen auch in westeuropäischen Ländern noch so. Es handelt sich hier also nicht so sehr um einen grundsätzlichen Wesensunterschied zwischen beiden Religionen oder Kulturen als vielmehr um gesellschaftliche Ungleichzeitigkeiten, die prinzipiell ausgeglichen werden könnten und es zum Teil wenigstens schon sind.

Eine gemeinsame erzieherische Grundlage für Christen und Muslime ist die *familiäre Orientierung*. Die Familie bildet nicht nur die »Keimzelle der menschlichen Gesellschaft«[14], in der Familie geschieht auch die erste, elementare religiöse Erziehung: die Einübung in die Grundhaltung der Ergebenheit in Gottes Willen. Dass aus der elterlichen Fürsorge für die Kinder später die Sorge der erwachsen gewordenen Kinder für ihre Eltern erwächst, haben wir bereits gesehen (vgl. Kap. 9.3). Freilich hat die Übersiedlung nach Westeuropa für die zweite und dritte Generation auch die Veränderung von der Großfamilie zur Kleinfamilie mit sich gebracht.

Recht unterschiedlich können indessen immer noch die *Erziehungsziele* im Vergleich des westlichen Christentums heute und des weitgehend noch traditionellen Islam sein. Das Ziel der allgemeinen und – damit verbundenen – religiösen Erziehung im Islam besteht darin, junge Menschen zur Hingabe an Gott und zum Gehorsam gegenüber seinem Willen zu führen. Das gesamte Leben soll seinen Sinn in Gott finden und sich nach ihm ausrichten.[15] In der modernen christlichen

Religionspädagogik hat der gesamte Erziehungsbereich dagegen eine Freisetzung erfahren. Das Ziel der Erziehung besteht in einer relativen Autonomie der Person. Intendiert werden die Subjektwerdung und eine christlich verantwortete Mündigkeit. Darunter versteht man heute ein eigengestaltetes und -verantwortetes Leben in Solidarität mit den Mitmenschen.

Wie beim Vergleich des Dekalogs (vgl. Kap. 9) erwähnt, optieren Christentum und Islam prinzipiell für dieselben *Werte*: Schutz des Lebens, der Familie, des Eigentums. Selbst der Wert der Sexualität wird in beiden Religionen als gute Gabe Gottes anerkannt, die zu einem verantwortlichen Leben verpflichtet. Sehr stark betont der Islam die Wahrung der Intimsphäre und der Ehre der Familie. Die westliche Reklame mit der Vermarktung des weiblichen Körpers wirkt auf Musliminnen und Muslime anstößig, ja ehrverletzend und ist für sie kein Ausdruck von Freiheit und Emanzipation.

Zur Praxis der Erziehung

Der theozentrischen islamischen Zielbestimmung entspricht eine Erziehung als ganzheitliche Sozialisation. Zu dieser gehören das Vertrautwerden mit dem islamischen Welt- und Lebensverständnis, die selbstverständliche Wertübernahme und die Initiation in die religiöse Praxis. In erster Linie soll die Familie die Kinder ins allgemeine und religiöse Leben einführen und die entsprechenden Grundhaltungen vermitteln, wobei Ehrfurcht vor Gott und Respekt gegenüber den Menschen, das Gebet und im mittleren Schulalter bereits das Fasten große Bedeutung haben. Die Koranschule wird diese Erziehung weiterführen und besonders die Aneignung des Korans einüben.

Muslimische Eltern wollen ihre Kinder vor schädlichen gesellschaftlichen Einflüssen bewahren. Die Kinderziehung wird »oft mit dem Wachstum einer Pflanze verglichen, die gute Erde, Wasser und Sonne braucht«[16]. Die moderne christliche Religionspädagogik favorisiert dagegen eher die Methode »Erziehung durch Bewährung«. Ihr Weg führt über die dialogische Auseinandersetzung hin zum verhältnismäßig eigenständigen Urteil und selbstverantwortlichen Handeln.

Muslimische Eltern erwarten von den Institutionen Kindergarten, Koranschule und Schule eine weitergehende Prägung, was die Erfüllung der religiösen Pflichten ihrer Kinder angeht. Weil sich hiesige Schulen aber als weltanschaulich neutral verstehen und es bislang keinen islamischen Religionsunterricht gab, fällt diese sekundäre religiöse Sozialisation für die meisten Migrantenkinder aus. Christlicherseits erhoffen sich Eltern manchmal (allzu) viel vom schulischen Religionsunterricht oder von der gemeindlichen Katechese. Diese weisen dann die primäre

Verantwortung für die religiöse Erziehung an die Eltern zurück. Nötig ist indessen eine Kooperation der verschiedenen Sozialisationsinstanzen und Lernorte.

Folgerungen: Sachliche Kritik bei gleichzeitigem Respekt

Aus den genannten Gemeinsamkeiten und Differenzen sowie unter Berücksichtigung der Religionsfreiheit und der Menschenrechte kommen wir zum Schluss, dass es in der Erziehung darum geht, Respekt gegenüber anderen Auffassungen, Handlungs- und Lebensweisen zu vermitteln und einzuüben, ohne dabei alles kritiklos und als gleichwertig hinzunehmen. Dass muslimische Mädchen den koedukativen Turn- und Schwimmunterricht verweigern, kann mit Hinweis auf das religiöse Gebot auf Wahrung der Scham im Islam zumindest verständlich gemacht werden. Das deutsche Schulrecht gewährt in solchen Fällen Schülerinnen ab der Pubertät die Befreiung vom Unterricht, falls keine anderen Lösungen gefunden werden.

Die nicht selten erlebte Tatsache, dass muslimische Jungen nicht auf weibliche Lehrkräfte hören oder sie gar beleidigen, darf indessen nicht einfach hingenommen werden. Die Lehrkraft sollte dies allerdings nicht als Angriff auf ihre Person werten, auch nicht als einen religiös-kulturell begründeten frauenfeindlichen Akt, vielmehr als einen gesellschaftlich bedingten Anerkennungskonflikt, den die muslimischen Heranwachsenden auf diese Weise austragen wollen. Da braucht es Vertrauensarbeit und Gespräche mit Schülern und Eltern. Dies gilt auch für ein anderes Problemfeld: Eine schulische Sexualerziehung muss »auf das Erziehungsrecht der Eltern und deren religiöse und weltanschauliche Überzeugung Rücksicht nehmen«[17]. Wird jedoch die Sexualerziehung als ein inneres Begleitmoment jeder Erziehung verstanden, die auf gelingende Gestaltung und gewaltfreien Umgang der Geschlechter abzielt, dann gibt es wohl für beide Religionen noch zu lernen.

Fazit

1. Unbestreitbar gibt es gegenwärtig noch große Unterschiede in den Erziehungsvorstellungen und -praktiken zwischen der Mehrheit des westlich geprägten Christentums einerseits und der Mehrheit des traditionell geprägten Islam andererseits. Am auffälligsten und folgenreichsten werden diese Unterschiede hinsichtlich des Rollenverständnisses und -verhaltens von Mann und Frau.
2. Während die moderne christliche Pädagogik eher subjektorientiert auf die Erziehung zur Eigenverantwortung von Mädchen und Jungen zielt, legt die traditionelle islamische Pädagogik mehr Wert auf die Erziehung zu Gehorsam gegenüber dem göttlichen Willen und den Eltern sowie auf eine geschlechterspezifische Erziehung.
3. Diese Unterschiede, die keineswegs ewig bestehen müssen, führen nicht selten zu Konflikten im alltäglichen Zusammenleben im privaten, aber auch im öffentlichen Raum, besonders in der Schule. In solchen Situationen kommt es darauf an, das Problem mit allen Beteiligten offen anzusprechen, Motive aufzudecken und möglichst einvernehmliche Lösungen zu finden, die sich am Wohl der Betroffenen orientieren.

Weiterführende Literatur:

A. Aslan, Religiöse Erziehung der muslimischen Kinder in Deutschland und Österreich, Stuttgart 1998.

R. Breuer, Familienleben im Islam. Traditionen – Konflikte – Vorurteile, Freiburg i. Br. 1998.

A. Stöbe, Die Bedeutung des Islam im Sozialisationsprozess von Kindern türkischer Herkunft und für Konzepte interkultureller Erziehung, Hamburg 1998.

10.5 Streitfall »Kopftuch«

Kleidungsvorschriften und -sitten im Islam

Kopftuch tragende Musliminnen gehören längst zum Erscheinungsbild in Supermärkten, öffentlichen Verkehrsmitteln und Plätzen, aber auch in den Klassenzimmern und an Universitäten. Doch kann es zu ernsthaften Konflikten kommen, etwa wenn Jungen in der Schule einem muslimischen Mädchen das Kopftuch wegreißen oder muslimische Lehrerinnen aus religiöser Überzeugung ein Kopftuch im Unterricht tragen wollen.

Auch für Christen gab und gibt es zum Teil immer noch gewisse Kleidervorschriften, die sich heute meist jedoch auf bestimmte »Stände« der Kirche (Priester, Pfarrer, Ordensleute) sowie auf den Bereich des Gottesdienstes und Kirchenbesuchs beschränken. Daneben gibt es in verschiedenen Regionen der christlichen Welt kulturell bedingte Kleidungssitten. Die im 1. Korintherbrief des Paulus enthaltene Vorschrift, dass die christlichen Frauen im Gottesdienst ihr Haupt verhüllen sollen (1 Kor 11,3–16), ist nicht zuletzt wegen der mit dieser Passage verbundenen Unterordnung der Frau unter den Mann für heutige Christinnen und Christen (zumindest im Westen) nicht mehr bindend.

Auch für den Islam und für islamische Gesellschaften sind spezifische Kleiderordnungen typisch. Der Koran gibt an einigen Stellen Anweisungen bezüglich der Kleidung und des richtigen Verhaltens der muslimischen Frauen und Männer:

> »Sprich zu den gläubigen Männern, sie sollen ihre Blicke senken und ihre Scham bewahren. Das ist lauterer für sie. Gott hat Kenntnis von dem, was sie machen. Und sprich zu den gläubigen Frauen, sie sollen ihre Blicke senken und ihre Scham bewahren, ihren Schmuck nicht offen zeigen, mit Ausnahme dessen, was sonst sichtbar ist. Sie sollen ihren Schleier [Chimar] auf den Kleiderausschnitt schlagen und ihren Schmuck nicht offen zeigen, es sei denn ihren Ehegatten, ihren Vätern, den Vätern ihrer Ehegatten, ihren Söhnen, den Söhnen ihrer Ehegatten, ihren Brüdern, den Söhnen ihrer Brüder und den Söhnen ihrer Schwestern, ihren Frauen, denen, die ihre rechte Hand besitzt, den männlichen Gefolgsleuten, die keinen Trieb mehr haben, den Kindern, die die Blöße der Frauen nicht beachten. Sie sollen ihre Füße nicht aneinanderschlagen, damit man gewahr wird, was für einen Schmuck sie verborgen tragen. Bekehrt euch allesamt zu Gott, ihr Gläubigen, auf dass es euch wohl ergehe« (Sure 24,30f.; vgl. 33,59).

Aus dieser Stelle geht die doch recht allgemeine Regel hervor, dass sich sowohl Männer wie Frauen sittsam kleiden und verhalten sollen. Die vorgeschriebene Form der Kleidung soll die Intimsphäre schützen. Neben diesen koranischen Vorschriften bestehen allerdings eine Reihe weiterer religiös und kulturell bedingter Konventionen. So sollten Männer ihren Körper zumindest zwischen Hüfte und Knien bedecken. Seiden- und Brokatstoffe sind als Kleider für Männer aufgrund der Prophetentradition verpönt. Typisch für die orientalische Welt ist eine Kopfbedeckung für Männer, die jedoch regional und ethnisch unterschiedlich ist (z.B. die Keffiye der Beduinen, der nordafrikanische Fez, der Turban oder das weiße gehäkelte Käppchen).

Insgesamt sind die Kleidervorschriften in Bezug auf die Männer weniger streng und umfassend als für die Frauen. Bei Letzteren ist zwischen dem privaten, d.h. familiären und dem öffentlichen Bereich zu unterscheiden. Während die Frau im privaten und auch rein weiblichen Bereich relativ frei von Kleidervorschriften ist, soll sich die geschlechtsreife Frau in der Öffentlichkeit mit Berufung auf die eben zitierte Koranstelle in einer Art und Weise kleiden, dass Schambereiche (dazu gehören nach traditionellem Verständnis auch die Kopfhaare) bedeckt sind und keine Körperformen erkennbar werden. Da die Koranstelle jedoch relativ vage Angaben macht, wieweit die Verhüllung gehen soll, ist der Interpretationsspielraum entsprechend groß, was sich auch an der Vielfalt der islamischen Welt ablesen lässt: Vom einfachen Kopftuch, das nur die Haare bedeckt, über das Kopftuch, das auch Stirn, Ohren und Hals einhüllt, und vom Gesichtsschleier bis hin zum Ganzkörperschleier wird alles mit Berufung auf die eine Koranstelle begründet, ist aber jeweils stark kulturell mitbedingt. Schließlich gibt es heute zahlreiche muslimische Frauen weltweit, die in der koranischen Aussage eine zeit- und kulturbedingte Vorschrift sehen und deshalb überhaupt keine Kopfbedeckung tragen.

Bei all dem muss festgestellt werden, dass, wiederum nach Land und Region unterschiedlich, (bereits mit dem Kolonialismus seit Anfang des 19. Jahrhunderts, spätestens jedoch seit Ende des 20. Jahrhunderts im Zuge der Globalisierung) mehr oder weniger starke westliche Einflüsse auch die Kleidung in islamischen Gesellschaften prägen. Die traditionelle Kleidung wird teilweise verdrängt. Dies gilt noch mehr für die muslimischen Migrantinnen und Migranten in Europa. Ein in den letzten Jahren wieder stärker zu beobachtender Rückgriff vor allem auf das Kopftuch bei muslimischen Frauen in Europa ist dagegen als Suche nach einer eigenen religiösen und kulturellen Identität zu interpretieren und als solche zu respektieren. Problematisch ist das Kopftuchtragen freilich dann, wenn eine Frau (z.B. von ihrem Ehemann oder ihren Eltern) gegen ihren Willen zu dieser Kleidung gezwungen wird oder wenn das Kopftuch bewusst als religiös-politisches Kampfsymbol gegen den säkularen Staat eingesetzt wird. Umgekehrt muss die Mehrheitsgesellschaft davor gewarnt werden, das Kopftuch zu einem Merkmal der Ausgrenzung und Abwertung zu machen und hinter jeder Kopftuch tragenden Muslima entweder eine unterdrückte Frau oder aber eine Fundamentalistin zu vermuten.

Der Spezialfall: Das Kopftuch in der öffentlichen Schule

Wenn eine muslimische Lehrerin im schulischen Unterricht einer öffentlichen Schule ein Kopftuch trägt, geraten verschiedene Freiheitsrechte miteinander in Widerstreit[18]: Da ist einerseits das Grundrecht der Schülerinnen und Schüler auf positive und negative Religionsfreiheit. Da ist andererseits das Grundrecht der Lehrerin auf freie Religionsausübung, unter welches das Tragen eines Kopftuches aus religiösen Gründen fällt, wie das Urteil des Bundesverfassungsgerichts vom September 2003 festgestellt hat. Zwar kann nach diesem Urteil eine gesetzliche Grundlage für das Verbot von religiösen Symbolen geschaffen werden, jedoch muss dann der Gleichheitsgrundsatz beachtet werden. Deutschland ist seiner Verfassung nach zwar religiös-weltanschaulich neutral, aber kein laizistischer Staat, der jegliches religiöse Zeugnis aus öffentlichen Einrichtungen verbannen müsste. Außerdem muss bezweifelt werden, ob eine Lehrerin allein aufgrund eines Kleidungsstückes die Schülerinnen und Schüler religiös indoktrinieren kann.[19] Statt eines Kleidungsstückes müsste die Fähigkeit und die innere Einstellung einer Lehrerin entscheidend sein und dafür gibt es objektive Kriterien wie bei allen anderen Beamtinnen und Beamten und es gibt im geltenden Beamtenrecht ausreichend Mittel, um Schülerinnen und Schüler vor ideologischer Indoktrination durch Lehrkräfte zu schützen (Disziplinarrecht).

Eindeutiger ist die Rechtslage bezüglich muslimischer Schülerinnen: Sie können rechtlich nicht daran gehindert werden, im schulischen Bereich ein Kopftuch zu tragen.[20] Zu Problemen kann es jedoch vor allem im Sport- und Schwimmunterricht kommen. Hier sind, wenn möglich, einvernehmliche Lösungen zwischen Schulleitung und Erziehungsberechtigten zu suchen. Darüber hinaus können Kopftuch tragende Schülerinnen ein guter Anlass zur Thematisierung und Einübung von Toleranz und Respekt gegenüber anderen religiösen und kulturellen Sitten im Unterricht sein.

Fazit

1. Das »Kopftuch« ist in zunehmend säkularer werdenden Gesellschaften Europas zu einem in der Öffentlichkeit heftig umstritten Thema geworden, das zum Teil sehr stark emotional besetzt ist. Nicht nur religiöse, ethische, rechtliche und religionspolitische Fragen, sondern auch psychologische Aspekte wie Angst vor Überfremdung, Einflussverlust und Identitätsgefährdung spielen hier zusammen und bilden ein nahezu unauflösliches Problemgeflecht.
2. Das »Kopftuchthema« kann so zu einem Testfall für eine religiös, weltanschaulich und kulturell plurale Gesellschaft werden: Es geht um die Frage nach dem Verhältnis von Mehrheit und Minderheiten, um die Frage nach Assimilation oder Integration, um die Frage nach Toleranz und Identität, um die Frage nach dem Verhältnis der Geschlechter, letztlich um die Frage, wie viel Religion die Öffentlichkeit verträgt – Fragen, die gesamtgesellschaftlich diskutiert werden müssen.
3. Christen und Kirchen sind in solchen Konfliktfällen herausgefordert, vermittelnd zu wirken, Verständnis zu wecken und Lösungen vor einem Rechtsstreit zu suchen.

Weiterführende Literatur:

J. Reulecke (Hg.), Spagat mit Kopftuch. Essays zur Deutsch-Türkischen Sommerakademie, Hamburg 1997.

M. Rohe, Der Islam – Alltagskonflikte und Lösungen. Rechtliche Perspektiven, Freiburg i. Br. 2001.

10.6 Religion in der säkularen und pluralen Gesellschaft

Die behandelten ethischen und rechtlichen Konfliktfelder zwischen Christen und Muslimen bündeln sich wie in einem Brennglas im Grundproblem des Verhältnisses von Religion und Politik, Religion und Staat, Religion und Gesellschaft. In diesem Zusammenhang kann man immer wieder die scheinbar alles in der gegenwärtigen islamischen Welt erklärende Formel hören: »Der Islam ist eine Einheit von Religion und Staat.« In der Tat wird diese Parole seitens islamischer Fundamentalisten als islamisches Dogma propagiert. Ein Blick in die Begriffsgeschichte zeigt jedoch, dass diese Formel erst Ende des 19./Anfang des 20. Jahrhunderts als Reaktion auf die europäischen Einflüsse in der islamischen Welt aufgekommen ist. Aber hat es die Sache nicht längst vor dem Begriff gegeben?

Sicher – keine Religion und Kultur kannte vor der europäischen Aufklärung eine klare Trennung zwischen religiöser und politischer Macht oder eine demokratische Gewaltenteilung. Auch wenn das Christentum in den ersten drei Jahrhunderten keine Verquickung mit politischer und staatlicher Macht gekannt hat, so wäre es doch anachronistisch, den modernen Gedanken der Trennung von Religion und Staat auf die Botschaft Jesu oder das Neue Testament (z.B. Mt 22,21 par.) zurückzuführen, obgleich der historische Jesus in der Tat politische Ambitionen für sich zurückwies (was jedoch nicht heißt, dass er unpolitisch war). Nachdem das Christentum im 4. Jahrhundert Staatsreligion im Römischen Reich geworden war, ist es ohne Rechtfertigungsprobleme die Verbindung mit der staatlichen Macht eingegangen: Geistliche und weltliche Macht sollten für Jahrhunderte in den Händen des Papstes und anderer Kirchenfürsten liegen.

Im Islam ging die Sache nur schneller: Waren Muhammad und die islamische Gemeinde in Mekka politisch ohnmächtig, ja verfolgt, so begann im Medina jene Zeit, in der die religiöse und politische Führerschaft in der Hand des Propheten zusammenfiel: »Nur in dieser theonomen Situation, nie vorher und nie nachher, sind für den sunnitischen Islam Religion, Politik, Recht und Offenbarung eins.«[21] Eben jene Zeit wird von islamischen Fundamentalisten als die »Goldene Zeit« wieder herbeigesehnt, doch ist sie prinzipiell unwiederholbar. Schon früh nach Muhammads Tod haben sich auch in der islamischen Herrschaftsgeschichte rechtliche, religiöse und politische Führerschaft ausdifferenziert, wobei die politische Macht sich in der Regel religiös zu legitimierten versuchte (*Islamisierung der Politik*).[22] Vor allem aber, und dies wird in der Diskussion meist übersehen oder verschwiegen, geben die islamischen Quellen, Koran und Sunna, keine konkreten Vorgaben, wie eine Staats- oder Herrschaftsform zu gestalten sei. Dies eröffnet dem Islam zumindest grundsätzlich einen deutlich größeren Spielraum, als vielfach –

auch von Muslimen – behauptet.[23] Es liegt eben an den Muslimen selbst, was sie aus ihren religiösen Quellen machen und ob sie sich von den politischen Theorien der späteren Jahrhunderte (Kalifatstheorie, Lehre vom Haus des Krieges und des Friedens etc.) lösen wollen. So gibt es heute viele Muslime, die den demokratischen und pluralistischen Rechtsstaat nicht nur faktisch anerkennen, sondern auch theoretisch begründen wollen.[24]

Unbestreitbar allerdings werden diese Stimmen momentan lauthals und leider zum Teil auch mit Bombenterror übertönt durch einen wachsenden und sich radikalisierenden Islamismus oder islamischen Fundamentalismus. Von seiner Wurzel her ist dieses Phänomen als eine vielschichtige Protestbewegung zu verstehen: anfangs, d.h. Ende des 19. bis Mitte des 20. Jahrhunderts als Protest und Widerstand gegen die europäische Kolonialherrschaft und seitdem auch gegen die geistig-kulturellen Errungenschaften der europäischen Moderne mit ihrem Fortschrittsoptimismus und ihrer Wissenschaftsgläubigkeit. Der zunehmenden kulturell-geistigen Entfremdung und Entwurzelung setzt der Fundamentalismus die Rückkehr zu einer idealisierten Vergangenheit und zu den kulturell-religiösen Grundlagen des Islam entgegen.

Modernistische und fundamentalistische Deutung von Geschichte und Gesellschaft		
modernistische Zukunftsvision		**fundamentalistische Gegenwartsbeschreibung**
↗		↘
zunehmender Fortschritt und Wohlstand (Fortschrittsmythos)	↔ **Konflikt-Paradigma**	zunehmender spiritueller und moralischer Verfall (Degenerationsmythos)
Mensch und Individuum stehen im Zentrum (Freiheit, Autonomie ...)		Gott und Gesellschaft (v.a. Familie) stehen im Zentrum (Gottes Wille/Gesetz)
Überwindung der Gegenwart durch technischen, ökonomischen, wissenschaftlichen Fortschritt		Überwindung der (dämonisierten) Gegenwart durch Rückkehr zur (idealisierten) Vergangenheit

Nach der Unabhängigkeit der islamischen Länder richtete sich der Protest der Fundamentalisten gegen die undemokratischen (sozialistischen, monarchistischen, nationalistischen, laizistischen etc.) Regime in den eigenen Ländern. Weil diese Regime nicht selten Spielbälle der Weltpolitik und je nach Interessenlage vom Westen gestützt worden sind und zum Teil bis heute gestützt werden (z.B. Saudi-Arabien), wendet sich der islamische Fundamentalismus der letzten Jahre wieder verstärkt auch gegen »den Westen«, vor allem gegen die USA. Politisch-militärische Konflikte im Nahen und Mittleren Osten (Israel-Palästina, Afghanistan, Golfkriege etc.), haben diese Situation verschärft und zur Radikalisierung bis hin zum Terrorismus geführt. Ziel der Islamisten ist letztlich eine Herrschaftsübernahme und die Einführung einer islamischen Ordnung in den islamischen Ländern (*Politisierung des Islam*).[25]

Wenn die Gefahr dieses Fundamentalismus und Terrorismus eingedämmt und gebannt werden soll, ist es notwendig, die Ursachen zu bekämpfen, den Nährboden auszutrocknen, nämlich: enorme soziale Ungleichgewichte sowohl global wie in den einzelnen Ländern, Bevölkerungsexplosion, Massenarbeitslosigkeit, Analphabetismus, Ohnmacht, Unfreiheit und Demütigung. Soziologische Untersuchungen zeigen, dass eine breite Sympathie für den politischen Islam vor allem in den unteren städtischen Mittelschichten zu finden ist, der militante Islam dagegen vor allem eine Bewegung junger, arbeitsloser Akademiker ist – Ausdruck und Folge also enttäuschter ökonomischer Erwartungen und erfahrener sozialer Marginalisierung. Die Religion übernimmt in dieser psycho-sozialen Krisensituation die Rolle eines Kompensators.[26]

Muslimen muss glaubhaft gemacht werden, dass eine säkularisierte und pluralistische Gesellschaftsordnung – entgegen der klassischen Säkularisierungsthese – langfristig keineswegs die Aufhebung von Religion noch ihrer politischen Dimension bedeutet: »Sie bedeutet Aufhebung des Anspruchs der Religion, die Formen und Funktionen staatlicher Ordnung zu bestimmen. Säkularisierte Ordnung ist ein Verhältnis von Staat, Gesellschaft und Religion, in dem letztere weder dem Staat gesetzliche Regelungen und politische Ordnungsformen oktroyiert noch gegenüber der Gesellschaft einen Herrschaftsanspruch im Bereich Kultur, Wissenschaft und sozialer Ordnung erhebt.«[27] In einem freiheitlich-demokratischen Rechtsstaat jedoch, in dem es um den Schutz der Würde und der Freiheitsrechte des Einzelnen geht, können Religionen sehr wohl ihre ethischen, sozialen und gesellschaftspolitischen Prinzipien und Zielvorstellungen einbringen und auf diese Weise Staat und Gesellschaft mitgestalten – aber eben nur als eine gesellschaftliche Kraft neben anderen. Es geht also letztlich um die institutionelle Trennung von Religion und Staat, aber nicht um die Trennung von Religion und Politik.[28]

Fazit

1. Die Frage nach der Rolle der Religion(en) in modernen, säkularen und pluralistischen Gesellschaftssystemen ist eine der entscheidenden Fragen, die sich heute Christen und Muslimen stellt.
2. Dabei zeichnet sich ab, dass es hinsichtlich des Verhältnisse von Religion, Staat und Gesellschaft in beiden Religionen keine ein für allemal vorgezeichneten, sondern sowohl geschichtlich wie gegenwärtig eine Vielzahl verschiedener Lösungsansätze gibt. Auch der Islam ist keineswegs auf das integralistische Konzept der Einheit von Religion und Staat festgelegt.
3. Muslime müssen lernen, dass ihnen ein demokratischer Rechtsstaat mehr Freiräume und Chancen eröffnet, als jede andere Gesellschaftsordnung. Christen dagegen können von den Muslimen wieder lernen, dass Religion nicht nur Privatsache ist, sondern auch in Gesellschaft und Politik hineinwirken soll – zumindest nach dem Verständnis der prophetischen Religionen. Zugleich müssen sie gemeinsam daran arbeiten, die Ursachen von religiösem Fundamentalismus (Armut, kulturelle Entwurzelung etc.) zu bekämpfen.

Weiterführende Literatur:

N. Ayubi, Politischer Islam. Religion und Politik in der arabischen Welt, Freiburg i. Br. 2002.

H. Bielefeldt, Muslime im säkularen Rechtsstaat. Integrationschancen durch Religionsfreiheit, Bielefeld 2003.

E. Heller/H. Mosbahi (Hg.), Islam – Demokratie – Moderne. Aktuelle Antworten arabischer Denker, München 1998.

F. Mernissi, Islam und Demokratie. Die Angst vor der Moderne, Freiburg i. Br. 2002.

M. Riesebrodt, Die Rückkehr der Religionen. Fundamentalismus und der »Kampf der Kulturen«, München 2000.

R. Schieder, Wieviel Religion verträgt Deutschland?, Frankfurt/M. 2001.

11 ÄSTHETISCHE DIMENSIONEN IM CHRISTLICH-ISLAMISCHEN LERNPROZESS

Das letzte Kapitel dieses Grundkurses lädt zu einer Exkursion in die ästhetischen Dimensionen von Christentum und Islam ein. Unter dem Leitmotiv »ästhetisches Lernen« (11.1) zielt es auf eine bewusste gegenseitige Wahrnehmung und Wertschätzung der Kunst- und Kulturgüter beider Religionen hin. Denn nicht nur das Christentum verfügt über ein immenses Erbe architektonischer Bauwerke, religiöser Malerei, Literatur und bildender Kunst. Der Islam brachte von Anfang an eindrucksvolle Moscheen (11.2) und eine ausgeprägte Kalligraphie und Ornamentik hervor, die sich im Zeichen des Bilderverbotes entwickelten (11.3). Das Maß aller Ästhetik jedoch liegt für den gläubigen Muslim in der feierlichen Rezitation des Korans (11.4). Darüber hinaus geht es um das Verständnis einiger religiöser Symbole, die in beiden religiösen Kulturen Bedeutung erlangt haben (11.5). Zu guter Letzt soll in die faszinierende Welt von »1001 Nacht« eingeführt werden, die primär zwar nicht zum religiösen, wohl aber kulturellen Erbe der islamischen Welt gehört (11.6).

11.1 Was ist Ästhetik?

Ästhetik, vom griechischen Wort *aisthesis* herkommend, ist jene Disziplin, die sich mit der Wahrnehmung des Schönen in Natur, Architektur, in Kunst und Literatur befasst. Platon sah im »Symposium« das Schöne als Ziel menschlichen Strebens. Das Schöne erinnert die Seele an die göttliche Spähre und bewirkt das Gute. Die Antike hat stets die Einheit des Schönen, Wahren und Guten betont.

Die Aufklärung rückte in der Ästhetik die sinnenhafte Erkenntnis in den Vordergrund. Darunter verstand sie kein bloß vordergründiges schmetterlinghaftes Antippen von Gegenständen und Personen, sondern die *Kunst des ursprünglichen, möglichst vorurteilsfreien, ganzheitlichen Wahrnehmens mit Kopf, Herz und Sinnen*. Heute, angesichts einer wortreich gewordenen Kommunikation und einer medial vermittelten Bilderflut, die geradezu erschlagen und aufnahmeunfähig machen können, intendiert »ästhetisches Lernen« ein langsames, entschleunigtes, leibhaftes Sehen mit den Augen, ein achtsames Hören, ein Tasten und Fühlen und nicht zuletzt ein Riechen und Schmecken.

Wir möchten hier die Wahrnehmungen auf die reichen Schätze von Kunst, Literatur und Architektur, von Kalligraphie und Ornamentik in Christentum und Islam fokussieren. Sie sollen die Menschen ansprechen und faszinieren, sodass sie existenziell relevante Eindrücke bewirken. Freilich müssen sich ernsthaft Interessierte auf solch intensive Wahrnehmungen einstellen, ihnen Zeit geben und sie mit früher gemachten Erfahrungen biographisch verknüpfen. Damit eröffnet Ästhetik die Freiheit, sich vom oft hektischen und reizüberfluteten Alltag zu distanzieren, ihn zu unterbrechen, zu transzendieren und nachdenklich zu werden. Sie ist insofern ein kritisches Unterfangen, als sie gängige Sehgewohnheiten unterbricht, längst etablierte Schemata hinterfragt, tradierte Vorurteile erschüttert und ein Gegengewicht zur Tagespolitik schafft.

Ein ästhetischer Zugang kann den christlich-islamischen Dialog unterstützen und befruchten. Er ermöglicht ein unbefangenes Wahrnehmen der Heiligen Schriften der eigenen wie auch der anderen Religion; er öffnet sich den »heiligen Räumen«[1] mit ihren Architekturen, Ornamenten und Kalligraphien, Kunstformen und Stilepochen. Das Wahrnehmen von Kultur und Kunst kann disponibel machen für Transzendenzerfahrungen. Nicht zuletzt konfrontiert es mit der eigenen Lebensgeschichte.

Wenn heute vom Trend einer »Ästhetisierung des Religiösen« die Rede ist, wird darunter der Weg zur Religion über die Wahrnehmungen von kunstvollen Manifestationen des Glaubens und der Religionen verstanden: Ein Gang durch die Säulenmoschee in Cordoba kann beispielsweise ebenso eine religiöse Erfahrung evozieren wie die Betrachtung einer gotischen Glasmalerei in Chartres oder das stille Innehalten in der modernen Kirche von Ronchamps des Architekten Le Corbusier. Solche Räume bleiben nicht stumm; von ihnen gehen Kraftlinien und Botschaften aus: Der Raum wird zur Botschaft.[2]

11.2 Wahrnehmung von Kirchen und Moscheen als sakrale Räume

Wahrnehmungsweisen »heiliger Räume«

Während die Kirchen in den vergangenen Jahren einen Rückgang in der aktiven Teilnahme am gemeindlichen und liturgischen Leben verzeichnen, gilt dieser Rückgang nicht für den Besuch von historischen Kirchengebäuden. Besonders außergewöhnliche Kunstwerke erhalten Tag für Tag, vor allem in Freizeit und in Urlaubszeiten, zunehmende Besucherzahlen. »Es gibt eine Sehnsucht nach dem heiligen Raum«[3], die vermutlich darauf zurückgeht, dass die Lebensverhältnisse unübersichtlich, wechselhaft und riskant geworden sind und heilige Räume Kontrasterfahrungen der Stille und Sammlung ermöglichen.

Auch Moscheen werden sehr häufig aufgesucht, was mit dem Pflichtgebet frommer Muslime zusammenhängt; darüber hinaus sind sie Aufenthaltsräume, Orte der Erholung, man begrüßt sich und beredet dies und das. Kirchen und Moscheen sind keine von der Welt ausgesonderten Bezirke, vielmehr anders erlebte Orte als die alltägliche Welt.

Wer Kirchen und Moscheen wahrnehmen will, kann dies auf dreierlei Weisen tun:

- Man kann diese Orte *bewusst als Räume wahrnehmen* und schauen, welche Entdeckungen sich ergeben. Vielleicht wird versucht, zunächst den Raum als Ganzes auf sich wirken zu lassen, dann die einzelnen Bereiche und Details. Man geht jenen Weg, den der Raum gleichsam vorgibt, sucht Schwerpunkte auf, betrachtet dann die Ausstattung des Raumes und seine Merkmale.
- Eine zweite Art, einem Raum zu begegnen, ist die *kunsthistorische Erkundung*. Hier stehen die Stilepochen (z.B. Romanik, Gotik, Barock, Moscheetypen) im Zentrum des Interesses, die Formeigenheiten und die spezifische Kunstausstattung. Besucht man beispielsweise die Hagia Sophia in Istanbul oder den Felsendom in Jerusalem, wird man sowohl christlich-byzantinische als auch islamische Stilmerkmale ausmachen können.
- Die dritte Weise, einen heiligen Raum wahrzunehmen, geschieht durch *Meditation, Gebet und Gottesdienst*. Hier bietet der als heilig erlebte Raum den tra-

genden Hintergrund, um (allein oder in Gemeinschaft) mit Gott in einen personalen Kontakt zu kommen oder einfach still zu werden und ganz gegenwärtig zu sein.

Diese drei Varianten stellen unterschiedliche Zugangsweisen auf Kirchen und Moscheen dar. Sie akzentuieren je andere Schwerpunkte der stets ganzheitlichen Wahrnehmung. Sie müssen sich nicht gegenseitig ausschließen, sondern können sich sinnvoll ergänzen.

Kirchen als sakrale Orte und Versammlungsräume

Das Christentum hat in den verschiedenen Epochen seiner Geschichte gottesdienstliche Räume sehr unterschiedlich gestaltet und verstanden. Gott »wohnt« in der Sicht der biblischen Tradition nicht in Gebäuden, dennoch ist etwa nach katholischer Sicht »der Raum, in dem sich die Kirche versammelt, in einem sehr realen Sinn ›Haus Gottes‹«[4], also ein sakraler Raum, in dem es auch Zeichen der Gegenwart Gottes gibt. Im reformatorischen Verständnis dagegen sind Kirchen eher reine Versammlungsräume der Gemeinde. Kirchen sind nach christlichem Verständnis Räume, in denen Gemeinschaft von Menschen untereinander und mit Gott erlebt und gefeiert wird. Sie sind zugleich aber auch Räume des stillen Gebets und der Andacht. »Ein liturgischer Raum soll ›schön‹ sein, weil Gott selbst schön ist. Schönheit ist vor allem individuellen Geschmack und unabhängig von unterschiedlichen Kunstidealen eine tiefe Freude am Dasein einer Person oder einer Sache. Wirkliche und wahre Kunst bringt diese freudige Bejahung des Daseins zum Ausdruck. Darum kann durch eine schöne Kirche Gott wahrgenommen werden.«[5]

Die Architektur der christlichen Kirchen hat bis in die Gegenwart eine variantenreiche Entwicklung durchlaufen: Hatten sich die Christen der ersten drei bis vier Jahrhunderte in sog. Hauskirchen versammelt, so begann im 4. Jahrhundert mit kaiserlicher Förderung der Bau christlicher Basiliken, welche die griechischen und römischen Hallen zum Vorbild hatten. Ein breites Mittelschiff überragt dabei in der Regel mehrere schmälere Seitenschiffe und ist an einer Seite durch eine halbrunde Apsis abgeschlossen, die nach Osten hin, zur aufgehenden Sonne (Sinnbild für Christus), ausgerichtet ist. Ende des ersten, Anfang des zweiten Jahrtausends nach Christus entstanden die romanischen Kirchen als erste christliche Kunst- und Bauform, die im ganzen christlichen Europa verbreitet war. Die hoch- und spätmittelalterliche Gotik (13.–15. Jh.) zeichnet sich dadurch aus, dass die Seitenwände der Haupt- oder Nebenschiffe mit hochragenden Spitzfenstern (meist mit bunten Glasmalereien) durchbrochen werden.

Der Innenraum ist mit starken Pfeilern ausgestattet, die ein Spitzbogengewölbe tragen, welche das Himmelsgewölbe symbolisiert. Ende des 16. Jahrhunderts beginnt im katholischen Bereich die Zeit des Barock, einer sinnenfreudigen, bildüberladenen Stilepoche, die als triumphalistische Antwort auf die Reformation gesehen werden kann.

Die Reformation nämlich brachte eine neue Sicht und Ausgestaltung von Kirchen: Zwar haben viele evangelisch-lutherische Gemeinden ehemals katholische Kirchen übernommen und in ihrer Ausstattung beibehalten, in reformierten (calvinistischen) Gemeinden dagegen fand nicht selten ein Bildersturm statt, der zur Entfernung von Bildern, Statuen und Symbolen führte. Im reformatorischen Christentum ist die Kirche traditionell weniger ein sakraler Ort als vielmehr ein Versammlungsraum der Gemeinde, in dem Gottes Wort verkündet, gehört und ausgelegt wird. Folglich steht hier die Kanzel als Ort der Verkündigung des Gotteswortes im Zentrum. Außerdem erhielten die Orgel und der Taufstein große Bedeutung. Katholische Kirchen betonen demgegenüber die Zeichen der Gegenwart Gottes (Altar mit Reliquien, Tabernakel, Ewiges Licht, Monstranz etc.).

Das 20. Jahrhundert brachte vielerorts und konfessionsübergreifend neue Sichtweisen und infolgedessen auch neue Bauweisen von Kirchen. Durch die Wiederentdeckung der »Volk Gottes«-Theologie auf dem Zweiten Vatikanischen Konzil wurden durch die Liturgiereform im katholischen Bereich sog. »Volksaltäre« errichtet, welche die Eucharistie als gemeinschaftliche Feier mit bewusster aktiver Beteiligung des Gottesvolkes erleben lassen. Zugleich erfuhr der »Tisch des Wortes«, der Ambo (Lesepult), eine deutliche Aufwertung, während umgekehrt in den evangelischen Kirchen wieder stärker die Feier des Abendmahls zum Tragen kommt.

Modelle von Moscheebauten

Moscheen gehören zu den weithin sichtbaren und vielfach faszinierenden Symbolen der islamischen Welt: »Die Harmonie der Farben und Formen, die filigranhafte, bortenfüllende oder flächendeckende Ornamentik – nicht von ungefähr ist der Begriff Arabeske zu einem kunsthistorischen Terminus geworden – und die große Bedeutung der Kalligraphie sprechen den kunstempfänglichen Menschen, gleich welcher Konfession, an, sind also auf ähnliche Weise große übernationale und überkonfessionelle Kunst wie z.B. die klassische Musik des Abendlandes.«[6]

Der Ursprung des Moscheebaus liegt in der »Urmoschee« des Propheten Muhammad in Medina. Dort ließ er ein Gebäude errichten, das Gebetshaus und Wohnhaus für seine Familie integrierte. Seit dem 8. Jahrhundert bildeten sich hauptsächlich drei unterschiedliche Moscheetypen aus[7]:

- Die *arabische Hof- und Säulenhallenmoschee*, eine größere Anlage, bestehend aus einem rechteckigen, meist mehrschiffigen Gebetshaus und einem Lichthof mit umlaufenden Arkaden und Minarett. Im Gebetshaus befinden sich Reihen von Stützpfeilern. Beispiele dafür sind die Umayyadenmoschee in Damaskus (706–715), die Große Moschee in Cordoba (8.–9. Jh.) sowie die Al-Azhar-Moschee in Kairo (11. Jh.).
- Die *persische Iwanhof-Moschee* besteht aus (oft vier) Iwanen, d.h. tonnenüberwölbten Räumen, die nach drei Seiten geschlossen und zum Hof hin offen sind. Die gesamte Bauweise wurde von der vorislamischen persischen Palastarchitektur übernommen. Beispiel dafür ist die Freitagsmoschee in Isfahan (9. Jh.).
- Die *türkisch-osmanische Kuppelmoschee* lehnt sich an den Baustil byzantinischer Kirchen (Hagia Sophia in Istanbul) an und erreicht ihren Höhepunkt im 16. Jahrhundert unter Süleyman dem Prächtigen. Typisch sind die halbkugelförmigen, oft übereinandergeschichteten Kuppeln, die den quadratischen Gebetsraum überwölben, und die Spitzminarette. Berühmtes Beispiel dafür ist die Blaue Moschee in Istanbul.

Zur Bedeutung und Ausstattung einer Moschee

Moscheen sind auf der architektonischen Ebene ein künstlerischer Ausdruck des Glaubens im Islam und ein »Symbol sakraler Macht«[8]. Etymologisch bedeutet »Moschee« der »Ort der Niederwerfung« bzw. Ort des Gebets. Dieses Gebet kann überall vollzogen werden, es muss lediglich ein rituell reiner Ort sein. Schon zu Lebzeiten des Propheten aber versammelte sich die frühe islamische Gemeinde im Hof des Privathauses Muhammads in Medina, das später zur Moschee von Medina (»Urmoschee«) und zur zweitheiligsten Stätte des Islam wurde. In Anlehnung an diese ersten Formen bildete sich bereits im ersten Jahrhundert der islamischen Zeitrechnung ungeachtet der regionalen Unterschiede der Grundtypus eines Moscheegebäudes mit einigen charakteristischen und bis heute verbindlichen Elementen heraus:

Erstes und wichtigstes Merkmal einer Moschee ist die Gebetsnische (*mihrāb*), welche die Gebetsrichtung (*qibla*) angibt, nämlich Richtung Mekka. Die Nische selbst ist leer, aber oft kunstvoll mit Stuck oder Stein, Reliefs, Fayencen (glasierte Kacheln) oder Mosaiken gestaltet wie etwa in der Großen Moschee, der Mezquita von Cordoba. Vor ihr nimmt der Vorbeter Aufstellung. Eine Freitags- oder Hauptmoschee, in der das gemeinsame Freitagsgebet aller Muslime einer Stadt oder eines Stadtviertels vollzogen wird, besitzt darüber hinaus eine meist kunstvoll aus Holz geschnitzte oder aus Stein gehauene Kanzel (*minbar*) für die Freitagspredigt des Imam. Die Wände im Innern der Moschee sind oft mit kalligraphischen Schriftbändern ausgeschmückt, die beliebte Koranzitate wie etwa den Thronvers

(Sure 2,255) oder das Glaubensbekenntnis (»Es gibt keinen Gott außer Gott, und Muhammad ist der Gesandte Gottes«) enthalten.

Ähnlich wie zu einer Kirche ein Kirchturm und Glocken gehören, besitzt eine klassische Moschee in der Regel mindestens ein Minarett, von dem aus der Muezzin die Gläubigen zum Gebet ruft. Doch Minarette besitzen nicht nur diesen Zweckcharakter: Indem sie von der Erde aus hoch in den Himmel hineinragen, werden sie zum Symbol für die Verbindung von irdischer und himmlischer Welt. Waren die Minarette der frühen Zeit in Nordafrika und Spanien viereckig, setzten sich spätestens mit der Osmanischen Zeit runde und nach oben spitz zulaufende Minarette sowie Kuppelbauten durch. In Deutschland gibt es ca. 140 Moscheen im klassischen Stil, dazu über 2000 Gebetsräume ohne Kuppel und Minarett in Wohnhäusern, ehemaligen Geschäftsräumen oder Lagerhallen (sog. »Hinterhofmoscheen«).[9]

Unbedingt erforderlich für jede Moschee ist ein Brunnen im Vorhof oder ein Waschraum nebenan, um die kultischen Waschungen vor jedem Gebet durchführen zu können. Damit der Boden – häufig mit orientalischen Teppichen ausgelegt – nicht rituell verunreinigt wird, müssen Gläubige wie Besucher vor dem Betreten des Gebetsraumes die Schuhe ausziehen. Eine Kopfbedeckung für Männer ist – anders als in der Synagoge – nicht zwingend, aber doch häufig zu beobachten und hat hier dieselbe Bedeutung wie die Kippa bei den Juden: Die Kopfbedeckung soll die verbleibende Distanz zwischen dem Beter und Gott anzeigen. Ob nichtmuslimische Besucherinnen ein Kopftuch tragen müssen, wird in den Moscheegemeinden in Europa unterschiedlich gehandhabt. Grundsätzlich gilt jedoch auch für Nichtmuslime, in der Moschee eine Kleidung zu tragen, die nicht zuviel Haut zeigt – ähnlich wie in Kirchen in südlichen Ländern.

Die Bedeutung einer Moschee ergibt sich aus ihrer Funktion: Wie Kirchen sind Moscheen in erster Linie Orte des (rituellen und freien) Gebets, aber darüber hinaus Räume gesellschaftlicher Versammlung und des weltlichen Gesprächs, also soziale Treffpunkte. Nicht zuletzt sind sie auch Lehrhäuser für den Koranunterricht. Bau und Unterhalt einer Moschee und der dazugehörigen Einrichtungen (Koranschule, Armenküche, Pilgerherberge etc.) werden häufig durch sog. »fromme Stiftungen« sowie durch Eigenleistung der Gemeindemitglieder getragen. In einigen islamischen Ländern haben diese Aufgabe heute auch staatliche Stellen übernommen. Moscheen in Deutschland finanzieren sich überwiegend durch die Beiträge und Spenden der Vereinsmitglieder, teilweise auch durch Gelder ausländischer Geber.

Weiterführende Literatur:

B. Huber-Rudolf/A. Rudolf, Einladung. Ein Kirchenführer für Muslime, Frankfurt 2003 (zu beziehen bei CIBEDO, Balduinstr. 62, 60599 Frankfurt; Download www.cibedo.de).

S. Kraft, Islamische Sakralarchitektur in Deutschland, Münster 2002.

11.3 Kalligraphie und Ornamentik

Reich ausgestattete Moscheen und andere islamische Bauwerke (z.B. Medresen, Paläste), ferner illuminierte Korane gewähren den Betrachtern eine Fülle ästhetischer Perspektiven, ebenso die Kalligraphie und die Ornamentik.

Kalligraphie ist die Kunst des Schönschreibens. Sie wurde in China und Japan gepflegt und genießt bis heute hohes Ansehen. Im Islam gilt sie gar als »Königin der Künste«[10]. Die Ornamentik ist die Kunst der Verzierungen mit geometrischen und pflanzlichen Motiven. Der Hauptgrund, weshalb Kalligraphie und Ornamentik im Islam eine so große Bedeutung erhielten, liegt wohl im Verbot, Gott (und seine Geschöpfe) bildlich darzustellen. Dieses Verbot wurde in der islamischen Tradition vom Judentum[11] übernommen (vgl. Ex 20,4; Dtn 5,8), das bis heute keine Gottesdarstellungen akzeptiert, dann aber im Islam erweitert auf die Darstellung der Menschen und Tiere, kurz auf die Abbildung jeglicher Geschöpfe Gottes. Das Bilderverbot entspricht der streng theozentrischen Schöpfungstheologie des Islam und bedeutet wiederum eine Stärkung des Monotheismus sowie eine Warnung an die Menschen, Gott irgendwelche Götzenbilder »beizugesellen« und diese anzubeten. Die islamische Theologie begründete das Bilderverbot mit der völligen Andersartigkeit und Transzendenz Gottes und will damit jeden Anthropomorphismus (= menschliche Zuschreibung) in Bezug auf Gott abwehren. Dies heißt nicht, dass Gott für den Menschen völlig unzugänglich wäre: Er offenbarte sich im Wort, genauer in arabischer Sprache, er hat den Menschen »durch das Schreibrohr gelehrt« (Sure 96,4). Das heilige Wort, die heilige Schrift, ersetzt hier also das heilige Bild.

Doch selbst im Islam konnte sich dieses strikte Bilderverbot in der Realität vielfach nicht durchsetzen. Im indo-pakistanischen, persischen und türkischen, aber auch arabischen Kulturraum sind sowohl in Architektur wie auch in der Buchmalerei unzählige Beispiele von Darstellungen Muhammads, von Personen und Tieren belegt. Offensichtlich gibt sich der Mensch nicht mit abstrakten, bildlosen Vorstellungen zufrieden. Immer wieder gibt er seinen Gefühlen und Empfindungen künstlerischen Ausdruck. Dort, wo man sich im Islam an das Bilderverbot hielt und dennoch der schöpferischen Kraft des Menschen Bahn verschaffen musste, kam es zur Perfektionierung derjenigen künstlerischen Darstellungsmöglichkeiten, die das Bilderverbot weiterhin ermöglichte: die Kalligraphie und die Ornamentik mit abstrakten Formen und Mustern in Architektur und Malerei.

Die Kalligraphie bezeugt außerdem die hohe Wertschätzung der arabischen Sprache, wodurch sich Gott im Koran offenbarte (vgl. Kap. 11.4). Ein Großteil der Inschriften in Moscheen sind deshalb auch Koranzitate. Sie möchten spirituelle Impulse geben, etwa für die Verrichtung des Gebetes oder für das alltägliche

Leben. Schon die Kalligraphie selbst ist im Islam eine rituelle Handlung: Ähnlich wie die Ikonenmalerei im orthodoxen Christentum bedeutet Kalligraphie vor allem bei den islamischen Mystikern, »eine Nähe zu Gott zu erreichen, wie sonst nur beim Gebet oder während mystischer Rituale.«[12]

Die Schahada, das Glaubensbekenntnis: »Es gibt keinen Gott außer Gott, und Muhammad ist sein Prophet (hier mit der schiitischen Ergänzung: »... und Ali ist Gottes Freund«).« (Kalligraphisches Schmuckblatt, persisch, in der Zierschrift Tulut, kalligraphiert 1925/26 von Šaih 'Abbas Miṣbāḥzada; © ManavaFoto. Basel)

Die Ornamentik stellt neben der Kalligraphie den zweiten Bereich islamischer Kunst dar. Sie kann ebenfalls als Antwort auf das koranische Bilderverbot gelesen werden, insofern sie keine Bilder von Menschen oder Tieren präsentiert, sondern Pflanzen und geometrische Formen. Auf ihre Weise, mit zahlreichen Wiederholungen und Variationen, weisen sie auf die Größe, Unendlichkeit und Unaussprechlichkeit Gottes hin.

Die islamische Ornamentik unterscheidet zwei Grundtypen: das vegetabile (pflanzliche) Ornament, welches Blattformen und Stiele (z.B. eines Lebensbaumes) variiert, und das geometrische Ornament mit unterschiedlichen abstrakten Formen. Hinzu kommen Kombinationen, wo also vegetabile Ornamente durch geometrische Raster in quadratischen oder sechseckigen Systemen dargestellt werden. Unter einer »Arabeske« wird ein vegetabiles, geometrisch organisiertes Ornament verstanden, das eine bestimmte Fläche »verkleidet«.

Zwei Besonderheiten islamischer Ornamentik sind der »Kassettenstil« und die

»Mukarnasformen«: Der Kassettenstil verziert ein sechseckiges Grundsystem mit einem Sternengeflecht; unter Mukarnasformen versteht man geometrische Grundmuster, die in plastische, dreidimensionale übergeführt werden (z.B. in der Alhambra, Granada). Spätere Entwicklungen der Ornamente haben die Farbe aufgenommen und damit das ursprüngliche Hell-Dunkel-Schema durch mehrfarbige Muster ersetzt. Es wurden auch weitere Motive (v.a. aus China) übernommen, beispielsweise Nelken- und Tulpenformen sowie Fabeltiere.

Jede Form von Kunsthandwerk in der islamischen Welt ist letztlich zum Träger kalligraphischer oder ornamentaler Gestaltung und damit sakraler Botschaft gemacht worden: »So ist denn auch das Kunsthandwerk der schönste Ausdruck islamischen Daseinsgefühls, islamischer Ästhetik im täglichen Leben. Die vollkommene Harmonie in Gestalt, Ornament und Kalligraphie erscheint uns nun als das, was sie ist, sinnlicher Ausdruck der Unterwerfung unter das Heilige und der dadurch erwirkten Teilhabe an diesem, an der Allmacht und ihrer kosmischen Ordnung.«[13]

Weiterführende Literatur:

A. Khatibi/M. Sijelmassi, Die Kunst der Islamischen Kalligraphie, Köln 1995.
M. Hattstein/P. Delius (Hg.), Islam. Kunst und Architektur, Köln 2000.

11.4 Das ästhetische Erleben der Koranrezitation

Ganz besonders wird von einem gläubigen Muslim die ästhetische Dimension seiner Religion durch die melodische Rezitation des Korantextes erlebt. Obgleich diese Dimension für Nichtmuslime und Nichtaraber schwerer nachzuvollziehen ist als in anderen Bereichen der Ästhetik, so werden doch auch sie nicht selten von der fast mystischen Faszination einer feierlichen Koranrezitation ergriffen – um wie viel mehr ein arabischsprachiger Muslim, der im Klang der Rezitation gleichsam das geoffenbarte Wort Gottes mit »heiligem Schauder« vernimmt:

»Gott hat herabgesandt die schönste Kunde,
Ein Buch, sich ähnlich wiederholend,
Von dem die Haut erschauert derer,
Die fürchten ihren Herrn, dann schmeidigt
Sich ihre Haut und ihre Herzen
Der Mahnung Gottes ...«
(Sure 39,23)[14]

Prophetie und Poesie weisen in vielen Kulturen, gerade auch in den semitischen, eine enge Verwandtschaft auf. Im Koran selbst haben wir Hinweise darauf, dass Muhammad durch seine Offenbarungen von den Arabern seiner Zeit als Dichter angesehen wurde: »Seine Verkündigung ist in der altarabischen Dichtersprache (*arabīya*) gehalten, einer ausschließlich literarischem und zeremoniellem Gebrauch vorbehaltenen Hochsprache.«[15] Der Koran ist aber nicht nur Poesie, sondern nach islamischer Überzeugung auch göttliche Wahrheit, die sich in der künstlerischen sprachlichen Form präsentiert: »So poetisch die Gestalt der Übermittlung stellenweise anmuten mag, geht es im Koran damit zuvörderst und wesentlich um die Übermittlung einer nicht-ästhetischen Botschaft, die nicht als schön, sondern als wahr erkannt werden soll. *Dies* macht den Koran zu einem religiösen Text.«[16] Letztlich geht es nicht um das ästhetische Erleben der Hörer, sondern um ihre religiös-ethische Unterweisung und Umkehr.

Das feierliche und kunstvolle Rezitieren und Hören des Korantextes stellt für die Muslime die Begegnung mit dem göttlichen Wort und dadurch mit Gott selbst, gleichsam eine Wiederholung des Offenbarungsereignisses dar: »Den Koran zu lesen oder zu rezitieren heißt, in der Gegenwart Gottes zu stehen.«[17] Diese Interpretation wird durch eine Prophetenüberlieferung gestützt, wo es heißt:

> »Immer wenn eine Gruppe in einem Gotteshaus zusammentrifft, um die Gottesschrift zu rezitieren und einander zu belehren, lässt sich auf sie die göttliche Anwesenheit (*as-Sakīnah*) hernieder, die Barmherzigkeit bedeckt sie, die Engel strecken ihre Flügel über sie aus, und Gott erinnert sich ihrer unter denen, die Ihm nahe stehen.«[18]

Damit übernimmt die Koranrezitation jene Funktion und Bedeutung, die der Feier der Eucharistie bzw. des Abendmahls in der christlichen Liturgie zukommt: »Gottes Wort im Mund zu führen, durch die Ohren es aufzunehmen, im Herzen es sich zu vergegenwärtigen, ist dem Wesen nach, auch wenn der Islam diese Begrifflichkeit nicht verwendet, eine sakramentale Handlung; das Göttliche wird nicht nur erinnert, es wird vom Gläubigen – ähnlich Jesus Christus im Abendmahl – physisch in sich aufgenommen.«[19] In beiden sakralen Handlungen wird das ursprüngliche Heilsereignis nacherlebt, wird es präsent. Damit wird eine wichtige Einsicht deutlich: In der Religion trägt das Ästhetische im Gegensatz zur profanen Kunst seinen Sinn und Zweck nicht in sich selbst, sondern steht im Dienst etwas Höheren – der Erfahrung des Transzendenten.

Weiterführende Literatur:

N. Kermani, Gott ist schön. Das ästhetische Erleben des Koran, München 2000.

11.5 Das »dritte Auge« schulen

Neben den architektonischen und künstlerischen Symbolen der islamischen Religion und Kultur verwendet der Koran selbst zahlreiche Symbole, die mit theologischen Grundaussagen aufgeladen sind. Diese Symbole gilt es zu entdecken, mit entsprechenden christlichen Symbolen zu vergleichen und für die Deutung der menschlichen Existenz fruchtbar zu machen.

Symbole sind Elemente der Natur oder der Kultur mit zwei Seiten: einer sichtbaren, wahrnehmbaren Außenseite und einer unsichtbaren, geistigen Innenseite, die jedoch nur der »Insider« eines Symbolsystems, zum Beispiel ein Angehöriger einer Religionsgemeinschaft, erkennt. Symbole existieren somit nicht in sich, sondern werden von einer Gemeinschaft gestiftet und gedeutet, zugleich schaffen sie Gemeinschaft, Identität und Tradition.

Angesichts einer mit Worten und Bildern stark überfluteten Alltagswelt ist es von großer Bedeutung, eine Sensibilisierung für die symbolische Bedeutung von Elementen der Natur und Kultur zu erreichen. Mit den Worten von Hubertus Halbfas geht es um ein Sehen mit dem inneren, »dritten Auge«, um eine »Sehschule« (Günter Lange). Ziel ästhetischen Lernens ist es, Symbole zunächst wahrzunehmen, besonders in ihrer Bedeutungsvielfalt und Ambivalenz, um sie dann zu verstehen und zu deuten.[20]

Es überrascht, wie viele Symbole in beiden Religionen vorkommen, wenn auch teilweise in anderen Bedeutungen. Hier sollen die Symbole Weg, Licht und Wasser etwas näher betrachtet werden. Ein Grund für die innere Nähe liegt darin, dass die drei »abrahamitischen Religionen« im gleichen kulturellen Raum des Vorderen Orients entstanden sind.

Das »Zwei-Wege-Schema« in Bibel und Koran

Psalm 1	Matthäus 7,13f.	Sure 1
Wohl dem Mann, der nicht dem Rat der Frevler folgt, nicht auf dem Weg der Sünder geht, nicht im Kreis der Spötter sitzt, sondern Freude hat an der Weisung des Herrn, über seine Weisung nachsinnt bei Tag und bei Nacht. Er ist wie ein Baum,	Geht durch das enge Tor! Denn das Tor ist weit, das ins Verderben führt, und der Weg dahin ist breit, und viele gehen auf ihm. Aber das Tor, das zum Leben führt, ist eng, und der Weg dahin ist schmal, und nur wenige finden ihn.	Im Namen Gottes, des Erbarmers, des Barmherzigen. Lob sei Gott dem Herrn der Welten, dem barmherzigen Erbarmer, der Verfügungsgewalt besitzt über den Tag des Gerichtes. Dir dienen wir und dich bitten wir um Hilfe.

Psalm 1	Matthäus 7,13f.	Sure 1
der an Wasserbächen gepflanzt ist, der zur rechten Zeit seine Frucht bringt und dessen Blätter nicht welken. Alles, was er tut, wird ihm gut gelingen. Nicht so die Frevler: Sie sind wie Spreu, die der Wind verweht. Darum werden die Frevler im Gericht nicht bestehen noch die Sünder in der Gemeinde der Gerechten. Denn der Herr kennt den Weg der Gerechten, der Weg der Frevler aber führt in den Abgrund.		Führe uns den geraden Weg, den Weg derer, die du begnadet hast, die nicht dem Zorn verfallen und nicht irre gehen.

Das Symbol des Weges begegnet uns hier in Bibel und Koran, und zwar im Zwei-Wege-Motiv, wie es bereits in der antiken Philosophie vorkam. Psalm 1 des Alten oder Ersten Testaments schildert den Weg des Gerechten und Frommen, der über Gottes Weisung nachsinnt und kein Unrecht tut. Sein Weg steht im Gegensatz zum Weg der Frevler, Sünder und Spötter, welcher in den Abgrund führt. Die beiden Wege symbolisieren somit alternative Grundentscheidungen und deren Auswirkungen. Das Zwei-Wege-Modell hat Abgrenzungs- und Unterscheidungsfunktion, es definiert richtig und falsch, gut und böse, damit Heil und Unheil.[21] Das Symbol des Weges eignet sich gut zur sinnstiftenden Deutung eines individuellen Lebensweges, der über viele Etappen, vielleicht auch einige Umwege, Scheidewege und Verirrungen auf ein letztes ersehntes Ziel zuläuft. Auch das Neue oder Zweite Testament kennt in Mt 7,13f. das Zwei-Wege-Schema und verbindet den breiten Weg und das weite Tor mit dem Verderben und den schmalen Weg und das enge Tor mit dem Weg zum Leben.

Im Islam ist Führung, Weisung oder Rechtleitung auf dem »geraden Weg« (*sirāt al-mustaqīm*) eine, wenn nicht die zentrale Heilskategorie. »Sirat« (von lat. »strata«) steht an vielen Stellen des Korans (Sure 2,142.213; 19,36; 24,46 usw.) und meint den ethisch und religiös richtigen und damit heilswirksamen Weg, den die göttliche Offenbarung als Rechtleitung (*huda*) den Menschen weist. Neben diesem Heilsweg, dem Weg der Gnade, gibt es aber auch den falschen Weg, den Weg der Frevler und Sünder, den Weg des Zorns Gottes. Die Bitte in der ersten Sure an Gott, nicht auf den falschen Weg zu geraten, erinnert an die Vaterunser-Bitte »führe uns nicht in Versuchung«. Beide Male steht der Gläubige nicht nur als Individuum vor Gott, sondern auch als Teil eines größeren Kollektivs, der jeweiligen Glaubensgemeinschaft. In beiden Fällen gilt auch, dass der Irrweg durch die freie Entscheidung und zugleich mit Gottes gnädiger Hilfe vermieden werden kann.

In allen drei Religionen steht das Symbol »Weg« somit für die Alternative zwischen richtigem und falschem Weg: Der richtige Weg führt zum (ewigen) Leben; der Weg der Frevler, der falsche Weg, führt ins Verderben. Während jedoch im Judentum Gott den Menschen den Weg zum Heil in der Tora, im Islam im Koran gewiesen hat, ist für die Christen die Person und Botschaft Jesu Christi der von Gott gewiesene Weg zum Leben (vgl. Joh 14,6).

Judentum	Christentum	Islam
Tora als Wegweisung	Jesus Christus als der Weg	Koran als Wegweisung

Das Symbol »Licht«

In fast allen Religionen und Kulturen hat das Licht symbolische Kraft und Bedeutung. Sonne, Mond und Sterne sind von Licht erfüllt und bestimmen den Lebensrhythmus von Natur und Mensch. Das Licht steht auf der Seite Gottes. Als religiöses Symbol bedeutet es Leben, Heil und Glückseligkeit – im Gegensatz zu Finsternis, Unheil und Tod. Der sprachliche Gebrauch von Licht als Gott bzw. als Geschöpf Gottes ist oft fließend und überlagert sich teilweise.

Licht als Schöpfung Gottes – Gott als Licht in der Hebräischen Bibel

Leben braucht Licht, und Licht bedeutet Leben. Diese biologische Grunderfahrung hat in den Religionen vielfach zu einer Verehrung des Lichts, etwa in Form der Sonne, des Mondes oder der Sterne geführt. Die Bibel lehnt im Zuge der Entmythologisierung die Verehrung oder gar Anbetung der Gestirne ab: Das Licht ist Geschöpf, das erste Schöpfungswerk des einen Gottes (Gen 1,3–5). In der Hebräischen Bibel ist das Licht also eine Schöpfungswirklichkeit in Differenz zu Gott: »Gott sprach: Es werde Licht. Und es wurde Licht. Gott sah, dass das Licht gut war. Gott schied das Licht von der Finsternis und Gott nannte das Licht Tag, und die Finsternis nannte er Nacht« (Gen 1,3f.). Im Unterschied dazu spricht Psalm 27 von Gott selbst als dem Licht und dem Heil, ja der Lebenskraft: »Der Herr ist mein Licht und mein Heil. Vor wem sollte ich mich fürchten? Der Herr ist die Kraft meines Lebens. Vor wem sollte mir bangen?« (Ps 27,1).

Jesus Christus – das Licht der Welt im Neuen Testament

Die Christen haben dieses Symbol des Lichtes auf Jesus Christus übertragen, weil sie in ihm Gott selbst erkannten (vgl. Joh 1,1–9). In den Worten des Johannesprologs ist das Geheimnis des christlichen Glaubens verdichtet zum Ausdruck gebracht: Jesus Christus ist das Licht der Welt, das Licht, das die Menschen erleuchtet, als Licht ist er das Leben:

»Ich bin das Licht der Welt. Wer mir nachfolgt, wird nicht in der Finsternis umhergehen, sondern wird das Licht des Lebens haben« (Joh 8,12).

In zahlreichen Symbolhandlungen der christlichen Liturgie wird diese Erfahrung und Überzeugung sichtbar und erlebbar gemacht wie im Licht der Taufkerze, der Adventskerzen, der Osterkerze, der Altarkerzen oder des »Ewigen Lichtes« in katholischen Kirchen, das die Präsenz Christi anzeigt. Im Großen Glaubensbekenntnis heißt es, dass Jesus Christus »Licht vom Licht« ist, um die Herkunft Christi von Gott, seine Einheit mit dem Vater auszudrücken. In der Präfation (Dankgebet) der Osternacht wird Jesus gar als »Morgenstern« betitelt, »der in Ewigkeit nicht untergeht« und »der den Menschen erstrahlt im österlichen Licht«[22].

Licht im Koran

Auch im Koran begegnet die Lichtsymbolik an vielen Stellen und zwar in drei unterschiedlichen, letztlich aber zusammenhängenden Themenfeldern: Schöpfung, Offenbarung und Eschatologie. Dabei wird jeweils der enge Bezug des Korans auf die jüdisch-christliche Lichtsymbolik deutlich.

Das Licht wird zunächst im Rahmen der koranischen *Schöpfungstheologie* thematisiert. Gott als Schöpfer der Welt hat mit den Gestirnen und den zeitlichen Rhythmen von Tag und Nacht Licht und Finsternis geschaffen: »Lob sei Gott, der die Himmel und die Erde geschaffen und die Finsternis und das Licht gemacht hat!« (Sure 6,1). »Er ist es, der die Sonne zur Leuchte und den Mond zum Licht gemacht und ihm Stationen zugemessen hat, damit ihr die Zahl der Jahre und die Zeitrechnung wisst« (Sure 10,5; vgl. 71,16). Die Sonne erleuchtet den Tag, der Mond die Nacht – in all dem liegen nach dem Koran »Zeichen für Leute, die nachdenken«. Betrachtet der Mensch die Sinnhaftigkeit und Wohlgeordnetheit des Kosmos, so kann er nicht anders, als darin die Existenz, Weisheit und Güte des einen Schöpfergottes zu erblicken. Die Schöpfung – ein Gottesbeweis!

Am häufigsten und deutlichsten tritt die Lichtsymbolik im Koran in Verbindung mit der *Offenbarung* auf, oft gekoppelt mit der Wegsymbolik:

»O ihr Leute des Buches, unser Gesandter ist nunmehr zu euch gekommen, um euch vieles von dem, was ihr vom Buch geheim gehalten habt, deutlich zu machen und um vieles zu übergehen. Gekommen ist zu euch von Gott ein Licht und ein offenkundiges Buch, mit dem Gott diejenigen, die seinem Wohlgefallen nachgehen, die Wege des Friedens leitet und sie aus den Finsternissen ins Licht herausbringt mit seiner Erlaubnis; und er leitet sie zu einem geraden Weg« (Sure 5,15–16).

»Dies ist ein Buch, das Wir zu dir hinabgesandt haben, damit du die Menschen mit der Erlaubnis ihres Herrn aus den Finsternissen ins Licht hinausführst, zum Weg dessen, der mächtig und des Lobes würdig ist, (zum Weg) Gottes, dem gehört, was in den Himmeln und was auf der Erde ist« (Sure 14,1–2; vgl. 4,174f.).

Das von Gott gesandte Licht ist also der Koran, der den Menschen den geraden Weg weist, und der daher auch als Rechtleitung oder Führung bezeichnet wird. Aber nicht nur der Koran ist Licht und Rechtleitung, auch die früheren Offenbarungsschriften wie Tora und Evangelium sind es:

»Wir haben die Tora hinabgesandt, in der Rechtleitung und Licht enthalten sind, damit die Propheten, die gottergeben waren für die, die Juden sind, (danach) urteilen und so auch die Rabbiner und die Gelehrten auf Grund dessen, was ihnen vom Buche Gottes anvertraut wurde und worüber sie Zeugen waren. ... Und Wir ließen nach ihnen Jesus, den Sohn Marias folgen, damit er bestätige, was von der Tora vor ihm vorhanden war. Und Wir ließen ihm das Evangelium zukommen, das Rechtleitung und Licht enthält und das bestätigt, was von der Tora vor ihm vorhanden war und als Rechtleitung und Ermahnung für die Gottesfürchtigen. Die Leute des Evangeliums sollen nach dem urteilen, was Gott darin herabgesandt hat. Und diejenigen, die nicht nach dem urteilen, was Gott herabgesandt hat, das sind die Frevler« (Sure 5,44.46f.).

Höhepunkt der Lichtsymbolik im Koran ist die Sure 24, die in Vers 35 den sog. »Lichtvers« enthält, nachdem die Sure selbst benannt ist: *an-Nur*. Der Lichtvers enthält ein Gleichnis, das Gott selbst als Licht der Welt erklärt.

»Gott ist das Licht der Himmel und der Erde. Sein Licht ist einer Nische vergleichbar, in der eine Lampe ist. Die Lampe ist in einem Glas. Das Glas ist, als wäre es ein funkelnder Stern. Es wird angezündet von einem gesegneten Baum, einem Ölbaum, weder östlich noch westlich, dessen Öl fast schon leuchtet, auch ohne dass das Feuer es berührt hätte. Licht über Licht. Gott führt zu seinem Licht, wen Er will, und Gott führt den Menschen die Gleichnisse an. Und Gott weiß über alle Dinge Bescheid« (Sure 24,35).

Ist die Offenbarung Gottes in den heiligen Schriften Licht zur Führung des Menschen auf dem rechten Weg, dem Weg des Glaubens, so lässt sich der Weg der Ungläubigen und Frevler mit dem Oppositionswort Finsternis und der Blindheit charakterisieren:

»Mit ihnen ist es wie mit dem, der ein Feuer anzündete. Als es erleuchtete, was um ihn herum war, nahm Gott ihnen das Licht hinweg und ließ sie in Finsternissen zurück, so dass sie nicht sehen können. Taub, stumm, blind sind sie: Sie werden nicht umkehren« (Sure 2,17f.; vgl. 2,257).

Zum richtigen Verständnis dieser Stelle muss berücksichtigt werden, dass Gott nicht willkürlich einem Menschen das Licht wegnimmt und ihm damit den Weg des Heils verschließt; vielmehr lässt Gott einen Menschen in die Irre gehen, wenn sich dieser in freiem Entschluss für den Unglauben entschieden hat.[23] Entsprechend den biblischen Verstockungszitaten ist es nicht Gott, der die Menschen in die Finsternis führt, sondern die Menschen selbst sind es, die ihre Augen vor dem Licht Gottes verschließen.

In den *apokalyptisch-eschatologischen Ereignissen* schließlich wird wiederum die ambivalente Rolle des Lichts deutlich: Am Tag der Auferweckung wird sich nach plastischen Schilderungen des Korans der Mond verfinstern, Sonne und Mond werden miteinander vereinigt und die Augen der Menschen und Geschöpfe geblendet werden (vgl. Sure 75,7–9). Zugleich spielt das Licht am Tag des Jüngsten Gerichts auch eine heilsbedeutsame Rolle, wie folgende Anspielung auf das neutestamentliche Gleichnis von den klugen und törichten Jungfrauen zeigt: Den gläubigen Männern und Frauen wird das Licht der Rechtleitung wie eine Fackel auf dem Weg zum Paradies vorauseilen, während die Ungläubigen und Heuchler in Finsternis wandeln und den Gläubigen zurufen werden: »›Wartet auf uns, dass wir Licht von eurem Licht nehmen!‹ Es wird (zu ihnen) gesagt: ›Geht doch nach hinten zurück und sucht dort nach Licht!‹ Da wird zwischen ihnen eine Mauer errichtet mit einem Tor. Nach innen ist die Barmherzigkeit und nach außen, davor, ist die Pein« (Sure 57,13). Das Licht ist also gleichbedeutend mit Leben im Paradies, mit ewiger Barmherzigkeit Gottes (vgl. Sure 57,28).

Das Symbol »Wasser«

Wie Licht und Weg so ist auch das Grundelement Wasser in vielen Religionen ein zentrales, aber auch vieldeutiges Symbol. Es steht hier sowohl für die Leben spendende wie stärkende und reinigende Kraft im Kosmos.

Die Leben spendende Kraft des Wassers

Für Religionen wie Judentum, Christentum und Islam, die in einem geographischen Raum entstanden sind, wo weite Teile von Wüstengebiet beherrscht werden, ist Wasser zunächst einmal gleichbedeutend mit Leben. Leben in der Wüste ist nur möglich, wo Wasser fließt oder sprudelt, also an Flüssen und in Oasen.

In der *Hebräischen Bibel* ist das Wasser Schöpfung Gottes, über das er gebietet (vgl. Gen 1,6–10). Das Wasser in Form von Flüssen, Quellen und Regen ist Voraussetzung für Leben und damit Segen Gottes (vgl. Ps 104,6–11) und Zeichen des Heils (vgl. Jes 12,3).

Das *Neue Testament* greift diese Symbolik auf: Die Taufe des Johannes mit Wasser war ein Zeichen der Vorbereitung auf den Heilsbringer (vgl. Mk 1,8 par.). Die neue Taufe jedoch wird mit Wasser und Heiligem Geist geschehen und das Reich Gottes bedeuten (vgl. Joh 3,5). Am Jakobsbrunnen nimmt Jesus das Symbol des Wassers für Leben auf und bezieht es auf sich selbst:

»Wer von diesem Wasser trinkt, wird wieder Durst bekommen; wer aber von dem Wasser trinkt, das ich ihm geben werde, wird niemals mehr Durst haben; vielmehr wird das Wasser, das ich ihm gebe, in ihm zur sprudelnden Quelle werden, deren Wasser ewiges Leben schenkt« (Joh 4,13f.).

Wasser wird so zu einem Zeichen des mit Jesus Christus gekommenen Heils. In der katholischen Liturgie wird geweihtes Wasser deshalb bei fast allen Segnungen verwendet als Erinnerung an die Taufe.

Regen ist nach dem *Koran* »gesegnetes Wasser« (Sure 50,9). Für den Muslim ist evident, dass Gott der Spender des Wassers ist. Er ist der Schöpfer, der das Leben aus dem Wasser erschaffen hat, er versorgt das Leben weiterhin mit Wasser, indem er es regnen lässt, damit Menschen, Tiere und Pflanzen leben können (vgl. Sure 21,30; 24,45; 25,54; 6,99). Gott hat für Süßwasser wie für Salzwasser gesorgt, und beides hat seinen Sinn: »Die zwei Meere sind nicht gleich. Das eine ist süß, erfrischend und bekömmlich zu trinken; das andere ist salzig und bitter. Und aus beiden esst ihr frisches Fleisch und holt Schmuck heraus, den ihr anlegt« (Sure 35,12).

Am Element Wasser wird deutlich, wie sehr Mensch und Natur in ihrer Existenz von Gott abhängig sind. So dient dem Koran das Wasser auch als ein Gleichnis für das Leben insgesamt:

»Mit dem diesseitigen Leben ist es wie mit dem Wasser, das Wir vom Himmel herabkommen lassen, worauf die Pflanzen der Erde, wie sie die Menschen und das Vieh verzehren, sich damit vermengen« (Sure 10,24; vgl. 18,45).

In einem anderen Gleichnis wird Wasser zu einer Metapher für Gott selbst. Wer zu den falschen Göttern betet, ist wie einer, »der seine Hände nach Wasser ausstreckt, damit es seinen Mund erreicht, aber es erreicht ihn nicht« (Sure 13,14). Das Wasser findet in einem weiteren Gleichnis des Koran Verwendung, indem es um den Unglauben der Menschen geht:

»Die Werke derer, die ungläubig sind, sind wie eine Luftspiegelung in einer Ebene. Der Durstige hält sie für Wasser, kommt er aber dort hin, findet er, dass es nichts ist« (Sure 24,39).

Für den muslimischen Mekkapilger wird die segnende Kraft des Wassers am Brunnen Zamzam erlebbar: Diese Quelle soll der Überlieferung nach unter den Füßen von Ismael, dem ersten Sohn Abrahams, entsprungen sein, als seine Mutter Hagar nach ihrer Verstoßung durch Sara verzweifelt nach Wasser in der Wüste gesucht habe. So wurde dieser Brunnen für die Muslime zum Symbol für die Treue Gottes gegenüber seinen Verheißungen.

Die reinigende und stärkende Kraft des Wassers

Wasser ist die Grundlage des Lebens. Eine zweite Eigenschaft, ohne die Leben kaum denkbar wäre, ist die reinigende Kraft. Reinigung ist dabei nicht nur unerlässlich für das profane Alltagsleben, sondern auch für das religiöse Leben. Im christlichen Glauben wird dies am deutlichsten in der Taufe: Mit dem völligen Untertauchen des Täuflings in fließendes Wasser des Taufbrunnens, wie es in der frühen Kirche noch üblich war, wird das Sterben mit Christus und das Abwaschen der Sünde, die den Tod bedeutet, symbolisiert; das Auftauchen steht für das neue Leben und den auferstandenen Christus. Der katholische Christ erinnert durch die Symbolhandlung des Sich-Bekreuzigens mit »Weihwasser« beim Betreten einer Kirche oder beim Verlassen eines Hauses an seine Taufe.

Der Mensch weiß um äußerliche wie innerliche Verunreinigungen, und so ist es eines der wichtigsten Gebote des Islam, dass sich der Gläubige vor der Begegnung mit Gott, d.h. vor jedem Gebet, äußerlich reinigt und so in einen »Weihezustand« eintritt:

»O ihr, die ihr glaubt, wenn ihr euch zum Gebet hinstellt, so wascht (vorher) euer Gesicht und eure Hände bis zu den Ellbogen und streicht euch über den Kopf und (wascht) eure Füße bis zu den Knöcheln. Und wenn ihr sexuell verunreinigt seid, dann reinigt euch« (Sure 5,6).

Äußerliche körperliche Reinheit hängt nach islamischer Vorstellung also eng mit innerer, geistig-seelischer Reinheit zusammen. Schließlich hat das Wasser auch stärkende Kraft: Das Wasser, das von Gott kommt, vermag »eure Herzen zu stärken und eure Schritte damit zu festigen« (Sure 8,11).

Weiterführende Literatur:

M. u. U. Tworuschka (Hg.), Symbole in den Religionen der Welt. Ein Vorlesebuch für Kinder von 8–14 Jahren, Lahr/Kevelaer 1996.

11.6 Die Geschichten von »1001 Nacht«

Während Architektur, Kalligraphie, Ornamentik und Symbole visuelle Wahrnehmungen ermöglichen, sprechen die Geschichten oder Märchen von »1001 Nacht« den Hörsinn und die Phantasie des Menschen an. Noch immer gehört Geschichten-Erzählen zu den beliebtesten gesellschaftlichen, schulischen und familiären Ritualen. Die Urtexte der einzelnen Geschichten existieren teilweise in mehreren Versionen und lassen sich bis in den Irak des 8. Jahrhunderts zurückverfolgen. Sie wurden im Laufe der Zeit gesammelt, überarbeitet und mit der Rahmenerzählung umgeben, in der das Mädchen Scheherazade den tyrannischen König dadurch unterhalten sollte, dass es ihm Geschichten erzählt. Die ursprünglich aus verschiedensten Kulturen, Ländern und Religionen stammenden Stoffe und Motive wurden durch den Rezeptionsprozess von einem »islamischen Geist« durchdrungen. So kann zu Beginn der einzelnen Geschichte ein Gedenken an Gott oder am Schluss ein Lobpreis Gottes stehen: »Preis sei Ihm, der nie dem Tod verfällt, dem Herrn der sichtbaren und unsichtbaren Welt, der über alle Dinge mächtig ist, seinen Dienern Huld gewährt und um sie weiß zu jeglicher Frist.«

- Von den *Motiven* oder der *Gattung* her lassen sie sich in Liebesgeschichten, Loskaufgeschichten und Märchen aufteilen, ferner in Abenteuerromane und Fabeln, schließlich in Schwänke, Diebes- und Schelmenerzählungen bis hin zu frivolen Anekdoten. Am bekanntesten sind wohl »Die Geschichten von Aladin und die Wunderlampe« sowie »Die Geschichte von Ali Baba und den vierzig Räubern«.
- Zahlreiche Geschichten weisen ein und dieselbe *Struktur* auf: Zu Beginn herrscht irgend ein Mangel, ein Leiden oder eine tiefe Sehnsucht. Diese Problemsituation wird im Laufe der Geschichte einer Lösung zugeführt, allerdings häufig durch Täuschungen, Verwirrspiele und auf andere, gelegentlich seltsame Weisen. Alle führen zu einer oft glücklichen, zauberhaften Auflösung der bestehenden Not, zu einem happy end. Dramen mit tragischem Ausgang gibt es hier keine!
- Die *Sprache* der Geschichten weist große Bildhaftigkeit auf: Gefühle und Eindrücke werden nicht durch abstrakte Begriffe, sondern durch Metaphern dargestellt, was die Märchen so lebendig erscheinen lässt. Es herrscht eine große Freude an Expressivität: Wesire, Beamte und Haremsdamen lachen, »bis sie auf den Rücken fallen« oder weinen, »bis die Tränen wie Bäche fließen«. Durch die gegenständlichen Bilder wird Hässliches und Schreckliches fassbar. So wird einmal ein Dämon wie folgt beschrieben: »Er hatte Hände wie Worfschaufeln, Beine wie Schiffsmasten und Augen wie Feuerbrände ...«

- Die *Helden* in »1001 Nacht« sind vielfach typisiert dargestellt und erscheinen einander sehr ähnlich. Die Protagonisten gewinnen lediglich durch die verschiedenen Abenteuer, die sie durchleben, Gestalt. Trotzdem lassen sich gewisse »Heldengestalten« und Figuren in den Märchen ausmachen, die sich beständig wiederholen. Da gibt es den mit Schönheit ausgestatteten, aber ansonsten einfältigen hilflosen jungen Mann, der immer wieder in Selbstanklagen ausbricht und dem sich die Herzen aller (bis auf die notorischen Bösewichte) in Mitleid zuwenden. Die Frauen haben meist mehr Realitätssinn als die Männer; sie sind klüger, einsichtiger und entscheidungsfreudiger. Allerdings besitzen sie auch die List, mit der sie zum Wohl oder Leid der sie umgebenden Männer handeln. Eine weitere Gestalt ist der besonnene, pragmatisch denkende Wesir. Meist ist er Berater eines Königs, der so launenhaft und unberechenbar ist wie das Schicksal. Der Wesir ist dem Kalifen geistig oft weit überlegen. Trotzdem ist er – wie selbstverständlich – sein treuer Diener.
- Die orientalischen Märchen von 1001 Nacht werden in der Regel durch eine *Anfangs- und Schlussformel* bestimmt. Allerdings sind diese viel variationsreicher und ausgeschmückter als in europäischen Märchen. Ein Beispiel für eine Anfangsformel: »Es ist mir berichtet worden, o glücklicher König, dass in alter Zeit und längst verschollener Vergangenheit ...«
- Den *Hintergrund der Geschichten* bildet die reiche städtische Kultur des islamischen Mittelalters: Prächtige Paläste und Gärten mit exotischen Früchten und Vögeln; Parfüms und Räucherwerk, auserlesene Speisen und Getränke sowie edle Gewänder. Die vielfach beschriebene »Badefreudigkeit« ist Ausdruck der orientalischen mittelalterlichen Stadtkultur.

Die Geschichten aus »1001 Nacht« faszinieren noch heute Alt und Jung in Orient wie Okzident. Sie zeigen ein anderes Bild des Orients als die meisten Reportagen aus dieser Welt der Gegenwart und schaffen so ein nötiges »Gegenbild«, das freilich auch nicht übersteigert und idealisiert werden darf.

DIE GESCHICHTE VON DEM GELDWECHSLER UND DEM DIEB

Ein Geldwechsler, der einen Beutel voll Gold bei sich hatte, kam einst an einer Diebesbande vorüber; da sagte einer von den Schelmen: »Ich kann den Beutel da stehlen!« Die anderen fragten: »Wie willst du das machen?« Da erwiderte er: »Ihr sollt sehen!« Dann folgte er dem Manne bis zu seiner Wohnung. Als der Wechsler in sein Haus eingetreten war, legte er den Beutel auf das Gesims und ging, um ein dringendes Bedürfnis zu verrichten, zum stillen Orte; dabei rief er der Sklavin zu: »Bring eine Kanne Wasser her!« Die Sklavin holte die Kanne und folgte ihm bis zu dem Orte; die Haustür aber hatte sie offen stehen lassen. Rasch drang der Dieb hinein, ergriff den Beutel, eilte zu seinen Kumpanen zurück und erzählte ihnen, was geschehen war.

Da riefen sie: »Bei Allah, was du da gemacht hast, das ist ein guter Streich; den kann nicht jeder Mensch fertig bringen. Aber jetzt kommt sicher der Wechsler aus dem stillen Orte heraus, und wenn er den Beutel nicht findet, so wird er die Sklavin schlagen und bestrafen. Drum hat es doch noch den Anschein, als ob du nichts Rühmliches vollbracht hättest. Ja, wenn du ein echter Schelm bist, so musst du die Sklavin vor Prügel und Strafe bewahren.« Er antwortete ihnen nur: »So Allah, der Erhabene will, werde ich die Sklavin und den Beutel bewahren!« und kehrte sofort zum Hause des Geldwechslers zurück; dort hörte er, wie der Mann gerade die Sklavin wegen des Beutels bestrafte. Er klopfte bei ihm an, und jener rief: »Wer ist da?« Als der Dieb ihm antwortete: »Ich bin der Diener deines Nachbarn in der Basarhalle«, ging der Wechsler zu ihm hinaus und fragte ihn: »Was willst du?« Der Dieb erwiderte: »Mein Herr lässt dich grüßen und dir sagen: Du bist ja wohl ganz von Sinnen; wie kannst du einen Beutel wie diesen vor die Ladentür werfen und dann fortgehen und ihn liegen lassen? Wenn ein Fremder ihn gefunden hätte, so hätte er ihn sicher weggenommen und sich aus dem Staube gemacht. Hätte mein Herr ihn nicht gesehen und aufbewahrt, so wäre er für dich verloren gewesen!« Mit diesen Worten zog er den Beutel heraus und hielt ihn dem Mann vor die Augen. Sowie der Geldwechsler den sah, rief er: »Das ist ja wirklich mein Beutel!« und er streckte die Hand aus, um ihn an sich zu nehmen.

Doch der Schelm sprach: »Bei Allah, ich gebe ihn dir nicht eher, als bis du mir einen Schein für meinen Herrn geschrieben hast, der besagt, dass du den Beutel von mir erhalten hast. Ich fürchte, mein Herr wird mir nicht glauben, dass du den Beutel in Empfang genommen hast, wenn du mir nicht einen Schein für ihn ausstellst und dein Siegel darunter setzest!« Da ging der Wechsler ins Haus zurück, um den verlangten Schein über den Empfang des Beutels zu schreiben. Der Dieb aber lief mit dem Beutel auf und davon, und die Sklavin war vor der Strafe bewahrt.

Aus: Die schönsten Erzählungen aus Tausendundeine Nacht. Nach dem arabischen Urtext übertragen von Enno Littmann, Frankfurt/M. o.J. (Insel), Bd. 1, 684–685.

Weiterführende Literatur:

Die schönsten Liebesgeschichten aus Tausendundeine Nacht, ausgewählt und übersetzt von Enno Littmann, Zürich (Manesse) 1955.
F.G. Jürgen, Geschichten aus Tausendundeiner Nacht, in: ders., Orient und Okzident, Frankfurt ²1966, 124–144.
Tausendundeine Nacht, übersetzt aus dem arab. Original von Claudia Ott, München 2004.
W. Walther, Tausendundeine Nacht. Eine Einführung, München/Zürich 1987.

Fazit

1. In einer durch die Massenmedien verursachten Überflutung unserer Sinne ist es notwendig, das sinnenhafte Wahrnehmen und Deuten des Schönen in Natur und Kultur neu einzuüben. Diese religionsdidaktische Einsicht muss sich auch auf den Bereich des interreligiösen Lernens beziehen.
2. Die reiche religiöse Kunst und Architektur der islamischen Kultur bietet sich bestens an, einen sinnlich erfahrbaren Zugang zur religiösen Welt des Islam zu eröffnen: An der Grundausstattung einer Moschee wie an den bezaubernden Kalligraphien und Arabesken lassen sich die religiösen Grundüberzeugungen und Empfindungen muslimischer Menschen erspüren.
3. Anhand weit verbreiteter Symbole wie Weg, Licht und Wasser kann in gemeinsame, aber auch spezifische religiöse Deutungen menschlicher Existenz eingeführt werden, die nicht nur Orientierung geben, sondern auch sinn- und gemeinschaftsstiftend wirken.
4. Die reiche orientalische Literatur, aus den Jahrhunderten gesammelt, verdichtet und mit dem religiösen Geist des Islam durchdrungen in den Sammlungen von »1001 Nacht«, kann schließlich einen weiteren Zugang zu dieser Welt verschaffen. In diesen Geschichten sind Menschheitserfahrungen enthalten, die völker- und kulturübergreifend ansprechen und ergreifen können.

ZUM GUTEN SCHLUSS

Auf vielen Seiten dieses Grundkurses haben wir uns mit ernsthaften Themen und Fragen beschäftigt, welche die Menschen von heute bewegen. Aus dem menschlichen Zusammenleben wissen wir, wie viele Konflikte zumindest entspannt werden können, wenn man einen Schritt zurücktritt und sich und die Situation von einer anderen Perspektive betrachtet. Ein probates Mittel dazu ist seit jeher der Humor. Bekannt und beliebt sind in diesem Zusammenhang etwa die chassidischen Geschichten im Judentum oder die reiche Tradition des jüdischen Witzes. Auch der Islam weist ein großes Repertoire humorvoller Erzählungen und Anekdoten auf, die bei uns jedoch weniger bekannt sind.

Im gesamten islamischen Raum sind die Schwänke und Narreteien von *Nasreddin Hodscha* äußerst beliebt, einem Schelm und Helden, den man deshalb auch den »türkischen Eulenspiegel« nennt. Mit hintergründigem Humor und liebenswürdiger Einfalt brachte er den Menschen seine Weisheiten in Form von Narreteien und Streichen nahe. Zum Abschluss sei eine dieser Anekdoten wiedergegeben, die davor warnt, sich selbst allzu wichtig zu nehmen:

»Nasreddin Hodscha hatte seinen Schülern aufgetragen, jedes Mal, wenn er niese, in die Hände zu klatschen und zu rufen: ›Gott sei gepriesen, Hodscha!‹ im Sinne von: ›Möge es dir wohlergehen, Meister‹. Eines Tages nun fiel der Eimer in den Brunnen, und Nasreddin forderte seine Schüler auf, hinunter zu klettern und ihn herauszuholen. Aber sie fürchteten sich und weigerten sich, ihm zu gehorchen. Also zog er selbst sich aus und trug ihnen auf, ihm ein Seil umzubinden und ihn langsam hinunterzulassen. So stieg er hinunter und ergriff den Eimer.

Die Jungen zogen ihn wieder hoch, aber gerade, als er fast am Rande des Brunnens angekommen war, musste er niesen. Worauf die Kinder – gehorsam nach des Meisters Anordnung – das Seil losließen, fröhlich in die Hände klatschten und im Chor riefen: ›Gott sei gepriesen, Hodscha!‹ Nasreddin fiel unsanft in den Brunnen und verletzte sich heftig beim Fallen. Als er später dann endgültig gerettet wurde, legte er sich auf den Boden und bemerkte stöhnend vor Schmerz: ›Nun Kinder, es war nicht euer Fehler, sondern meiner! Zu viel Ehre tut einem Menschen nicht gut!«

Aus: Nasreddin Hodscha: »666 wahre Geschichten«, übersetzt und herausgegeben von Ulrich Marzolph, Neue Orientalische Bibliothek, München (C.H. Beck) 2002.

Weiterführende Literatur:

Der türkische Eulenspiegel. Närrische Anekdoten um Nasreddin Hodscha, gesammelt und herausgegeben von G. Frank, Freiburg 1980

T. Poppe, Die wundersamen Abenteuer des Mulla Nasruddin, Geschichten aus dem Orient, München 2003.

ANHANG

Anmerkungen

1. Islam und Muslime in Europa

1 R. Potz, Islam und Europa. Assimilation – Integration – Insertion, in: V. Heuberger (Hg.), Der Islam in Europa, Frankfurt/M. 1999, 45ff., 45. Vgl. auch J. Kandel/E. Pulsfort/H. Sundhausen (Hg.), Religionen und Kulturen in Südosteuropa. Nebeneinander und Miteinander von Muslimen und Christen, hg. von der Friedrich-Ebert-Stiftung, Berlin 2002.

2 R. Potz, Islam und Europa, 53.

3 Es gab allerdings auch schon vorher eine – jedoch geringe – Anzahl von türkischen Muslimen im deutschsprachigen Raum, sei es als Kriegsgefangene nach der Belagerung Wiens 1683, sei es als Soldaten im preußischen Heer im 18. Jh. oder wiederum als Kriegsgefangene der Alliierten nach dem Ersten Weltkrieg. Erste islamische Vereine und Moscheen entstanden in Deutschland bereits in den Jahren zwischen den beiden Weltkriegen. Vgl. dazu Th. Lemmen, Islamische Vereine und Verbände in Deutschland, Berlin 2002, 15f.

4 Die Zahlen sind offizielle Schätzungen auf der Grundlage von Ausländerstatistiken. Da bislang noch keine islamische Organisation in Deutschland den Status einer Körperschaft des öffentlichen Rechts erworben hat, wird die Religionszugehörigkeit von Muslimen in Deutschland offiziell nicht erfasst. Zu dieser Problematik vgl. Th. Lemmen, Muslime in Deutschland. Eine Herausforderung für Kirche und Gesellschaft, Baden-Baden 2001, 35f.

5 F. Sen/H. Aydin, Islam in Deutschland, München 2002, 7.

6 Vgl. M. Heiniger, Muslime und Musliminnen in der Schweiz – ein statistischer Überblick, in: R. Pahud de Mortanges/E. Tanner (Hg.), Muslime und schweizerische Rechtsordnung, Freiburg/Schweiz 2002, 3–10, hier: 3.

7 R. Weibel, Islam in der Schweiz, in: SKZ 170 (2002), 447–450; Kommission »Migration« der Schweizer Bischofskonferenz (Hg.), Islam in der Schweiz. Islamische Vielfalt und Möglichkeiten und Grenzen des Dialoges. Referate der Tagung vom 27.2.2002 im Centrum 66, Zürich 2002.

8 M. Heiniger, Muslime und Musliminnen in der Schweiz, 7.

9 Vgl. W. Müller, Nation der Kulturen. Unterwegs zu einem Islam mit Schweizer Identität, in: KNA-ÖKI 10, vom 11. März 2003, 9–10.

10 Vgl. F. Sen/H. Aydin, Islam in Deutschland, 17f.; W. Schatz, Präsenz und Probleme der Muslime in der Schweiz, in: R. Pahud de Mortanges/E. Tanner (Hg.), Muslime und schweizerische Rechtsordnung, Freiburg/Schweiz 2002, 11–29, 13.

11 Vgl. dazu Zentrum für Türkeistudien (Hg.), Das ethnische und religiöse Mosaik der Türkei und seine Reflexionen auf Deutschland, Münster 1998.
12 Vgl. W. Schatz, Präsenz und Probleme der Muslime in der Schweiz, 15.
13 Vgl. U. Spuler-Stegemann, Muslime in Deutschland. Informationen und Klärungen, Freiburg/Basel/Wien 2002, 36ff.
14 1962 gegründete panislamische Organisation mit Sitz in Mekka, unter starkem saudischen Einfluss, primäres Ziel ist die Mission.
15 Vgl. dazu A. Schimmel, Mystische Dimensionen des Islam. Die Geschichte des Sufismus, Frankfurt/M. 1995.
16 Zentrum für Türkeistudien, »Euro-Islam«. Zum empirischen Gehalt eines neuen Islamverständnisses in der Migration (ZFT-aktuell, Nr. 89), Essen 2002, 12.
17 Vgl. dazu Th. Lemmen, Muslime in Deutschland, 52f.
18 Insgesamt werden von den Verfassungsschutzbehörden ca. 30.000 Muslime in Deutschland als islamistisch eingeschätzt, also weniger als 1 % aller Muslime, davon wiederum befürwortet nur ein kleiner Teil Gewaltanwendung zur Durchsetzung politischer Ziele.
19 Vgl. dazu G. Jonker, Eine Wellenlänge zu Gott. Der »Verband der Islamischen Kulturzentren« in Europa, Bielefeld 2002.
20 F. Sen/H. Aydin, Islam in Deutschland, 57.
21 F. Sen/H. Aydin, Islam in Deutschland, 65.
22 Vgl. M. Heimbach, Die Entwicklung der islamischen Gemeinschaften in Deutschland seit 1961, Berlin 2001, 164.
23 http://www.islamrat.de/selbstd/darstellung.html
24 Der Text ist erhältlich beim ZMD oder im Internet unter: www.islam.de
25 W. Schatz, Präsenz und Probleme der Muslime in der Schweiz, 16f.
26 Vgl. dazu A. Schakfeh, Islamischer Religionsunterricht an österreichischen Schulen, in: U. Baumann (Hg.), Islamischer Religionsunterricht. Grundlagen, Begründungen, Berichte, Projekte, Dokumentationen, Frankfurt/M. 2001, 184–203.
27 Vgl. dazu A. Uçar, Veränderte Rahmenbedingungen – veränderte Migrantenfamilien, in: J. Kandel (Hg.), Migrantenfamilien im Wandel. Fachtagung der Friedrich-Ebert-Stiftung 28. Februar 2001, Berlin o.J. (2001), 6–13.
28 Diese Situation trifft verstärkt die Frauen, vgl. dazu M. Herberhold, »Alte türkische Immigrantinnen« – Ein folgenschweres Stereotyp, in: A. Renz/S. Leimgruber (Hg.), Lernprozess Christen Muslime. Gesellschaftliche Kontexte – Theologische Grundlagen – Begegnungsfelder, Münster 2002, 90–106.
29 Vgl. Zentrum für Türkeistudien, »Euro-Islam«, 8.
30 Vgl. ebd. 8f.
31 Vgl. U. von Wilamowitz-Moellendorff, Projekt Zuwanderung und Integration: Türken in Deutschland II – Individuelle Perspektiven und Problemlagen, hg. von der Konrad-Adenauer-Stiftung, St. Augustin 2002, 9ff. Allerdings fühlen sich nach derselben Umfrage 69 % aller befragten Muslime in Deutschland als Bürger zweiter Klasse, vgl. ebd. 8.
32 Zentrum für Türkeistudien, »Euro-Islam«, 11.
33 Vgl. A. Uçar, Veränderte Rahmenbedingen – veränderte Migrantenfamilien, 11.
34 Vgl. dazu W. Heitmeyer/J. Müller/H. Schröder, Verlockender Fundamentalismus. Türkische Jugendliche in Deutschland, Frankfurt/M. 1997.
35 Vgl. Deutsche Shell (Hg.), Jugend 2000. 13. Shell Jugendstudie, Bd. 1, Opladen 2000, 157–180.
36 Dies gilt zumindest für die vom türkischen Religionsministerium gestellten Imame in den DITIB-Gemeinden.

37 Vgl. Th. Lemmen/M. Miehl, Miteinander Leben. Christen und Muslime im Gespräch, Gütersloh 2001, 76; W. Schatz, Präsenz und Probleme der Muslime in der Schweiz, 20.
38 Vgl. U. Spuler-Stegemann, Muslime in Deutschland, 347.
39 Die jüngste repräsentative Umfrage »Was halten die Deutschen vom Islam?« von U. von Wilamowitz-Moellendorff wurde von der Konrad-Adenauer-Stiftung herausgegeben (Arbeitspapier/Dokumentation Nr. 109), Sankt Augustin 2003. Darin zeigt sich, dass sich die Bundesbürger auf »der abstrakten Ebene« »weitgehend frei von Vorurteilen« geben. Fast die Hälfte jedoch (43 %) »zweifelt an der Toleranz des Islam« (2).
40 Vgl. dazu A. Lueg, Der Islam in den Medien, in: J. Hippler/A. Lueg (Hg.), Feindbild Islam oder Dialog der Kulturen, Hamburg 2002, 16–34; selbstkritisch auch A. Cichowicz, Probleme der Wahrnehmung: Der Islam in der deutschen Fernsehberichterstattung, in: ebd., 35–48.
41 C. Weller, Warum gibt es Feindbilder?, in: J. Hippler/A. Lueg (Hg.), Feindbild Islam oder Dialog der Kulturen, 49–58.
42 Vgl. ebd.
43 Vgl. dazu U. Tworuschka, Methodische Zugänge zu den Weltreligionen. Einführung für Unterricht und Studium, München 1982, 25–80.
44 A. Schwier, Muslime als Fremde im Dorf, in: J. Micksch/A. Schwier (Hg.), Islam in europäischen Dörfern, Frankfurt/M. 2002, 9–29, 10.
45 Vgl. S.P. Huntington, Kampf der Kulturen. The Clash of Civilizations. Die Neugestaltung der Weltpolitik im 21. Jahrhundert, München/Wien 1996. Huntington vertritt die viel diskutierte und heftig umstrittene These, die Weltpolitik des 21. Jahrhunderts werde nicht mehr von Auseinandersetzungen politischer, ideologischer oder wirtschaftlicher Natur, sondern durch den blutigen Zusammenprall sieben großer Kulturen bestimmt (chinesisch, japanisch, hinduistisch, islamisch, christlich-westlich, christlich-orthodox, afrikanisch). Zur Kritik an dieser These vgl. H. Müller, Das Zusammenleben der Kulturen. Ein Gegenentwurf zu Huntington, Frankfurt ^{5}2001.

2. Dringlichkeit interkulturellen und interreligiösen Lernens

1 Vgl. K. Meyer, Zeugnisse fremder Religionen im Unterricht. Weltreligionen im deutschen und englischen Religionsunterricht, Neukirchen-Vluyn 1999, 40–96.
2 Vgl. G. Hilger, Ästhetisches Lernen, in: ders./S. Leimgruber/H.-G. Ziebertz, Religionsdidaktik, München 2001, 305–318.
3 M. Tworuschka, Zu Gast bei den Religionen der Welt. Eine Entdeckungsreise für Eltern und Kinder, Freiburg i. Br. 2000, 10.
4 Vgl. E. Holenstein, Kulturphilosophische Perspektiven, Frankfurt/M. 1998; H. Kimmerle, Interkulturelle Philosophie, Hamburg 2002.
5 Ram A. Mall, Philosophie im Vergleich der Kulturen. Interkulturelle Philosophie – eine neue Orientierung, Darmstadt 1996, 11.
6 K.-H. Dickopp, Erziehung ausländischer Kinder als pädagogischer Herausforderung. Das Krefelder Modell, Düsseldorf 1982.
7 A. Prengel, Pädagogik der Vielfalt. Verschiedenheit und Gleichberechtigung in Interkultureller, Feministischer und Integrativer Pädagogik, Opladen ^{2}1995: Der Gedanke einer Pädagogik der Einheit in der Vielfalt wird ausgedehnt auf das Zusammenleben der Geschlechter und der Menschen mit und ohne Behinderung. Vgl. auch J. Lott, Interkulturelles Lernen und das Studium der Religionen, in: JRP 8(1985) 71–85 und R. Schlüter, Dem Fremden begegnen – eine religionspädagogische Problemanzeige, in:

ders. (Hg.), Ökumenisches und interkulturelles Lernen – eine theologische und pädagogische Herausforderung, Paderborn/Frankfurt 1994, 27–54.

8 Vgl. W. Edelmann, Lernpsychologie, Weinheim [5]1996; A.K. Treml, Art. Lernen, in: H.-H. Krüger/W. Helsper (Hg.), Einführung in die Grundbegriffe der Erziehungswissenschaften, Opladen 1995, 93–102; S. Leimgruber, Christsein-Lernen in postmoderner Zeit. Einführung in die Erwachsenenbildung, Kageb 9/10, Luzern 1997, 42–50.

9 A.K. Treml, Lernen, 94. Vgl. auch Konrad Lorenz, Leben ist Lernen, Zürich [4]1988.

10 A.K. Treml, Lernen, 97.

11 J. Kade/W. Seitter, Lebenslanges Lernen. Mögliche Bildungswelten, Opladen 1996, bes. 233–255.

12 F. Rickers, Art. Interreligiöses Lernen, in: LexRP, Neukirchen-Vluyn 2001, 874–881. Vgl. »Interreligiöses Lernen« im Themenheft der KatBl 127 (2002), H. 6.

13 J. Lähnemann, Interreligiöses Lernen I: Islam, in: NHrpG, München 2002, 283–287.

14 M. Buber, Ich und Du. Werke I, München 1962, 408.

15 M. Buber, Ich und Du, 18.

16 Mit »linguistic turn« ist die Wende in der Philosophiegeschichte im ersten Drittel des 20. Jahrhunderts durch die Analytische Philosophie und die Sprachphilosophie gemeint (Ludwig Wittgenstein, Rudolf Carnap, Alfred Whitehead u.a.), wonach alle Erkenntnisfortschritte sich in sprachlichen Formulierungen spiegeln.

17 Vgl. A. Deutschmann, Das Thema »Islam« im Spiegel einiger Medien: Unterrichtsfilme zum Thema »Islam«, in: A. Renz/S. Leimgruber (Hg.), Lernprozess Christen Muslime. Gesellschaftliche Kontexte – Theologische Grundlagen – Begegnungsfelder, Münster 2002, 288–299; vgl. in diesem Buch S. 307.

18 Vgl. S. Leimgruber, Woran wird gelernt? – Medien im Religionsunterricht, in: G. Hilger/S. Leimgruber/H.-G. Ziebertz, Religionsdidaktik. Ein Leitfaden für Studium, Ausbildung und Beruf, München 2001, 219–233.

19 Vgl. B. Bühlmann, Mit den Weltreligionen auf Tuchfühlung, in: KatBl 127 (2002), 422–426.

20 Zentralstelle Bildung der DBK (Hg.), Grundlagenplan für den kath. Religionsunterricht in der Grundschule, München 1998, 39–40.

21 R. Englert, Kirchliche und religiöse Erwachsenenbildung, in: F. Schweitzer u.a. (Hg.), Entwurf einer pluralitätsfähigen Religionspädagogik, Freiburg 2002, 184–203; vgl. auch S. Leimgruber, Interreligiöse Bildung. Eine katholische Perspektive, in: U. Pohl-Patalong (Hg.), Religiöse Bildung im Plural. Konzeptionen und Perspektiven, Schenefeld 2003, 157–170.

22 L. Swidler, Die Zukunft der Theologie. Im Dialog der Religionen und Weltanschauungen, Regensburg/München 1992, 27.

23 H. Küng, Kein Weltfriede ohne Religionsfriede. Ein ökumenischer Weg zwischen Wahrheitsfanatismus und Wahrheitsvergessenheit, in: ders./K.-J. Kuschel, Kein Weltfrieden ohne Religionsfrieden, Antworten aus den Weltreligionen, München/Zürich 1993, 21–49, 49.

24 V. Ladenthin, Schule braucht Religion, in: Lebendige Katechese 24 (2002), 80–83.

3. Erinnerungen aus dem »kollektiven Gedächtnis«

1 R. Schönberger, Die Konfrontation des mittelalterlichen Denkens mit dem Islam. Ein Modell für die Gegenwart?, in: R. Löw (Hg.), Islam und Christentum in Europa, Hildesheim 1994, 81–113, hier 90.
2 Vgl. N. Osman (Hg.), Kleines Lexikon deutscher Wörter arabischer Herkunft, München [5]1997.
3 W.M. Watt, Der Einfluß des Islam auf das europäische Mittelalter, Berlin 1989, 83f.
4 L. Hagemann, Christentum contra Islam. Eine Geschichte gescheiterter Beziehungen, Darmstadt 1999, 18.
5 R.W. Southern, Das Islambild des Mittelalters, Stuttgart u.a. 1981, 22.
6 Vgl. dazu J. Hoeberichts, Feuerwandler. Franziskus und der Islam, Kevelaer 2001.
7 Die deutschen Bischöfe, Leitlinien für multireligiöse Feiern von Christen, Juden und Muslimen. Eine Handreichung (Arbeitshilfen 170), Bonn 2003, 12.
8 Thomas von Aquin, Summa contra gentiles I, 2, zit. nach H. Zirker, Vom Islam lernen? Zur Herausforderung des christlichen Selbstverständnisses, in: H. Schmid/A. Renz/J. Sperber (Hg.), Herausforderung Islam. Anfragen an das christliche Selbstverständnis, Stuttgart 2003, 27–50, 31.
9 Vgl. hierzu und zum Folgenden L. Hagemann, Christentum contra Islam, 41f.
10 L. Hagemann, Christentum contra Islam, 53f.
11 R. Guardini, Dantes Göttliche Komödie. Ihre philosophischen und religiösen Grundgedanken (1945), Mainz 1999.
12 KAP, Der Dom im islamitischen Fadenkreuz?, in: Christ in der Gegenwart 2002, Nr. 28, 230.
13 Ramon Lull, Das Buch vom Heiden und den drei Weisen, Stuttgart 1998, 17.
14 Th. Pindl, Ramon Lull. Protagonist des interkulturellen Dialogs, in: Ramon Lull, Das Buch vom Heiden und den drei Weisen, Stuttgart 1998, 259–306, hier 278.
15 Ramon Lull, Buch vom Heiden und den drei Weisen, 16f.
16 Ramon Lull, Buch vom Heiden und den drei Weisen, 246.
17 Ramon Lull, Buch vom Heiden und den drei Weisen, 246f.
18 Th. Pindl, Ramon Lull, 292.
19 W.A. Euler, Einheit der Religionen – Friede unter den Menschen. Begegnung mit nichtchristlichen Religionen bei Ramon Llull und Nikolaus von Kues, in: Ch. Lohr (Hg.), Anstöße zu einem Dialog der Religionen. Thomas von Aquin – Ramon Llull – Nikolaus von Kues, Freiburg i. Br. 1997, 71–91, 85.
20 Nikolaus von Kues, Vom Frieden zwischen den Religionen, hg. und übers. von K. Berger und Ch. Nord, Frankfurt a.M./Leipzig 2002, 29.
21 J. Stallmach, Einheit der Religion – Friede unter den Religionen. Zum Ziel der Gedankenführung im Dialog »Der Friede im Glauben«, in: R. Haubst (Hg.), Der Friede unter den Religionen nach Nikolaus von Kues, Mainz 1984, 61–75, 61.
22 Siehe Luthers beide Streitschriften aus dem Jahr 1529 »Vom Krieg wider die Türken«, in: M. Luther, Werke (WA), 30/II, Weimar/Graz 1909, 81–148, und »Heerpredigt wider den Türken«, ebd. 30/II, 149–197.
23 Vgl. H. Bobzin, Martin Luthers Beitrag zur Kenntnis und Kritik des Islam, in: NZSTh 27 (1985), 262–289, 267, 283; L. Hagemann, Martin Luther und der Islam, Altenberge 1983, 10ff.
24 Zit. nach L. Hagemann, Christentum contra Islam, 87.
25 H. Bobzin, Luther und der Islam: Anweisung zu Konfrontation oder Dialog?, in: J. Lähnemann (Hg.), Erziehung zur Kulturbegegnung, Rissen 1986, 117–131, 127.

26 M. Luther, Werke (WA) 30/II, 187
27 Zit. nach H. Bobzin, Luthers Beitrag, 276 und ders., Luther und der Islam, 128.
28 Vgl. M. Luther, Werke (WA) 30/II, 124.
29 Petrus Canisius, Der Große Katechismus, »Summa doctrinae christianae« (1555). Ins Dt. übertragen und kommentiert von H. Filser u. S. Leimgruber, Regensburg 2003, 80.
30 Chr. Moufang (Hg.), Katholische Katechismen des 16. Jahrhunderts, Mainz 1881, 568.
31 Zit. nach H. Denzinger/P. Hünermann, Kompendium der Glaubensbekenntnisse und kirchlichen Lehrentscheidungen, Freiburg u.a. [38]1999, Nr. 1351.
32 J. Deharbe, Katholischer Katechismus oder Lehrbegriff für die Jugend sowohl als für Erwachsene, Regensburg [4]1848, 19.
33 H. Bobzin, Art. Islam und Christentum II/1. 7.–19. Jahrhundert, in: Theologische Realenzyklopädie, Bd. 16, Berlin/New York 1987, 336–349, 342.
34 G.E. Lessing, Werke, Bd. I–VIII, hg. von H.G. Göpfert, München 1970–1979, Bd. VII, 24f.
35 Völlig konträr zur christlichen Polemik in Mittelalter und Reformationszeit, die den Islam dadurch zu erledigen versuchte, dass sie ihm Götzendienst, ja Teufelsanbetung und eine verwerfliche Moral vorwarf; völlig konträr auch zur gehässigen Herabsetzung des Propheten Muhammad und des Islam durch den Aufklärer Voltaire; völlig konträr schließlich auch zur heutigen Wahrnehmung des Islam in der westlichen Welt als vormoderne Religion, die die Aufklärung noch nicht vollzogen habe.
36 Vgl. K.-J. Kuschel, Vom Streit zum Wettstreit der Religionen. Lessing und die Herausforderung des Islam, Düsseldorf 1998, 220.
37 K.-J. Kuschel, Vom Streit zum Wettstreit, 154.
38 Katharina Mommsen spricht in diesem Zusammenhang gar von einem Tabu: »Die Hinwendung Goethes zum Islam ist bis heute für manche Goethe-Forscher wenn nicht ein Ärgernis, so zumindest eine Verlegenheit.« (K. Mommsen, Goethe und der Islam, Frankfurt a.M./Leipzig 2001, 57).
39 Zit. nach K. Mommsen, Goethe und der Islam, 93f.
40 Zit. nach K. Mommsen, Goethe und der Islam, 97.
41 Zit. nach K. Mommsen, Goethe und der Islam, 107.
42 J.W. v. Goethe, West-östlicher Divan, in: Werke. Erster Band, hg. von H. Birus u. K. Eibl, Frankfurt/Leipzig 1998, 303–566, 347.
43 Zit. nach K. Mommsen, Goethe und der Islam, 11.
44 K. Mommsen, Goethe und der Islam, 228.
45 J.W. v. Goethe, West-östlicher Divan, 308.

4. Kopernikanische Wende in der »Islamfrage«

1 Vgl. dazu A. Renz, Das Zweite Vatikanische Konzil und die nichtchristlichen Religionen, in: Münchener Theologische Zeitschrift 54 (2003), 156–170.
2 R. Bernhardt, Der Absolutheitsanspruch des Christentums von der Aufklärung bis zur Pluralistischen Religionstheologie, Gütersloh [2]1993, 116f.
3 Vgl. A. Grillmeier, Kommentar zu Lumen Gentium, in: Lexikon für Theologie und Kirche, XII, Freiburg u.a. [2]1966, 176–207, 206.
4 Umgekehrt gibt es auch im Koran Aussagen, welche die Heilsmöglichkeit für Christen implizieren, so z.B. Sure 5,69.
5 M. Ruokanen, The Catholic Doctrine of Non-Christian Religions According to the Second Vatican Council, Leiden u.a. 1992, 78.

6 M. Ruokanen, Catholic Doctrine of Non-Christian Religions, 78.
7 So M. Borrmans, Der christlich-islamische Dialog der letzten zehn Jahre, in: Pro Mundi Vita Bulletin 74 (1978), 1–64, 16.
8 F. Gioia (Ed.), Interreligious Dialogue. The Official Teaching of the Catholic Church (1963–1995), Boston 1997, 184, Nr. 294.
9 F. Gioia (Ed.), Interreligious Dialogue, 205, Nr. 325.
10 F. Gioia (Ed.), Interreligious Dialogue, 283, 442; vgl. 251, Nr. 390.
11 F. Gioia (Ed.), Interreligious Dialogue, 284, Nr. 444.
12 Johannes Paul II., Jubiläumspilgerreise zu den Heiligen Stätten (Verlautbarungen des Apostolischen Stuhls 145), Bonn 2000, 54, Art. 2.
13 F. Gioia (Ed.), Interreligious Dialogue, 220f., Nr. 339.
14 Vgl. dazu M. Kopp, Pilgerspagat. Der Papst im Heiligen Land. Eindrücke, Analysen, Wirkungen zur Reise von Papst Johannes Paul II. (März 2000), Münster 2001.
15 Johannes Paul II., Jubiläumspilgerreise zu den Heiligen Stätten, 5f., Art. 1.
16 Ansprache an die Gemeinden des Staates Kaduna in Nigeria und besonders an die muslimische Bevölkerung 1982, F. Gioia (Ed.), Interreligious Dialogue, 251, Nr. 390.
17 F. Gioia (Ed.), Interreligious Dialogue, 221, Nr. 339.
18 F. Gioia (Ed.), Interreligious Dialogue, 290, Nr. 451.
19 So z.B. in seiner Rede in Marokko 1985, vgl. F. Gioia (Ed.), Interreligious Dialogue, 300, Nr. 469.
20 F. Gioia (Ed.), Interreligious Dialogue, 227, Nr. 350.
21 F. Kardinal Arinze, Botschaft zum Ende des Ramadan 1409/1989, in: CIBEDO-Beiträge 3 (1989), 66–67, 66.
22 Johannes Paul II., Grußwort an die Muslime zum Fest des Fastenbrechens 1991, CIBEDO-Beiträge 5 (1991), 68–69, 68.
23 Zit. nach Sekretariat der Deutschen Bischofskonferenz, Muslime in Deutschland (Arbeitshilfen 26), Bonn 1982, 26.
24 Johannes Paul II., Grußwort an Muslime zum Fest des Fastenbrechens 1991, 68f.
25 Botschaft zum Weltfriedenstag 1991, F. Gioia (Ed.), Interreligious Dialogue, 470, Nr. 732.
26 Ansprache in Kaduna 1982, F. Gioia (Ed.), Interreligious Dialogue, 251, Nr. 392.
27 Johannes Paul II., Jubiläumspilgerreise (s. Anm. 12), 55f., Art. 4.
28 An die islamischen Führer des Senegal 1992, F. Gioia (Ed.), Interreligious Dialogue, 476, Nr. 744.
29 Johannes Paul II., Ansprache bei der Begegnung mit der muslimischen Jugend in Casablanca 1985, in: H. Vöcking, Stimmen zum Dialog II (CIBEDO-Dokumentation Nr. 29), Frankfurt 1986, 11–20, 18.
30 Diese Einheit wurde 1991 aufgrund einer Neuorganisation innerhalb des ÖRK aufgelöst.
31 S. Brown (Compiler), Meeting in Faith. Twenty Years of Christian-Muslim Conversations Sponsored by the World Council of Churches, Geneva 1989, 4.
32 Ökumenischer Rat der Kirchen, Beziehungen zwischen Christen und Muslimen: Ökumenische Überlegungen, in: Materialdienst der EZW 6/93, 169–179. Seitenzahlen im Folgenden in Klammern.
33 Vgl. dazu A.Th. Khoury, Der theologische Streit der Byzantiner mit dem Islam, Paderborn 1969; A. Yannoulatos, Byzantine and Contemporary Greek Orthodox Approaches to Islam, in: Journal for Ecumenical Studies 33 (1996), 512–527.
34 Vgl. G.C. Papademetriou, Orthodox Christians and Muslims in Dialogue, in: Greek Orthodox Theolocical Review 31 (1986), 5–8, 5.
35 Vgl. z.B. (Metropolit) Constantine of Derkon, The Importance of Orthodox Christi-

an-Muslim Dialogue, in: Greek Orthodox Theological Review 31 (1986), 9–16, 10ff.; (Metropolit) D. Papandreou, Die Rolle der Orthodoxie im Dialog zwischen Christentum und Islam, in: Una Sancta 49 (1994), 357–359, 357; A. Yannoulatos, Der Dialog mit dem Islam aus orthodoxer Sicht, in: R. Kirchschläger/A. Stirnemann (Hgg.), Ein Laboratorium für die Einheit, Innsbruck/Wien 1991, 210–222, 218ff.

36 Constantine of Derkon, Orthodox Christian-Muslim Dialogue, 12.

37 Constantine of Derkon, Orthodox Christian-Muslim Dialogue, 13.

38 Vgl. A. Yannoulatos, Dialog mit dem Islam, 221.

39 D. Papandreou, Möglichkeit und Notwendigkeit interreligiöser Dialoge, in: Una Sancta 53 (1998), 115–125, 119.

40 D. Papandreou, Möglichkeit und Notwendigkeit interreligiöser Dialoge, 120.

41 Zit. nach M. Stavropoulos, Glaubenserziehung und interreligiöser Dialog aus orthodoxer Sicht, in: F. Rickers/E. Gottwald (Hg.), Vom religiösen zum interreligiösen Lernen, Neukirchen-Vluyn 1998, 103–116, 116.

42 Vgl. Zusammenleben mit Muslimen in Deutschland. Gestaltung der christlichen Begegnung mit Muslimen. Eine Handreichung des Rates der Evangelischen Kirche in Deutschland, Gütersloh 2000, 45. Seitenzahlen im Folgenden im Text in Klammern.

43 Kongregation für die Glaubenslehre, Erklärung »Dominus Jesus«. Über die Einzigkeit und die Heilsuniversalität Jesu Christi und der Kirche (Verlautbarungen des Apostolischen Stuhls 148), Bonn 2000.

5. Das Problem der Offenbarung in Christentum und Islam

1 Vgl. H. Zirker, Christentum und Islam. Theologische Verwandtschaft und Konkurrenz, Düsseldorf 1989, 24f.

2 Im Folgenden wird zwischen der Bezeichnung »Neues« und »Zweites Testament«, ebenso wie zwischen der Bezeichnung »Altes« und »Erstes Testament« abgewechselt. Im Hintergrund steht die Problematik der jeweiligen Begriffe, vgl. dazu E. Zenger, Das Erste Testament. Die jüdische Bibel und die Christen, Düsseldorf [5]1995.

3 Zit. nach H. Denzinger/P. Hünermann, Kompendium der Glaubensbekenntnisse und kirchlichen Lehrentscheidungen, Freiburg u.a. [38]1999, Nr. 3004.

4 Vgl. H. Zirker, Islam. Theologische und gesellschaftliche Herausforderungen, Düsseldorf 1993, 246.

5 Ibn Ishāq, Das Leben des Propheten, aus dem Arab. von G. Rotter, Kandern 1999, 44f.

6 Th. Lohmann, Sure 96 und die Berufung Muhammads, in: Mitteilungen des Instituts für Orientforschung 14 (1968), 249–302, 254.

7 H. Bobzin, Der Koran. Eine Einführung, München 1999, 20.

8 A. Neuwirth, Koran, in: H. Gätje (Hg.), Grundriß der arabischen Philologie, Bd. 2, Wiesbaden 1987, 96–135, 102.

9 Ch.J. Adams, Art. Qur'an, in: Encyclopedia of Religion 12, New York 1987, 156–176, 157.

10 Zit. nach W.A. Graham, Das Schriftprinzip in vergleichender Sicht, in: A. Giese/J.Ch. Bürgel (Hg.), Gott ist schön und Er liebt die Schönheit, Frankfurt 1994, 209–226, 222.

11 Zit. nach A. Schimmel, Die Zeichen Gottes. Die religiöse Welt des Islam, München 1995, 205.

12 Zum Beispiel A. Falaturi, Zusammenhänge zwischen Koranexegese und Bibelinterpretation, in: H.-M. Barth/Ch. Elsas (Hg.), Hermeneutik in Islam und Christentum, Hamburg-Rissen 1997, 108–112, 108.

13 Vgl. die Kritik von N.H. Abu Zaid, Islam und Politik. Kritik des religiösen Diskurses, Frankfurt/M. 1996.
14 Vgl. N.H. Abu Zaid, Islam und Politik, 81ff.
15 R. Wielandt, Wurzeln der Schwierigkeit innerislamischen Gesprächs über neue hermeneutische Zugänge zum Korantext, in: S. Wild (Ed.), The Qur'ān as Text, Leiden 1996, 257–282, 260.
16 N.H. Abu Zaid, Islam und Politik, 86f.
17 Zit. nach A. Meier, Gotteswort in Knechtsgestalt – ein islamischer Luther in Ägypten? N.H. Abu Zaids provokante Koranexegese als säkulare Reform des Islam, in: H.-Ch. Goßmann (Hg.), Begegnungen zwischen Christentum und Islam, Ammersbek 1994, 57–73, 64f.
18 R. Paret, Mohammed und der Koran, Stuttgart u.a. 71991, 51.
19 B. Grom, Religionspsychologie, München/Göttingen 1992, 372.
20 Vgl. auch R. Leuze, Der Prophet Muhammad in christlich-theologischer Perspektive, in: A. Renz/S. Leimgruber (Hg.), Lernprozess Christen Muslime. Gesellschaftliche Kontexte – Theologische Grundlagen – Begegnungsfelder, Münster 2002, 203–213.
21 Vgl. H. Küng, Theologie im Aufbruch. Eine ökumenische Grundlegung, München/Zürich 21992, 292ff.
22 U. Luz, Das Evangelium nach Matthäus. III, Mt 18–25 (EKK I/3), Zürich/Düsseldorf 1997, 279.
23 J. Kremer, Lukasevangelium (NEB 3), Würzburg 1988, 120.
24 U. Luz, Evangelium nach Matthäus. III, 279, vgl. 273.
25 H. Küng/J. van Ess, Christentum und Weltreligionen. I: Islam, Gütersloh 31991, 48f.
26 So argumentiert auch C.W. Troll, Muslime fragen, Christen antworten, Kevelaer 2003, 52–54, 56f.; vgl. zum Problem auch H. Zirker, Der Koran in christlicher Perspektive, in: A. Renz/S. Leimgruber (Hg.), Lernprozess Christen Muslime, 183–197.

6. Gemeinsame Grundlagen im biblischen und koranischen Menschenbild

1 T. Izutsu, God and Man in the Koran. Semantics of the Koranic Weltanschauung, Tokyo 1964, 77.
2 R. Wielandt, Der Mensch und seine Stellung in der Schöpfung. Zum Grundverständnis islamischer Anthropologie, in: A. Bsteh (Hg.), Der Islam als Anfrage an christliche Theologie und Philosophie, Mödling 1994, 97–105, 100.
3 A. Schimmel, Gesprächsbeitrag, in: A. Bsteh (Hg.), Der Islam als Anfrage, 112.
4 Vgl. dazu A. Schimmel, Und Muhammad ist Sein Prophet. Die Verehrung des Propheten in der islamischen Frömmigkeit, München 31995, bes. 21ff.
5 R. Wielandt, Die Würde des Stellvertreters Gottes. Zur Interpretation eines Koranwortes bei zeitgenössischen muslimischen Autoren, in: R. Bucher u.a. (Hg.), In Würde leben, Luzern 1998, 170–187, 174.
6 Vgl. F. Rahman, Major Themes of the Qur'ān, Minneapolis/Chicago 1984, 24.
7 Vgl. dazu A. Renz, Der Mensch unter dem An-Spruch Gottes. Offenbarungsverständnis und Menschenbild des Islam im Urteil gegenwärtiger christlicher Theologie, Würzburg 2002, 371ff.
8 Vgl. Islamrat für Europa, Die Allgemeine Islamische Menschenrechtserklärung, in: Concilium 30 (1994), 242–247, 242.
9 R. Wielandt, Menschenwürde und Freiheit in der Reflexion zeitgenössischer muslimi-

scher Denker, in: J. Schwartländer (Hg.), Freiheit der Religion. Christentum und Islam unter dem Anspruch der Menschenrechte, Mainz/München 1993, 179–209, 191.

10 Zit. nach W. Graham, Divine Word and Prophetic Word in Early Islam. A Reconsideration of the Sources, with Special Reference to the Divine Saying or Hadīth Qudsī, The Hague 1972, 151 (Saying 29).

11 Vgl. zum Folgenden A. Renz, Der Mensch unter dem An-Spruch Gottes. Offenbarungsverständnis und Menschenbild des Islam im Urteil gegenwärtiger christlicher Theologie, Würzburg 2002, 412–444.

12 Vgl. H. Speyer, Die biblischen Erzählungen im Qoran, Hildesheim u.a. [3]1988, 55ff. »Apokryphen« sind Schriften aus nachbiblischer jüdischer und christlicher Tradition, die nicht in den Kanon der Heiligen Schriften von Juden und Christen aufgenommen wurden, in der Volksreligiosität jedoch verbreitet waren und im Christentum zum Teil sogar die Dogmenbildung beeinflussten.

13 H. Busse, Die theologischen Beziehungen des Islams zu Judentum und Christentum. Grundlagen des Dialogs im Koran und die gegenwärtige Situation, Darmstadt 1988, 69.

14 Die christliche Tradition kennt im Wesentlichen drei Interpretationen dieser Wendung: Demnach meine die Erkenntnis von Gut und Böse »die Erwerbung geschlechtlichen Verlangens«, »die Erwerbung des sittlichen Bewusstseins« oder die »Allwissenheit«, vgl. E. Drewermann, Strukturen des Bösen. I: Die jahwistische Urgeschichte in exegetischer Sicht, Paderborn u.a. 1988, 17.

15 E. Haag, Der Mensch am Anfang. Die alttestamentliche Paradiesvorstellung nach Gen 2–3, Trier 1970, 43, vgl. 174.

16 In späten Texten des Ersten Testaments (Weish 2,24) und dann im Zweiten Testament sowie in der christlichen Tradition wird die Schlange mit dem Teufel oder Satan identifiziert. Umgekehrt spielt die Schlange dann auch in der islamischen Auslegungsgeschichte eine Rolle.

17 Ch. Dohmen, Schöpfung und Tod. Die Entfaltung theologischer und anthropologischer Konzeptionen in Gen 2/3, Stuttgart 1988, 219.

18 C. Schöck, Adam im Islam. Ein Beitrag zur Ideengeschichte der Sunna, Berlin 1993, 123.

19 J. Scharbert, Genesis 1–11,Würzburg 1983, 57; vgl. E. Drewermann, Strukturen des Bösen I, 83ff.

20 F.J. Stendebach, Das Menschenbild des Jahwisten, in: Bibel und Kirche 42 (1987), 15–20, 18.

21 C. Schöck, Adam im Islam, 173.

22 Vgl. G. Kraus, Welt und Mensch. Lehrbuch zur Schöpfungslehre, Frankfurt/M. 1997, 449–461.

7. Biblische Erzählungen und Personen im Koran

1 K. Butting, Abel steh auf! Die Geschichte von Kain und Abel – und Schet (Gen 4,1–26), in: Bibel und Kirche 58 (2003), 16–19, 17.

2 Zwischen Vers 30 und 32 schiebt der Koran eine Begebenheit, die ebenfalls auf einen Midrasch (jüdische Auslegung) zu Gen 4 zurückgeht, hier wie dort aber wie ein Fremdkörper wirkt: Gott nämlich zeigt dem Täter am Beispiel eines Vogels, wie man Tote begraben soll.

3 Vgl. H. Speyer, Die biblischen Erzählungen im Qoran, Hildesheim [3]1988, 87.

4 Auch dies geht auf außerbiblische jüdisch-christliche Überlieferungen zurück, vgl. H. Speyer, Die biblischen Erzählungen im Qoran, 124ff.

5 Vgl. dazu K.-J. Kuschel, Streit um Abraham. Was Juden, Christen und Muslime trennt – und was sie eint, München/Zürich 1994; M. Görg, Abraham als Ausgangspunkt für eine »abrahamitische Ökumene«?, in: A. Renz/S. Leimgruber (Hg.), Lernprozess Christen Muslime, Münster 2002, 142–151.
6 Vgl. Ibn Ishāq, Das Leben des Propheten, Kandern 1999, 25.
7 Vgl. dazu Th. Naumann, Die biblische Verheißung für Ismael als Grundlage für eine christliche Anerkennung des Islam?, in: A. Renz/S. Leimgruber (Hg.), Lernprozess Christen Muslime, 152–170.
8 K.-J. Kuschel, Streit um Abraham, 23f.
9 Vgl. dazu K. Jaroš, Der Islam IV. Biblische Heilige und Propheten im Koran, Ulm/Donau 1997, 134–139.
10 H. Busse, Die theologischen Beziehungen des Islams zu Judentum und Christentum, 94.
11 K. Prenner, Muhammad und Musa. Strukturanalytische und theologiegeschichtliche Untersuchungen zu den mekkanischen Musa-Perikopen des Qur'an, Altenberge 1986, 386.
12 »Apokryphen« sind Schriften aus nachbiblischer jüdischer und christlicher Tradition, die nicht in den Kanon der Heiligen Schriften von Juden und Christen aufgenommen wurden, in der Volksreligiosität jedoch verbreitet waren und im Christentum zum Teil sogar die Dogmenbildung beeinflussten.
13 Vgl. H. Busse, Die theologischen Beziehungen des Islams zu Judentum und Christentum, 126.
14 Zit. nach J.-D. Thyen, Bibel und Koran. Eine Synopse gemeinsamer Überlieferungen, Köln u.a. 2000, 202.
15 Vgl. H. Busse, Die theologischen Beziehungen des Islams zu Judentum und Christentum, 130f.
16 Vgl. dazu die Sammlung und Kommentierung von T. Khalidi, Der muslimische Jesus. Aussprüche Jesu in der arabischen Literatur, Düsseldorf 2002.
17 M. Bauschke, Jesus – Stein des Anstoßes. Die Christologie des Korans und die deutschsprachige Theologie, Köln u.a. 2000, 183f.
18 Vgl. dazu H. Busse, Messianismus und Eschatologie im Islam, in: Jahrbuch für Biblische Theologie 8 (1993), 273–289.
19 Vgl. dazu S. Schreiber, Jesus – ein Prophet oder der Prophet? Eine zeitgeschichtliche Deutekategorie in den Evangelien, in: K. Kienzler u.a. (Hg.), Islam und Christentum. Religion im Gespräch, Münster 2001, 111–128, bes. 117ff.

8. Glaube und Glaubensbekenntnis bei Christen und Muslimen

1 Vgl. dazu H. Molla-Djafari, Gott hat die schönsten Namen. Islamische Gottesnamen, ihre Bedeutung, Verwendung und Probleme ihrer Übersetzung, Frankfurt/M. 2001.
2 Den 99 Feldern ist ein 100. mit einer doxologischen Abschlussformel beigefügt: *djalla djallālahū* (»Groß ist sein Ruhm«). Diese Abschlussformel findet sich im letzten Feld ganz unten links.
3 Vgl. dazu A.M.A. Zaidan, Al-'Aqida. Einführung in die Iman-Inhalte, Offenbach ^{2}1999.
4 Übersetzung nach Friedrich Rückert, Der Koran, hg. von H. Bobzin, Würzburg ^{4}2001.
5 Es gibt im Koran zugleich auch andere Aussagen, welche die Christen als Gläubige bezeichnen, die folglich zum Heil gelangen können, vgl. Sure 5,69.
6 Vgl. K. Rahner, Grundkurs des Glaubens. Einführung in den Begriff des Christentums, Freiburg i. Br. 1984, 139–142.

7 Vgl. L. Müller, Die Dreifaltigkeitsikone des Andrej Rubljow, München 1990.
8 Vgl. H. Vorgrimler, Randständiges Dasein des dreieinigen Gottes? Zur praktischen und spirituellen Dimension der Trinitätslehre, in: Stimmen der Zeit 127 (2002), 545–552.
9 Vgl. M. Karrer, Der Gesalbte. Die Grundlagen des Christustitels, Göttingen 1991.
10 Die Anfänge der Trinitätslehre wurden von vielen christlichen Gläubigen »als Polytheismus empfunden und im Namen des biblischen Gottes als Häresie abgewiesen«, N. Brox, Kirchengeschichte des Altertums, Düsseldorf [3]1989, 172.
11 K. Rahner, Grundkurs des Glaubens, 140.
12 Vgl. A.Th. Khoury, Der theologische Streit der Byzantiner mit dem Islam, Paderborn 1969, 59, 65.
13 Vgl. C.W. Troll, Muslime fragen, Christen antworten, Kevelaer 2003, 69.
14 Vgl. C. Thoma, Art. Dreifaltigkeit, in: J.J. Petuchowski/C. Thoma, Lexikon der jüdisch-christlichen Begegnung, Freiburg i. Br. 1989, 89–96, 90.
15 So z.B. der Evangelische Erwachsenenkatechismus, Kursbuch des Glaubens, hg. von W. Jentsch u.a. im Auftrag der VELKD, Gütersloh 1975, 411; auch W. Kasper, Der Gott Jesu Christi, Mainz 1982, 295.
16 In jüdischer Sicht manifestiert sich die Gnade Gottes in der Erwählung des Volkes Israel, in der Gabe der Tora sowie im Bundesschluss.
17 In der islamischen Mystik ist der Begriff der »Vergöttlichung« im Sinne von Nachahmung der Eigenschaften Gottes durchaus möglich, vgl. R. Gramlich, Der eine Gott. Grundzüge der Mystik des islamischen Monotheismus, Wiesbaden 1998, 335ff.
18 Belege dafür bei A. Renz, Der Mensch unter dem An-Spruch Gottes. Offenbarungsverständnis und Menschenbild des Islam im Urteil gegenwärtiger christlicher Theologie, Würzburg 2002, 478–507.
19 Vgl. K. Rahner, Weltgeschichte und Heilsgeschichte, in: Schriften zur Theologie V, 115–135, 120.
20 A. Schimmel, Die Zeichen Gottes. Die religiöse Welt des Islam, München 1995, 255.
21 J. Finkenzeller, Eschatologie, in: W. Beinert (Hg.), Glaubenszugänge. Lehrbuch der katholischen Dogmatik, Bd. 3, Paderborn u.a. 1995, 541–664, 571.
22 Vgl. J. Finkenzeller, Eschatologie, 603ff.
23 Vgl. Das Islamische Totenbuch. Jenseitsvorstellungen im Islam. Nach der Dresdener und Leipziger Handschrift, neu hg. von H. Werner, Bergisch Gladbach 2002, 87f.
24 Das Islamische Totenbuch, 89–90.
25 J. Finkenzeller, Eschatologie, 632.
26 Das Islamische Totenbuch, 116.
27 R. Paret, Mohammed und der Koran, Stuttgart u.a. [7]1991, 72.
28 Das Islamische Totenbuch, 154.
29 Das Islamische Totenbuch, 158.
30 H. Vorgrimler, Art. Hölle, in: ders., Neues Theologisches Wörterbuch, Freiburg i. Br. 2000, 296.
31 H. Vorgrimler, Art. Himmel, in: ders., Neues Theologisches Wörterbuch, 291.
32 Zit. nach A. Schimmel, Gärten der Erkenntnis. Das Buch der vierzig Sufi-Meister, München [4]1995, 21.

9. Ethische Grundwerte und religiöse Praxis von Christen und Muslimen

1 Vgl. A. Renz, Der Islam: Keine »Gesetzesreligion«, sondern Religion des Glaubens und der Barmherzigkeit Gottes, in: Münchener Theologische Zeitschrift 52 (2001), 43–55.
2 Vgl. H. Küng, Projekt Weltethos, München/Zürich 1990, 82.
3 M. Stern, in: H.G. Pöhlmann/M. Stern, Die Zehn Gebote im jüdisch-christlichen Dialog. Ihr Sinn und ihre Bedeutung heute. Eine kleine Ethik, Frankfurt/M. 2000, 112.
4 K. Rahner, Von der Not und dem Segen des Gebetes, Freiburg i. Br. 1991, 11.
5 Übersetzung nach Martin Buber und Franz Rosenzweig, Die fünf Bücher der Weisung, Gerlingen 1997.
6 J.J. Petuchowski, Art. Schema' Israel, in: ders./C. Thoma, Lexikon der jüdisch-christlichen Begegnung, Freiburg i. Br. 1989, 356–359, 356.
7 C. Thoma, Art. Vaterunser, in: ebd, 417–422, 420.
8 Die Frauen dürfen (müssen nicht) am Gemeinschaftsgebet teilnehmen, sind in der Moschee jedoch (durch Vorhang, Wand oder Empore) von den Männern getrennt, um wechselseitige Ablenkung vom Gebet zu vermeiden. Diese Praxis und die dazugehörige Begründung war und ist dem Judentum wie auch dem Christentum keineswegs unbekannt, heute jedoch problematisch geworden und für viele ein Zeichen der Minderbewertung der Frau.
9 Zit. nach A.Th. Khoury, Das Pflichtgebet, in: Ders./P. Heine/J. Oebbecke, Handbuch Recht und Kultur des Islams in der deutschen Gesellschaft, Gütersloh 2000, 75–92, 83.
10 N. Kermani, Gott ist schön. Das ästhetische Erleben des Koran, München 2000, 91.
11 Vgl. dazu A. Renz, Gemeinsames Beten von Christen und Muslimen: Theologische Differenzierungen und praktische Hinweise, in: ders./S. Leimgruber (Hg.), Lernprozess Christen Muslime, Münster 2002, 369–374.
12 Zit. nach A. Schimmel, Das islamische Jahr. Zeiten und Feste, München 2001, 102.
13 Zit. nach A.Th. Khoury, Der Islam. Sein Glaube, seine Lebensordnung, sein Anspruch, Freiburg i. Br. 1992, 139.
14 Vgl. dazu M. Tworuschka, Christliche und islamische Feste als interreligiöse Lernorte, in: A.Renz/S. Leimgruber (Hg.), Lernprozess Christen Muslime, 353–368.
15 VELKD/EKD (Hg.), Was jeder vom Islam wissen muß, Gütersloh [5]1996, 46.
16 A.Th. Khoury, Wer ist für den Muslim sein Nächster?, in: ders./P. Hünermann (Hg.), Wer ist mein Nächster? Die Antwort der Weltreligionen, Freiburg i. Br. 1988, 113–128.
17 U. Tworuschka, Heilige Wege. Die Reise zu Gott in den Religionen, Frankfurt/M. 2001, 194.
18 U. Tworuschka, Heilige Wege, 200.
19 Die Zahl Sieben spielt im Islam eine große Rolle, was wohl auf den Siebenerrhythmus des für den Islam maßgeblichen Mondkalenders zurückzuführen ist (eine Mondphase = eine Woche = sieben Tage).
20 Zit. nach U. Tworuschka, Heilige Wege, 205.

10. Ethische und rechtliche Konfliktfelder im Zusammenleben von Christen und Muslimen

1 Freilich werden nicht alle Hadithe, die sich auf den Propheten berufen, von den islamischen Gelehrten als authentisch anerkannt. Schon früh hat sich in diesem Zusammenhang eine eigene Wissenschaft im Islam entwickelt, welche durch Prüfung der Überliefererkette sogenannte »starke« von »schwachen Hadithen« unterscheidet.

2 Vgl. dazu A. Th. Khoury, Der Islam. Sein Glaube, seine Lebensordnung, sein Anspruch, Freiburg i. Br. 1992, 49–64.

3 Vgl. H. Bielefeldt, Menschenrechte – eine Herausforderung für Christen und Muslime, in: A. Renz/S. Leimgruber, (Hg.), Lernprozess Christen Muslime, Münster 2002, 44–56.

4 Vgl. Islamrat für Europa, Die Allgemeine Islamische Menschenrechtserklärung, in: Concilium 30 (1994) 242–247, hier 242. Auch die Kairoer Erklärung der Menschenrechte im Islam der Mitglieder der Organisation der Islamischen Konferenz von 1990 spricht in Art. 1 davon, dass alle Menschen gleich sind »an Würde, Pflichten und Verantwortung und ohne Ansehen von Rasse, Hautfarbe, Sprache, Geschlecht, Religion, politische Einstellung, sozialem Status oder anderen Gründen«. Dann allerdings scheint diese Würde doch an eine Bedingung geknüpft zu sein, nämlich an den »wahrhaften Glauben«.

5 Viele islamische Länder haben die UN-Charta zwar formal, aber eben nur formal, ratifiziert.

6 Vgl. M. Talbi, Religionsfreiheit – eine muslimische Perspektive, in: J. Schwartländer (Hg), Freiheit der Religion, Mainz 1993, 53–71; ders., Religionsfreiheit – Recht des Menschen oder Berufung des Menschen?, ebd., 242–260.

7 Vgl. E. Essabah, Die metaphysische Basis der Religionsfreiheit und die Grundprinzipien des freien menschlichen Willens im Koran, Aachen 2002.

8 Vgl. J. Schwartländer/H. Bielefeldt, Christen und Muslime vor der Herausforderung der Menschenrechte, Bonn 1996, 30; M. Cook, Der Koran. Eine kurze Einführung, Stuttgart 2002, 47.

9 S. Kreuzer, Art. Krieg, in: J.B. Bauer (Hg.), Bibeltheologisches Wörterbuch, Graz u.a. 1994, 382–384, 383.

10 I. Broer, Art. Frieden, in: ebd., 191–193, 192.

11 Die deutschen Bischöfe, Gerechter Friede, (Die deutschen Bischöfe 66, vom 27. Sept. 2000), Bonn, 35f.

12 Vgl. A. Ragab, Die Lehre vom »gihād« im Islam. Eine kritische Diskussion der Quellen und aktueller Entwicklungen, in: A. Renz/S. Leimgruber (Hg.), Lernprozess Christen Muslime, Münster 2002, 57–72.

13 M. Özdemir, Anmerkungen zur Situation der in Deutschland lebenden Türken, in: J. Reulecke (Hg.), Spagat mit Kopftuch. Essays zur Deutsch-Türkischen Sommerakademie, Hamburg 1997, 283–309, 293; vgl. Y. Sarikaya, Schulische Integration türkischer Kinder zweiter Generation, in: ebd., 455–489, 458.

14 M. Heidari, Muslimische Erziehungsvorstellungen und Glaubenserziehung im Kontext interreligiösen Lernens, in: F. Rickers/Gottwald Eckart (Hg.), Vom religiösen zum interreligiösen Lernen, Neukirchen-Vluyn 1998, 71–102, 83.

15 F. Köster, Religiöse Erziehung in den Weltreligionen, Darmstadt 1986, 148–197, 161.

16 M. Heidari, Muslimische Erziehungsvorstellungen und Glaubenserziehung, 82.

17 M. Rohe, Der Islam – Alltagskonflikte und Lösungen. Rechtliche Perspektiven, Freiburg i. Br. 2001, 150f.

18 A. Epiney/R. Mosters/D. Gross, Islamisches Kopftuch und religiöse Neutralität an der öffentlichen Schule, in: R. Pahud de Mortanges/E. Tanner (Hg.), Muslime und schweizerische Rechtsordnung, Freiburg (Schweiz) 2002, 129–165; vgl. Th. Lemmen/M. Miehl, Islamisches Alltagsleben in Deutschland, Gesprächskreis Migration und Integration Bonn 2001, 45–48; 97–98.
19 Vgl. M. Rohe, Der Islam – Alltagskonflikte und Lösungen, 143.
20 Vgl. ebd., 140.
21 B. Johansen, Staat, Recht und Religion im sunnitischen Islam – Können Muslime einen religionsneutralen Statt akzeptieren?, in: Essener Gespräche zum Thema Staat und Kirche (20), Der Islam in der Bundesrepublik Deutschland, Münster 1986, 12–54, 14.
22 Vgl. N. Ayubi, Politischer Islam. Religion und Politik in der arabischen Welt, Freiburg i. Br. 2002, 174f.
23 Vgl. dazu V. Nienhaus, Islam und Staatlichkeit. Zur Vereinbarkeit von Religion, Demokratie und Marktwirtschaft, in: Internationale Politik 57,3 (2002), 11–18; D. Jung, Religion und Politik in der islamischen Welt, in: Aus Politik und Zeitgeschichte B42–43 (2002), 31–38.
24 Vgl. dazu H. Bielefeldt, Muslime im säkularen Rechtstaat. Integrationschancen durch Religionsfreiheit, Bielefeld 2003, 66–84; F. Kandil, Muslime in der säkularen Gesellschaft, in: A. Renz/S. Leimgruber (Hg.), Lernprozess Christen Muslime, 29–43.
25 Vgl. N. Ayubi, Politischer Islam, 209; G. Kepel, Das Schwarzbuch des Dschihad. Aufstieg und Niedergang des Islamismus, München/Zürich 2002.
26 Vgl. N. Ayubi, Politischer Islam, 250.
27 B. Johansen, Staat, Recht und Religion im sunnitischen Islam, 13.
28 Vgl. H. Bielefeldt, Muslime im säkularen Rechtsstaat, bes. 40f.

11. Ästhetische Dimensionen im christlich-islamischen Lernprozess

1 Der Begriff »heilige Räume« meint eine Hinordnung eines Raumes und einer Gemeinschaft in Gebet und Gottesdienst auf Transzendenz, vgl. K. Richter, Kirchenräume und Kirchenträume, Freiburg 1998, 46f.
2 Vgl. H. Schwebel, Die Kirche und ihr Raum. Aspekte der Wahrnehmung, in: S. Glockzin-Bever/H. Schwebel (Hg.), Kirchenraumpädagogik, Münster 2002, 9–30, 20.
3 Ebd., 22.
4 Die deutschen Bischöfe – Liturgiekommission, Räume der Stille. Gedanken zur Bewahrung eines bedrohten Gutes in unseren Kirchen, Bonn 2003, 25.
5 Ebd. 27.
6 Ch. Bürgel, Allmacht und Allmächtigkeit. Religion und Welt im Islam, München 1991, 272.
7 Vgl. S. Kraft, Islamische Sakralarchitektur in Deutschland, Münster 2002, 27–34; M. Frishman/H.-U. Khan, Die Moscheen der Welt, Zürich 1995; B. Finster, Art. Moschee, in: Lexikon der Islamischen Welt, Stuttgart 1992, 188–192.
8 Ch. Bürgel, Allmacht und Allmächtigkeit, 274.
9 Vgl. dazu S. Kraft, Islamische Sakralarchitektur in Deutschland, Münster 2002.
10 B. Finster, Art. Kalligraphie, in: R. Elger (Hg.), Kleines Islam-Lexikon, Bonn 2002, 155.
11 Auch das frühe Christentum kannte das Verbot jeder Bilderverehrung, nicht jedoch ein generelles Kunstverbot. Auf Grund der Gottebenbildlichkeit des Menschen einerseits und der Menschwerdung Gottes in Jesus Christus andererseits entwickelten vor allem

die ostkirchlichen Väter sogar eine ausgesprochene Bildtheologie und ab dem 6. Jahrhundert auch eine Bilderverehrung (Ikonen). Allerdings kam es auch im Christentum wiederholt zu erbitterten Auseinandersetzungen in der Frage, ob oder inwieweit Bilderverehrung theologisch zulässig ist, während es im 8. Jahrhundert durch kaiserliche Anordnung und später in einem Teil der Reformation (Calvinismus) zu einer Bilderzerstörung kam, hat der Hauptstrom der christlichen Theologie auf die Unterscheidung zwischen Anbetung, die allein Gott zukommt, und Verehrung, die auch Menschen und Bildern entgegengebracht werden kann, bestanden.

12 M. Renfer, Gott ist Kalligraph – Im Islam ist die arabische Schrift heilig, in: Bibel und Kirche 57 (2002), 215–219, 218.

13 Ch. Bürgel, Allmacht und Allmächtigkeit, 178.

14 Übersetzung nach: Der Koran in der Übersetzung von Friedrich Rückert, hg. von H. Bobzin, Würzburg [4]2001.

15 N. Kermani, Gott ist schön. Das ästhetische Erleben des Koran, München 2000, 104.

16 Ebd. 166.

17 Ch.J. Adams, Art. Qur'ān, in: Encyclopedia of Religion, 12, New York 1987, 156–176, 157.

18 Zit. nach W.A. Graham, Das Schriftprinzip in vergleichender Sicht, in: A. Giese/J. Ch. Bürgel (Hg.), Gott ist schön und Er liebt die Schönheit, Frankfurt 1994, 209–226, 222.

19 N. Kermani, Gott ist schön, 217f.

20 Vgl. dazu G. Hilger, Ästhetisches Lernen, in: ders./S. Leimgruber/H.-G. Ziebertz, Religionsdidaktik. Ein Leitfaden für Studium, Ausbildung und Beruf, München 2001, 305–318; ders., Symbollernen, ebd., 330–339.

21 U. Tworuschka, Heilige Wege. Die Reise zu Gott in den Religionen, Frankfurt/M. 2001, 43.

22 Das Messbuch für die Bistümer des deutschen Sprachgebietes. Kleinausgabe, Einsiedeln 1975, 85.

23 Zur Problematik des Verhältnisses von göttlicher Allmacht und menschlicher Freiheit in Christentum und Islam vgl. A. Renz, Der Mensch unter dem An-Spruch Gottes. Offenbarungsverständnis und Menschenbild des Islam im Urteil gegenwärtiger christlicher Theologie, Würzburg 2002, 378–411.

Die Kalligraphie in Form von Pfeil und Bogen auf S. 9 und 267 bedeutet »Haqq – Die Wahrheit« (© Peacock, Berlin).

Auf den Eingangsseiten jedes Kapitels ist eine Wandfliese mit reich reliefiertem Ornamentsystem aus Kashgar / Ostturkestan zu sehen.

Materialien und Übersichten

Synopse biblischer und koranischer Personen und Themen (Auswahl)

Themen – Personen	Bibel	Koran (Sure)
Schöpfung der Welt Lob des Schöpfers	Gen 1,1–2,4a; 2,4b–25 Ps 8; 104; Mt 6,26	7,54–56; 24,41–45; 30,17–25; 32,4–7; 43,9–14; 78,6–16; 79,27–33
Erschaffung des Menschen	Gen 1,26–27; 2,7; 2,21–23	7,189; 23,12–14; 32,7–9; 38,71–77
Sündenfall	Gen 2,25–3,24	2,34–38; 7,11–27; 20,115–124
Kain und Abel	Gen 4,1–16	5,27–32
Noach und die Sintflut	Gen 6,1–9,29	11,25–48; 36,41–44
Turmbau zu Babel	Gen 11,1–9	26,128–129; 28,38–39; 40,36–37
Abraham	Gen 11,27–15,19; Hebr 11,8–9	6,74–83; 19,41–50; 21,54–71
Abrahams Gäste	Gen 18,1–16	51,24–30
Abrahams Opfer	Gen 22,1–18	37,99–113
Ismael und Isaak	Gen 16,1–16; 17,16–21; 21,1–21; Gal 4,21–31	2,125–133; 19,54–55
Josef	Gen 37–50	12,1–111
Mose	Ex 2–40	5,20–26; 7,103–160; 10,75–93; 20,9–98; 26,10–68; 28,3–44
Dekalog	Ex 20,3–17; Dtn 5,7–21	6,151–152; 17,22–39
Johannes der Täufer	Lk 1,5–21	3,38–41; 19,2–11
Maria (Verheißung Jesu)	Lk 1,26–38	3,42–48; 19,16–22
Geburt Jesu	Lk 2,1–20	19,23–34
Bedeutung von Person und Werk Jesu	Mt 11,2–6 par; 12,15–21; 16,13–20 par; Joh 1,1–18; Kol 1,14–20; Phil 2,6–11	3,49–51; 4,171; 5,46.110.112–118; 19,30–36
Gleichnis von den Jungfrauen	Mt 25,1–13	57,12–14
Anfeindung und Tod Jesu	Mt 26–28 par	3,55; 4,157–158
Gebet und Bekenntnis	Mt 6,9–13; Hebr 4,14–16	1; 2,255; 4,136; 112

Gemeinsame Verpflichtung von 12 Weltreligionen

beim Friedensgebet in Assisi am 24. Januar 2002

Versammelt hier, in Assisi, haben wir gemeinsam über den Frieden reflektiert, der Geschenk Gottes und Gut der gesamten Menschheit ist. Auch wenn wir unterschiedlichen religiösen Traditionen angehören, bekräftigen wir, dass es zum Aufbau des Friedens nötig ist, den Nächsten zu lieben und die Goldene Regel zu beachten: »Tu dem anderen das, was du willst, das dir getan wird.«

In dieser Überzeugung werden wir nicht müde, in der großen Baustelle des Friedens zu arbeiten, und dazu (halten wir fest):

1. Wir verpflichten uns, unsere feste Überzeugung zu proklamieren, dass Gewalt und Terrorismus im Kontrast zu einem echten religiösen Geist stehen. Wir verurteilen jeden Rückgriff auf Gewalt und Krieg im Namen Gottes oder der Religion und verpflichten uns, alles Mögliche zu tun, um die Ursachen des Terrorismus auszumerzen.
2. Wir verpflichten uns, die Menschen zu gegenseitigem Respekt und gegenseitiger Hochachtung zu erziehen, damit sich ein friedliches und solidarisches Zusammenleben zwischen den Angehörigen unterschiedlicher Ethnien, Kulturen und Religionen realisieren lässt.
3. Wir verpflichten uns, die Kultur des Dialogs zu fördern, damit gegenseitiges Verständnis und Vertrauen zwischen den Einzelnen und Völkern wachsen, die Voraussetzung für einen echten Frieden sind.
4. Wir verpflichten uns, das Recht jeder menschlichen Person auf ein würdiges Leben gemäß seiner eigenen kulturellen Identität zu verteidigen und auf die freie Gründung einer eigenen Familie.
5. Wir verpflichten uns zum aufrichtigen und geduldigen Dialog, nicht um aufzuspüren, wie sehr uns unüberwindbare Mauern trennen, sondern um im Gegenteil zu erkennen, dass die Begegnung mit einer anderen Realität zu besserem gegenseitigen Verständnis beitragen kann.
6. Wir verpflichten uns, uns gegenseitig die Irrtümer und Vorurteile in Vergangenheit und Gegenwart zu verzeihen. Wir müssen uns im gemeinsamen Bemühen unterstützen, Egoismus und Missbrauch, Hass und Gewalt zu besiegen, und aus der Vergangenheit zu lernen, dass Friede ohne Gerechtigkeit kein echter Friede ist.
7. Wir verpflichten uns, an der Seite der Leidenden und Verlassenen zu stehen und uns zur Stimme derer zu machen, die selber keine Stimme haben. Wir

müssen konkret an der Überwindung solcher Situationen mitwirken, in der Überzeugung, dass niemand allein glücklich sein kann.

8. Wir verpflichten uns, uns den Schrei derer zu eigen zu machen, die nicht vor Gewalt und vor dem Bösen resignieren. Wir wollen mit all unseren Kräften dazu beitragen, der Menschheit unserer Zeit eine echte Hoffnung auf Gerechtigkeit und Frieden zu geben.
9. Wir verpflichten uns, jede Initiative zu ermutigen, die Freundschaft zwischen den Völkern fördert, in der Überzeugung, dass technologischer Fortschritt ein steigendes Risiko von Zerstörung und Tod für die Welt einschließt, wenn solidarisches Einverständnis unter den Völkern fehlt.
10. Wir verpflichten uns, die Verantwortlichen der Nationen aufzufordern, alle Anstrengungen zu unternehmen – auf nationaler wie internationaler Ebene –, dass eine Welt in Solidarität und Frieden erbaut und gefestigt wird – auf der Grundlage von Gerechtigkeit.

Wir, Angehörige von unterschiedlichen religiösen Traditionen, werden nicht müde, zu proklamieren, dass Frieden und Gerechtigkeit nicht voneinander zu trennen sind, und dass Frieden in Gerechtigkeit die einzige Straße ist, auf der die Menschheit in eine Zukunft der Hoffnung gehen kann. Wir sind überzeugt, dass in einer Welt mit immer offeneren Grenzen und immer kürzeren Entfernungen, in der die Beziehungen durch ein dichtes Netz von Kommunikation immer leichter werden, Sicherheit, Freiheit und Frieden nicht durch Gewalt, sondern nur durch gegenseitiges Vertrauen garantiert werden können. Möge Gott unsere Vorschläge segnen und der Welt Gerechtigkeit und Frieden schenken.

Glaubensrichtungen des Islam (weltweit)

SUNNITEN
(ca. 85– 90 %)

Kennzeichen:
- Grundlagen für den Heilsweg sind Koran und Sunna (Tradition) des Propheten
- Anerkennung der ersten vier Kalifen als rechtgeleitete
- vier anerkannte Rechtsschulen

Verbreitung:
- weltweit
- ca. 1 Mrd.

SCHIITEN
(ca. 10–15 %)

Kennzeichen:
- nur Ali und seine Nachfolger (Imame) als Nachfolger Muhammads anerkannt
- Heilsgarantie durch Kontakt zu den Imamen bzw. durch Befolgen der Entscheidungen der führenden Religions- und Rechtsgelehrten während der Abwesenheit der Imame
- hierarchische Geistlichkeit
- messianische Erwartung des verborgenen Imam (Mahdi)

insgesamt ca. 130 Mio.

KHARIDSCHITEN
- Trennung von der Schia 657
- Prinzip der Herrscherwahl
- rigoristisch
- heute noch als Ibaditen in Oman und Teilen Nordafrikas
- ca. 0,5 Mio.

ZAIDITEN
- halten den Sohn des 4. Imams (Zaid) für den rechtmäßigen Imam (deshalb auch Fünferschiiten)
- steht in der Lehre dem sunnitischen Islam nahe
- keine Mahdierwartung
- Jemen
- ca. 6 Mio.

ISMAILITEN
- halten einen Sohn des 6. Imams für den letzten rechtmäßigen Imam (deshalb Siebenerschiiten), dessen Wiederkehr (Mahdi) sie erwarten
- Indien und Ostafrika
- ca. 15 Mio.

DRUSEN
- Anfang 11. Jh. entstanden
- verehren den Fatimidenkalifen al-Hakim (gest. 1019) als göttlich
- Syrien, Israel, Libanon
- ca. 1 Mio.

IMAMITEN
(Zwölferschiiten)
- erkennen den 12. Imam (bis 874) als letzten Imam an, der nun im Verborgenen lebt und als Erlöser (Mahdi) wiederkommen wird
- Iran, Südirak, Libanon, Aserbaidschan, Bahrain, Kuwait
- ca. 105 Mio.

ALAWITEN
(Nusairier)
- im 9. Jh. Abspaltung
- Glaube an Reinkarnation
- Vergöttlichung von Ali
- Syrien, Türkei
- ca. 2 Mio.

Der Dekalog (Synopse)

Ex 20,2–17 (vgl. Dtn 5, 7–21)	**Kath. Tradition**	**Ev.-luth. (Kleiner Katechismus Martin Luthers)**	**Sure 17,22–39 (vgl. 6,151–152)**
2 »Ich bin Jahwe, dein Gott, der dich aus Ägypten geführt hat; aus dem Sklavenhaus. 3 Du sollst neben mir keine anderen Götter haben. 4 Du sollst dir kein Gottesbild machen und keine Darstellung von irgend etwas am Himmel droben, auf der Erde unten oder im Wasser unter der Erde. 5 Du sollst dich nicht vor anderen Göttern niederwerfen und dich nicht verpflichten, ihnen zu dienen. Denn ich, der Herr, dein Gott, bin ein eifersüchtiger Gott: Bei denen, die mir feind sind, verfolge ich die Schuld der Väter an den Söhnen, an der dritten und vierten Generation; 6 bei denen, die mich lieben und auf meine Gebote achten, erweise ich Tausenden meine Huld.	1. Du sollst keine anderen Götter neben mir haben!	1. Du sollst nicht andere Götter haben	22 Setze Gott keinen anderen Gott zur Seite, sonst wirst du dasitzen, gescholten und im Stich gelassen. 23 Und dein Herr hat bestimmt, dass ihr nur Ihm dienen sollt. ...
7 Du sollst den Namen des Herrn, deines Gottes, nicht missbrauchen; denn der Herr lässt den nicht ungestraft, der seinen Namen missbraucht.	2. Du sollst den Namen Gottes nicht verunehren.	2. Du sollst den Namen deines Gottes nicht unnützlich führen.	

Ex 20,2–17 (vgl. Dtn 5, 7–21)	Kath. Tradition	Ev.-luth. (Kleiner Katechismus Martin Luthers)	Sure 17,22–39 (vgl. 6,151–152)
8 Gedenke des Sabbats: Halte ihn heilig! 9 Sechs Tage darfst du schaffen und jede Arbeit tun. 10 Der siebte Tag ist ein Ruhetag, dem Herrn, deinem Gott, geweiht. An ihm darfst du keine Arbeit tun: du, dein Sohn und deine Tochter, dein Sklave und deine Sklavin, dein Vieh und der Fremde, der in deinen Stadtbereichen Wohnrecht hat. 11 Denn in sechs Tagen hat der Herr Himmel, Erde und Meer gemacht und alles, was dazugehört; am siebten Tage ruhte er. Darum hat er den Sabbattag gesegnet und ihn für heilig erklärt.	3. Gedenke, dass du den Sabbat heiligst!	3. Du sollst den Feiertag heiligen.	
12 Ehre deinen Vater und deine Mutter, damit du lange lebst in dem Land, das der Herr, dein Gott, dir gibt.	4. Du sollst Vater und Mutter ehren.	4. Du sollst deinen Vater und deine Mutter ehren.	23 ... und dass man die Eltern gut behandeln soll. Wenn eines von ihnen [Vater oder Mutter] oder beide bei dir ein hohes Alter erreichen, so sag nicht zu ihnen: ›Pfui!‹ und fahre sie nicht an, sondern sprich zu ihnen ehrerbietige Worte. 24 Und senke für sie aus Barmherzigkeit den Flügel der Untergebenheit und sag: ›Mein Herr, erbarm dich ihrer, wie sie mich aufgezogen haben, als ich klein war.‹

Ex 20,2–17 (vgl. Dtn 5, 7–21)	Kath. Tradition	Ev.-luth. (Kleiner Katechismus Martin Luthers)	Sure 17,22–39 (vgl. 6,151–152)
13 Du sollst nicht morden (vgl. Gen 9, 6; Lev 24,17)	5. Du sollst nicht töten.	5. Du sollst nicht töten.	**31** Und tötet nicht eure Kinder aus Furcht vor Verarmung. Ihnen und euch bescheren Wir doch den Lebensunterhalt. Sie töten ist eine große Sünde. **33** Und tötet nicht den Menschen, den Gott für unantastbar erklärt hat, es sei denn bei vorliegender Berechtigung. Wird jemand ungerechterweise getötet, so geben Wir seinem nächsten Verwandten Vollmacht (ihn zu rächen). Nur soll er nicht maßlos im Töten sein [und sich mit der Talio begnügen]; siehe er wird Beistand finden.
14 Du sollst nicht die Ehe brechen.	6. Du sollst nicht ehebrechen. Du sollst nicht begehren deines Nächsten Frau.	6. Du sollst nicht ehebrechen.	**32** Und nähert euch nicht der Unzucht. Sie ist etwas Schändliches, und sie ist ein übler Weg.
15 Du sollst nicht stehlen.	7. Du sollst nicht stehlen.	7. Du sollst nicht stehlen.	**34** Und nähert euch nicht dem Vermögen des Waisenkindes, es sei denn auf die beste Art, bis es seine Vollkraft [Volljährigkeit] erreicht hat. Und erfüllt eingegangene Verpflichtungen. Über die Verpflichtungen wird Rechenschaft gefordert. **35** Und gebt volles Maß, wenn ihr messt. Und wägt mit der richtigen Waage.

Ex 20,2–17 (vgl. Dtn 5, 7–21)	Kath. Tradition	Ev.-luth. (Kleiner Katechismus Martin Luthers)	Sure 17,22–39 (vgl. 6,151–152)
			Das ist besser und führt zu einem schöneren Abschluss.
16 Du sollst nicht falsch gegen deinen Nächsten aussagen.	8. Du sollst kein falsches Zeugnis geben wider deinen Nächsten.	8. Du sollst nicht falsch Zeugnis reden wider deinen Nächsten.	**36** Und verfolge nicht das, wovon du kein Wissen hast. Über Gehör, Augenlicht und Herz, über all das wird Rechenschaft gefordert. (vgl. 60,12)
17a Du sollst nicht nach dem Haus deines Nächsten verlangen.	9. Du sollst nicht begehren deines Nächsten Frau.	9. Du sollst nicht begehren deines Nächsten Haus.	s.o. 17,32.34; 60,12
17b Du sollst nicht nach der Frau deines Nächsten verlangen, nach seinem Sklaven oder seiner Sklavin, seinem Rind oder seinem Esel oder nach irgend etwas, das deinem Nächsten gehört.	**10.** Du sollst nicht begehren deines Nächsten Hab und Gut.	10. Du sollst nicht begehren deines Nächsten Weib, Knecht, Magd, Vieh oder alles, was sein ist.	s.o. 17,32.34; 60,12

Inhalte der Bergpredigt im Koran (Synopse)

Bergpredigt nach Matthäus	Sure
5,4–5 Selig, die keine Gewalt anwenden; denn sie werden das Land erben.	25,63 Und die Diener des Erbarmers sind die, die demütig auf der Erde umhergehen und, wenn die Törichten sie anreden, sagen: »Frieden!«
5,9 Selig, die Frieden stiften; denn sie werden Söhne Gottes genannt werden. ...	41,34 Nicht gleich sind die gute und die schlechte Tat. Wehre mit einer Tat, die besser ist, da wird der, zwischen dem und dir eine Feindschaft besteht, so, als wäre er ein warmherziger Freund.

Bergpredigt nach Matthäus	Sure
5,38 Ihr habt gehört, dass gesagt worden ist: Auge für Auge und Zahn für Zahn. Ich aber sage euch: Leistet dem, der euch etwas Böses antut, keinen Widerstand, sondern wenn dich einer auf die rechte Wange schlägt, dann halt ihm auch die andere hin.	42,40 Eine böse Tat soll mit etwas gleich Bösem vergolten werden. Wer aber verzeiht und Besserung schafft, dessen Lohn obliegt Gott. Er liebt ja die nicht, die Unrecht tun.
5,34–36 Ich aber sage euch: Schwört überhaupt nicht. ... Euer Ja sei ein Ja, euer Nein ein Nein; alles andere stammt vom Bösen.	2,224 Und macht Gott nicht bei euren Eiden zu einem Hinderungsgrund, Pietät zu üben und gottesfürchtig zu sein und Frieden unter den Menschen zu stiften. Und Gott hört und sieht alles.
6,1–4 Hütet euch, eure Gerechtigkeit vor den Menschen zur Schau zu stellen; sonst habt ihr keinen Lohn von eurem Vater im Himmel zu erwarten. Wenn du Almosen gibst, lass es also nicht vor dir herposaunen, wie es die Heuchler in den Synagogen und auf den Gassen tun, um von den Leuten gelobt zu werden. Amen, das sage ich euch: Sie haben ihren Lohn bereits erhalten. Wenn du Almosen gibst, soll deine linke Hand nicht wissen, was deine rechte tut. Dein Almosen soll verborgen bleiben, und dein Vater, der auch das Verborgene sieht, wird es dir vergelten.	2,271.264 Wenn ihr die Almosen offen zeigt, so ist es schön. Wenn ihr sie geheim haltet und den Armen zukommen lasst, so ist es besser für euch, und Er sühnt euch etwas von euren Missetaten. Gott hat Kenntnis von dem, was ihr tut. O ihr, die ihr glaubt, vereitelt nicht eure Almosen, indem ihr auf euer Verdienst pocht und Ungemach zufügt, gleich dem, der sein Vermögen spendet, um von den Menschen gesehen zu werden, und nicht an Gott und den Jüngsten Tag glaubt. Mit ihm ist es wie mit einem Felsen, der von Erdreich bedeckt ist. Es trifft ihn ein Platzregen und macht ihn zu einem kahlen Ding. Sie verfügen über nichts von dem, was sie erworben haben. Und Gott leitet die ungläubigen Leute nicht recht.
6,5 Wenn ihr betet, macht es nicht wie die Heuchler. Sie stellen sich beim Gebet gern in die Synagogen und an die Straßenecken, damit sie von den Leuten gesehen werden. Amen, das sage ich euch: Sie haben ihren Lohn bereits erhalten.	4,142; 107,4 Die Heuchler versuchen, Gott zu betrügen; Er ist es aber, der sie betrügt. Und wenn sie sich zum Gebet hinstellen, stellen sie sich nachlässig hin, wobei sie von den Menschen gesehen werden wollen, und sie gedenken Gottes nur wenig.
6,25 Deswegen sage ich euch: Sorgt euch nicht um euer Leben und darum, dass ihr etwas zu essen habt, noch um euren Leib und darum, dass ihr etwas anzuziehen habt. Ist nicht das Leben wichtiger als die Nahrung und der Leib wichtiger als die Kleidung?	29,60 Und wie viele Tiere gibt es, die nicht ihren eigenen Unterhalt herbeitragen. Gott beschert ihnen und euch den Unterhalt. Und Er ist der, der alles hört und weiß.

Bergpredigt nach Matthäus	Sure
7,13 Geht durch das enge Tor! Denn das Tor ist weit, das ins Verderben führt, und der Weg dahin ist breit, und viele gehen auf ihm.	90,8–17 Haben Wir ihm nicht zwei Augen gemacht, eine Zunge und zwei Lippen, und ihm beide Wege gewiesen? Würde er doch den steilen Weg hinaufstürmen! Woher sollst du wissen, was der steile Weg ist? (Es ist) die Befreiung eines Sklaven oder, am Tag der Hungersnot, die Speisung einer verwandten Waise oder eines Bedürftigen, der im Staub liegt. Und dass man außerdem zu denen gehört, die glauben, einander die Geduld nahe legen und einander die Barmherzigkeit nahe legen. Das sind die von der rechten Seite.
7,24 Wer diese meine Worte hört und danach handelt, ist wie ein kluger Mann, der sein Haus auf Fels baute.	9,109 Ist der, der seinen Bau auf die Furcht Gottes und sein Wohlgefallen gegründet hat, besser oder der, der seinen Bau auf den Rand eines brüchigen Hanges gegründet hat, worauf er mit ihm ins Feuer der Hölle abstürzt? (Vgl. Sure 2, 264)
Weitere Inhalte der Botschaft Jesu: 18,20 Denn wo zwei oder drei in meinem Namen versammelt sind, da bin ich mitten unter ihnen.	 58,7 Hast du nicht gesehen, dass Gott weiß, was in den Himmeln und was auf der Erde ist? Es gibt kein vertrauliches Gespräch zwischen dreien, ohne dass Er der vierte in ihrer Runde wäre, und keines zwischen fünfen, ohne dass Er der Sechste in ihrer Runde wäre, und auch nicht zwischen weniger oder mehr als dieser (Zahl), ohne dass Er mit ihnen wäre, wo immer sie sein mögen.
19,24 Nochmals sage ich euch: Eher geht ein Kamel durch ein Nadelöhr, als dass ein Reicher in das Reich Gottes gelangt.	7,40 Denen, die unsere Zeichen für Lüge erklären und sich ihnen gegenüber hochmütig verhalten, werden die Tore des Himmels nicht geöffnet, und sie werden nicht ins Paradies eingehen, ehe denn ein Kamel durch ein Nadelöhr geht. So vergelten Wir denen, die Übeltäter sind.

Islamische Gebetseinheit

Gebetshaltung (Richtung Mekka)	Gebetstexte (Arabisch)
A) Aufrechtes Stehen; Handflächen an die Ohren haltend und nach vorne geöffnet (= Eintritt in den Weihezustand)	1) »Gott ist der Allergrößte!« (Allahu akbar)
B) Aufrechtes Stehen; Hände vor dem Bauch verschränkt, indem die rechte Hand auf dem linken Unterarm liegt	2) »Preis sei Dir, mein Gott, und Lob sei Dir und gesegnet ist Dein Name und erhaben sei Deine Herrschaft! Es gibt keinen Gott außer dir! Ich suche Zuflucht bei Gott vor dem gesteinigten Satan.« 3) »Im Namen Gottes, des barmherzigen Erbarmers. Lob sei Gott, dem Herrn der Welten, dem barmherzigen Erbarmer, der Verfügungsgewalt besitzt über den Tag des Gerichtes! Dir dienen wir und Dich bitten wir um Hilfe. Führe uns den geraden Weg, den Weg derer, die Du begnadet hast, die nicht dem Zorn verfallen und nicht irregehen. Amen.« (Sure 1, Die Eröffnende) 4a) »Im Namen Gottes, des barmherzigen Erbarmers, bei der Zeit. Wahrlich, der Mensch ist in einem Zustand des Verlusts, außer denjenigen, die glauben und gute Werke tun und sich gegenseitig zur Wahrheit und zu Geduld mahnen.« 4b) »Im Namen Gottes, des barmherzigen Erbarmers. Sprich: › Er ist Gott, ein Einziger, Gott, der Undurchdringliche. Er hat nicht gezeugt, und Er ist nicht gezeugt worden, und niemand ist ihm ebenbürtig.‹« (Sure 112)
C) Verbeugung, Hände auf den Kniescheiben	5) »Preis sei meinem Herrn, dem Erhabenen!« (3×)
D) Aufrechtes Stehen	6) »Gott erhört den, der Ihn preist, Gott, unser Herr, Lob sei Dir!«
E) Prostration (Niederwerfung), d.h. Handflächen und Stirn berühren den Boden zum Zeichen der völligen Hingabe	7) »Preis sei meinem Herrn, dem Allerhöchsten!« (3×)

Gebetshaltung (Richtung Mekka)	Gebetstexte (Arabisch)
F) Sitzen auf den Fersen, Hände auf den Knien	8) »Ehre sei Gott und Anbetung und Heiligkeit. Friede sei mit Dir, o Prophet, und die Barmherzigkeit Gottes und Seine Segnungen. Friede sei mit uns und den frommen Dienern Gottes. Ich bezeuge, dass es keinen Gott gibt außer Gott, und ich bezeuge, dass Muhammad Sein Diener und Gesandter ist.« 9) »O Gott, segne Muhammad und seine Nachfolger wie du Ibrahim und seine Nachfolger gesegnet hast. Wahrlich, Du bist der zu Lobende, der Ruhmreiche!« (2×)
G) Sitzen, Friedensgruß mit den Nebensitzenden	10) »Friede sei mit euch und Gottes Gnade!« (2×)

Ein Pflichtgebet aus zwei Einheiten (I. + II.), z.B. das Morgengebet, läuft wie folgt ab:

I. Haltung	A	B	C	D	E	F	E		
Text	1	2,3,4a	5	6	7	–	7		
II. Haltung		B	C	D	E	F	E	F	G
Text		3,4b	5	6	7	–	7	8,9	10

Aus: Haus des Islam, As-Salah – Das Gebet. Eine ausführliche Anleitung zum Erlernen des muslimischen Gebetes, Lützelbach 1987.

Hinweise zur Planung und Durchführung multireligiöser Gebete

- Die Durchführung multireligiöser Gebetstreffen empfiehlt sich in der Regel erst, wenn durch Personen oder Gruppen vor Ort ein gewisses Maß an Gemeinschaft und Vertrauen aufgebaut ist. Andererseits kann eine solche Gemeinschaft durch gemeinsames Gebet auch vertieft werden.
- Grundsätzlich sollten sich alle an einem Ort ansässigen und aktiven Religionsgemeinschaften beteiligen dürfen. Allerdings kann es durchaus zu Konflikten führen, wenn eine Religionsgemeinschaft oder einzelne Vertreter davon Vorbehalte gegen die Beteiligung bestimmter anderer haben. In einem solchen Fall ist der Hinweis hilfreich, dass eine Teilnahme an einem multireligiösen Gebet keine Anerkennung des Wahrheitsanspruchs anderer Religionen impliziert, sondern ein gemeinsames Ziel (z.B. Frieden) zum Ausdruck gebracht werden soll.
- Die offizielle Einladung zu einem multireligiösen Gebet sollte grundsätzlich von legitimen Vertretern aller daran beteiligten Religionsgemeinschaften ergehen. In der Einladung sollte bereits deutlich werden, dass es sich um ein multireligiöses, nicht um ein interreligiöses Gebet handelt.
- Bei der zeitlichen Ansetzung des Gebets ist darauf zu achten, dass es zu keiner Konkurrenzveranstaltung zu verpflichtenden und zeitlich festgesetzten Gebets- und Gottesdienstzeiten der beteiligten Religionsgemeinschaften kommt (z.B. Freitag Nachmittag für Muslime, Sonntag Morgen für Christen). Multireligiöses Gebet stellt eine sinnvolle und legitime Bereicherung des spirituellen Lebens dar, nicht aber einen Ersatz für das je genuine Gebets- und Gottesdienstleben.
- Die Wahl des Ortes für multireligiöses Gebet ist ebenfalls sorgfältig zu bedenken und miteinander zu diskutieren. Empfehlenswert erscheint ein »neutraler« Ort, doch vielfach ist es Praxis, es in Kirchen oder abwechselnd in Kirchen, Synagogen, Moscheen abzuhalten.
- Die Auswahl der Gebetstexte und Lieder obliegt der jeweiligen Religionsgemeinschaft, doch können unliebsame Überraschungen vermieden werden, wenn vorher in einem Vorbereitungsteam die Texte den anderen Vertretern bekannt gemacht werden. Auch beim Gebet selbst ist es hilfreich, wenn allen Teilnehmenden Ablaufplan und Texte (in Übersetzung) ausgehändigt werden.
- Bei der inhaltlichen Auswahl der verwendeten Texte ist darauf zu achten, dass einerseits das jeweilige Proprium des eigenen Glaubens zur Sprache kommt, andererseits Texte vermieden werden, die religiöse Überheblichkeit bezeugen oder sich, ob implizit, ob explizit, gegen den Glauben anderer richten.

- Des Weiteren empfiehlt es sich, für eine konkrete Gebetsveranstaltung einen thematischen Schwerpunkt zu wählen (Frieden, Gerechtigkeit, Bewahrung der Schöpfung, Freiheit, Leid, Versöhnung, Menschenwürde etc.). In allen großen Religionen gibt es geeignete Texte und Gebete zu diesen Themen.
- Die Struktur multireligiöser Gebete lehnt sich häufig an den Ablauf christlicher Wortgottesdienste oder Andachten an (Eröffnung, Lieder, Gebete, Lesungen, Fürbitten, Ansprachen, Segnung), bei denen sich die Religionsgemeinschaften dann abwechselnd beteiligen. Die Unterscheidung von rituellem Pflichtgebet und freiem Gebet im Islam macht es Muslimen möglich, an derartigen Gebetsformen teilzunehmen.
- Zwei Gefahren, die es zu vermeiden gilt, bestehen in der Pädagogisierung und Instrumentalisierung des multireligiösen Gebets, also dass etwa zuviel erklärt oder das Gebet für politische Botschaften missbraucht wird. Ein Gebet richtet sich grundsätzlich auf Gott und sollte deshalb nicht verzweckt werden.
- Von großer Bedeutung ist schließlich, dass solche Gebetstreffen keine singulären Ereignisse bleiben, sondern zu jährlich wiederkehrenden Gegebenheiten und zu aktuellen Anlässen spontan durchgeführt und am besten durch ein eingespieltes Team vorbereitet werden.
- Es bietet sich an, nach dem gemeinsamen Gebet nicht auseinander zu gehen, sondern noch zum Gespräch oder Essen einzuladen.

Aus: A. Renz, Gemeinsames Beten von Christen und Muslimen. Theologische Differenzierungen und praktische Hinweise, in: ders./S. Leimgruber (Hg.), Lernprozess Christen Muslime, Münster 2002, 372–374.

Lebensabschnitte in Christentum und Islam (Übergangsriten)

Lebens-abschnitt	**Christentum**	**Islam**
Geburt und Namensgebung	• Traditionell lassen christliche Eltern ihre Kinder in den ersten Tagen oder Monaten nach der Geburt taufen (Trend zur Verschiebung auf später). • Die Taufe geschieht durch Übergießen des Kindes mit Wasser und das Sprechen der trinitarischen Tauformel.	• Dem Neugeborenen werden durch den Vater der islamische Gebetsruf in das eine und das Glaubensbekenntnis in das andere Ohr geflüstert: der Mensch gilt im Islam von Natur aus als »Muslim«. • Als Zeichen der Freude über die Geburt schlachtet die Familie ein Tier, das sie an Bedürftige verteilt.

Lebens-abschnitt	Christentum	Islam
	• Taufpaten versprechen den Eltern, sie bei der religiösen Erziehung des Kindes zu unterstützen. • Der Name wird oft nach biblischen Gestalten oder christlichen Heiligen ausgewählt (Namenspatron).	• Die Namensgebung erfolgt am 7. oder 40. Tag nach der Geburt; beliebt sind Namen des Propheten und seiner Familie, von Mystikern sowie Namen, die Eigenschaften Gottes enthalten (z.B. Abd-ar-Rahman = Diener des Allbarmherzigen).
Kindheit	• Mit etwa 10 Jahren feiern katholische Kinder die hl. Erstkommunion, zwischen 12. und 14. Lebensjahr die Firmung, d.h. sie bestätigen ihre Taufe und werden zur Stärkung für ihre Sendung gesalbt; von nun an sind sie vollgültige Glieder der Kirche. • In den evangelischen Kirchen gibt es als Pendant die Konfirmation, der eine Glaubensunterweisung vorangeht. • In orthodoxen und orientalischen Kirchen werden Erstkommunion und Firmung mit der Taufe gespendet.	• Nach Vollendung des 4. Lebensjahres lernt das Kind seinen ersten Abschnitt aus dem Koran auswendig zu rezitieren. • Zwischen 7. Tag und 15. Lebensjahr werden muslimische Jungen beschnitten, die dann zur Welt der erwachsenen Männer gehören. • Die Beschneidung von Mädchen ist weder in Koran noch in der Sunna vorgeschrieben, vielmehr ein vorislamischer Brauch in manchen Gegenden Afrikas und Südostasiens.
Heirat	• In evangelischer Sicht gehört die Ehe zur natürlichen Schöpfungsordnung, ist kein Sakrament und daher auflösbar. • Im katholischen und orthodoxen Christentum ist die Ehe ein Sakrament, d.h. ein Vertrag und zugleich ein unauflöslicher Bund, der den Bund Gottes mit den Menschen abbilden soll. • Zum Wesen der christlichen Ehe gehört auch die Einheit (Monogamie). • Sinndimensionen der Ehe sind: Partnerschaft, Liebe und Zeugung von Nachkommen. • Ablauf: Trauung in der Kirche vor einem Priester und zwei Zeugen, großes Familienfest.	• Ehe ist ein zivilrechtlicher Vertrag, der prinzipiell auflösbar ist, aber dennoch religiöse Bedeutung (als »Zeichen Gottes«) hat. • Möglichkeit der Polygynie (bis zu vier Frauen), jedoch an kaum erfüllbare Bedingungen geknüpft. • Sinndimensionen: Partnerschaft, Sexualität, Zeugung von Nachkommen • Ablauf: Unterzeichnen des Ehevertrags vor einem Imam und zwei Zeugen, Zug in das Haus des Bräutigams, großes Familienfest.

Lebens-abschnitt	Christentum	Islam
Tod	• Tod ist Ende des irdischen Lebens, aber Beginn neuen, ewigen Lebens, zu dem Jesus Christus vorangegangen ist. • Traditionell wurde der Tod als Folge der Ursünde Adams gedeutet, heute dagegen als Teil des göttlichen Schöpfungsplanes. • Gemeinschaftlich vollzogene Trauerriten sind wichtig für die Trauerarbeit der Hinterbliebenen. • Traditionell ist die Erdbestattung, Feuerbestattung ist erlaubt; Problem zunehmender anonymer Bestattungen.	• Tod gehört zum guten Schöpfungsplan Gottes. • Gemeinschaftlich vollzogene Trauerriten und -bräuche sind wichtig für die Trauerarbeit der Hinterbliebenen. • Der Tote wird gewaschen, in sein Pilgerkleid gehüllt und von Gebeten begleitet zum Friedhof getragen, wo er ohne Sarg bestattet wird, den Kopf Richtung Mekka gewandt. • Muslimische Gräber werden nicht geschmückt, aber sollen ewig bestehen (ähnlich wie im Judentum).

Verhaltensregeln in der Begegnung mit Musliminnen und Muslimen

Beim Haus- oder Moscheebesuch:

- Angemessene Kleidung wie etwa beim Betreten einer Kirche besonders in südlichen Ländern (keine Miniröcke, keine kurzen Hosen, bedeckte Oberarme).
- Ausziehen der Schuhe beim Betreten einer Moschee wie auch von Privatwohnungen von Muslimen.
- Auf die Begrüßungsformel »salam aleykum« (Friede sei mit dir/euch) kann mit »wa aleykum as-salam« (auch mit dir/euch sei Friede) geantwortet werden.
- Männer sollten grundsätzlich nicht alleine mit muslimischen Frauen in einem Raum sein.
- Wenn eine muslimische Frau nicht die Hand zur Begrüßung reicht, legen Sie die rechte Hand auf die Brust und verneigen sich leicht.
- Die Namen der Gastgeber sollten richtig ausgesprochen werden.
- Nehmen Sie angebotene Getränke (z.B. Tee) und Speisen (Gebäck etc.) als Zeichen der Gastfreundschaft an; führen Sie das Essen grundsätzlich nur mit der rechten Hand zum Mund, da die linke Hand als unrein gilt.
- Am Ende des Besuchs sollte man eine Gegeneinladung aussprechen.

Bei gemeinsamen Veranstaltungen:

- Auf islamische Speisevorschriften achten (Alkoholverzicht, kein Schweinefleisch, am besten vegetarisch), mindestens für Alternativangebote sorgen.
- Bei der Planung von Veranstaltungen auf Gebetszeiten und Feste achten, eventl. Pausen für das Gebet einplanen und für Waschgelegenheiten sorgen.
- Legen Sie nie einen Koran auf den Boden und berühren Sie den Koran nicht mit ungewaschenen Händen.

Im Dialog über Glaubensfragen:

- Vergleichen Sie stets das Ideal der eigenen Religion mit dem Ideal der anderen Religion und Praxis mit Praxis.
- Jeder Dialogpartner sollte seinen Glauben und seine Religion selbst darstellen und interpretieren dürfen.
- Belehrungen des Anderen sollten möglichst vermieden werden.
- Ergreifen Sie bei einem internen theologischen oder politischen Streit der anderen Glaubensgemeinschaft keine Partei für eine Seite.
- Grundsätzlich keine abfälligen Äußerungen über den Koran, den Propheten Muhammad, über religiöse Überzeugungen und Praktiken der Muslime.

Grundregel:

Man kann Fehler in der Begegnung machen, der größte Fehler aber ist, keine Begegnung zu suchen.

Literaturverzeichnis

Verwendete Bibel- und Koranübersetzungen (falls nicht anders vermerkt):

Die Bibel. Einheitsübersetzung. Altes und Neues Testament, Freiburg i. Br. 1991.

Der Koran. Übersetzung von Adel Theodor Khoury, unter Mitwirkung von Muhammad Salim Abdullah, Gütersloh 1987.

Verwendete und weiterführende Literatur:

Abu Zaid, N.H., Ein Leben mit dem Islam. Erzählt von Navid Kermani, Freiburg i. Br. 2002.

Arinze, F. Kardinal, Begegnung mit Menschen anderen Glaubens. Den interreligiösen Dialog verstehen und gestalten, München u.a. 1999.

Aslan, A., Geschlechtererziehung in den öffentlichen Schulen und die islamische Haltung, Stuttgart 1996.

Aslan, A., Religiöse Erziehung der muslimischen Kinder in Deutschland und Österreich, Stuttgart 1998.

Ayubi, N., Politischer Islam. Religion und Politik in der arabischen Welt, Freiburg i. Br. 2002.

Balic, S., Islam für Europa. Neue Perspektiven einer alten Religion, Köln u.a. 2001.

Baumann, Ch.P., Begegnung mit dem Islam, Hamburg 1993.

Baumann, U. (Hg.), Islamischer Religionsunterricht. Grundlagen, Begründungen, Berichte, Projekte, Dokumentationen, Frankfurt/M. 2001.

Bauschke, M., Jesus im Koran, Köln u.a. 2001.

Bernhardt, R., Der Absolutheitsanspruch des Christentums. Von der Aufklärung bis zur Pluralistischen Religionstheologie, Gütersloh ^{2}1993.

Bielefeldt, H., Muslime im säkularen Rechtsstaat. Integrationschancen durch Religionsfreiheit, Bielefeld 2003.

Bobzin, H., Der Koran. Eine Einführung, München 1999.

Bobzin, H., Mohammed, München 2000.

Borrman, M., Wege zum christlich-islamischen Dialog, Frankfurt/M. 1985.

Breuer, R., Familienleben im Islam. Traditionen – Konflikte – Vorurteile, Freiburg i. Br. 1998.

Bsteh, A./ Khoury, A. Th. (Hg.), Hören auf sein Wort. Der Mensch als Hörer des Wortes Gottes in christlicher und islamischer Überlieferung, Mödling 1992.

Bürgel, J.Ch., Allmacht und Allmächtigkeit. Religion und Welt im Islam, München 1991.

Bundeszentrale für politische Bildung (Hg.), Islam. Politische Bildung und interreligiöses Lernen. Arbeitshilfen für die politische Bildung, Bonn 2002.

Busse, H., Die theologischen Beziehungen des Islam zu Judentum und Christentum, Darmstadt 1988.

Christen und Muslime nebeneinander vor dem einen Gott. Zur Frage des gemeinsamen Betens. Eine Orientierungshilfe, hg. von der Evangelischen Kirche im Rheinland, Düsseldorf 1998.

Colpe, C., Problem Islam, Weinheim ^{2}1994.

Cook, M., Der Koran. Eine kurze Einführung, Stuttgart 2002.

Die deutschen Bischöfe, Gerechter Friede, (Die deutschen Bischöfe 66), Bonn 2000.

Elger, R. (Hg.), Kleines Islam-Lexikon. Geschichte – Alltag – Kultur, München 2001.

Endreß, G., Der Islam. Eine Einführung in seine Geschichte, München ^{3}1997.

Erste Schritte wagen. Eine Orientierungshilfe für die Begegnung von Kirchengemeinden mit ihren muslimischen Nachbarn, hg. von der Beratungsstelle für christlich-islamische Begegnung der Evangelischen Kirche im Rheinland und der Evangelischen Kirche von Westfalen, Wuppertal 2001.

Geisler, R. Das Eigene als Fremdes. Chancen und Bedingungen des christlich-islamischen Dialogs, Hannover 1997.

Geisler, R./Nollmann, H. (Hg.), Muslime und ihr Glaube in kirchlicher Perspektive. Nachbarn – Dialogpartner – Freunde (Freundesgabe für Heinz Klautke zum 65. Geburtstag), Schenefeld 2003.

Hagemann, L., Propheten – Zeugen des Glaubens. Koranische und biblische Deutungen, Graz 1985.

Hagemann, L., Christentum contra Islam. Eine Geschichte gescheiterter Beziehungen, Darmstadt 1999.

Hagemann, L./Pulsfort, E., Maria, die Mutter Jesu in Bibel und Koran, Würzburg/Altenburg 1992.

Halbfas, Hubertus, Religionen der Welt. Islam (Glaube, Geschichte, Gegenwart). 32 Dias mit Begleitheft, Düsseldorf 1995.

Heimbach, M., Die Entwicklung der islamischen Gemeinschaften in Deutschland seit 1961, Berlin 2001.

Heine, P., Konflikt der Kulturen oder Feindbild Islam. Alte Vorurteile – neue Klischees – reale Gefahren, Freiburg/Basel/Wien 1996.

Heller, E./Mosbahi, H. (Hg.), Islam – Demokratie – Moderne. Aktuelle Antworten arabischer Denker, München 1998.

Heuberger, V. (Hg.), Der Islam in Europa, Frankfurt/M. 1999.

Hilpert, K., Menschenrechte und Theologie. Forschungsbeiträge zur ethischen Dimension der Menschenrechte, Fribourg 2001.

Hippler, J./Lueg, A. (Hg.), Feindbild Islam oder Dialog der Kulturen, Hamburg 2002.

Hoeberichts, J., Feuerwandler. Franziskus und der Islam, Kevelaer 2001.

Huber-Rudolf, B., Muslimische Kinder im Kindergarten. Eine Praxishilfe für alltägliche Begegnungen, München 2002.

Isak, R./Schmid H. (Hg.), Christen und Muslime in Deutschland. Religion – Gesellschaft – säkularer Staat, Freiburg 2003.

Jaroš, K, Der Islam. IV: Biblische Heilige und Propheten im Koran, Ulm/Donau 1997.

Jelloun, T.B., Papa, was ist der Islam? Gespräch mit meinem Kindern, Berlin 2002.

Katechismus der Katholischen Kirche, München u.a. ^{2}2003.

Kepel, G., Das Schwarzbuch des Dschihad. Aufstieg und Niedergang des Islamismus, München/Zürich 2002.

Kettermann, G., Atlas zur Geschichte des Islam, Darmstadt 2001.

Khalidi, T., Der muslimische Jesus. Aussprüche Jesu in der arabischen Literatur, Düsseldorf 2002.

Khoury, A.Th., Gebete des Islam, Mainz 1981.

Khoury, A.Th., Der Islam sein Glaube – seine Lebensordnung – sein Anspruch, Freiburg 1988.

Khoury, A.Th./Hagemann, L./Heine, P., Islam-Lexikon, Freiburg i. Br. 1999.

Khoury, A.Th./Heine P./Oebbecke, J., Handbuch Recht und Kultur des Islams in der deutschen Gesellschaft, Gütersloh 2000.

Kienzler, K./Riedl, G./Schiefer Ferrari, M. (Hg.), Islam und Christentum. Religion im Gespräch, Münster u.a. 2001.

Kirste, R./Schultze, H./Tworuschka, U., Die Feste der Religionen. Ein interreligiöser Kalender mit einer synoptischen Übersicht, Gütersloh 1995.

Köster, F., Religiöse Erziehung in den Weltreligionen Hinduismus, Buddhismus, Islam, Darmstadt 1986.

Kopp, M., Pilgerspagat. Der Papst im Heiligen Land. Eindrücke, Analysen, Wirkungen zur Reise von Papst Johannes Paul II. (März 2000), Münster 2001.

Der Koran in der Übersetzung von Friedrich Rückert, hg. von Hartmut Bobzin, Würzburg [4]2001.

Der Koran. Übersetzt, kommentiert und eingeleitet von R. Paret, Digitale Bibliothek, Bd. 46, CD-ROM, Stuttgart/Berlin 2001.

Kratz, R.G./Nagel, T. (Hg.), »Abraham, unser Vater«. Die gemeinsamen Wurzeln von Judentum, Christentum und Islam, Göttingen 2003.

Küng, H./van Ess, J., Christentum und Weltreligionen. Islam, Gütersloh [2]1990.

von Kues, N., Vom Frieden zwischen den Religionen. Lateinisch – deutsch, hg. und übers. von K. Berger und Ch. Nord, Frankfurt a.M./Leipzig 2002.

Kuhn, E., Gott in vielen Namen feiern. Interreligiöse Schulfeiern mit christlichen und islamischen Schülerinnen und Schülern, Gütersloh 1998.

Kuschel, K.-J., Streit um Abraham. Was Juden, Christen und Muslime trennt – und was sie eint, München/Zürich 1994.

Kuschel, K.-J., Vom Streit zum Wettstreit der Religionen. Lessing und die Herausforderung des Islam, Düsseldorf 1999.

Lähnemann, J., Evangelische Religionspädagogik in interreligiöser Perspektive, Göttingen 1998.

Leimgruber, S., Der Islam im christlichen Religionsunterricht, in: Religionspädagogische Beiträge 27 (1991) 41–55.

Leimgruber, S., Interreligiöses Lernen, München 1995.

Leimgruber, S., Lernprozess Christentum Islam im Religionsunterricht, in: Münchener Theologische Zeitschrift 52 (2001) 74–83.

Leitlinien für multireligiöse Feiern von Christen, Juden und Muslimen. Eine Handreichung der deutschen Bischöfe (Arbeitshilfen 170), Bonn 2003.

Lemmen, Th., Muslime in Deutschland. Eine Herausforderung für Kirche und Gesellschaft, Baden-Baden 2001.

Lemmen, Th./Miehl, M., Miteinader leben. Christen und Muslime im Gespräch, Gütersloh 2001.

Lemmen, Th., Islamische Vereine und Verbände in Deutschland, hg. vom Gesprächskreis Migration und Integration der Friedrich-Ebert-Stiftung, Bonn 2002.

Lerch, W.G., Die Denker des Propheten, Die Philosophie des Islam, München/Zürich 2002.

Leuze, R., Christentum und Islam, Tübingen 1994.

Lull, R., Das Buch vom Heiden und den drei Weisen, Stuttgart 1998.

Mernissi, F., Die vergessene Macht. Frauen im Wandel der islamischen Welt, Frankfurt/M. 1997.

Mernissi, F., Islam und Demokratie. Die Angst vor der Moderne, Freiburg i. Br. 2002.

Micksch, J./Schwier, A. (Hg.), Islam in europäischen Dörfern, Frankfurt/M. 2002.

Migrantenfamilien im Wandel. Fachtagung der Friedrich-Ebert-Stiftung, 28. Februar 2001, Berlin o.J.

Mommsen, K., Goethe und der Islam, Frankfurt a.M./Leipzig 2001.

Müller, H., Das Zusammenleben der Kulturen. Ein Gegenentwurf zu Huntington, Frankfurt [5]2001.

Nagel, T., Das islamische Recht. Eine Einführung, Westhofen 2001.

Nienhaus, V. /Vöcking, H., Das islamische Steuerwesen, Frankfurt/M. 1982.

Noth, A., Heiliger Krieg und heiliger Kampf in Islam und Christentum, Bonn 1966.

Pahud de Mortanges, R./Tanner E. (Hg.), Muslime und schweizerische Rechtsordnung, Freiburg (Schweiz) 2002.

Perthes, V., Geheime Gärten. Die neue arabische Welt, Berlin 2002.

Rahner, K./Vorgrimler, H., Kleines Konzilskompendium. Sämtliche Texte des Zweiten Vatikanums. Allgemeine Einleitung – 16 spezielle Einführungen, ausführliches Sachregister, Freiburg/Basel/Wien [29]2002.

Ratzinger, J., Glaube – Wahrheit – Toleranz. Das Christentum und die Weltreligionen, Freiburg 2003.

Rau, J., Dialog der Kulturen – Kultur des Dialogs. Toleranz statt Beliebigkeit, Freiburg 2002.

Renz, A., Der Mensch unter dem An-Spruch Gottes. Offenbarungsverständnis und Menschenbild des Islam im Urteil gegenwärtiger christlicher Theologie, Würzburg 2002.

Renz, A./Leimgruber, S. (Hg.), Lernprozess Christen Muslime. Gesellschaftliche Kontexte – Theologische Grundlagen – Begegnungsfelder, Münster 2002.

Reulecke, J. (Hg.), Spagat mit Kopftuch. Essays zur Deutsch-Türkischen Sommerakademie, Hamburg 1997.

Rickers, F./Gottwald, E. (Hg.), Vom religiösen zum interreligiösen Lernen, Neukirchen-Vluyn 1998.

Riesebrodt, M., Die Rückkehr der Religionen. Fundamentalismus und der »Kampf der Kulturen«, München 2000.

Risse, G., »Gott ist Christus, der Sohn der Maria«. Eine Studie zum Christusbild im Koran, Bonn 1989.

Rohe, M., Der Islam – Alltagskonflikte und Lösungen. Rechtliche Perspektiven, Freiburg i. Br. 2001.

Schieder, R., Wieviel Religion verträgt Deutschland?, Frankfurt/M. 2001.

Schimmel, A., Dein Wille geschehe. Die schönsten islamischen Gebete, Bonndorf 1992.

Schimmel, A., Meine Seele ist eine Frau. Das Weibliche im Islam, München 1995.

Schimmel, A., Mystische Dimensionen des Islam. Die Geschichte des Sufismus, Frankfurt/M. 1995.

Schimmel, A., Und Muhammad ist Sein Prophet. Die Verehrung des Propheten in der islamischen Frömmigkeit, München [3]1995.

Schimmel, A., Jesus und Maria in der islamischen Mystik, München 1996.

Schimmel, A., Das islamische Jahr. Zeiten und Feste, München 2001.

Schmid, H./Renz, A./Sperber, J. (Hg.), Herausforderung Islam. Anfragen an das christliche Selbstverständnis, Stuttgart 2003.

Schwager, R. (Hg.), Christus allein? Der Streit um die pluralistische Religionstheologie (QD 160), Freiburg i. Br. 1996.

Schwartländer, J. (Hg.), Freiheit der Religion. Christentum und Islam unter dem Anspruch der Menschenrechte, Mainz 1993.

Schwartländer, J./Bielefeldt, H., Christen und Muslime vor der Herausforderung der Menschenrechte, Bonn 1996.

Schwarzenau, P., Korankunde für Christen. Ein Zugang zum heiligen Buch der Moslems, Hamburg [2]1990.

Sen, F./Aydin, H., Islam in Deutschland, München 2002.

Southern, R.W., Das Islambild des Mittelalters, Stuttgart u.a. 1981.
Sperber, J., Dialog mit dem Islam, Göttingen 1999.
Speyer, H., Die biblischen Erzählungen im Qoran, Hildesheim ^{3}1988.
Spuler-Stegemann, U., Muslime in Deutschland. Informationen und Klärungen, Freiburg i. Br. 2002.
Steinbach, U., Islamischer Terrorismus. Ein selbstkritischer »Dialog der Kulturen« ist jetzt gefragt, in: Internationale Politik 57 (2002), H. 3, 1–10.
Stöbe, A., Die Bedeutung des Islam im Sozialisationsprozess von Kindern türkischer Herkunft und für Konzepte interkultureller Erziehung, Hamburg 1998.
Strobl, A., Islam in Österreich, Frankfurt/M. 1997.
Swidler, L., Die Zukunft der Theologie. Im Dialog der Religionen und Weltanschauungen, Regensburg/München 1992.
Tamcke, M. (Hg.), Orientalische Christen zwischen Repression und Migration. Beiträge zur jüngeren Geschichte und Gegenwartslage, Hamburg 2001.
Tamcke, M., Koexistenz und Konfrontation. Beiträge zur jüngeren Geschichte und Gegenwartslage der orientalischen Christen, Münster 2003.
Thyen, J.-D., Bibel und Koran. Eine Synopse gemeinsamer Überlieferungen, Köln u.a. 2000.
Troll, C.W., Muslime fragen, Christen antworten, Kevelaer 2003.
Trutwin, W., Die Weltreligionen. Arbeitsbücher für die Sekundarstufe II. Religion – Philosophie – Ethik. Islam, Düsseldorf 1998.
Tworuschka, M. u. U. (Hg.), Symbole in den Religionen der Welt. Ein Vorlesebuch für Kinder von 8–14 Jahren, Lahr/Kevelaer 1996.
Tworuschka, U., Heilige Wege. Die Reise zu Gott in den Religionen, Frankfurt/M. 2001.
Tworuschka, U. u. M., Islam-Lexikon, Düsseldorf 2002.
Vogel, B. (Hg.), Religion und Politik. Ergebnisse und Analysen einer Umfrage, Freiburg i.Br. 2004.
Vött, M., Interreligiöse Dialogkompetenz. Ein Lernprogramm für den muslimisch-christlichen Dialog, Frankfurt/M. 2002.
Wagemann, G., Feste der Religionen – Begegnung der Kulturen, München ^{2}2002.
Walther, W., Tausend und eine Nacht, München/Zürich 1987.
Walther, W., Die Frau im Islam, Leipzig ^{3}1998.
Watt, W.M., Der Einfluß des Islam auf das europäische Mittelalter, Berlin 1989.
Weth, R. (Hg.), Bekenntnis zu dem einen Gott? Christen und Muslime zwischen Mission und Dialog, Neukirchen-Vluyn 1999.
von Wilamowitz-Moellendorff, U., Projekt Zuwanderung und Integration: Türken in Deutschland II – Individuelle Perspektiven und Problemlagen, hg. von der Konrad-Adenauer-Stiftung, St. Augustin 2002.
von Wilamowitz-Moellendorff, U., Was halten die Deutschen vom Islam? Ergebnisse einer Umfrage, hg. von der KAS, St. Augustin 2003.
Zirker, H., Christentum und Islam. Theologische Verwandtschaft und Konkurrenz, Düsseldorf 1989.
Zirker, H., Islam. Theologische und gesellschaftliche Herausforderungen, Düsseldorf 1993.
Zirker, H., Der Koran. Zugänge und Lesarten, Darmstadt 1999.
Die Zukunft der orientalischen Christen. Eine Debatte im Mittleren Osten, hg. vom Evangelischen Missionswerk in Deutschland (EMW), dem Informationsprojekt Naher und Mittlerer Osten (INAMO) und Alexander Flores, Hamburg/Berlin 2001.

»Zusammenleben mit Muslimen in Deutschland.« Eine Handreichung der Evangelischen Kirche in Deutschland (2000).

Medien

Abrahams Großstadtkinder. Toleranzübungen junger Christen, Juden und Muslime, FWU München 1992, 22 min (VHS)

Himmel, Hölle und Nirwana: Mohammed – Die Stimme Gottes, Deutschland 1999, 45 min (VHS)

Der Islam als politische Kraft – Geschichte und Ursachen des radikalen Islam, Deutschland 1991, 20 min (VHS)

Koran im Klassenzimmer – Ein Beitrag zur Ausländerintegration, Deutschland 2000, 20 min (VHS)

Mehmet und Maria – Bikulturelle Partnerschaft. Video-Film von John, Heinz-Werner und Neureuther, Erich, Baden-Baden 1994.

Mohammed – Der Prophet und sein Volk, USA1976, 25min (VHS)

Die Moschee: Das Gotteshaus der Muslime, Deutschland 1999, 12 min (VHS)

Der Muezzin ruft, Deutschland 1960, 10 min (VHS)2000 Jahre Christentum – Folge 3: Getrennte Wege, Deutschland 2000, 45 min (VHS)

Nazmiyes Kopftuch, Deutschland 1981, 17 min (VHS)

Religiöser Fundamentalismus – Tödliche Anklage: Gotteslästerung, Deutschland 1997, 26 min (VHS)

Sie dienen Allah und den Deutschen – Islamische Arbeitnehmer in der Bundesrepublik, Deutschland 1974, 25 min (VHS)

Spurensuche: Die Weltreligionen auf dem Weg (CD-ROM)

Spurensuche: Islam, Deutschland 1997, 60 min (VHS)

Ein Tag in einer Moschee in Isfahan, Deutschland 1999, 17 min (VHS)

Warum immer gegeneinander?, Deutschland 2001, 90 min (DVD Video)

2000 Jahre Christentum – Folge 4: Kreuz und Schwert, Deutschland 2000, 45 min (VHS)

(Alle genannten Unterrichtsmedien stehen bei kirchlichen Medienzentralen und kommunalen Bildstellen in der Regel kostenlos zur Ausleihe zur Verfügung.)

Internetadressen

www.islam.de
Zentralrat der Muslime in Deutschland e.V., einer der Spitzenverbände muslimischer Organisationen in Deutschland

www.islamrat.de
Islamrat für die Bundesrepublik Deutschland e.V., einer der Spitzenverbände muslimischer Organisationen in Deutschland

www.vikz.de
Verband der Islamischen Kulturzentren e.V., eine der größeren muslimischen Organisationen in Deutschland

www.igmg.de
Islamische Gemeinschaft Milli Görus e.V., einer der größeren muslimischen Verbände in Deutschland

www.huda.de
Netzwerk für muslimische Frauen e.V. Ein Forum für den Dialog zwischen muslimischen Frauen in Deutschland und ein Informationspool für die Selbstorganisation muslimischer Frauenprojekte

www.islam.ch
Homepage der »Muslime, Musliminnen in der Schweiz« (MMS)

www.derislam.at
Islamische Glaubensgemeinschaft in Österreich (IGGiÖ), die offizielle Vertretung der Muslime in Österreich

www.cibedo.de
Fachstelle der Deutschen Bischofskonferenz für den interreligiösen Dialog mit Muslimen

www.dbk.de
Deutsche Bischofskonferenz

www.ekd.de
Evangelische Kirche in Deutschland

www.vatican.va
Vatikan. Unter »Päpstliche Kurie« ist der »Päpstliche Rat für den Interreligiösen Dialog« zu finden.

www.qantara.de
Gemeinsames Internetportal von Bundeszentrale für politische Bildung, Deutsche Welle, Goetheinstitut und Institut für Auslandsbeziehungen, das zum Dialog mit der islamischen Welt beitragen will.

www.chrislages.de
Homepage der Christlich-Islamischen Gesellschaft e.V. Dort weitere Links zu islamischen, christlichen und interreligiösen Seiten.

Bibelstellenregister

Gen 1,1–2,4a 285
Gen 1,3–5 256
Gen 1,6–10 260
Gen 1,26.27 89, 125f., 285
Gen 1,28f. 125
Gen 2,4b–25 285
Gen 2,7 122, 285
Gen 2,15 208
Gen 2,16–17 129
Gen 2,21 123
Gen 2,21–23 285
Gen 2,25–3,24 285
Gen 3,1–24 129ff.
Gen 3,7 131
Gen 3,8 132
Gen 3,9–13 132
Gen 3,16ff. 134
Gen 3,19 122
Gen 4,1–16 141ff., 285
Gen 4,25 142
Gen 9 135
Gen 11,1–9 285
Gen 11,27–15,19 143, 285
Gen 12,15 135
Gen 16,1–16, 147, 285
Gen 17,16–21 285
Gen 18,1–16 144, 285
Gen 18,17–19,29 144
Gen 21,8–19 155
Gen 21,1–21 285
Gen 22,1–18 144ff., 285
Gen 37,3 148
Gen 37,9–11 148
Gen 37–50 147

Ex 3 149
Ex 3,14 105
Ex 3,1–6 150
Ex 13,17ff. 225
Ex 15,3 225
Ex 16 158
Ex 20,2–17 189ff., 289ff.
Ex 20,4 250
Ex 20,12 191
Ex 21,15.17 193
Ex 23,17 210
Ex 24 135
Ex 24,12 151
Ex 33,18–23 151

Lev 19,11–18 118
Lev 24,17 193

Num 15,37–41 197

Dtn 5,15 191
Dtn 5,7–21 285, 289
Dtn 5,8 250
Dtn 6,5 118
Dtn 11,13–21 197
Dtn 11,18–19 140

Jos 6;10;11 225
2 Sam 8,2 226

1 Chr 22,6–9 226

2 Makk 12,43ff. 179

Hiob 14,1–14 179

Ps 1 254
Ps 8 285
Ps 27 256f.
Ps 72,1–7 226
Ps 78,18–19.24 158
Ps 88,12 179
Ps 104 285
Ps 104,6–11 260

Koh 9,5f. 179

Weish 1,7 101
Weish 1,13–16 180
Weish 2,24 179f.,278
Weish 4,7 179

Sir 25,24 131, 180

Jes 2,2–4 226
Jes 12,3 260
Jes 40–55 123
Jes 41,8 144

Dan 9,21 110
Dan 12,2 179

Mi 4,1–4 226

Mt 4,1–11 par. 204
Mt 5–7 292ff.
Mt 5,27f. 194
Mt 5,39–41 226
Mt 5,44 193
Mt 6,1–6.16–18 204
Mt 6,2–4 207
Mt 6,9–13 par. 198, 285
Mt 6,19–21 207
Mt 6,26 285
Mt 7,13f. 254
Mt 11,2–6 par. 285
Mt 13,1–9 157
Mt 18,20 294
Mt 19,24 294
Mt 22,21 par. 239
Mt 22,37–39 118
Mt 24,1–42 182
Mt 25,1–13 157
Mt 25,31–46 182, 184
Mt 26,52–54 226

Mk 1,8 par. 260
Mk 1,40–42 158
Mk 8,22–25 158
Mk 8,27–29 160
Mk 13,1–37 182f.

Lk 1,26 110
Lk 1,26–38 153, 285
Lk 1,5–21 285
Lk 2,46–55 154
Lk 6,27 193
Lk 7,11–16 158
Lk 10,25–37 40
Lk 10,27 118
Lk 16,19–31 157
Lk 18,22 207
Lk 21,5–36 182
Lk 24,13–35 160

Joh 1,1–9 257
Joh 1,1–18 285
Joh 3,5 260
Joh 4,13f. 260
Joh 6,30–35 158
Joh 8,12 257
Joh 8,30–47 146
Joh 14,6 83, 256
Joh 17,10 177

Apg 5,29 144
Apg 17,25–28 84

Röm 4 143
Röm 5,12 180
Röm 5,12–21 136
Röm 6,1–6 176
Röm 6,22 123
Röm 6,23 180
Röm 8,26 198
Röm 9,4–5 84
Röm 11,28–29 84
Röm 12,17–21 226

1 Kor 11,3–16 236
1 Kor 15,12–14 182
1 Kor 15,44–49 136

2 Kor 11,3 131
Gal 4,21–31 146, 285
Gal 5,6 188
Gal 5,22f. 188
Eph 5,22f. 220

Phil 2,6–11 285

Kol 1,14–20 285

1 Tim 2,4 84, 101, 173, 184

Hebr 1,1 108
Hebr 4,14–16 285
Hebr 11,4 142
Hebr 11,8–19 143, 285

Offb 20,10 130
Offb 21,2 210

Apokryphen:
Pseudo-Mt 20,1 155
Kindheitsevangelium des Thomas 2,1–2 157

Koranstellenregister

Sure 1 200, 254, 285
1,2 123
1,6 188

2,17f. 259
2,30 124, 221
2,31 125
2,34 125, 127
2,34–38 127ff., 285
2,35 131
2,36 130
2,75 109
2,124 147
2,125–133 285
2,136 108, 156
2,142.213 78, 255
2,143 178
2,158 211
2,164 107
2,185 205
2,190–193 229
2,224 190, 293
2,255 (Thronvers) 85, 249, 285
2,256 223
2,257 259
2,261 157
2,264 293
2,271 293
2,278f. 195

3,7 110
3,32 216
3,38–41 285
3,42 153
3,42–48 153, 285
3,45 153
3,47 154
3,49–51 285
3,67 144
3,105 178
3,106 178

4,1 124
4,3 194
4,103 199
4,122 196
4,125 144
4,129 194
4,142 293
4,157–158 158, 177, 285
4,171 156, 168, 285
4,174f. 258

5,6 201, 261
5,13.41 109
5,15–16 258
5,19 108
5,20–26 142, 285
5,27–32 141ff., 285
5,29 143
5,30 142
5,32 143
5,33–34 142f., 193
5,34 143
5,46 156, 285
5,48 74
5,69 274
5,73 169
5,110 157, 285
5,112–115 158, 285
5,116–119 156

6,1 257
6,2 122
6,74–83 144, 285
6,79 144
6,95–99 107, 122
6,151–152 195, 285, 289

7,4–18 128
7,11–27 127ff., 285
7,20 129
7,22–23 131ff., 143
7,40 294
7,54–56 285
7,80–84 144
7,143–145 151
7,158 116
7,172 107
7,180 166, 190
7,189 285

8,11 262
8,61 289

9,60 208
9,72 185
9,109 294

10,5 257
10,24 261
10,57 175
10,90–92 150

11,25–48 285
11,69–73 144

12,1–111 147ff., 285
12,4–6 148

13,14 261
13,39 110

14,1–2 258

15,29 125
15,34 128
15,36–39 128
15,39.63 259
15,40 128
15,51–56 144

16,72 194
16,36 177

17,1 123
17,13–14 183
17,22–39 189ff., 285, 289ff.

17,32 194
17,34 195
17,59 116
17,65 128
17,70 125
17,82 175
17,105 110
17,110 166

18,32ff. 157
18,37 122
18,45 261
18,110 123

19,2–11 285
19,16–22 285
19,21 154
19,23–34 154f., 285
19,30–33 157
19,30–36 285
19,36 255
19,37 177
19,41–50 285
19,41–90 144
19,51 150
19,54–55 285
19,65 123

20,9–14 150
20,9–98 285
20,14 199
20,55 122
20,115 129, 131
20,115–124 127ff., 285
20,120 129
20,121 131

21,30 260
21,51–71 144, 285
21,91–93 177

22,39f. 229
22,5 122
22,65 125

23,12–14 285
23,53 177

24,19 196
24,21 175
24,30–31 236
24,33 194
24,35 (Lichtvers) 258
24,39 261
24,45 285
24,46 255

25,54 260
25,63 292

26,10–51 150
26,10–68 285
26,32 150
26,34–45 150
26,128–129 285
26,160–175 144

28,1–37 149
28,38–39 285

29,4 110
29,60 293
29,8 144

30,17–25 285

31,20 125

32,4 122, 285
32,7–9 89, 122, 285

33,21 216
33,40 104, 109
33,59 236
33,70 196
33,72 124, 125
35,12 260
36,41–44 285
37,99–113 145ff., 285
37,12 146

38,77 128, 285
38,79–82 128
38,83 128

39,18 111
39,23 252

41,34 193, 230, 292
41,44 175

42,13 156
42,40 193, 293

43,4 110
43,9–14 285
43,26–28 144
43,61 159

50,9 260
50,38 191

51,24–30 144, 285

53,10 123

56,10–56 185
56,77f. 110

57,12–13 157, 259, 285
57,28 259
58,7 294
59,24 122

60,12 195
62,9 191

71,16 257
75,7–9 259
75,16–18 111
78,6–16 285
79,27–33 285

81,1–14 183
85,21f. 110

90,8–17 294
96,4 250
97,3–5 205

107,4 293
109,6 223

112 168, 285, 295

Personenregister

Aaron 150
Abel 141ff.
Abraham 88ff., 108, 143ff., 211
Abu Bakr 20
Abu Zaid, Nasr Hamid 113f.
Adam 127ff., 141ff., 211
Ali 20f., 66
Alighieri, Dante 66f., 181
Alvarus, Paul 63
An-Na'im, Abdullahi 223
An-Nazir von Mauretanien 85
Aristoteles 61, 65
Augustinus 100, 136, 190
Averroes 61
Avicenna 61

Bacon, Roger 64
Barth, Karl 100, 180
Buber, Martin 45

Canisius, Petrus 72f.
Chagal, Marc 147
Cyprian von Karthago 100

Deharbe, Joseph 72f.

Erbakan Neçmettin 26
Erzengel Gabriel 110, 113, 115, 153f., 204
Essabah, Elhadi 223
Eulogius 63
Eva 128ff., 141f.

Farabi 61
Franz von Assisi 64, 207
Frisch, Max 19
Fück, Johannes 116

Galvani, Pelagius 64
Gennadios Scholarios 67
Giovanni da Modena 66
Goethe, Johann Wolfgang v. 76ff.
Gregor VII. 85, 88
Gregor Palamas 67, 95

Habil und Qabil 142
Haci Bektas Veli 21
Hagar 155, 212, 261
Halbfas, Hubertus 254
Heitmeyer, Wolfgang 32f.
Hick, John 100f.
Honorius III. 64
Huntington, Samuel P. 36, 271
Husain 21
Husserl, Edmund 42

Iblis 127ff.
Innozenz III. 64
Iqbal Muhammad 78
Irenäus v. Lyon 170
Isaak 108, 145ff.
Ishaq, Ibn 109
Ismael 147, 155, 211f.

Jakob 108, 147f.
Jesus 86, 104ff., 114ff., 137, 154ff., 164, 168ff., 176ff., 182, 188, 191, 198f., 204, 226f. 239, 260
Joachim von Fiore 63
Johannes der Täufer 285
Johannes Paul II. 88ff., 220
Johannes von Damaskus 62, 65, 95
Josef 147ff.
Justin der Märtyrer 100

Kain 141ff.
Knitter, Paul F. 100f.
Konstantin von Derkon 96
Kraus, Georg 171f.
Küng, Hans 118
Lange, Günter 254
Lessing, Gotthold Ephraim 68, 74ff.
Lullus, Raimundus 64, 67ff., 74
Luther, Martin 63f., 71f., 79, 100, 289ff.
Luz, Ulrich 118

Magnus, Albertus 61, 67
Malik el-Kamil 64
Mamun 60
Manuel II. Palaiologos 67, 95
Mann, Thomas 147
Maria 86, 137, 152ff., 168ff.
Mirza Ghulam Ahmad 21
Mose 108, 110, 149ff.
Muhammad 21, 56f., 66, 71f., 86, 104, 108ff., 115ff., 137, 144, 149, 154, 160, 178, 204, 212, 216, 229, 239, 249f.
Munkar 181

Nakir 181
Nasreddin Hodscha 267
Nathan der Weise 74ff.
Nikolaus von Kues 67ff., 79, 100
Niketas von Byzanz 95
Noach 285
Nursi, Said 27

Otto, Rudolf 46

Papandreou Damaskinos 96
Paul VI. 88
Paulus 226, 236
Pestalozzi, Heinrich 44
Piaget, Jean 44
Platon 244

Rabi'a 185
Rahner, Karl 100, 170
Reland, Hadrian 73
Robert von Ketton 64
Rubljow, Andrej 170
Rumi, Dschelaluddin 22

Saladin 74
Sale, George 73
Sara 261
Scheherazade 262
Schimmel, Annemarie 114
Schmidt-Leukel, Perry 100f.
Scholarios, Gennadios 67
Smith, Wilfred C. 100f., 114
Söderblom, Nathan 114
Süleyman Efendi 27

Talbi, Mohammed 223
Tertullian 107
Thomas von Aquin 61, 64ff.
Tworuschka, Udo 210

Umar 20
Uthman 20

Venerabilis, Petrus 64
Vergil 66
Vivelo, Frank Robert 41

Watt, William Montgomery
60

Sachregister

AABF → Föderation der Alevitengemeinden 21
abrahamitische Religionen 55ff.
Achtzehngebet 197
Adam und Eva 141
Ahmadiyya 22
Aleviten 19, 21f.
al-hamdu lillah (Lob/Dank sei Gott) 202
Allahu akbar (Gott ist der Größte) 202
Allgemeine Islamische Menschenrechtserklärung 125, 221
Almosenabgabe 207–209
Altes Testament → Erstes Testament
Ambo 247
analoge Gottesrede 169
Antisemitismus 82
Apokalyptik 179
Apokryphen 154, 157
Arabeske 251
Arabistik 82
Architektur 244
Armensteuer, -spende → Almosenabgabe 207–209
Assimilationspädagogik 43
Ästhetik 243–266
ATIB → Union der Türkisch-Islamischen Kulturvereine 27
Auferstehung 166, 204
Ausländerpädagogik 43

Barmherzigkeit 166
Begegnung 44
Bibel und Koran 140
biblische Erzählungen 139–162
Bildersturm 247
Bilderverbot 189f., 250
Bildungsunterschiede 34
Bismillah 202
Brotvermehrung 158
Byzantinische Kirche 58, 248

christlich-islamischer Dialog 103
Christologie 152

Dekalog 189–196, 289–292
Deutschland 24–28
Dialog 34–37, 45
Diskriminierung der Frau 222f.
DITIB → Türkisch-Islamische Union der Anstalt für Religion 25
Dogmatik 188
Dominikaner 64
Dreieinigkeit 169–172
Dreigötterlehre 169–173
Dschihad 228–230

Ehe 194f., 232
Eigentum 196
Eltern 231–234
Engel 166
Erbsünde 121, 127–138
Erinnerung 55–79
Erlösung 163, 174–175
Erstes Vatikanisches Konzil 108
Erstes Testament 189–195
Erwachsenenbildung 51f.
Erziehung 231–234
Eschatologie 181–186
Ethik 188
Eucharistie 115
Europa 13–29
Evangelische Kirche in Deutschland (EKD) 97–99
ewiges Leben 179–186
Exklusivismus 100–102
Familie 232f.
Fasten 203–206
Fegefeuer 181
Fest des Fastenbrechens 205
Feste 203–206
Föderation der Alevitengemeinden (AABF) 21f.
Frau 11, 221f.
Freiheit 121
Freitagspredigt 248
Frieden/Friedensethik 225–230
Friedensgebet in Assisi 286f.
Fundamentalismus 237, 240

Gastarbeiter 19
Gebet 197–203
Gebetsnische 248
Gebetsrichtung 248
Gerechtigkeit 207–209
Gericht 166
Geschichte 55–79
Geschlechterrollen 215, 232
Geschöpfe 121–123
Gettoisierung 34
Gewalt 33, 215, 225f.
Glaube und Glaubensbekenntnis 163–186
Gleichberechtigung der Frau 222
Gleichheit 221f., 224
Gnade 175
Golfkrieg 37
Gottebenbildlichkeit 124–126
Gottesdienst 123
Gottesgedenken 202
griechische Philosophie 61
Grundsatzerklärung des ZMD 223
Grundwerte 187–213

Hadith (Ausspruch des Propheten Muhammad) 111
Hanif (Gottergebener) 144
Heilige Schriften 139–162
Heiliger Krieg 228–230
Hidschra 57
Himmel und Hölle 184f.
Hingabe 85f.
historisch-kritische Methode 112

Islamische Gemeindschaft Milli Görus (IGMG) 26
Ikonen 170, 251
Imam 248
imitatio Muhammadi 124
Inkarnation 114
Inklusivismus 84, 100–102
Inkulturation 60
Inlibration 114
inscha Allah 178
Interkulturalität 41
interkulturelle Pädagogik 43
interkulturelle Philosophie 41f.
interkultureller Dialog 39
interreligiöser Dialog 91f.
interreligiöses Lernen 39–54
Islambild 48
Islamische Charta → Grundsatzerklärung 28, 223
islamische »Christologie« 152
islamische Kultur 247–254
islamische Anthropologie 121–138
islamisches Recht 217
Islamisierung 239
Islamphobie 36
Islamrat in Deutschland (IR) 28
Islamwissenschaft 82
Israel-Palästina-Konflikt 37

Jerusalem 63, 74
Juden/Judentum 56
jüdisch-christlich 82–85
Jüngster Tag 182–186

Kairoer Erklärung der Menschenrechte 222f.
Kalligraphie 251f.
Kanzel 248
Karfreitag 204
Kalif → Stellvertreter Gottes 121–126
Kinderziehung 231–234
Kirche(n) 176–178
Kleidervorschriften 235-238
Knecht Gottes 123
Konflikte 35–37, 215–242
Konzil zu Florenz 100
Kopftuch 235–238
Koran 107, 110–115, 119f.
Koranrezitation 252f.
Koranschule 249
Kreuzestod Jesu 119, 158f.
Kreuzzüge 63f.
Krieg 225–230
Kriterien 115–119
Kultur 41f., 140
kulturelles Gedächtnis 55
Kunst 244
Kuppelmoschee 248

leibliche Auferstehung 182
Lernen 39–54
Lernprozess 39–54
letzte Dinge 179–186
Licht 256–259
Literatur 62
Liturgie 198, 204, 260

Mann und Frau 122f., 221, 232
Materialismus 90
Meditation 47f., 245
Medresen 250
Menschenbild 221–238
Menschenrechte 220–224
Menschenrechtserklärungen 221
Menschenrechtsverletzungen 220
Menschenwürde 221f.
metaphorische Gottesrede 169
Mezquita 248
Mekka 57
Migration 31–33
Minarett 249
Monotheismus 166
Moschee 248f.
Muezzin 249
multireligiöses Gebet 47, 202f.

Namen Gottes 166f.
Naturwissenschaften 61
Neues Testament 105, 143
Nizäa-Konstantinopel 164

Offenbarung 103–120
ökumenische Bewegung 101
Ökumenischer Rat der Kirchen (ÖRK) 93f.
Opferfest 212
Orientalistik 82
Ornamentik 250f.
Orthodoxie 95–97
Ostern 204
Österreich 18

Päpstlicher Rat für den Interreligiösen Dialog 90
Parallelgesellschaften 35
Patriarchalismus 222
Perspektivenwechsel 52
Pfingsten 204
Pflichtgebet 199–203
Philosophie 60–62
Pilger- oder Wallfahrt 210–213
Platonismus 61
Pluralismus 100–102
Polytheismus 144

Prophet 56f., 104, 108–110
Pseudo-Matthäusevangelium 155
Purgatorium 181

Rache 230
Ramadan 203–206
Reconquista 63
Reformation 71f.
Religionsfreiheit 222–224
Religionsgespräch 67–70
Religionsunterricht 50f.
Religionswissenschaft 82
Rezitation 252f., 115
Ringparabel 74f.

sakrale Räume 245–249
Schalom 226
Scharia 215–224
Schiiten 20f.
Schoa 82, 109
Schönheit 244f.
Schriftreligion 139f., 112
Schuld 127–138
Schutzbefohlene (dhimmi) 58
Schweiz 19
11. September 2001 9, 225
Sexualität/Sexualerziehung 231, 234
Siegel der Propheten 108f.
Sintflut 135
sola gratia 173
Solidarität 207–209
Soteriologie 173–175
soziale Gerechtigkeit 207–209
Sprachbarrieren 34
Statthalter Gottes 124
Stellung der Frau 221f.
Stellvertreter Gottes 124–126
Subsidiarität 208
Substitution 109
Sufismus 22
Sünde/Sündenfallerzählung 127–138
Sunna/Sunniten 20
Symbole 254–262
Synopse 285, 289–294, 127–135, 141–157, 164, 183

Taufe 260, 298f.
Tausendundeine Nacht 262–264
Tenach 140
Theologie der Religionen 100–102
Theozentrik 100–102
Thomasevangelium 157
Tora 189–197, 256
Töten 192–193, 225–231
Trinität → Dreieinigkeit Gottes 169–172
Türkisch-Islamische Union der Anstalt für Religion (DITIB) 25
Turmbau zu Babel 135

Umma (islamische Gemeinde) 176–178
UN-Charta 220
Union der Türkisch-Islamischen Kulturvereine (ATIB) 27
Universalitätsanspruch 103–105
Urmoschee 247
Uroffenbarung 107
Urschrift 110

Vereinigte Evangelisch-Lutherische Kirche in Deutschland (VELKD) 100, 280f.
Verantwortung 233
Vernunft 74, 64f., 67–70
Versöhnung 230
Verein Islamischer Kulturzentren (VIKZ) 22, 27f.
Wahrheit 75, 104, 115–120
Wahrnehmen 244–265
Wallfahrt 210–213
Wasser 260–262
Weg 254–256
Weihnachten 115
Weltethos 191–196
Weltgericht 182
Wort Gottes 104–120
Wunder 116f., 157f.
Würde des Menschen 122–126, 221f.

Zakat → Almosenabgabe 207–209
Zentralrat der Muslime (ZMD) 28, 223
Zuckerfest 205
Zwei-Naturenlehre 168–173
Zweites Vatikanisches Konzil 82–87, 100, 105–106, 119, 210
Zweiter Weltkrieg 82
Zwei-Wege-Schema 254–256

Praxis der Begegnung

Über die Feste ihrer Religionen können wir Menschen besser kennen lernen. Solche Begegnungen unterschiedlicher Kulturen fördert dieses Buch: 50 Feste aus Christentum, Islam, Judentum, Buddhismus, Hinduismus und den Stammesreligionen werden vorgestellt. Ihre Bedeutung und wesentlichen Rituale werden erklärt. Zahlreiche Bilder sowie rund 100 Geschichten, Legenden, Gedichte und Rezepte laden zu einer lebendigen und friedlichen Annäherung der Kulturen ein.

Gertrud Wagemann
FESTE DER RELIGIONEN – BEGEGNUNG DER KULTUREN
224 Seiten, zahlreiche Abbildungen,
kartoniert
ISBN 3-466-36592-9

Diese Praxishilfe fördert Begegnungen von Muslimen und Christen und enthält Vorschläge zu deren Gestaltung. Sie leistet Fortbildung und bietet knapp gefasste Informationen zum Islam. Erzieherinnen und Grundschullehrkräfte werden eingeladen notwendige Kenntnisse zum Dialog zu erwerben.
Zusätzlich werden in der Praxis erprobte Anregungen für Begegnungen in Kita-Gruppen, die Arbeit mit Eltern und für gezielte Fortbildung vor Ort gegeben.

Barbara Huber-Rudolf
MUSLIMISCHE KINDER IM KINDERGARTEN
Eine Praxishilfe für alltägliche Begegnungen
144 Seiten, Abbildungen,
kartoniert
ISBN 3-466-36587-2

KÖSEL

Kompetent & lebendig.
SPIRITUALITÄT & RELIGION

Kösel-Verlag, München, e-mail: info@koesel.de
Besuchen Sie uns im Internet: www.koesel.de